EUROPÄISCHE HELDENDICHTUNG

WEGE DER FORSCHUNG

BAND 500

1978

WISSENSCHAFTLICHE BUCHGESELLSCHAFT

DARMSTADT

EUROPÄISCHE HELDENDICHTUNG

Herausgegeben von

KLAUS VON SEE

1978

WISSENSCHAFTLICHE BUCHGESELLSCHAFT

DARMSTADT

CIP-Kurztitelaufnahme der Deutschen Bibliothek

Europäische Heldendichtung / hrsg. von Klaus
von See. — Darmstadt: Wissenschaftliche Buchgesellschaft, 1978.
 (Wege der Forschung; Bd. 500)
 ISBN 3-534-07142-5

NE: See, Klaus von [Hrsg.]

ⓦⓑ Bestellnummer 7142-5

© 1978 by Wissenschaftliche Buchgesellschaft, Darmstadt
Satz: Druckerei A. Zander, 6149 Rimbach
Druck und Einband: Wissenschaftliche Buchgesellschaft, Darmstadt
Printed in Germany
Schrift: Linotype Garamond, 9/11

ISBN 3-534-07142-5

INHALT

Inhalt VII

VIII. Russische Heldendichtung

IX. Keltische Heldendichtung

Originalbeitrag 1977.

WAS IST HELDENDICHTUNG?

Von Klaus von See

„Heldendichtung" ist — ebenso wie seine englische Entsprechung "heroic poetry" — ein etablierter Begriff, und jedermann weiß, was gemeint ist: ›Ilias‹, ›Beowulf-Epos‹, ›Eddalieder‹, ›Chanson de Roland‹, ›Cantar de Mio Cid‹, ›Igorlied‹, ›Haidukenlieder‹, ›Bylinen‹... Jeden einzelnen dieser Texte darf man „Heldendichtung" nennen. Was aber sind ihre gemeinsamen Merkmale? Gibt es überhaupt eine allgemeingültig definierbare, übernationale Gattung „Heldendichtung"?

Trotz der Gleichgültigkeit, die das Mittelalter der Abgrenzung literarischer Gattungen entgegenbringt, bleibt es merkwürdig, daß Bezeichnungen für Heldendichtung durchweg fehlen (denn "heroic poetry", „Heldendichtung", „Heldensage" sind junge, künstliche Bildungen). Heldendichtung — oder ihr stoffliches Substrat, die Heldensage — hat offenbar nicht die genau bestimmte Funktion, den festen „Sitz im Leben" wie etwa die Totenklage oder die Legende, die ihren Anspruch schon im Wort selbst anmeldet (*legenda*, ursprünglich Neutrum Pluralis: „die zu lesenden Sachen"). Auch die Formel „Heldensage ist Heldenverehrung", die in der Germanistik vor einigen Jahrzehnten populär wurde, drückt in ihrer Verschwommenheit eigentlich nur eine Verlegenheit aus. Gerade angesichts einer solchen Formel ist es um so bedenklicher, daß die überlieferten Bezeichnungen für den Akteur der Sage jeweils nur lokal begrenzt und zudem oft unscharf sind: Das Wort ἥρως „Heros" ist nur im Griechischen altüberliefert und nicht zuletzt deshalb auch etymologisch unklar. [1] Im Lateinischen taucht *heros* nur als Lehnwort auf und bezeichnet zunächst den homerischen Heroen, dann auch allgemein den „Ehrenmann", z. B. *heros noster*

---

[1] Zu ἥρως s. unten Anm. 12.

Cato (Cicero), nicht also das, was man heute unter „Held" versteht. Problematischer noch steht es schließlich mit dem Wort *Held* in den germanischen Sprachen. Die heutige Bedeutung ist nur dem Mittelhochdeutschen geläufig. Dem Althochdeutschen scheint das Wort noch fremd zu sein, denn *helidos* im ›Hildebrandslied‹ gehört zu den altsächsischen Einsprengseln, die sich im Lied auch sonst finden. Im altsächsischen Heliand-Epos aber bedeutet *heliδ* — ebenso wie altenglisch *hæleþ* — nur „Mann, Mensch" schlechthin, während sich *hǫlðr* im Altnordischen auf die Bedeutung „Erbbauer" verengt. Auch keine der zahlreichen Kriegerbezeichnungen in den germanischen Sprachen — mhd. *wîgant, degen* oder *recke* — gewinnt die Bedeutungsqualität, die man heute mit „Held" verbindet.[2] Ein klares und allgemeinverbindliches Bewußtsein dessen, was Heldensage und was ein Held sei, hat es also vielleicht gar nicht einmal gegeben. Gibt es trotzdem so etwas wie eine übernationale Gattung „Heldendichtung"?

Am nächsten liegt der Gedanke, genetische Zusammenhänge vorauszusetzen. So fehlte und fehlt es nicht an Versuchen, Spuren einer uralten indogermanischen Heldendichtung ausfindig zu machen, einzelne Motive des riesigen und stofflich schier unerschöpflichen altindischen Mahābhārata-Epos mit Motiven der europäischen Heldendichtung zu verbinden oder typische Wortverknüpfungen der griechischen Epik — κλέος ἄφθιτον „unverwelklicher Ruhm", κλέα ἀνδρῶν „Ruhmestaten der Männer" — mit sprachgeschichtlich genauen Entsprechungen der indischen Epik zusammenzustellen und auf eine gemeinsame Herkunft aus „indogermanischer Dichtersprache" zurückzuführen.[3] Angesichts der Überfülle von Texten

[2] F. Willems, Heldenwörter in germ. u. christl. Literatur, Diss. Köln 1942; A. Riemen, Bedeutung und Gebrauch der Heldenwörter im mhd. Epos, Diss. Köln 1954; W. Hoffmann, Das Nibelungenlied-Kudrun, 1972, S. 674 ff. — Zum serbokroatischen Wort *junak* „Held" s. M. Braun, Das serbokroatische Heldenlied, 1961, S. 10 f. — Das altirische Wort *láech* „Krieger, Held" entstammt dem lat. *laicus*, s. E. Windisch, Die altirische Heldensage Táin bó Cúalnge, 1905, S. XXXIII.

[3] R. Schmitt, Dichtung und Dichtersprache in indogerm. Zeit, 1967, darin bes. Kap. II „Der 'Ruhm' als Zentralbegriff indogermanischer Hel-

einerseits und der geringen Zahl von exakten Übereinstimmungen andererseits können solche Bemühungen allerdings über vage Vermutungen kaum hinausgelangen.

Verführerisch scheinen daneben auch immer wieder Versuche zu sein, in der germanischen Heldensage die Keimzelle aller europäischen Heldendichtung des Mittelalters zu sehen. Schon der Franzose Gaston Paris und der Italiener Pio Rajna ließen die französischen chansons de geste des 11./12. Jh.s aus der fränkischen Heldendichtung hervorgehen, und der Spanier Ramón Menéndez Pidal erklärte die kastilische Epik derselben Zeit — die ›Infanten von Lara‹ und den ›Cid‹ — aus westgotischer Tradition. Längst glaubt man auch, mit einem Anteil der skandinavischen Waräger an der Ausbildung der Kiewer Heldendichtung des 12./13. Jh.s rechnen zu müssen. 1938 faßte dann der Germanist Theodor Frings diese Ansätze zu einer großräumigen Gesamtschau zusammen. Daß „europäische Heldendichtung" ohne das heroische Ethos der Germanen nicht hätte entstehen können, scheint wortwörtlich Fringsens Meinung zu sein: „Der Geist der Dichtung um den unglücklichen Gotenkönig Ermanrich, die Tragik des Hamdirliedes der Edda, ist in Kastilien lebendig geblieben." [4]

Letztlich stehen solche — nach Vorstufen und Ursprüngen suchenden — Theorien noch in einer romantischen Tradition, die in der Forschung der 1950er Jahre neuen Auftrieb bekam, als man wieder einmal daranging, den Ursprung der Heldensage in Mythos und Kult zu suchen. So glaubte der schwedische Indogermanist Stig Wi-

dendichtung", S. 61 ff.; H. Humbach, Indogerm. Dichtersprache? in: Münchener Studien zur Sprachwiss. 21 (1967), S. 21—31; Indogerm. Dichtersprache, hrsg. von R. Schmitt (Wege der Forschung CLXV), 1968; G. Schramm, Namenschatz und Dichtersprache, 1957, S. 114 ff., versucht, aus den zweigliedrigen Personennamen der Germanen Epitheta einer indogermanischen Heldendichtung zu erschließen. Zurückhaltend gegenüber solchen Rekonstruktionen äußern sich J. Gonda in: Lingua 23 (1969), S. 301—309, und W. Wüst, Zum Problem einer indogerm. Dichtersprache, in: Studia classica et orientalia Antonio Pagliaro oblata, Bd. 3, 1969, S. 251—280.

[4] Th. Frings, Europäische Heldendichtung, in: Neophilologus 24, (1938), S. 1—29, Zitat S. 6.

kander, die Schilderungen der Kurukshetra-Schlacht im Mahābhārata-Epos (300 v.—300 n. Chr.) und der Brávellir-Schlacht in den
›Gesta Danorum‹ des Saxo Grammaticus (um 1200 n. Chr.) auf eine
eschatologische Götterschlacht im indogermanischen Mythos zurückführen zu können, die hier und dort auf verschiedene Weise „heroisiert" und damit auch „historisiert" worden sei. [5] Repräsentativ ist
der Aufsatz nicht zuletzt deshalb, weil er sich eine Methode zunutze macht, die von modernen, strukturalistisch orientierten My-
thenforschern — Georges Dumézil an erster Stelle — gern verwendet wird: die Methode, aus jüngeren und daher meist auch
detailreicheren, ausschmückungsfreudigeren Texten die Elemente zu
beziehen, die zum Vergleich und zur Rekonstruktion des Alten
benötigt werden. Gerade hier aber liegt — so frappierend die ent-
deckten Ähnlichkeiten sein mögen — die Problematik der These,
denn sie ignoriert die Möglichkeit einer eigenständigen Entwicklung
innerhalb der verglichenen Überlieferungszweige. [6] So ist das Argument, daß beide Male ein Gott — Krishna und Odin — in die
Schlacht eingreife, deshalb nicht recht zugkräftig, weil gerade die
jüngeren skandinavischen Texte die Neigung haben, Odin in die
Sagenhandlung eingreifen zu lassen. Mythische Motive gewinnen
hier dieselbe Ausschmückungsfunktion, die andernorts Märchen-
motive haben. [7]
    Für den niederländischen Germanisten Jan de Vries — einen der
wenigen Autoren, die internationale Heldendichtung monographisch
behandelt haben — gehört Wikanders These freilich zu den
„epochemachendsten Entdeckungen der letzten Jahrzehnte auf
diesem Gebiet" [8]. Überhaupt war de Vries bemüht, die Herkunft
der Heldendichtung aus dem sakralen — mythischen und kultischen — Bereich zu beweisen. Auch bei ihm wurden Motivparalle-

---

[5] S. Wikander, Från Bråvalla till Kurukshetra, in: Arkiv för nordisk
filologi 75 (1960), S. 183—193.
[6] M. Wistrand, Slaget vid Bråvalla — en reflex av den indoeuropeiska
mytskatten? in: Arkiv för nordisk filologi 85 (1970), S. 208—222, weist
auf die Ungenauigkeit und Zufälligkeit mancher Parallelen hin.
[7] Dazu K. von See, Germ. Heldensage, 1971, S. 30, 33 ff.
[8] J. de Vries, Heldenlied und Heldensage (Samml. Dalp 78), S. 150.

len, die durchaus auf autochthoner Entwicklung beruhen können
wie etwa der Zweikampf zwischen Vater und Sohn, gern aus indogermanischer Urverwandtschaft erklärt und schon wegen ihres
damit erwiesenen hohen Alters in den Mythos versetzt. Einen all-
mählichen Prozeß der Stilisierung historischer Fakten zur Heldensage gibt es bei Jan de Vries nicht. Die Gattung „Heldensage" ist
vielmehr als mythisch-archetypisches Modell seit eh und je fertig,
schlummert im menschlichen Bewußtsein und bemächtigt sich der
historischen Personen, indem sie deren Lebensgeschichte „schlag-
artig nach dem Heldenschema ummodelt" [9].

Einen Zusammenhang der Heldensage mit Mythos und Kult
scheinen am ehesten die homerischen Epen beweisen zu können —
nicht nur mit dem Götterapparat, der in den Epen selbst erscheint,
sondern auch mit den Grab- und Reliquienkulten, die den Heroen der
›Ilias‹ und der ›Odyssee‹ — Agamemnon, Helena, Menelaos,
Achill — an vielen Orten Griechenlands zuteil wurden.
Über die Funktion der homerischen Götter ist viel gestritten
worden. Bruno Snell meinte, daß Homer eine sich im Innern des
Menschen vollziehende Entscheidung noch nicht kenne und daher
das menschliche Verhalten, das man heute als eine solche Entscheidung interpretieren würde, auf das äußere Eingreifen von Göttern
zurückführe — eine Theorie, die verständlich macht, daß die Götter
gewöhnlich nur dort eingreifen, wo man sich das Geschehen auch
auf natürliche Weise erklären könnte. [10] Das Auftreten der Götter
bei Homer ist demnach nicht ein speziell der Heldenepik eigentüm-

[9] J. de Vries, S. 291, vgl. auch S. 156.
[10] B. Snell, Das Bewußtsein von eigenen Entscheidungen im frühen
Griechentum, in: Philologus 85 (1930), S. 141—158, eine Antwort auf
E. Wolff in: Gnomon 5 (1929), S. 386—400; ferner B. Snell, Die Auffassung des Menschen bei Homer, in: B. S., Die Entdeckung des Geistes,
[2]1948, S. 15—37, und B. Snell, Der Glaube an die olympischen Götter, ebd.,
S. 38—56. Daß in der ›Ilias‹ die beiden Kausalitäten — die göttlich-
olympische und die menschlich-heroische — nebeneinanderherlaufen, zeigt
K. Reinhardt, Die Ilias und ihr Dichter, 1961, S. 25 ff. Vgl. auch W. Kullmann, Das Wirken der Götter in der Ilias (Dt. Akad. d. Wiss. zu Berlin,
Schriften d. Sektion f. Altertumswiss. 1), 1956, bes. S. 119 ff.

liches Phänomen und also auch kein Argument für den Ursprung der Heldenepik in Mythos und Kult. Überhaupt ist die freie, heitere Götterdarstellung der homerischen Epen — auch das wiederum eine These Snells — wohl nur dort möglich, wo man sich von den überlieferten kultischen Bindungen bereits mehr oder weniger gelöst hatte: unter den Aristokraten der kleinasiatischen Kolonialstädte, die „von Griechenland fortgezogen waren" und „die dunklen Mächte der Erde hinter sich gelassen" hatten. Ob später ähnliche Voraussetzungen für das Aufblühen der eddischen und skaldischen Dichtung auf dem isländischen Kolonialboden galten?

Das eigentümlich griechische Phänomen des Heroenkultes scheint nun freilich der Snellschen Theorie widersprechen zu wollen. Friedrich Pfister, der — ein Schüler Albert Dieterichs — schon 1909—12 den „Reliquienkult im Altertum" gründlich untersuchte, setzte sich jedenfalls 1948 nochmals für die vorhomerische Existenz der Heroenkulte ein und meinte, daß demnach „von Anfang an das Epos im eminenten Sinn eine heilige Dichtung" sei. [11] Reicht aber der Hinweis auf den „Schiffskatalog" der ›Ilias‹ (II 484—759) wirklich aus, um die Sakralität des ganzen Epos zu beweisen? Es bleibt auch fraglich, ob lokale Spezifizierungen des Kultes — etwa die Verbindung des Agamemnonkultes mit heißen Quellen — grundsätzlich nicht mehr hätten möglich sein sollen, nachdem der Heros seine epische Gestaltung gefunden hatte. Umgekehrt ließe sich ja fragen, wie der Heros im Epos noch hätte auftreten können, nachdem ein spezifizierter, mit dem epischen Bild nicht übereinstimmender Kult für diesen Heros bereits bestand. Abweichende Lokalkulte können zum Prioritätsproblem also kaum etwas beitragen. Die berühmte Anekdote Plutarchs vom Asienfeldzug Alexanders des Großen spricht im übrigen eher für die Abhängigkeit des Kultes vom Epos: Alexander habe, heißt es hier, als er bei Ilion asiatischen Boden betrat, die Grabsäule Achills bekränzt, ihm zu Ehren einen Wettlauf veranstaltet und ihn glücklich gepriesen, weil er in Patroklos einen Freund und in Homer einen Künder

---

[11] Fr. Pfister, Der Reliquienkult im Altertum, 2 Bde., 1909—12, bes. 2. Bd., S. 535 ff., und ders., Epos und Heroenkult, in: Würzburger Jahrbücher 3 (1948), S. 147—153, Zitat S. 151.

seines Ruhms gefunden habe. Achill ist hier nichts anderes als der homerische Held (zumal ja in der ›Aithiopis‹, der möglichen Vorlage der ›Ilias‹, Antilochos noch an der Stelle des Patroklos stand). Dabei mag es durchaus sein, daß manche homerische Heroen schon vor Homer Lokalkulte gehabt haben. Sollte das Wort *Heros* mit lat. *servare* zusammenhängen, möchte man an einen Mann denken, der als Beschützer und Retter einer Stadt oder Landschaft eine lokale Verehrung — vielleicht in Form eines Totenkultes — genoß.[12] Die Aufnahme solcher Heroen in eine epische Handlung wird bereits zu dem Stilisierungsprozeß gehören, dem Geschichtstraditionen auch sonst in der Heldensage unterworfen sind (um dann allerdings dank dem hohen Ansehen, das die homerischen Epen genossen, auf die lokalen Formen der Heroenverehrung zurückzuwirken).[13] Eine Analyse des Ilias-Textes soll jedenfalls noch zeigen, daß das Epos in einem Milieu beheimatet ist, das mit dem kultischen, priesterlichen Bereich kaum etwas zu tun hat.

In der germanistischen Heldensagenforschung der letzten Jahrzehnte berief man sich allerdings gerade auf das Beispiel der homerischen Epen, um auch für die germanische Heldensage den Ursprung in Mythos und Kult behaupten zu können: Otto Höfler habe bei den Germanen „einen echt religiösen, verpflichtenden und wirkenden Heroenkult" nachgewiesen, schrieb Siegfried Gutenbrunner, und das könne „nach dem, was man z. B. von den Griechen weiß, nicht überraschen"[14]. Die Vertreter dieser in den fünfziger und sechziger Jahren einflußreichen Theorie — Otto Höfler, Jan de

---

[12] Zur Etymologie von ἥρως Hj. Frisk, Griech. etym. Wörterbuch, 1. Bd., 1960, S. 644 f., Fr. R. Schröder, Hera, in: Gymnasium 63 (1956), S. 57—78, bes. S. 69 ff.

[13] U. v. Wilamowitz-Moellendorff, Der Glaube der Hellenen, 2. Bd., ²1955, S. 10 f., stellt den Heroenkult im Gefolge der homerischen Epen als eine förmliche Mode dar, z. B.: „Die Korinther konnten sich aus der Ilias keinen Heros holen, daher bogen sie die Argonautensage so um, daß Medeia die ihre ward."

[14] S. Gutenbrunner, in Zs. f. dt. Philologie 73 (1954), S. 366. Vgl. Fr. R. Schröder, in: Germ.-roman. Monatsschr. 36 (1955), S. 2: Es wäre „im höchsten Grade befremdlich, wenn die germanischen Verhältnisse so völlig andersartig gewesen sein sollten".

Vries, Karl Hauck, Franz Rolf Schröder — bemühten sich, die
germanische Heldensage in eine angeblich durch und durch sakral
gebundene, von irrationalen Kräften getragene, kollektive Lebensordnung hineinzustellen. Die strukturalistische Methode und dazu
die These von der germanischen Kontinuität erlaubten es — unter
Berufung auf Vilhelm Grønbech, Georges Dumézil und Mircea
Eliade —, die Heldensagenzeugnisse außerhalb ihrer konkreten
literaturgeschichtlichen Bedingungen zu interpretieren, um sie (häufig in Form des Zirkelschlusses) um so besser für die spekulative
Erschließung dieser archaischen Lebensordnung benutzen zu können,
d. h. die Heldendichtung an kultischen Totenpreis, kultische Jahres-
zeitenspiele und Initiationsriten anzuschließen und durchweg ihre
sakrale Verbindlichkeit oder doch zumindest ihre ethische Vorbildhaftigkeit herauszuarbeiten. [15]

Die tatsächliche Überlieferung war den Vertretern dieser Theorie
dabei keinen Pfifferling wert, weil sie in ihr meist schon zersetzen-
de Tendenzen der Individualisierung, Ästhetisierung und Psycho-
logisierung zu erkennen glaubten. Franz Rolf Schröder meinte, im
althochdeutschen ›Hildebrandslied‹ sei die Vater-Sohn-Kampf-
Fabel bereits ihres — nebenbei gesagt: nirgendwo belegten — „ur-
sprünglich-sakralen, mythischen Sinnes entleert", der Glaube sei
tot, das Sippengefühl geschwächt, der Ehrbegriff und damit die
psychologische Begründung an deren Stelle getreten. [16] Jan de Vries
verstieg sich gar zu der Behauptung, es sei „ausgeschlossen, daß der
Groll schon zum alten Bestand der Achilleussage gehört hätte; denn
dieses Motiv ist zu menschlich individuell, beweist zu sehr eine
psychologische Motivierung des Heldenschicksals, als daß man es in

---

[15] Die ganze Forschungsrichtung wird gut repräsentiert im Sammelband Zur germ.-dt. Heldensage, hrsg. von K. Hauck (Wege der Forschung
XIV), 1961. Dazu K. von See, Germ. Heldensage. Ein Forschungsbericht,
in: Gött. Gelehrte Anzeigen 218 (1966), S. 52—98. Die Generationsbe-
dingtheit der Theorie besonders deutlich bei O. Höfler, in: Festschr. für
Siegfried Gutenbrunner, 1972, S. 71 ff.; dazu K. von See, Kontinuitäts-
theorie und Sakraltheorie in der Germanenforschung. Antwort an Otto
Höfler, 1972.

[16] Fr. R. Schröder, Mythos und Heldensage, in: Zur germ.-dt. Heldensage, S. 285—315, Zitat S. 290.

eine ursprünglich mythisch-heroische Tradition einfügen könnte"[17].
Was aber ist Achill und was ist die gesamte ›Ilias‹ ohne den „Groll"?

Den kräftigsten Gegenschlag gegen diese romantische Forschungs-
tradition führte im Grunde genommen schon Joseph Bédier in
seinem vierbändigen Werk über die Entstehung der französischen
chansons de geste: ›Les légendes épiques‹ (1908—13). Ob seine
These, daß die französische Heldenepik erst seit dem Ende des
11. Jh.s im Umkreis der Klöster auf den Pilgerstraßen nach
Santiago de Compostela entstanden sei — *au commencement était
la route* —, ob diese seine These in ihrer strengen Form aufrecht-
zuerhalten ist oder nicht, darauf kommt es eigentlich gar nicht so
sehr an.[18] Entscheidend ist vielmehr die Veränderung des Stand-
punktes, der Versuch, den überlieferten Text als individuelles
Kunstwerk ernstzunehmen und aus der geistigen Situation seines
Jahrhunderts — der Idee des „heiligen Krieges" gegen die Mauren
und dem zugleich erwachenden Karlskult — zu interpretieren. An
die Stelle der Sagengeschichte trat die Denkmälergeschichte. Alle
Spekulationen über merowingische und karolingische Vorstufen
und über germanisch-fränkische Ursprünge der chanson de geste
waren damit beiseite geschoben: *Elle n'a rien que de français.*
Bédiers These wurde trotz der nationalen Untertöne, die man
darin zu spüren meinte, auch von deutschen Romanisten akzeptiert:
von Philipp August Becker, der eigentlich schon ein Vorläufer Bédiers war, und dann besonders von Ernst Robert Curtius, der die
enge Verbundenheit dieser Heldenepik mit der lateinischen, antik-
christlichen Literaturtradition, der Vergil-Nachfolge und dem
mittelalterlichen Rhetorikunterricht herausarbeitete.[19] Das rheto-

---

[17] J. de Vries, Homer und das Nibelungenlied, in: Zur germ.-dt. Heldensage, S. 393—415, Zitat S. 409.
[18] Vgl. K. Jaberg, Joseph Bédiers Anschauungen über den Ursprung des
altfranz. Nationalepos, in: Germ.-roman. Monatsschr. 7 (1915—19),
S. 265—277; David M. Dougherty, The Present Status of Bédier's Theories, in: Symposium 14 (1960), S. 289—299.
[19] Ph. A. Becker, Der südfranz. Sagenkreis und seine Probleme, 1898;
ders., Zur roman. Literaturgeschichte. Ausgewählte Studien und Aufsätze,

rische Zitat, der Topos, wurde das wesentliche Indiz solcher Filia-
tionen, so etwa der *cernas*-Topos, der wegen seiner spontanen Anrede an den Zuhörer zunächst ein Zeugnis mündlicher Tradition zu
sein scheint, den Curtius aber von der ›Ilias‹ über die ›Aeneis‹ bis
ins ›Rolandslied‹ und ins Cid-Epos verfolgen konnte (Il. IV 223:
„Wahrlich, da sahst du nicht müßig den göttlichen Mann Agamemnon"; Aen. IV 401: *Migrantes cernas totaque ex urbe ruentes*; ferner Chanson de Roland 349 usw.).[20]

Heldendichtung rückte jetzt in eine neue, bisher übersehene Nach-
barschaft: Man erkannte, wie nahe sich in der epischen Tradition —
über biblische und hagiographische Stoffe — Helden und christliche
Heilige stehen, wie einerseits Märtyrer als *heros* und *athleta Christi*
und Christus selbst — bei Godescalc — als *maximus heros* bezeichnet werden können,[21] und wie anderseits Fürsten und adlige Krieger als „Helden" ihre Funktion im christlichen Heilsplan bekommen.
Während die traditionelle Germanistik das althochdeutsche Ludwigslied des 19. Jh.s als christlich übertünchten Ableger eines altgermanischen Preisliedes definierte, deutete Max Wehrli es als Beispiel
eines „christlichen Heldenliedes", das sich in der Karolingerzeit als
Vorform der späteren chansons de geste zu entwickeln begann.[22]
In einer Sicht, die solche Zusammenhänge herausstellt, ist Heldendichtung weniger die zeitlose Erinnerung eines völkischen Kollek-
tivs als vielmehr der Reflex einer bestimmten geschichtlichen Kon-
stellation, dargestellt mit den Mitteln, die die literarische Tradition
zu ebendieser Zeit zur Verfügung stellt.

Bédiers Pilgerstraßentheorie und Curtius' Topostheorie beherrschten die Romanistik mehrere Jahrzehnte, auch wenn sie sich einige

---

1967, bes. S. 274 ff.; E. R. Curtius, Gesammelte Aufsätze zur roman.
Philologie, 1960, S. 119 ff. — Vgl. auch H.-W. Klein, Der Kreuzzugs-
gedanke im Rolandslied und die neue Rolandsforschung, in: Die Neueren
Sprachen 1956, S. 265—285.

[20] E. R. Curtius, Ges. Aufsätze, S, 8.

[21] Curtius, S. 123 ff. Vgl. auch den unten in Anm. 26 genannten Aufsatz F. Ohlys.

[22] M. Wehrli, Gattungsgeschichtliche Betrachtungen zum Ludwigslied,
in: M. W., Formen mittelalterlicher Erzählung. Aufsätze, 1969, S. 73—86.

Zweifel gefallen lassen mußten: Man fragte, ob die Lokaltraditionen, mit denen auch Bédier rechnet, tatsächlich ausreichen, um den schnellen Erfolg der klösterlichen Propaganda und ihrer Heldenepik zu begründen, [23] und man fragte, ob die kunstlose metrische Form der chanson de geste — Assonanzen statt Reime und ungleiche Strophenlänge — nicht doch eine volkstümliche Überlieferung voraussetze. [24] Mehr Gewicht bekam diese Kritik erst, als 1953 die sog. 'Nota Emilianense' bekannt wurde, die Notiz eines Manuskripts aus dem nordspanischen Kloster San Millán de la Cogolla, die aus den Jahren 1065—75 stammt und den Spanienfeldzug Karls des Großen bereits in der Version des ›Rolandsliedes‹ erzählt: Als Gegner Rolands erscheinen hier, wie im ›Rolandslied‹, die Sarazenen und nicht, wie in Einhards ›Karlsvita‹, die Basken.

Ramón Menéndez Pidal — die große Autorität des „Traditionalismus" während der Zeit, als Bédier und Curtius das Feld beherrschten — zog aus dieser Entdeckung weitgehende Folgerungen: Nicht nur erschloß er aus den Namensformen der 'Nota' ein spanisches ›Rolandslied‹, sondern er meinte sogar, die Erwähnung der Sarazenen in der 'Nota' und im ›Rolandslied‹ als echte historische Reminiszenz, die Version Einhards dagegen als bewußte Bagatellisierung der Niederlage interpretieren zu können. [25] Eine alte volkstümliche Liedtradition schien damit abermals gesichert. M. Pidals Argumente sind allerdings kaum zugkräftig, denn einerseits läßt Einhards Bericht sonst nichts von einer Bagatellisierung erkennen, so daß auch die angebliche Ersetzung der Sarazenen durch Basken

[23] A. Kuhn, Über Ursprung und Charakter des westrom. Heldenepos, in: Germ.-roman. Monatsschr. 23 (1935), S. 283—298, bes. S. 289, denkt an volkstümliche Liedtradition als Vorstufe der Epik.

[24] A. Adler, Rückzug in epischer Parade (Analecta Romanica 11), 1963, rechnet mit einem bewußten Archaismus der Form, in dem sich die Resistenzfähigkeit der alten Aristokratie ausdrücken soll. Vgl. auch die Bespr. von K.-H. Bender, in: Romanische Forschungen 79 (1967), S. 186—196.

[25] Einen bequemen Überblick über das Problem liefert F. W. Müller, Menéndez Pidal und die Rolandsliedforschung (Sitzungsber. der Wiss. Ges. an der J. W. G.-Univ. Frankfurt, Bd. 9, 1970, Nr. 5), 1971, bes. S. 142 ff.

nicht in diesem Sinne gedeutet werden kann, und anderseits ist die
Aktualisierung einer Überlieferung durch Einführung der Saraze-
nen in einem anderen Epos eindeutig belegt: im Gormont-und-
Isembart-Epos, wo die Normannen die ursprünglichen Gegner sind.
Außerdem fehlt in der 'Nota' der Verräter Ganelon. [26]
Ebensowenig überzeugend ist M. Pidals Theorie von der volkstümlichen, letztlich in westgotische Ursprünge zurückreichenden
Tradition der altkastilischen Heldenepik. [27] Eine ähnliche Kontinuität wird zwar auch von der Rechtsgeschichtsforschung behauptet,
die in den spanischen Fueros des 10.—13. Jh.s altes westgotisches
Gewohnheitsrecht wiedererkennen möchte. [28] Es zeigt sich aber, daß
die behaupteten Ähnlichkeiten mit anderen germanischen, vorwiegend skandinavischen Rechtsinstitutionen durchweg nicht auf germanischer Urverwandtschaft beruhen: Gottesurteil und Zweikampf
verdanken ihre Verbreitung jüngeren Rezeptionsvorgängen, und
Blutrache, Friedlosigkeit und außergerichtliche Pfandnahme sind
typisch für eine Zeit, in der die überparteiische, staatliche Rechtspflege schwach entwickelt oder geschwächt ist und in der daher die
Selbsthilfe der Parteien an deren Stelle tritt. Eine solche Zeit waren
in Spanien die Jahrhunderte nach 711, nach der islamischen Invasion und dem Zusammenbruch des Westgotenreiches. Der Wegfall
der starken Zentralgewalt, die blutigen Familienfehden, die kriegerischen Aktivitäten kleinerer Territorialherren gegen die Mauren
oder — im Bündnis mit den Mauren — gegen ihresgleichen: alles

[26] Dazu Fr. Ohly, Zu den Ursprüngen der Chanson de Roland, in:
Mediaevalia litteraria. Festschr. f. Helmut de Boor, 1971, S. 135—153, der
die Rolle der Hagiographie in der Vorgeschichte der chansons de geste betont und die Anregung zur Einführung der Verräterfigur in der Legende
des hl. Amandus finden will.

[27] Auf einem anderen Blatt steht der historiographisch vermittelte
Goten-Mythos, der bis in die Reconquista weiterlebte: H. Messmer, Hi-
spania-Idee und Gotenmythos, 1960.

[28] E. de Hinojosa, Das german. Element im span. Rechte, in: Zs. d. Sa-
vigny-Stift. f. Rechtsgesch. 31, German. Abt. 1910, S. 282—359, und
E. Wohlhaupter, Das german. Element im altspan. Recht, ebd. 46, Roman.
Abt. 1948, S. 135—264. Ich hoffe, in absehbarer Zeit zu diesem rechtsge-
schichtlichen Problem ausführlicher Stellung nehmen zu können.

das führte Zustände herbei, für die ein primitives, auf Selbsthilfe basierendes Rechtsdenken typisch ist. Und ebendiese Zustände förderten — wie noch zu zeigen sein wird — zugleich auch die Ausbildung einer Heldendichtung, wie sie in Kastilien seit dem 11. Jh. nachweisbar ist und in ähnlicher Weise später unter den Serbokroaten während der jahrhundertelangen Grenzkämpfe mit den Türken entstand. Verwandtenzwist und Blutrache sind ja keineswegs typisch allein für germanische Heldendichtung. Vielmehr ist es die kultur- und sozialgeschichtliche Situation, die in der Dichtung wie im Recht an verschiedenen Orten vergleichbare Formen hervorbringt.

Auch im konkreten Detail läßt die kastilische Heldenepik keine speziellen germanisch-westgotischen Reminiszenzen erkennen. Überliefert sind nur zwei Epen — das Cid-Epos (um 1140) und das Epos von Fernán González (um 1250) —, alle übrigen sind rekonstruiert aus den Chroniken des 13./14. Jh.s.[29] Gerade die überlieferten Epen aber zeigen in Ethos, Inhalt und Form wenig Ähnlichkeit mit germanischer Heldendichtung. Im Cid-Epos geht es nicht eigentlich um Kriegstaten, denn die Eroberungen des Cid sind nur Nebensache, Mittel zum Zweck der Haupthandlung, und die Haupthandlung ist die allmähliche Wiedereingliederung des Helden in die soziale Ordnung, aus der ihn sein König verstoßen hatte. Die Stationen dieses Prozesses führt das Epos — trotz lockerer Szenenfügung im einzelnen — nach einem streng disponierten Plan vor: Verbannung, stufenweise Versöhnung mit dem König, nochmals tiefer Fall durch die Entehrung der Töchter, schließlich Bestrafung der Übeltäter. [30] Das Cid-Epos endet — ebenso wie das ›Rolands-

---

[29] Das bedeutendste unter ihnen beschreibt — auf der Grundlage der Rekonstruktion M. Pidals — H. Morf, Die sieben Infanten von Lara, in: Dt. Rundschau 103 (1900), S. 373—396, wiederabgedr. in H. M., Aus Dichtung und Sprache der Romanen, 1903, S. 55—100. Vgl. auch M. L. Wagner, Ramón Menéndez Pidal und die span. Epenforschung, in: Internat. Monatsschr. 15 (1921), Sp. 565—582.

[30] Vgl. allgemein E. Kullmann, Die dichterische und sprachl. Gestalt des Cantar de Mio Cid, in: Romanische Forschungen 45 (1931), S. 1—65; Erika Lorenz, Der altspan. Cid (Literatur im Dialog 3), 1971.

lied‹ — mit einer Gerichtsszene! Prüfung und Bewährung des Helden ist das Thema — der Vergleich mit dem biblischen Hiob drängt sich auf [31] —: Der Cid will nichts anderes als seine Rehabilitation, er will nicht Rache, sondern Recht. Er lebt ganz in sozialen Bezügen, ist ein fürsorglicher Familienvater und will ein treuer Gefolgsmann seines Königs sein: *Dios, qué buen vassallo, si oviesse buen señore!* „Gott, welch guter Vasall, wenn er nur einen guten Lehnsherrn hätte!" (V. 20). Diese Vasallentreue des Cid entspricht keineswegs der historischen Realität. [32] Um so deutlicher wird damit, daß hinter dem Epos ein aktuelles standespolitisches Programm steht: die Aufwertung des niederen Adels gegenüber dem höfischen Hochadel, deren Vertreter — die Infanten von Carrión und die Grafen von Barcelona — der Autor als feige und lächerlich darstellt. [33] Beziehungen des Epos zu den chansons de geste lassen sich nicht leugnen, [34] und man hat sogar — im Sinne der Bédier-These — behauptet, daß der Dichter von einem Kult am Grabe des Cid im Kloster San Pedro de Cardeña angeregt sei [35] — von ir-

[31] H.-J. Neuschäfer, Einleitung zu El Cantar de Mio Cid (Klass. Texte des Roman. Mittelalters Bd. 4), 1964, S. 7—22, bes. S. 18. Ebenso kann allerdings der Eindruck entstehen, der Cid sei "a kind of bourgeois hero", dem es ums Geldverdienen und die anständige Verheiratung seiner Töchter gehe: Vgl. R. E. Barbera, The Source and Disposition of Wealth in the Poema de Mio Cid, in: Romance Notes 10 (1969), S. 393—399.

[32] W. Kienast, Zur Geschichte des Cid, in: Deutsches Archiv für Gesch. d. Mittelalters 3 (1939), S. 57—114, eine nachdrückliche Kritik an M. Pidals — auf die Lebenstreue des Werkes zielender — Interpretationsmethode.

[33] E. de Chasca, The King-Vassal Relationship in El Poema de Mio Cid, in: Hispanic Review 21 (1953), S. 183—192; Th. Montgomery, The Cid and the Count of Barcelona, in: Hispanic Review 30 (1962), S. 1—11.

[34] K. Voretzsch, Span. und franz. Heldendichtung, in: Modern Philology 27 (1929), S. 397—409, glaubt mit Pidal an eine westgotische Tradition, rechnet aber mit französischen Einflüssen. Vgl. auch H. Petriconi, Das Rolandslied und das Lied vom Cid, in: Romanist. Jahrb. 1 (1947—48), S. 215—232, der im Cid eine Frühstufe epischer Tradition sieht.

[35] P. E. Russell, San Pedro de Cardeña and the Heroic History of the Cid, in: Medium Ævum 27 (1958), S. 57—79.

gendeiner Ähnlichkeit mit germanischer Heldendichtung aber ist durchaus nichts zu spüren: Die Annahme einer von den Westgoten ererbten Liedtradition bleibt Spekulation.

Die romantische Lehre vom dichtenden Volksgeist hatte allerdings — längst bevor der „Traditionalismus" in der Romanistik wieder an Boden gewann — auf einem ganz anderen Schauplatz und auf eine ganz unromantische, angelsächsisch-pragmatische Weise Sukkurs erhalten. Seit 1928 versuchte der amerikanische Gräzist Milman Parry in einer Reihe von Aufsätzen zu zeigen, daß die schmückenden Beiwörter und formelhaften Wendungen in den homerischen Epen nur dazu dienen, den Vers nach den vorgegebenen metrischen Regeln auszufüllen. [36] Wenn etwa der Dichter sagen will, daß Kastor und Pollux begraben seien, und dazu die Worte wählt: „es besaß sie die lebenspendende Erde" (Il. III 243), so ist — nach Parrys Theorie — die Formel φυσίζοος αῖα „lebenspendende Erde" inhaltlich sinnlos und daher nichts anderes als αῖα, formuliert "under certain metrical conditions". Parrys Untersuchungen zielten auf die Frage nach den Entstehungsbedingungen der Heldenepik, wollten anfangs zwar nur ihre Traditionsgebundenheit beweisen, gewannen dann aber allgemeinere Bedeutung, als Parry erklärte, die schablonisierten Versfüllsel verrieten nicht nur einen Mangel an Individualität, sondern auch eine Tendenz zur Ökonomie und seien deshalb typisch für einen mündlich improvisierten, erst im Augenblick des Vortrages formulierten Text. Damit war der Begriff der "oral poetry" geboren, der nun mehrere Jahrzehnte hindurch die Epenforschung — besonders die angloamerikanische — beherrschen sollte.

Die Verbreitung der Parryschen Theorie ließ allerdings zunächst auf sich warten, obwohl die europäische und besonders die deutsche Homer-Forschung längst auf ähnlichen Wegen wandelte, seit Friedrich August Wolf 1795 die homerischen Epen in Einzellieder aufgelöst und den Dichter Homer als eine Schimäre entlarvt hatte:

---

[36] The Making of Homeric Verse. The Collected Papers of Milman Parry, ed. by Adam Parry, 1971. Vgl. Fr. M. Combellack, Milman Parry and Homeric Artistry, in: comparative literature 11 (1959), S. 193—208.

> Sieben Städte zankten sich drum,   ihn geboren zu haben;
> Nun, da der Wolf ihn zerriß,   nehme sich jede ihr Stück.

Noch 1927 konnte Ulrich v. Wilamowitz-Moellendorff diejenigen als „Idioten" bezeichnen, die an den „Wundermann Homer" glaubten. [37] In der Folgezeit gewannen dann aber die „Unitarier" mehr und mehr an Boden gegenüber den „Analytikern", besonders dank den Arbeiten Wolfgang Schadewaldts. [38] Der erbitterte Streit zwischen beiden Lagern spielte und spielt sich in der Weise ab, daß die „Analytiker" Widersprüche in den Epen ausfindig machen, während die „Unitarier" im Gegenzug bemüht sind, solche Widersprüche als in Wahrheit besonders feinsinnige Zeugnisse homerischer Charakterisierungskunst hinzustellen. Hektors Abschied von Andromache im VI. Buch der ›Ilias‹ gilt dem Analytiker Günther Jachmann als schlecht integriertes „Einzellied", weil Hektor im VII. Buch (V. 310) noch einmal nach Troja zurückkehrt und erst sehr viel später, im XXII. Buch, den Tod findet, während dem Unitarier Albin Lesky das Bewußtsein vom baldigen Tod Achills, das durch das ganze Epos hindurch ständig gegenwärtig bleibt, ohne daß dieser selbst erzählt wird, ein Indiz für die ursprüngliche Einheit des Ganzen ist. [39]

Merkwürdigerweise fand Parrys Theorie während dieses Streites keinerlei Beachtung. Die Zäsur des 2. Weltkrieges und auch wohl eine deutsche Abneigung gegen die statistisch-positivistische Methode mögen dazu geführt haben, „daß wir heute", wie Lesky 1953 bemerkte, „auf dem Felde homerischer Forschung gerade die deutsche und die angelsächsische Wissenschaft fast außer Zusammenhang finden". Lesky blieb allerdings dabei, daß die homerischen Epen schriftlich gedichtet seien, aber „diese Schriftlichkeit ist etwas Neues,

---

[37] U. v. Wilamowitz-M., Die Heimkehr des Odysseus, 1927, S. 172.

[38] W. Schadewaldt, Von Homers Welt und Werk, ⁴1965; ders. Hellas und Hesperien, Bd. 1, ²1970, darin zum Streit mit Jachmann: Hektor in der Ilias, S. 21—38.

[39] G. Jachmann, Homerische Einzellieder, in: Symbola Coloniensia Iosepho Kroll oblata, 1949, S. 1—70, Sonderausg. 1968; A. Lesky, Mündlichkeit und Schriftlichkeit im homerischen Epos, in: A. L., Gesammelte Schriften, 1966, S. 63—71, bes. S. 70. Vgl. auch dens., Zur Eingangsszene der Patroklie, ebd., S. 72—80. Die beiden folgenden Zitate S. 63, 70.

Unerhörtes. Sie befähigte einen großen Dichter . . . dazu, aus einer
gewaltigen Fülle mündlich tradierten Epengutes den Riesenbau
seines Großepos in einer Architektonik zu gestalten, die nur auf
diesem [dem schriftlichen] Wege zu erreichen war".

Das ästhetische Moment — von Parry vernachlässigt — kam dann
auch in der amerikanischen Forschung wieder mehr ins Blickfeld. [40]
Obwohl in den homerischen Epen über ein Drittel aller Verse wiederholt vorkommen, wurden Formeln, wie Franz Dirlmeier schrieb,
„von den Zuhörern nicht als dichterische Schwäche empfunden",
sondern als „jederzeit willkommene Bestätigung der ihnen vertrauten Welt". Und „das Baumeisterliche" im Homer können wir ohnehin nur „aus der Schriftlichkeit begreifen, aus der eines einzigen
Mannes" [41].

Im nämlichen Jahr 1953, in dem Lesky mit skeptischer Zurückhaltung die deutsche Homer-Forschung erstmalig auf Parrys Formel-Theorie hinwies, trat diese Theorie ihren Siegeszug in der
altenglischen Philologie an: — mit einem Aufsatz von Francis Pea-
body Magoun jr., der unter den ersten 50 Halbversen des Beowulf-
Epos nicht weniger als 37 Formelverse identifizierte und daraus
schloß, dieser Abschnitt und vielleicht gar das ganze Epos seien der
"oral tradition" zuzurechnen. [42] Magouns Entdeckung initiierte nun

[40] J. B. Hainsworth, The Flexibility of the Homeric Formula, 1968;
dazu die Besprechung von E. Heitsch in: Gnomon 42 (1970), S. 433—441,
der den Unitariern vorwirft, daß sie Parrys "oral-poetry"-Theorie nur ak-
zeptierten, um die Probleme der "oral tradition" um so müheloser „in die
Vorgeschichte unserer Epen abschieben" zu können (S. 440).

[41] Fr. Dirlmeier, Das serbokroatische Heldenlied und Homer (Sitzungsber. der Heidelberger Akad. d. Wiss., Phil.-hist. Kl. 1971, 1), 1971, Zitate
S. 15, 19. Probleme der Komposition spielen in der "oral-poetry"-Theorie
eine erstaunlich geringe Rolle. A. Heuslers Unterscheidung von Lied und
Epos als Produkte mündlicher und schriftlicher Kultur hätte hier hilfreich
sein können, wenn die Anhänger der Theorie bessere Kenntnisse der Forschung besäßen: A. H., Lied und Epos in german. Sagendichtung, 1905,
²1956.

[42] F. P. Magoun jr., Oral-Formulaic Character of Anglo-Saxon Narrative Poetry, in: Speculum 28 (1953), S. 446—467. Vgl. auch die Festschrift
für Magoun: Medieval and Linguistic Studies, 1965, und M. Curschmann,

eine wahre Flut von Aufsätzen, die auf mechanische, rein quantitative Weise — durch Abdruck ausgewählter Textpartien und Unterstreichungen der auch andernorts vorkommenden Verse — die Formelhaftigkeit und damit die Mündlichkeit der altenglischen Epik nachzuweisen versuchten. Die altenglische Epik aber bietet hierzu kaum die rechten Voraussetzungen, denn die volkssprachliche, in stabreimenden Langzeilen verfaßte Epik konnte sich in England während des 8.—11. Jh.s wohl gerade deshalb so reich entfalten, weil das germanische Traditionsgut hier schon früh und nachhaltig mit antiken und christlichen — in der Schriftkultur wurzelnden — Bildungselementen durchdrungen wurde. Das Beowulf-Epos aus dem Anfang des 8. Jh.s ist zweifellos ein reines Buchwerk: Das lehrhafte Moment tritt — besonders in den beschaulichen Reden König Hrōðgārs — stark hervor; Beowulf und Hrōðgār sind zudem so sehr als Idealcharaktere gezeichnet, daß Levin L. Schücking die These aufstellen konnte, das Epos sei als eine Art Fürstenspiegel konzipiert.[43] Die mythisch-märchenhaften Elemente, die der Fabel den Anschein hohen Alters geben, sind ganz in das christliche Weltbild integriert: der Wasserriese Grendel, den Beowulf besiegt, entstammt dem Geschlecht Kains und hat Ähnlichkeit mit dem Teufel — er ist *fēond on helle* (V. 101) —, und die Erzählung von Beowulfs Tod beim Drachenkampf enthält bewußte Anspielungen auf den Tod Christi.[44] Selbst der ›Widsith‹, der als Merkgedicht eine altertümliche Gattung zu repräsentieren scheint, läßt einen engen Zusammenhang mit geistlicher Dichtung erkennen und kann schon wegen seines streng spiegelbildlichen Aufbaus kaum anders als auf dem Pergament gedichtet sein.[45] Gerade auch die Formeln des Gedichts, z. B. *lēoht ond līf* (V. 142), *wrāþ wǣrloga* (V. 9),

Oral Poetry in Mediaval English, French, and German Literature, in: Speculum 42 (1967), S. 36—52.

[43] L. L. Schücking, Das Königsideal im Beowulf, in: Englische Studien 67 (1932), S. 1—14.

[44] Fr. Klaeber, Die christl. Elemente im Beowulf, in: Anglia 35 (1911), S. 111—136, 249—270, 453—482, und 36 (1912), S. 169—199. Zu demselben Thema mehrere Aufsätze in: An Anthology of Beowulf Criticism, ed. by L. E. Nicholson, 1963.

[45] K. von See in: Anz. f. dt. Altertum 74 (1963), S. 97—105.

sind christlichen Ursprungs und wahrscheinlich literarisch vermittelt. Daß selbst die Formel *singan ond secgan* (V. 54) in solchen Umkreis gehört, hat schon Julius Schwietering gezeigt. Volkstümlich und genuin germanisch ist die altenglische Heldenepik also beileibe nicht mehr, und neuere Arbeiten haben denn auch bewiesen, daß der Begriff der Formel allzu mechanisch definiert war und daß Magouns naive Gleichung „formelhaft = mündlich" falsch ist. [46] Man kam schließlich zu einem ähnlichen Ergebnis wie die Homer-Philologie: Der Beowulf-Dichter lebte in einer Übergangszeit, er überführte "oral traditions into lettered poetry" [47].

Ein wirklich fruchtbares Betätigungsfeld fand Parrys Formel-Theorie währenddessen im jugoslawischen, serbokroatischen Raum. Parry selbst hatte sich noch kurz vor seinem frühen Tod (1935) diesem Raum zugewandt, um am Beispiel einer damals noch mündlich tradierten Volksepik seine Formel-Theorie zu erproben. Überhaupt scheint im Slawischen der Vortrag epischer Gesänge länger lebendig geblieben zu sein als anderswo: Noch 1861 konnte man unter den Bauern des nordrussischen Onegasee-Gebietes — in einem Randbereich der Zivilisation — Liedvorträge aufzeichnen, in denen die Kriegstaten des Kiewer Fürsten Wladimir und seines Gefolges, also Ereignisse des 9. Jh.s, besungen wurden. [48] Besonders günstige Existenzbedingungen aber fand solche epische Tradition in den balkanischen Gebirgsgegenden diesseits und jenseits der Grenze zum alten Türkischen Reich: Hier haben sich patriarchalische und feudalistische Gesellschaftsformen bis ins 20. Jh. hinein erhalten, und hier gibt es ein außerordentlich zähes Geschichtsbewußtsein, wach-

---

[46] Vgl. etwa W. Whallon, The Diction of Beowulf, in: Publ. of the Modern Lang. Ass. 76 (1961), S. 309—319, und ders., Formula, Character, and Context, 1969, S. 71 ff.; ferner G. Wienold, Formulierungstheorie—Poetik—Strukturelle Literaturgeschichte am Beispiel der altengl. Dichtung, 1971. Von D. Brennecke ist in absehbarer Zeit eine Arbeit über die Formel im Altnordischen zu erwarten.

[47] R. D. Stevick, The Oral-Formulaic Analyses of Old English Verse, in: Speculum 37 (1962), S. 382—389; A. G. Brodeur, The Art of Beowulf, 1959.

[48] R. Trautmann, Vom slavischen Heldenlied, in: Neue Jahrbücher f. dt. Wiss. 13 (1937), S. 238—249.

gehalten unter dem dauernden Zwang nationaler Selbstbehauptung
von den Türkenkriegen des 14./15. Jh.s bis zu den Aufständen, die
1878 zur Okkupation Bosniens und Herzegowinas durch Österreich-
Ungarn führten. Die Erinnerung an den Untergang der serbischen
Freiheit in der Türkenschlacht auf dem Kosovo, dem Amselfeld, im
Jahre 1389 ist bis heute nicht erloschen. [49] Aber auch Ereignisse der
jüngsten Geschichte wie der Sarajevo-Mord 1914 (der sich am Veitstag, dem Jahrestag der Kosovo-Schlacht, ereignete!) und selbst noch
die Partisanenkämpfe des Zweiten Weltkrieges sind Gegenstand der
Heldendichtung geworden. [50] Die Sänger — die Guslaren mit ihrem
einsaitigen Instrument, der Gusla —, ihr Repertoire und ihre Improvisationstechnik, ihr äußerer Habitus und ihr sozialer Status,
ihr Publikum und dessen Resonanz: alles das ließ sich noch bis
über die Mitte des 20. Jh.s hinaus an Ort und Stelle beobachten.
Jugoslawien wurde für die moderne Feldforschung zu einem „epischen Laboratorium" [51]. Matthias Murko machte hier bereits vor
dem Ersten Weltkrieg phonographische Aufnahmen [52], Milman
Parry trat dann zwanzig Jahre später in seine Fußstapfen, und auf
der Grundlage des riesigen Schallplattenmaterials, das er damals
sammelte, schrieb schließlich Albert B. Lord — Harvard-Professor
wie Parry und übrigens auch Magoun — 1960 sein Buch ›The Singer of Tales‹. [53] Bei den jugoslawischen Sängern studierte Lord die

[49] M. Braun, Kosovo. Die Schlacht auf dem Amselfelde in geschichtlicher und epischer Überlieferung (Slav.-balt. Quellen und Forschungen 8),
1937.

[50] L. Kretzenbacher, Heldenlied und Sarajevomord, in: Südost-Forschungen 20 (1961), S. 248—259.

[51] A. B. Lord, Der Sänger erzählt. Wie ein Epos entsteht, 1965, S. 209,
amerikan. Ausg.: The Singer of Tales, 1960.

[52] M. Murko, Die Volksepik der bosnischen Mohammedaner, in: Zs. des
Vereins f. Volkskunde 19 (1909), S. 13—30; ders., Neues über südslavi-
sche Volksepik, in: Neue Jahrbücher f. das klass. Altertum 22 (1919),
S. 273—296; ders., Auf den Spuren der Volksepik durch Jugoslavien, in:
Slavische Rundschau 3 (1931), S. 173—183. Vgl. auch M. Braun, Beobachtungen zum heutigen Stand der epischen Volksdichtung in Jugoslavien,
in: Die Nachbarn 2 (1954), S. 36—61.

[53] S. oben Anm. 51. Über Parrys Sammlung s. Lord S. 391. Die noch

handwerkliche Technik des Versemachens, und da er den Begriff der ästhetischen Qualität nicht kennt, glaubte er, Homer mit Hilfe von Avdo Mededović aus Bijelo Polje erklären zu können. Da er zudem nur mit dem schroffen Gegensatz „mündlich-schriftlich" operierte und Homer für einen „mündlichen Dichter" hielt, blieb ihm, um die schriftliche Homer-Tradition erklären zu können, notgedrungen nur die wenig einleuchtende These, die homerischen Texte seien „diktierte Texte". Zwei einander wesensfremde Kulturen sollen hier aufeinandergeprallt sein: eine mündliche, die gar keine "fixed texts" kannte, sondern nur je und je anders gestaltete "performances", und eine literarische, die nur registrieren konnte, was die mündliche ihr lieferte: „Proteus war photographiert worden."

Die "oral-poetry"-Theorie mag in der handwerklichen Analyse der serbischen Volksepik, die zu einer wirklich volkstümlichen Kunstübung und daher eher zu einem Objekt der Volkskunde als der Literaturwissenschaft geworden war, durchaus ihre Verdienste haben. Auf Irrwege aber führt sie, sobald sie im engeren Sinne literarische Texte der Antike und des Mittelalters zu interpretieren versucht. Magouns Analysen der altenglischen Epik, die Lord offenbar kritiklos akzeptiert, sind warnende Beispiele. Außerdem scheint es, daß alles das, was zur Erkenntnis der mündlichen Volksepik wesentlich, interessant und brauchbar ist, bereits 1885 von Wilhelm Radloff in der Einleitung seiner Übersetzung karakirgisischer Heldenepik formuliert wurde. [54] Die Improvisationstechnik wird hier genau beschrieben und auch die Rücksichtnahme des Sängers auf sein jeweiliges Publikum: Manas, der Hauptheld der karakirgisischen Epik, wird von einem der Sänger als Freund des russischen Zaren dargestellt. „Diese Einflechtung des Zaren ist nur

folgenden Zitate S. 184 ff. und 406, Anm. 9 („diktierte Texte"), 287 ff. (Magoun). Zum Vorwurf, daß Lord die Qualität vernachlässigt habe, vgl. auch Anne Amory Parry, Homer as Artist, in: Classical Quarterly 65 (1971), S. 1—15.

[54] W. Radloff, Proben der Volkslitteratur der nördlichen türkischen Stämme, V: Der Dialect der Kara-Kirgisen, 1885, Vorwort S. I—XXVIII, die folgenden Zitate S. XIV, XVII f. und XV. Zu Radloffs beruflicher Funktion Ahmet Temir, in: Oriens 8 (1955), S. 51—69.

durch meine Anwesenheit veranlaßt; der Sänger meinte, der russische Beamte könnte es übelnehmen, daß Manas auch die Russen
besiegt habe . . ." Während die Anhänger der "oral-poetry"-Theorie
in naiver Begeisterung Schreckensnachrichten über Epenvorträge
von 20 000 oder 40 000 Zeilen verbreiten, wußte Radloff, daß ein
tüchtiger Sänger „einen Tag, eine Woche, einen Monat singen"
kann, „ebenso wie er alle diese Zeit zu sprechen und zu erzählen
vermag". Radloff ließ deshalb einen Gesang abbrechen, „weil es
nur eine langweilige Wiederholung vorheriger Schilderungen war".
Schließlich demonstrierte Radloff auch, daß das Aufzeichnen nach
Diktat — wie Lord es für Homer voraussetzt — mit erheblichen
Schwierigkeiten verbunden ist, denn der Sänger „verliert . . . oft
den Faden der Erzählung und geräth durch Auslassung in Widersprüche, die sich nicht leicht durch Fragen, die den Sänger noch mehr
verwirren, lösen lassen". Der Wille, das Experiment dennoch durch-
zuführen, ist wohl nur erklärbar aus einem spezifisch wissenschaft-
lichen Erkenntnisinteresse, das für die Zeit des homerischen Sängers
noch keineswegs gelten kann.

Man darf sich fragen, wie die "oral-poetry"-Theorie überhaupt
zu ihrer immensen Popularität gelangen konnte. [55] Ein anglo-
amerikanischer Pragmatismus verband sich hier — wie in der Lin-
guistik — mit Methoden, die denen der Naturwissenschaft ange-
ähnelt waren (Lords Wort vom „Laboratorium"!). Es war wohl
der Überdruß an einer literarisch-ästhetisch orientierten Interpretationsmethode, der dazu führte, daß man an die Stelle des rhetorischen Begriffs „Topos", den zuletzt noch E. R. Curtius propagiert
hatte, nun den folkloristischen Begriff „Formel" setzen wollte. Die
Besprechung, die Erich Köhler dem Buch von Jean Rychner, ›La
chanson de geste. Essai sur l'art épique des jongleurs‹, widmete —
dem einzigen wesentlichen Beitrag übrigens, den die "oral-poetry"-

---

[55] Auf der Grundlage der "oral-poetry"-Theorie schrieb der Oxforder
Altphilologe C. M. Bowra eine Darstellung der „heroischen Poesie
aller Völker und Zeiten": Heroic poetry, 1952 (dt.: Heldendichtung,
1964). Zu einigen Mängeln des korpulenten Buches, besonders dem Fehlen
elementarer Sachkenntnisse auf germanistischem Gebiet, vgl. die Bespr.
von H. Rosenfeld in: Wirkendes Wort 16 (1966), S. 278—281.

Theorie in der Romanistik leistete —, läßt eine solche Tendenz jedenfalls erkennen. [56] In einer Zeit, die schon zu literatursozio- logischen Fragestellungen drängte, schien die "oral-poetry"-Theorie der Forschung erstmalig die Möglichkeit zu geben, die „realen Schaffens- und Vortragsbedingungen" und damit die soziale Wirk- lichkeit, die hinter den Texten steht, in den Griff zu bekommen (obwohl doch eigentlich schon Bédier mit seinem Blick auf Pilger- straßen, Messen und Jahrmärkte mehr als andere zuvor in diese Richtung gewiesen hatte). Gerade zu einer historisch-soziologischen Analyse aber war die alles über einen Leisten schlagende "oral- poetry"-Theorie nicht imstande.

Dabei gab es Ansätze zu einer literatursoziologischen Betrach- tungsweise schon verhältnismäßig früh. Sie stammen aus der engli- schen (ethnographisch geschulten) Forschung, und das Stichwort "heroic age" — der Titel eines 1912 erschienenen Buches von H. Munro Chadwick [57] — ist sozusagen ihr Etikett. "Heroic ages" nannte Chadwick die spätmykenische Zeit der Kämpfe um Theben und Troja und die germanische Völkerwanderungszeit, verwies daneben aber auch auf slawische und keltische Verhältnisse. Chad- wicks These ist, daß die Ähnlichkeiten zwischen den Dichtungen dieser verschiedenen Zeitalter in Wahrheit auf den Ähnlichkeiten zwischen diesen Zeitaltern selbst beruhen, daß eine komparatistische Analyse der heroischen Dichtungen also eine komparatistische Ana- lyse der „heroischen Zeitalter" in sich schlösse.

Tatsächlich scheint sich über diesen Umweg — eher als bei allen bisher vorgeführten Theorien — die Möglichkeit zu bieten, aus der vielförmigen, konturlosen Überlieferung doch noch so etwas wie eine übernationale Gattung „Heldendichtung" herauszudestillieren. Denn alle Heldendichtung — so verschiedenartig sie sich im Grie- chischen, Germanischen, Romanischen, Slawischen und Keltischen auch darbieten mag — hat offenbar *ein* Charakteristikum gemein-

---

[56] E. Köhler in: Romanist. Jahrb. 8 (1957), S. 246—250.
[57] H. M. Chadwick, The Heroic Age, 1912, ²1967, seine These S. VIII. Vgl. auch Sir Maurice Bowra, The Meaning of a Heroic Age, Thirty- Seventh Earl Grey Memorial Lecture, 1957.

sam: daß sie ihren Ursprung jeweils in einer bestimmten, einigermaßen präzis eingrenzbaren Phase der geschichtlichen Entwicklung des einzelnen Volkes hat und daß diese Phase überall durch ähnliche politische und soziale Verhältnisse gekennzeichnet ist.

Die zeitliche Eingrenzbarkeit dieser Phase wird besonders deutlich in der griechischen und germanischen Sagentradition, und in der griechischen entwickelte sich sogar ein artikuliertes Bewußtsein ihrer Einzigartigkeit. Einen „Stamm halbgöttlicher Männer" (ἡμιθέων γένος ἀνδρῶν) nennt die Ilias die Helden, die vor Troja kämpften (XII, 23), und stellt ihre Körperkräfte ausdrücklich denen der „heutigen Menschen" gegenüber (XX, 285—287):

> Nun aber packte Aineias
> Einen Stein, gewaltig, zwei Männer der heutigen Menschen
> Höben ihn nimmer empor.

In der germanischen Sagentradition gibt es solche pointierten Formulierungen nicht, und es gibt — wie schon gezeigt — nicht einmal eine allgemein geläufige Bezeichnung für den Akteur der Sage. Gleichwohl war auch hier unausgesprochen eine feste Vorstellung dessen vorhanden, was als Heldensage gelten sollte, denn alle Sagenstoffe, die hierher gehören (und schon in der mittelalterlichen Überlieferung als zusammengehörig empfunden wurden), haben ihre geschichtliche Grundlage in der Völkerwanderung, also einer nur zweihundertjährigen Zeitspanne. Die Tendenz zur Stilisierung ins Übermenschliche, Halbmythische, das Bewußtsein der zeitlichen Distanz des „heutigen Menschen" von den erzählten Geschehnissen, also alles das, was sich in der griechischen Tradition findet, stellte sich in der germanischen Heldensage freilich nur spurenweise ein — nicht zufällig wohl allein im Altnordischen, wo eine störungsfreie Entfaltung noch am ehesten möglich war: So wird in der eddischen ›Atlakviða‹ Gunnars Halle zur valhǫll „Walhall", die Burgunden werden sigtívar „Sieggötter" genannt, Gudrun wird zur dís, einem halbgöttlichen Wesen, erhöht, und der Nibelungenhort erscheint als áskunnr arfr Niflunga, als „asenentstammtes Erbe der Nibelungen". Während die Sagenhandlung auf solche Weise dem gewöhnlichen Leben entrückt wird, verschwimmen im gleichen Maße die Konturen der historischen Verhältnisse, die ihnen zugrunde liegen. Man weiß kaum noch, wer die Burgunden und die Goten waren, aber man hält trotzdem zäh an dem einmal etablierten Kanon von Sagenstoffen fest.

Will man nun diese historischen Verhältnisse, also das, was man "heroic age" nennt, einmal exemplarisch rekonstruieren, so liegt es nahe, sich an das zu halten, was am besten bezeugt und erforscht ist. Es ist dies — zumindest innerhalb der europäischen Grenzen — der serbokroatische Raum. Die andauernden Kleinkriege in der christlich-islamischen Grenzzone, das Fehlen einer starken Zentralgewalt und statt dessen die Ausbildung partikularer Herrschaften: — das alles erinnert auch an das spanische "heroic age", die Zeit der Reconquista. Nur hat sich auf dem Balkan die „heldische Lebensform", wie schon angedeutet, bis ins 20. Jh. hinein erhalten können. Ihre speziellen Voraussetzungen — politisch, sozial und landschaftlich — haben Gerhard Gesemann und Maxim Braun ausführlich beschrieben. [58] Einige Stichworte sind: Gebirgige Landschaft, daher Zersplitterung in zahlreiche kleine, „kantonale" Einheiten, patriarchalische Organisationsform in Großfamilien und Stämmen, Viehzucht, große Bedeutung der Blutsfreundschaft und Blutrache, Weiterbestehen der Feudalverfassung in den türkisch besetzten Gebieten, wo sich die Begs — serbische Aristokraten, die zum Islam übergetreten waren — eigene Sänger in ihrem Gefolge hielten. Der religiöse Gegensatz bildete zwar den allgemeinen Hintergrund, war aber nicht unüberwindbar: Wie der spanische Cid zeitweise auf maurischer Seite kämpfte, so scheute sich der serbische Nationalheld Marko Kraljević nicht, türkische Hilfe in Anspruch

[58] G. Gesemann, Der montenegrinische Mensch, 1934, Neufassung unter dem Titel: Heroische Lebensform. Zur Literatur und Wesenskunde der balkanischen Patriarchalität, 1943. G's Quelle sind „70 typisch heroische Kurzgeschichten", die der Montenegriner Marko Miljanov 1901 veröffentlichte (vgl. S. 29 ff.). M. Braun, Zur Frage des Heldenliedes bei den Serbokroaten, in: Beitr. zur Gesch. d. dt. Spr. u. Lit. 59 (1935), S. 261—288; ders., Das serbokroatische Heldenlied, 1961, S. 13 ff. Vgl. auch V. Schirmunski, Vergleichende Epenforschung I (Dt. Akad. d. Wiss. zu Berlin, Veröff. des Inst. f. dt. Volkskunde 24), 1961, S. 16 ff., der das demokratische Element herausstreichen möchte und gegen Chadwicks „aristokratische" Interpretation des "heroic age" polemisiert.

zu nehmen. Die Religion lieferte oft nur Anlaß und Vorwand, Viehraub und Menschenraub (für den Sklavenhandel) waren der kriegerische Alltag.

Viehraub ist auch das Thema der altirischen Heldensage ›Tāin bō Cuailnge‹, in der Ernst Windisch schon einige Jahre vor Erscheinen des Chadwickschen Buches den Reflex eines „heroischen Zeitalters" der Kelten entdeckte. [59] *Tāin bō* ist ein Terminus technicus für das Wegtreiben von Kühen, *Tāin bō Cuailnge* also der „Rinderraub von Cuailnge", einem Distrikt in der Grafschaft Louth. Viehzucht war die wirtschaftliche Grundlage auch dieser altirischen Gesellschaft, und da eine starke Zentralgewalt fehlte, blieb der Rinderraub noch bis ins 18. Jh. hinein die gewöhnliche Form der Waffenübung unter den verfeindeten clans. Das irische Beispiel zeigt, daß das Ereignis, aus dem sich die Heldensage entfaltet, zunächst nicht einmal sehr bedeutend zu sein braucht — in diesem Fall geht es um einen mächtigen Stier, den Medb, die Königin von Connaught, einem Häuptling in Ulster rauben läßt. Die Historizität dieses Kriegszuges ist sogar zweifelhaft und läßt sich nur vage in die ersten nachchristlichen Jahrhunderte datieren, während der Sagentext seine endgültige Fassung im 8.—11. Jh. erhielt. Auch der Zug der Griechen gegen Troja habe ja, wie Windisch bemerkt, „auf den Gang der Weltgeschichte keinen unmittelbar erkennbaren Einfluß ausgeübt". Daß im Heerbann von Connaught alle Hauptstämme Irlands gegen Ulster ziehen, ist wohl ebensowenig ein ursprüngliches Element der Sage wie die Teilnahme aller Griechenstämme am Trojakrieg. Der Katalog der Teilnehmer in der irischen Sage findet dabei eine Parallele im Schiffskatalog der ›Ilias‹. Und noch auf eine weitere Parallele machte Windisch aufmerksam: Der Einzelkampf der Helden — im Irischen meist an einer Furt — stehe im Vordergrund, „die Heeresmassen scheinen nur dazu da zu sein, um in Massen von den Helden erschlagen zu werden".

[59] Die altirische Heldensage ›Táin bó Cúalnge‹ nach dem Buch von Leinster in Text und Übersetzung mit einer Einleitung hrsg. von E. Windisch, 1905, Zitate S. II und XXXV. Vgl. auch R. Thurneysen, Die irische Helden- und Königssage bis zum 17. Jh., 1921, über Windisch S. 9 f., über ›Tāin bō Cuailnge‹ S. 96 ff., ferner R. Baumgarten in: Kindlers Literatur Lexikon VI, 1971, Sp. 2349—2351.

Fügt sich die homerische ›Ilias‹ tatsächlich in dieses Milieu viehzüchtender und viehraubender clans? Es scheint, daß die olympische Szenerie die Aufmerksamkeit des heutigen Lesers allzu sehr beansprucht und daß der soziale Hintergrund der Handlung, der sich meist nur in den eingeschobenen Erzählungen, den Gleichnissen und den schmückenden Beiwörtern bemerkbar macht, leicht darüber vergessen wird. Wohl auch deshalb fand Hermann Strasburgers Aufsatz über den „soziologischen Aspekt der homerischen Epen" nicht die Resonanz, die er verdiente. [60] Strasburger machte wahrscheinlich, daß die Dorische Wanderung des 11./10. Jh.s alle Erinnerungen an die Macht und Pracht der mykenischen Zeit verwischt habe und daß sich in der ›Ilias‹ weit eher die unmittelbare Vergangenheit und Gegenwart des Dichters selbst, also das 9./8. Jh., widerspiegele, „eine Epoche nomadisierender Bauernkrieger, die allmählich seßhaft werden". Trotz der gewaltigen Dimensionen, die das griechische Kriegsaufgebot vor Troja angeblich hatte, ist es eine kleinräumige Welt, in der die homerischen Helden leben. Ihre Könige sind meist nur reiche Gutsbesitzer, deren typisches Streitobjekt die Viehherden sind. Achill erklärt, er habe nichts gegen die Trojer, denn

Nimmer trieben sie raubend mir Rinder und Pferde von dannen
(Il. I 154).

Der patriarchalische Familienverband und die Blutsfreundschaft spielen eine große Rolle und demzufolge auch die Blutrache. Es gibt Szenen von ungeheuerlicher Brutalität: Menschenraub, Plünderung der Gefallenen, Leichenschändung. Auch in ihren politischen Ansprüchen ist diese Grundbesitzeraristokratie nicht zimperlich: Thersites, der „Mann aus dem Volke" (δήμου ἀνήρ), macht sich auf der Heeresversammlung durch sein „blödes Geschwätz" mißliebig und wird handgreiflich zum Schweigen gebracht, denn

Vielherrschaft ist immer ein Übel, Einer sei Herrscher   (Il. II 204).

Man wird in dieser Szene wohl nicht unbedingt „eine politische

---

[60] H. Strasburger, Der soziologische Aspekt der homerischen Epen, in: Gymnasium 60 (1953), S. 97—114, das folgende Zitat S. 112.

Tendenz" sehen dürfen, aber immerhin, wie Felix Jacoby sagte, „einen politischen Standpunkt" [61]. Wie in der irischen Heldensage ist auch in der ›Ilias‹ fast nur von den Einzelkämpfen, den Aristien der Helden die Rede, und diese Helden bilden — über den griechisch-troischen Gegensatz hinweg — eine geschlossene Standesschicht mit gleichen Ehrbegriffen und Konventionen. Achill und Hektor sind sich als Angehörige der aristokratischen Schicht zum Verwechseln ähnlich, aber sobald einmal von der Truppe, vom gemeinen Mann, die Rede ist, kommt das traditionelle griechische Barbarenklischee zur vollen Geltung: Die Troer rücken zum Angriff vor „wie Vögel mit Lärmen und Schreien", also wie ein ungeordneter Haufen, während die Achaier ihnen „schweigend" entgegenschreiten, „alle im Herzen entschlossen, zu stehen einer für alle" (Il. III 2 ff.). Diese griechische Phalanx mit ihrem Schweigen und ihrer Disziplin — „aus Furcht vor den Herrschern"! — wird noch ein weiteres Mal erwähnt, und wieder stehen ihr die Troer als ungeordneter Haufen gegenüber, diesmal als blökende Schafe (IV 427 f.; vgl. XIII 128 ff.). Hier also, aber nur hier — auf der Ebene des gemeinen Mannes — wird der nationale Gegensatz unverblümt hervorgekehrt. Das „Heroische" als Standesideal kommt dadurch um so deutlicher zum Vorschein: Bei aller Verklärung ins Zeitlos-Mythische kann es seine tiefe Verwurzelung in konkreten historischen Zuständen nicht verleugnen.

Eine Art von "heroic age" macht sich selbst in Zusammenhängen bemerkbar, in denen man es nicht von vornherein erwarten würde. So verglich der Kirchenhistoriker Ernst Lucius die christliche Märtyrerlegende mit der Heldensage und identifizierte das 3./4. Jh., die Zeit der diocletianischen Christenverfolgungen, als die Heldenzeit der christlichen Kirche. [62] Ebenso wie die Heldensage arbeitet auch

[61] F. Jacoby, Die geistige Physiognomie der ›Odyssee‹, in: Die Antike 9 (1953), S. 159—194, Zitat S. 168, vgl. auch S. 163 und 171.

[62] E. Lucius, Die Anfänge des Heiligenkults in der christlichen Kirche, hrsg. von G. Anrich, 1904, Nachdr. 1966, S. 75 ff., bes. S. 83 ff. — Übrigens steht der Begriff der *virtus heroica*, den Albertus Magnus und Thomas von Aquin aus der ›Nikomachischen Ethik‹ des Aristoteles übernahmen und der von dort aus in die scholastische, asketische und mystische Theo-

die Märtyrerlegende, die schon im 4./5. Jh. — also bald nach der Anerkennung des Christentums als Staatsreligion — ihre feste Form erhält, mit einem Fonds von Motiven (Häufung von Foltern, Schmerzlosigkeit der Märtyrer usw.), und „nicht anders als die Heldensage nimmt die Märtyrerlegende nur wenig Rücksicht auf die Schicksale der gewöhnlichen Kämpfer, die zwar gewissenhaft und tapfer streiten, aber sich nicht in besonderer Weise hervortun. Ihr volles ganzes Interesse wendet sie lediglich den Einzelkämpfern zu".

Je mehr sich solche Beispiele von "heroic ages" vermehren lassen, um so schwieriger wird seine Definition, — nicht zuletzt auch deshalb, weil die Herausbildung der Vorstellung vom "heroic age" nicht allein in den Eigentümlichkeiten der so bezeichneten Periode selbst begründet liegt, sondern ebensosehr in den Eigentümlichkeiten der nachfolgenden Zeit, die sich veranlaßt fühlt, ihre Vergangenheit zum "heroic age" zu stilisieren. So kann die Auseinandersetzung mit fremden Invasoren später zu einer verklärenden Darstellung der Kämpfe führen, die dem Verlust der nationalen Freiheit vorausgingen: Die Eroberung des südlichen Schottlands durch die Angeln und Sachsen im 6./7. Jh., der Fall Kiews im Mongolensturm 1240 und die Kosovo-Schlacht 1389 sind Ereignisse, die Heldensagentraditionen begründeten. [63] Ebenso kann das zäsur-

---

logie gelangte, hiermit nur im losen Zusammenhang: R. Hofmann, Die heroische Tugend. Geschichte eines theologischen Begriffs, 1933; ders., in: Lex. f. Theologie u. Kirche 5. Bd., ²1960, Sp. 267.

[63] Dazu M. Braun (s. oben Anm. 49) und Nora Chadwick, The British Heroic Age. The Welsh and the Men of the North, 1976, bes. S. 64 ff. Vgl. A. O. H. Jarman, The Heroic Ideal in Early Welsh Poetry, in: Beitr. zur Indogermanistik und Keltologie, Julius Pokorny zum 80. Geb. gewidmet, 1967, S. 193—211. Auch der ›Bruce‹, das schottische Nationalepos, das John Barbour in den 1370er Jahren dichtete, mag in diesen Zusammenhang gehören, denn die Zeit, die dem Sieg des Schottenkönigs Robert Bruce über die Engländer bei Bannockburn 1314 folgte, war eine Zeit politischer Schwäche und Würdelosigkeit, der das Epos den pathetischen Preis der nationalen Freiheit entgegensetzte: Vgl. Fr. Brie, Die nationale Literatur Schottlands, 1937, S. 33—122, H. Koht, Medieval Liberty Poems, in: The American Historical Reviews 48 (1943), S. 281—290.

stiftende Ereignis eine Landnahme sein, und das "heroic age" ist dann die Periode, in der die Grundlagen der neuen Existenz für die nachfolgenden Generationen gelegt werden. Zu einem solchen "heroic age" wurden die anderthalb Jahrhunderte nach der Landnahme Islands während der Wikingerzeit — eine Vorstellung, die dann ihren Niederschlag in den Sagas des 13. Jh.s fand. Die gelegentlichen Ähnlichkeiten, die diese Prosaerzählungen mit eddischen Heldenliedern zeigen, beruhen — von einigen von vornherein erwartbaren Motivangleichungen abgesehen — im wesentlichen darauf, daß beide Literaturgattungen die Vorstellungsweisen von "heroic ages" reflektieren. [64] Etwas anders liegen die Dinge bei den homerischen Epen, obwohl sie ebenfalls mit einer Landnahme — der ionischen Besiedlung der kleinasiatischen Westküste — zusammenhängen: In der Erinnerung an den Glanz spätmykenischer (also mutterländischer) Verhältnisse *vor* der dorischen Wanderung und *vor* der ionischen Landnahme — mag diese Erinnerung im konkreten historischen Detail auch noch so dürftig sein — schafft sich die Aristokratie, die sich im neuerworbenen Land etabliert, ein verklärendes Abbild ihrer selbst. Wanderungen und Landnahmen sind schließlich auch das wesentliche Motiv zur Ausbildung der germanischen Heldensage.

Es scheint, daß das Milieu des "heroic age" immer irgendwie von Vorgängen beherrscht ist, die mit einer Lockerung und Auflösung altüberlieferter Familienverfassungen und religiöser Ordnungen Hand in Hand gehen: Jedenfalls kann sich im "heroic age" zum ersten Mal das Individuum stärker zur Geltung bringen als das Kollektiv, und häufig ist dieses Individuum — der „Held" — gar nicht einmal ein Vorbild allgemeinverbindlicher Tugenden, sondern eher das Gegenteil davon: ein Protest gegen das vom Kollektiv

---

[64] Dazu O. Bandle, Isländersaga und Heldendichtung, in: Afmælisrit Jóns Helgasonar, 1969, S. 1—26, der eine alte These W. P. Kers aufgreift — "The Sagas are the inheritors of the older heroic poetry" (Epic and Romance, ²1908, Nachdr. 1957) — und die Existenz der Isländersagas aus der unmittelbaren Anregung und fortdauernden Beeinflussung durch die Heldendichtung erklären möchte.

gebotene Mittelmaß, eine Figur, deren Faszination gerade darin liegt, daß sie das Exorbitante, das Regelwidrige tut. Der Held ist deshalb eigentlich zunächst nichts weiter als eine Demonstration seiner selbst, allerdings nicht so unnütz und überflüssig, wie es dem rationalen Denken scheinen könnte, da er — wenn auch auf eine einseitige, exzessive oder gar unzulässige Weise — eine Gesinnung verkörpert, in der sich die soziale Gruppe, der er angehört, durchaus wiedererkennen möchte, ohne dabei das Verhalten, in dem er diese Gesinnung auslebt, nachahmen zu können oder zu dürfen. Beispiele für den solcherart „problematischen" Helden finden sich in fast allen Literaturen, so daß man sie für typisch halten darf: Achill, Roland, Byrhtnoth, Gunnar, Igor — sie alle gehören in diese Reihe.

In der Forschung freilich stieß diese merkwürdige Faszination des Helden, die gerade nicht die Vorbildhaftigkeit in sich schließt, vielfach auf Unverständnis.

Werner Jaeger, der schon in den homerischen Epen das Programm einer Erziehung zur Adelsethik sehen wollte, deutete Achill als tragische Figur, [65] und Jan de Vries interpretierte Achills Groll als „innerlichen Kampf eines im Unrecht verstrickten Menschen", dessen Erfindung in priesterlichen Kreisen zu suchen sei.[66] In Wahrheit aber ist Achills Groll der unmittelbare Ausdruck seiner heldischen Mentalität. Achill kennt keine Rücksichten gegenüber der Heeresgemeinschaft und erst recht keine vaterländischen Pflichten. Er bringt seine Kriegsgefährten allein deshalb in größte Gefahr, weil ihm sein Beuteanteil geschmälert worden war, und als er schließlich doch noch in den Kampf eingreift, tut er dies allein deshalb, weil er — in einem wilden, hemmungslosen Ausbruch des Hasses — Rache für seinen gefallenen Freund Patroklos nehmen will: „Alles ist sehr einfach und sehr groß, aber gerade Hingabe und Opfer, Verschuldung und Buße fehlen." [67]

[65] W. Jaeger, Paideia, 1. Bd., 1933, ³1954, S. 72 ff.

[66] J. de Vries, Heldenlied und Heldensage, 1961, S. 319 ff.

[67] R. Pfeiffer, Bespr. von W. Jaeger, Paideia, 1. Bd., in: Deutsche Literaturzeitung 1935, Sp. 2126—2134, Zitat Sp. 2132. Zu Jaegers Achill-Bild ferner B. Snells Paideia-Kritik in Gött. Gel. Anz. 1935, S. 329—353, bes. 335 ff. Vgl. auch R. Harder, Kl. Schriften, 1960, S. 187 mit Anm. 10.

Ähnlich wie Achills Verhalten in der ›Ilias‹ fügt Rolands Verhalten in der ›Chanson de Roland‹ — seine *desmesure*, seine „Maßlosigkeit" — der eigenen Sache den schwersten Schaden zu. Die dreimalige stolze Verweigerung des Hornrufes ist die Kernszene des Liedes: Dreimal erklärt Roland, daß er, wenn er Hilfe herbeiriefe, „seinen Ruhm verliere" (*perdreie mun los*, V. 1054), daß seine Familie geschmäht und daß das „holde Frankreich" in Schimpf und Schande sinken werde (V. 1063 f., 1076, 1090). Der eigene Ruhm, die Familie und dann erst das „holde Frankreich": — das ist die Reihenfolge. Als schließlich die Schlacht verloren ist, muß Roland sich von seinem Gefährten Olivier sagen lassen, daß sein „Leichtsinn" und seine „Tapferkeit" das Unheil verursacht haben (V. 1726, 1731). Demgegenüber bemühte sich die Forschung immer wieder, Rolands Vorbildhaftigkeit zu retten oder sein Verhalten doch zumindest als erbauliches Exempel im Sinne der christlichen Tugendlehre zu interpretieren: Roland habe sich und sein Heer bewußt geopfert, um Karl zur Rache und damit zur Eroberung und Christianisierung Spaniens anzuspornen, [68] er bereue in seinem Gebet vor dem Tode die christliche Sünde der *desmesure* und gelange so als Märtyrer und Heiliger in den Himmel. [69] Tatsächlich aber sind Christentum und Heidenkrieg wohl kaum mehr als der selbstverständliche, immer gegenwärtige Hintergrund der Roland-Handlung. Roland ist zwar voll und ganz in das christliche Milieu integriert, sein Schlußgebet aber ist das konventionelle *mea-culpa*-Gebet des sterbenden Christen, und in seinem kriegerischen Verhalten ist er der in feudalistischen Ehrbegriffen denkende Held. [70]

Rolands *desmesure* ist wiederum vergleichbar mit Byrhtnoths Auftreten im altenglischen ›Maldon-Lied‹. Dieses Lied vom Ende des 10. Jh.s will zum Widerstand gegen die andauernden Wikingereinfälle ermahnen, indem es den notwendigen Kampfgeist an Byrht-

---

[68] A. Foulet, Is Roland Guilty of *desmesure?* in: Romance Philology 10 (1956—57), S. 145—148.

[69] A. Renoir, Roland's Lament, in: Speculum 35 (1960), S. 572—583.

[70] D. D. R. Owen, The Secular Inspiration of the Chanson de Roland, in: Speculum 37 (1962), S. 390—400.

noths Entschluß demonstriert, *for his ofermōde* den Wikingern das Betreten des Festlandes zu gewähren und damit die verhängnisvolle Schlacht einzuleiten, die dann zu seinem und seiner Gefährten Untergang führt. An der Wendung *for his ofermōde* „wegen seines Übermuts" (V. 89) ist viel herumgerätselt worden. Man meinte, Stolz und Vermessenheit passe nicht zu einem Mann, der gleichsam als christlicher Märtyrer sterbe. [71] Aber auch im ›Maldon-Lied‹ ist — ebenso wie im ›Rolandslied‹ — das Christentum nicht das eigentliche Thema, sondern nur der selbstverständliche Hintergrund. [72] Es geht allein um die heroische Geste, deren Faszinationskraft gerade darin liegt, daß taktische Rücksichten und Erwägungen des Nutzens nicht zählen: "Tactically Byrhtnoth's invitation is a disastrous example of stupidity . . ., but as an expression of personal heroism it is a fine excess . . ." [73]

Schuldig am Untergang seines Heeres ist schließlich auch der russische Igor, und das Heldenlied, dessen Titelfigur er ist und das schon bald nach seinem unglücklichen Kumanenfeldzug — am Ende der 1180er Jahre — in der Umgebung des Kiewer Großfürsten entstand, will ähnlich wie das ›Maldon-Lied‹ politischer Appell sein: Es will die russischen Fürsten zur Einigkeit im Kampf gegen die von Osten andrängenden Feinde aufrufen. In diesem Sinne tadelt es Igor, weil er auf eigene Faust gehandelt und ruhmsüchtig und voreilig den Kriegsplan des Großfürsten durchkreuzt habe, aber es preist zugleich seine — offenbar unzähmbare — Kampfgier und Tapferkeit, nicht weniger auch seine Gewandtheit bei der Flucht aus der Gefangenschaft und macht ihn damit zum Inbegriff des russischen Widerstandswillens:

[71] N. F. Blake, The Battle of Maldon, in: Neophilologus 49 (1965), S. 332—345.

[72] J. E. Cross, Oswald and Byrhtnoth, a Christian saint and a hero who is Christian, in: English Studies 46 (1965), S. 93—109.

[73] E. B. Irving jr., The Heroic Style in the Battle of Maldon, in: Studies in Philology 58 (1961), S. 457—467, Zitat S. 462. G. Clark, The Battle of Maldon: A Heroic Poem, in: Speculum 43 (1968), S. 52—71, ist allzu ängstlich bemüht, das pejorative Element in *ofermōd* zu eliminieren. Vgl. auch K. von See, German. Heldensage, 1971, S. 80 ff.

So wie die Sonne am Himmel leuchtet,
leuchtet Fürst Igor auf russischer Erde. [74]

Stärker stilisiert als im Maldon- und im Igorlied erscheint heldische Mentalität im ›Alten Atlilied‹ der Edda: Erst in dem Augenblick, als Gunnar erfährt, daß Atlis Einladung ein Hinterhalt ist
und daß ihm am Hunnenhof tödliche Gefahr droht, entschließt er
sich, nun gerade der Einladung zu folgen. Auch hier hat sich die
Forschung nicht zufriedengeben wollen und dem Entschluß Gunnars
eine Gemeinschaftsbezogenheit unterstellt, die sie offensichtlich
nicht hat: Gunnars eidliche Verpflichtung, ins Hunnenland zu
ziehen, wurde als eine Selbstaufopferung gedeutet, die seinem Volk
eine hunnische Invasion ersparen sollte. Tatsächlich aber ist Gunnars Entscheidung politisch durchaus unvernünftig, und das Gedicht
läßt auch deutlich erkennen, daß sie allein aus der Situation des
Gelages hervorwächst: *Af móði stórom* — gemeint ist wohl: „im
rauschhaften Übermut" — fordert Gunnar den Schenken auf, den
Männern die Goldschalen zu reichen, bevor er dann — in der Form
der „bedingten Selbstverfluchung" — seinen Entschluß verkündet:
Úlfr mun ráða arfi Niflunga . . ., ef Gunnars missir „Der Wolf
soll über das Nibelungenerbe herrschen . . ., wenn Gunnar aus-
bleibt" (Str. 11).

Die Reihe der Beispiele ließe sich unschwer fortsetzen: Der Hamdir des eddischen ›Hamdirliedes‹ wäre zu nennen, im Altenglischen
sogar der Beowulf und der Waldere. [75] Häufig hat der Held einen
Freund, Bruder oder Kriegsgefährten neben sich, der die Tugend des
common sense, der Besonnenheit und Nüchternheit, vertritt und
dadurch das Heldische am Helden noch stärker heraustreibt: Pulydamas steht neben Hektor (Il. XIII 725 ff. und XVIII 249 ff.,

---

[74] Vgl. D. Gerhardt, Rußland und sein Igorlied, in: Archiv f. Kulturgesch. 34 (1952), S. 67—80. M. Braun, Epische Komposition im Igor-Lied,
in: Welt der Slaven 8 (1963), S. 113—124, zeigt im Vergleich mit südslawischer Epik, daß das ›Igorlied‹ trotz seiner künstlerischen Einmaligkeit typische Motivketten der volkstümlichen Heldendichtung enthält.

[75] Dazu G. N. Garmonsway, Anglo-Saxon Heroic Attitudes, in: Medieval and Linguistic Studies in Honor of F. P. Magoun jr., 1965,
S. 139—146, und K. von See, Die Sage von Hamdir und Sörli, in: Festschr. Gottfried Weber, 1967, S. 47—75.

312 f.), Olivier neben Roland (*Rollant est proz et Oliver est sage,* Ch. de Rol. V. 1093), Sörli neben Hamdir (Hamdirlied Str. 27). Olivier gibt sich schon durch seinen sprechenden Namen — die Anspielung auf den Ölbaum, das Symbol der Weisheit — als Repräsentant der *sapientia* und damit zugleich auch als Geschöpf der Dichtung zu erkennen.

Man sollte mit den Beispielen problematischer Helden nicht unbedingt ein allgemeingültiges Bild des „Helden" konstruieren wollen, aber es handelt sich doch um eine charakteristische Tendenz, die trotz literarischer Stilisierung gelegentlich durchaus eine Grundlage in der Realität haben mag. Selbst noch der „rote Kampfflieger" des Ersten Weltkrieges, Manfred Freiherr von Richthofen, ließe sich in diese Reihe stellen: Der turnierartige Charakter des Luftkampfes, die Selbstbezogenheit und die gleichsam ständische Exklusivität der Jagdflieger über die feindlichen Linien hinweg — man ehrt den gefallenen Gegner durch den Abwurf von Kränzen —, auch die (von der jeweiligen Truppenführung durchaus erkannte) Nutzlosigkeit und Unvernünftigkeit dieses Kriegssports und schließlich der frühe Tod — alles das macht den „roten Kampfflieger" zu einem der wenigen wirklichen „Helden" des Ersten Weltkrieges.

Heldendichtung freilich hat der „rote Kampfflieger" nicht mehr erzeugen können (obwohl eine Selbstbiographie, die die Unerschrockenheit des Helden schon im Knabenalter dokumentiert, einige typische Merkmale zeigt). Nicht nur der Held selbst, sondern auch die Heldendichtung kann sich am ehesten im kleinräumigen Milieu entfalten. Die Fürstenhalle ist für die griechische und germanische Heldendichtung der gemäßeste Ort, die Dorfgenossenschaft, der Markt oder das Kaffeehaus für die serbokroatische Epik noch bis ins 20. Jh. hinein. Der Anglist Levin L. Schücking (der Literatursoziologie schon praktizierte, bevor sie zur stumpfsinnigen Mode wurde) stellte fest, daß die heldische Ruhmrede und das Kampfgelübde „in der Atmosphäre des Banketts besonders gut gedeihen" [76]. Dasselbe gilt natürlich für den Vortrag von Heldenlie-

---

[76] L. L. Schücking, Heldenstolz und Würde im Angelsächsischen, Abh. der Sächs. Akad. d. Wiss., Phil.-hist. Kl. 42, Nr. 5, 1933, Zitat S. 5. Für

dern: Griechische Szenen haben hier ihre genaue Entsprechung im altenglischen Beowulf-Epos: *Lēoð wæs āsungen*, . . . *beorhtode bencswēg* „Das Lied war vorgetragen, . . . hell ertönte Lärm auf den Bänken" (V. 1159 ff.). Großräumige Staatsgebilde, in denen persönliche — patriarchalische oder feudalistische — Beziehungen mehr oder weniger zurückgedrängt sind, können kein günstiger Boden für Helden und Heldendichtung mehr sein.

Eine Bestätigung für diese und auch für einige vorausgehende Beobachtungen läßt sich durch eine Art von Gegenprobe liefern: durch einen Blick auf die römische Literatur, die Heldendichtung im eigentlichen Sinne nicht hervorgebracht hat. Vergils Aeneas ist nicht ein homerischer Heldenjüngling, sondern ein verantwortungsbewußt handelnder Mann, *pius Aeneas, pater Aeneas*, ein Mann, „der einen geschichtlichen Auftrag zu erfüllen hat, im Dienst einer sittlichen Ordnung" [77]. Dieser teleologische Zug prägt die Aeneis: auch ein herkömmliches episches Requisit wie die Weissagung ist hier der Funktion unterworfen, den Helden immer wieder im Bewußtsein seiner Sendung zu bestärken und zu bestätigen. Die ›Aeneis‹ ist daher weniger Heldenepik als vielmehr symbolische Deutung der römischen Geschichte mit den Mitteln der Heldenepik. Daß dieses Vergilische Aeneas-Bild nicht *nur* dem Staatsdenken der augusteischen Zeit verpflichtet, sondern tiefer in der römischen Mentalität verwurzelt ist, läßt Hellfried Dahlmanns Aufsatz über „Das römische Mannesideal" erkennen: Römische *virtus* ist nicht unbedachtes Draufgängertum, sondern Zähigkeit, Zucht und Selbstbeherrschung, der Krieg ist *durus labor*, und *virtus* ist kein ständisches, adliges Ideal wie die griechische ἀρετή. [78] Auch die Darstellungen der Germanenkriege zeigen ja immer wieder, daß dem Römer die geschlossene Phalanx mehr bedeutet als der verwegene Einzelkampf. Es wird also zum

---

das russische Heldenlied O. B. Briem, Germ.-roman. Monatsschr. 17 (1929), S. 346.

[77] U. Knoche, Bespr. von J. Perret, Virgile, in: Euphorion 50 (1956), S. 103—112, Zitat S. 110. Vgl. E. Burck, Das Menschenbild im römischen Epos, in: Gymnasium 65 (1958), S. 121—146, über die ›Aeneis‹ S. 132—139.

[78] H. Dahlmann, Das römische Mannesideal, in: Mannestum und Heldenideal. Fünf Vorträge, . . . eingel. von Th. Mayer, 1942, S. 22—35.

gewissen Teil in der römischen Mentalität begründet sein und nicht nur in der besonderen Entwicklung des römischen Imperiums und in dem Phänomen der frühen griechischen Überfremdung, daß die Römer gar kein eigentliches "heroic age" erlebt und daher auch keine selbständige Heldenepik hervorgebracht haben. Um so bemerkenswerter ist es, daß dann doch noch ein Versuch gemacht wird, nachträglich eine solche Tradition zu konstruieren: Cicero erwähnt einige Male, daß Cato und daneben auch Varro *carmina* bezeugen, *cantitata a singulis convivis de clarorum virorum laudibus.* Das Problem dieser „altrömischen Tafel- und Heldenlieder" ist bis zum heutigen Tage nicht zur Ruhe gekommen. Macaulay versuchte sogar, einige von ihnen in der Form altschottischer Balladen nachzudichten. [79] Aber schon Theodor Birt erklärte: „Cato log . . . Dieser ehrgeizige Römer und Griechenhasser wollte nicht, daß man glauben sollte, Rom hätte solcher Heldenlieder entbehrt, wie sie die verhaßten Griechen ihrem Homer verdankten." [80]

Gerade das römische Beispiel — Vergils ›Aeneis‹— zeigt noch einmal, wie bunt und verwirrend das Bild ist, das uns die europäische Heldendichtung bietet. Es scheint, daß sie als Gattung ebenso schwer definierbar ist wie „Naturdichtung" oder „Liebesdichtung". Ihre ungewöhnliche Zählebigkeit — einer der Gründe für die ungewöhnliche Vielfalt der Inhalte und Formen — erklärt sich sicherlich nicht allein aus der Rolle, die sie für das Selbstgefühl und das Geschichtsbewußtsein einzelner sozialer Gruppen und Völkerschaften spielt. Im Helden und in den exemplarischen Situationen, die der Held zu bestehen hat, erlebt sich vielmehr der Mensch überhaupt am frühesten und nachhaltigsten als ein in der Geschichte handelndes, seiner selbst mächtiges Wesen. [81] Daher ist das, was am Helden

---

[79] Thomas B. Macaulay, Altrömische Heldenlieder, dt. von H. v. Pilgrim, 1888, S. 33.

[80] Th. Birt, Horaz' Lieder, 1925, S. 32. Zitat nach H. Dahlmann, Zur Überlieferung über die „altrömischen Tafellieder", in: Akad. d. Wiss. u. d. Lit., Abh. der geistes- und sozialwiss. Kl., Jg. 1950, Nr. 17, Mainz 1951, S. 1191—1202, der Birts energische Skepsis mit ausführlicher Begründung gegen die communis opinio stützt.

[81] Zur archetypischen Form der Heldensage und ihrer Verwendung bei

vor allem fasziniert, die exorbitante Demonstration eben dieser
Selbstmächtigkeit: seine Ungebundenheit, seine Unvernünftigkeit
und Regelwidrigkeit — daraus folgend vielleicht auch seine Über-
flüssigkeit (die sich dem Betrachter dann häufig als tragische „Über-
lebtheit" der heldischen Ideale darstellt). Nachahmenswerte, mora-
lisch verbindliche Tugenden sind dem Helden zwar durchaus nicht
fremd — vor allem dann nicht, wenn sich die Heldendichtung in den
Dienst einer standespolitischen Auseinandersetzung, eines nationalen Freiheitskampfes oder gar einer christlich-erbaulichen Tendenz
stellt — aber diese moralische Vorbildhaftigkeit ist nicht das eigentlich „Heldische" am Helden. Brutalität, Verwandtenmord und
Verrat sind charakteristische Züge besonders der griechischen und
der germanischen Heldendichtung. Es scheint, daß der Held die
Möglichkeiten dessen absteckt, was der Mensch in extremen Äuße-
rungsformen wollen und tun kann. Er ist, wie Karl Reinhardt einmal sagte, eine der „Urformen menschlicher Selbstdarstellung" [82]
und Heldendichtung daher in einem tieferen als nur stofflichen
Sinne eine eminent säkulare Dichtung.

der Stilisierung von Geschichtstraditionen vgl. K. von See, Hastings,
Stiklastaðir und Langemarck. Zur Überlieferung vom Vortrag heroischer
Lieder auf dem Schlachtfeld, in: Germ.-roman. Monatsschr. 57 (1976),
S. 1—13.

[82] K. Reinhardt, Die Krise des Helden, in: K. R., Tradition und Geist.
Gesammelte Essays zur Dichtung, 1960, S. 420—427, Zitat S. 420.

I. INDOGERMANISCHE HELDENDICHTUNG

ZU TIEFENGRAMMATISCHE THEORIE IN UTOPIE

Rüdiger Schmitt (Hrsg.), Indogermanische Dichtersprache. Darmstadt 1968 (Wege der Forschung, Bd. CLXV), S. 1—10 (= Einführung) (gekürzt).

INDOGERMANISCHE DICHTERSPRACHE *

Von Rüdiger Schmitt

[...]

Die Existenz einer Dichtung und folglich einer Dichtersprache in gemein-indogermanischer Zeit wird heute allgemein angenommen [1] — sofern nicht einzelne Forscher die Realität des 'Indogermanischen' als Ganzen in Abrede stellen [2]. Von einer „indogermanischen Dichtersprache" hat als erster Adolf Kaegi in seinem Vedabuch geredet [3], während sich der erste Hinweis auf eine solche Erscheinung schon früher (1853) bei Adalbert Kuhn findet. Dieser hatte ved. *ákṣiti śrávaḥ* „unverwelklicher Ruhm" mit der homerischen Wendung κλέος ἄφθιτον verglichen. Allerdings hatte Kuhn daraus noch nicht auf eine gemein-indogermanische Dichtung geschlossen — ein Schluß, der ja auch in einer einzelnen Vergleichung eine zu schmale Basis hätte. Deshalb ist es nicht verwunderlich, daß erst Kaegi, der — von August Fick beeinflußt — als erster eine kleine Konkordanz solcher phraseologischer Übereinstimmungen bietet, auch als erster das Phänomen in seiner ganzen Tragweite erfaßt hat.

---

* Die Überschrift stammt vom Herausgeber. [Anm. d. Red.]

[1] Eine systematische Darstellung aus der Feder des Verfassers ist unter dem Titel ›Dichtung und Dichtersprache in indogermanischer Zeit‹ 1967 im Verlag Otto Harrassowitz (Wiesbaden) erschienen.

[2] Aber daß eine einheitliche idg. Grundsprache unabweisbar ist, hat zuletzt vor allem Anton Scherer, Der Stand der indogermanischen Sprachwissenschaft, in: Trends in European and American Linguistics 1930—1960, Utrecht/Antwerpen 1963, S. 226—228 zu zeigen versucht.

[3] Adolf Kaegi, Der Rigveda, die älteste Literatur der Inder, Leipzig [2]1881, S. 128[12] und S. 158[82] f. — Vor ihm hatte nur Adalbert Kuhn, Indische und germanische segenssprüche, in: KZ 13 (1864), S. (= Indogermanische Dichtersprache, Darmstadt 1968, S. 12) eine „art poesie" im Auge gehabt.

Aber das Verdienst der ersten Entdeckungen ist ohne Zweifel Adalbert Kuhn zuzuschreiben, der in seinem mythologischen Hauptwerk [4] — Windisch bezeichnet ihn als den „philologische(n) Begründer der Vergleichenden Mythologie" [5] — übereinstimmende Vorstellungen von der Sonne in ihrer sprachlichen Ausprägung zurückgewann: ved. *súryasya cakráḥ* „Rad der Sonne" ist weitgehend identisch mit griech. ἠλίου κύκλος und germanischen Wendungen wie altnord. *sunnu hvél* und altengl. *sunnan hweogul*. Aus seiner tiefen Kenntnis der altgermanischen Mythologie und der ältesten vedischen Texte vermochte er „indische und germanische Segenssprüche" zu heben, die auf gemeinsame Vorbilder in noch früherer Zeit schließen ließen [6]. Ihn beeinflußten wie kaum einen anderen die fast zur gleichen Zeit erschienene ›Deutsche Mythologie‹ Jacob Grimms und Friedrich Rosens ›Rigveda‹-Ausgabe:

hier wie dort schien eine versunkene Welt wieder in die Helle des Tages emporgehoben zu werden, und ein schärferes Auge gewahrte alsbald auch die Spuren einer uralten Verbindungsbrücke, die über Raum und Zeit hinweg den Wagemutigen wohl von einem Ufer zum andern tragen mochte. Adalbert Kuhn bleibt der Ruhm, als Erster in der vollen Ausrüstung der damaligen Sprachwissenschaft diese Brücke entschlossenen Schrittes begangen zu haben [7].

[. . .]

Methodisch bedeutsam ist der Beitrag Wilhelm Schulzes [8], in dem der Autor Spuren „einer in ferne Vorzeit zurückreichenden

---

[4] Adalbert Kuhn, Die Herabkunft des Feuers und des Göttertrankes, Berlin 1859, mit Nachträgen wiederabgedruckt in: Mythologische Studien, Band 1, hrsg. von Ernst Kuhn, Gütersloh 1886.

[5] Ernst Windisch, Geschichte der Sanskrit-Philologie und indischen Altertumskunde, Zweiter Teil, Berlin/Leipzig 1920, S. 267.

[6] Kuhn, l. c., in: KZ 13 (1864), bes. S. 49—63 (= Indogermanische Dichtersprache, l. c., S. 11—25). Dazu vergleiche man jetzt auch Bernfried Schlerath, Zu den Merseburger Zaubersprüchen, in: IBK Sonderheft 15 (1962), S. 139—143 (= Indogermanische Dichtersprache, S. 325—333).

[7] Wilhelm Schulze, Zum Gedächtnis Adalbert Kuhns, in: KZ 45 (1913), S. 377 = Kleine Schriften, Göttingen 1933, S. 10.

[8] Wilhelm Schulze, Tocharisch *tseke peke*, in: Sitzungsber. Preuß. Akad. d. Wiss. 1921, S. 294 (= Indogermanische Dichtersprache, l. c., S. 35).

Tradition" anerkennt. Er verweist zu der festen homerischen Fügung μέγα κλέος „großer Ruhm" auf die ebenso feste Wendung in der ›Ṛgvedasaṃhitā‹, die dieser lautlich entspricht: máhi śrávaḥ. Der „Ruhm" ist ein zentraler Begriff, um den sich mehrere gemeinsame Verbindungen vor allem des vedischen und homerischen Sprachgebrauches kristallisieren: Schulze konnte auf das von Kuhn erkannte Nebeneinander von homer. κλέος ἄφθιτον und ved. ákṣiti śrávaḥ verweisen [9] und fügte eine dritte Formel hinzu: ved. pṛthú śrávaḥ „breiter Ruhm" (auch komponiert in dem Eigennamen Pṛthuśrávāḥ) gesellt sich zu homer. κλέος εὐρύ, das in der Wortwahl allerdings abweicht. Diese Übereinstimmungen — zu denen sich im übrigen noch weitere gesellen [10] — zeigen klar die Bedeutung des „Ruhmes" in ältester indogermanischer Zeit. Dieses selbst in den lyrischen Texten der ältesten vedischen Textsammlung wider Erwarten reiche Vorkommen des Begriffes „Ruhm" macht gewissermaßen durch die Kumulierung evident, daß das gesamte Ensemble dieser Entsprechungen als Ganzes aus indogermanischer poetischer Tradition erwachsen ist.

[. . .] Ähnlich liegt der Fall auch bei dem (ebenfalls in der Epik heimischen) Begriff idg. *ménes- (ved. mánaḥ, griech. μένος) „Tatkraft". Die auffälligste dieser Wendungen ist das von Homer zur Bildung von Namenumschreibungen gebrauchte ἱερὸν μένος, das in ved. iṣiréṇa . . . mánasā eine etymologische Entsprechung hat — wie zuerst Adalbert Kuhn bemerkte [11]. Diese Fügungen sind alle in der Heldendichtung zu Hause, deren vornehmlichster Gegen-

[9] Einige Jahre vorher, in dem Gedenkartikel zu Adalbert Kuhns hundertsten Geburtstag, hatte er notiert: „ved. ákṣiti śrávaḥ wurzelt (so möchte man glauben) in derselben Tradition, der auch das homer. κλέϝος ἄφθιτον in der Urzeit entsprungen ist" [l. c., KZ 45 (1913), S. 377 = Kleine Schriften, l. c., S. 11].

[10] Dazu vergleiche man Kapitel II „Der 'Ruhm' als Zentralbegriff indogermanischer Heldendichtung" meiner oben Anm. 1 genannten Arbeit (zuerst masch. Diss.: Studien zur indogermanischen Dichtersprache, Saarbrücken 1965), S. 61—102.

[11] Adalbert Kuhn, Über das alte S und einige damit verbundene lautentwickelungen, in: KZ 2 (1853), S. 274.

stand der „Ruhm der Männer" war. Die κλέα ἀνδρῶν, die Achilleus singt oder der Aoide Demodokos, führen aus altgriechischer Epik unmittelbar zurück in indogermanische Urzeit. Das vedische Korrelat *śrávaḥ nṛṇā́m* „Ruhm der Männer" erweist, wie Franz Specht gesehen hat [12], das Alter der Fügung (und des Gedankens) trotz der unverkennbaren, durch speziell Indisches bedingten inhaltlichen Abweichung [13].

Die bevorzugte Form dieser Lieder hat wohl Franz Rolf Schröder in dem von ihm so benannten „Aufreihlied" [14] gefunden. So bezeichnet der Verfasser jene Lieder, die nicht nur „eine einzige Tat eines Gottes und diese als seine größte verherrlichen", sondern „in knapper, andeutender Art eine ganze Anzahl von Taten des betreffenden Gottes rühmend aufzählen und aneinanderreihen". Die einzelnen Vertreter dieser indogermanischen Liedform sind zwar auf Götterdichtung beschränkt, aber gerade auf die jeweiligen „heldischen" Götter (Indra, Thor, Herakles). Deshalb vertrete ich die Ansicht [15], daß wir hierin einen Rest alter indogermanischer Heldendichtung sehen dürfen, zumal dieses Thema „für mehrere idg. Völker als Inhalt alter poetischer Kunst ausdrücklich überliefert oder bezeugt ist" [16].

[. . .]

---

[12] Franz Specht, Zur indogermanischen Sprache und Kultur, in: KZ 64 (1937), S. 1 (= Indogermanische Dichtersprache, l. c., S. 49).

[13] Das ist in knappen Strichen angedeutet in meiner Skizze in: Indogermanische Dichtersprache, l. c., S. 341 f.

[14] Franz Rolf Schröder, Eine indogermanische Liedform. Das Aufreihlied, in: GRM 35 (1954), S. 179—185 (= Indogermanische Dichtersprache, l. c., S. 177—186).

[15] Vgl. die Anm. 10 genannte Arbeit, § 264 S. 141.

[16] Paul Thieme, Vorzarathustrisches bei den Zarathustriern und bei Zarathustra, in: ZDMG 107 (1957), S. 87 (= Indogermanische Dichtersprache, l. c., S. 229).

Münchener Studien zur Sprachwissenschaft 21 (1967), S. 21—31 (gekürzt).

INDOGERMANISCHE DICHTERSPRACHE?

Von Helmut Humbach

I

Die Tatsache, daß die angelsächsische Dichtung das Wort *helm* „Helm" im Sinne von „Schutz, Schirm" oder vielmehr „Beschützer, Beschirmer" metaphorisch auf Personen herrschenden Standes und auf Gott anwendet, ist wohlbekannt [1]. Trotzdem lohnt es sich, den Gebrauch nochmals genauer ins Auge zu fassen. Dabei genügt es, sich auf die Belege des ›Beowulf‹ zu beschränken, bieten sie doch eine recht repräsentative Auswahl.

Es handelt sich durchweg nicht um einfache, sondern um erweiterte Metaphern, um Kenningar mit Bestimmungswort im Genitiv. Bei dem im Genitiv stehenden Wort handelt es sich nur ausnahmsweise um eine Sachbezeichnung wie in der christlichen Gotteskenning *heofena helm* „Helm der Himmel" B. 182. In der Regel haben wir jedoch Fürstenkenningar vor uns, deren Bestimmungswörter pluralische Personenbezeichnungen, insbesondere Volksnamen, sind: *lidmanna helm* „Helm der Seeleute" B. 1623, *Wedra helm* „Helm der Wettergauten" B. 2462. 2705, *helm Scylfinga* „Helm der Skylfinge" B. 2381, *helm Scyldinga* „Helm der Skyldinge" B. 371. 456. 1321.

Der Gebrauch entspricht demjenigen anderer Fürstentitel. So steht z. B. *lidmanna helm* B. 1623 stellvertretend für den Namen Beowulfs, oder *Wedra helm* B. 2462 variiert das in 2430 weit vorausgehende *Hrēðel cyning* „König Hredel". Besonders bemerkenswert aber ist trotz seiner Selbstverständlichkeit der appositionelle Gebrauch in B. 371 usw.:

[1] Hertha Marquardt, Die altenglischen Kenningar (= Schriften der Königsberger Gelehrten Gesellschaft, 14. Jahr, Geisteswissenschaftliche Klasse, Heft 3), Halle 1938, S. 253, 277 und öfters.

Hrōðgar maþelode, helm Scyldinga
„Hrodgar sprach, der Helm der Skyldinge",

denn die Fügung *Hrōðgar . . . helm Scyldinga* der dreimal belegten
Zeile stimmt recht genau zum homerischen Αἴας . . . ἕρκος Ἀχαιῶν
„Ajas, Schutzwall der Achäer" in:

Il. III   229 οὗτος δ'Αἴας ἐστὶ πελώριος, ἕρκος Ἀχαιῶν
Il. VI   5   Αἴας δὲ πρῶτος Τελαμώνιος, ἕρκος Ἀχαιῶν
Il. VII   211 τοῖος ἄρ' Αἴας ὦρτο πελώριος, ἕρκος Ἀχαιῶν [2].

Ähnlich entspricht dem christlichen *god . . . heofena helm* B. 181 f.
weitgehend das in hymn. Hom. VIII, 3 bezeugte Ἄρες . . . ἕρκος
Ὀλύμπου. Es handelt sich hierbei nicht nur um eine Kuriosität.
Vielmehr ist beider Passus Vergleich deshalb von Belang, weil er
deutlicher als die vorhergehenden einen kleinen Unterschied im Be-
deutungsgehalt von ae. *helm* und gr. ἕρκος erkennen läßt: Bei ἕρκος
überwiegt sichtlich die martialische Komponente, während *helm* in
erster Linie die Königswürde und die Führereigenschaften ins Auge
fassen läßt.

Dieser Unterschied ist jedoch unwesentlich im Vergleich zu der
großen Gemeinsamkeit, die darin liegt, daß sowohl die altenglische
Kenning mit *helm* als auch die griechische Verbindung mit ἕρκος
eine typische ist. Beider Vorkommen ist nicht auf bestimmte Einzel-
personen beschränkt, beide können allgemeiner verwendet werden.
Weðra helm meint jeden König der Wettergauten, nicht nur Hredel
(B. 2462), sondern auch Beowulf (B. 2705). Und als ἕρκος Ἀχαιῶν
wird nicht nur Ajas bezeichnet, sondern auch, wenn auch in etwas
freierem Ausdruck, Achill. Von letzterem heißt es in Il. I 282 ff.:

αὐτὰρ ἔγωγε
λίσσομ' Ἀχιλλῆϊ μεθέμεν χόλον, ὃς μέγα πᾶσιν
ἕρκος Ἀχαιοῖσιν πέλεται πολέμοιο κακοῖο.

Wollen wir uns an W. Krauses Definition der Kenning halten [3],
so ist es tatsächlich nur *ein* Gesichtspunkt, der uns daran hindert,

---

[2] Gottfried Schramm, Namenschatz und Dichtersprache (= KZ, Er-
gänzungshefte, Nr. 15), Göttingen 1957, S. 86 f.
[3] Wolfgang Krause, Die Kenning als typische Stilfigur der germani-

auch im griechischen ἕρκος 'Αχαιῶν eine solche zu sehen: Dem griechischen Ausdruck fehlt die Möglichkeit der Variation in sich selbst. Beim altenglischen Ausdruck ist sie hingegen in gewohnter Weise gegeben. So kann z. B. *helm Scyldinga* durch das etwa gleichwertige *eodor Scyldinga* „Zaun der Skyldinge" ersetzt werden.

> B. 427 f. *brego Beorht-Dena . . . eodor Scyldinga*
> „der Fürst der Glanzdänen, der Zaun der Skyldinge"
> B. 662 f. *Hrōpgar . . . eodur Scyldinga*
> „Hrodgar, der Zaun der Scyldinge" [4].

II

Gleich bemerkenswert wie die Ähnlichkeit zwischen ae. *helm Scyldinga* und gr. ἕρκος 'Αχαιῶν ist die zwischen ae. *folces hyrde* „Hirte des Kriegsvolkes, Hirte des Volkes" und gr. ποιμένα λαῶν [5]. Der ›Beowulf‹ bietet folgende Belege:

> B. 609 f. *brego Beorht-Dena . . . / folces hyrde*
> „der Fürst der Glanzdänen, des Volkes Hirte"
> B. 1847 ff. *Hrēþles eaferan / . . . ealdor ðīnne, / folces hyrde*
> „Hredels Erben, deinen Fürsten, des Volkes Hirten"

schen und keltischen Dichtersprache (= Schriften der Königsberger Gelehrten Gesellschaft, 7. Jahr, Heft 1), Halle 1930, S. 5: „Unter der einfachen Kenning verstehen wir den einer typisch poetischen Sphäre entnommenen zweigliedrigen Ersatz für ein Substantiv der gewöhnlichen Rede. Die in der Umschreibung verwandten Begriffe können nach bestimmten Mustern beliebig variiert werden und sind vom Zusammenhang der ganzen Stelle unabhängig." Etwas ungeeignet scheint mir hier lediglich die Anwendung des Wortes 'typisch' zu sein. Es wird nämlich in gleichem Zusammenhang, aber in ganz anderem Sinne gebraucht von Rudolf Meißner, Die Kenningar der Skalden, Bonn und Leipzig 1921, S. 12: „Wesentlich für die Kenning ist, daß sie als Ersatz empfunden wird und als solcher etwas allgemeingültiges, typisches, variables hat."

[4] Hierher das etymologisch verwandte an. *jaðarr*. Skaldische Belege für *folks jaðarr, hers jaðarr* bei Meißner, a. a. O. S. 358. Vgl. eddisches *ása jaðarr* „Zaun der Asen" = „Freyr", Locasenna 35. Ae. *eodor* wird nicht mit Bezug auf Gott gebraucht, s. Marquardt, a. a. O. S. 277.

[5] Ingeborg Schröbler, Beowulf und Homer, in PBB 63 (1939), S. 305.

B. 2980 f. *cyning, / folces hyrde*
„der König, des Volkes Hirte"
B. 2642 ff. *hlāford ... / ... / ... folces hyrde*
„unser Herr, des Volkes Hirte".

Dazu das etwas kompliziertere

B. 1830 ff. *Ic on Higelāce wāt*
Geata dryhten, þeah ðe hē geong sīe
folces hyrde, þaet hē mec fremmen wile
„Von Hygelak weiß ich,
dem Herrn der Gauten, obwohl er jung ist,
der Hirte des Volkes, daß er mich fördern wird" [6].

Vergleicht man damit homerische Belege wie Il. II 243 ᾿Αγαμέμ-
νονα ποιμένα λαῶν und 254 ᾿Αγαμέμνονι ποιμένι λαῶν, oder, um
auch hier einen komplizierteren Fall zu nennen, II 77 ff. Νέστωρ ...
ποιμένι λαῶν [7], so stellt man einen gewissen Unterschied im Gebrauch
der griechischen und der altenglischen Wendung fest: Das homerische ποιμένα λαῶν kann als Apposition zum Personennamen oder
auch variierend an die Stelle eines anaphorischen Pronomens gesetzt werden. Bei des ›Beowulf‹ *folces hyrde* ist diese Möglichkeit
nicht gegeben; *folces hyrde* kann nicht selbst als Apposition stehen,
sondern nur als Variation einer solchen Apposition, woraus man
vielleicht schließen darf, daß der Dichter die Wendung als besonders
hochpoetisch empfindet. Aufs ganze gesehen ist dieser Unterschied
jedoch nicht allzu erheblich, zumal schon das Altsächsische mit

Hel. 5549 f. *Thes uuerodes hirdi / ... the heritogo*
„des Volkes Hirte, der Herzog"

eine etwas andere Behandlung zeigt.

---

[6] *Geata dryhten* richtet sich im Kasus nicht nach *Hygelāce*, sondern
nach den folgenden *hē* und *folces hyrde*. Eine alte Crux. Vgl. F. Holthau-
sen, Beowulf II, Heidelberg 1929, und J. Hoops, Kommentar zum Beowulf, ib. 1932, ad locum.

[7] Il. II 76 f. ῞Ητοι ὅ γ᾽ ὣς εἰπὼν κατ᾽ ἄρ ἕζετο, τοῖσι δ᾽ ἀνέστη
Νέστωρ, ὅς ῥα Πύλοιο ἄναξ ἦν ἠμαθόεντος ...
84 f. ῝Ως ἄρα φωνήσας βουλῆς ἐξ ἦρχε νέεσθαι,
οἱ δ᾽ ἐπανέστησαν πείθοντό τε ποιμένι λαῶν.

Mehr als die kleine Verschiedenheit zählt auch hier die Übereinstimmung. Sie erstreckt sich sogar bis auf die Möglichkeit der Variation beider Glieder. Daß des ›Beowulf‹ *folces hyrde* mit *rīces hyrde* (2027. 3080), *beorges hyrde* (2304), *folces weard* (2513), *rīces weard* (1390), *beorges weard* (2524. 2580. 3066) und anderen Fürstenkenningar vertauschbar ist, verwundert freilich nicht [8]. Ebensowenig die Vertauschbarkeit von *uuerodes hirdi* (Pilatus) des ›Heliand‹ mit *landes hirdi* H. 2743 (Herodes) und *burges uuard* H. 2772 (Herodes, 5407 Pilatus, 1674 Salomon) [9]. Verwunderlich ist aber, daß wir Ähnliches bei Homer feststellen, hier natürlich im Rahmen der metrischen Möglichkeiten wie dort in dem der Alliteration. Homer variiert ποιμένα / ποιμένι λαῶν mit κοίρανε λαῶν (Il. VII 234 usw.), κοσμήτορε λαῶν (I 16 usw.), ἡγήτορα λαῶν (XX 383), ὄρχαμε λαῶν (XIV 102 usw.) und schließlich auch mit ὄρχαμος ἀνδρῶν (II 837 usw.). Damit kommt er der altenglischen Fürstenkenning erstaunlich nahe.

III

[...]

IV

Hrōðgar . . . helm Scyldinga und *Aἴας . . . ἕρκος Ἀχαιῶν* haben weitere Verwandte im Altirischen: Der König Dūnadach wird im Gedicht 14 bei K. Meyer, Bruchstücke, *Dūnadach dīn slōig* „Dūnadach, der Schirm des Heeres" genannt [10]. Ähnlich erscheint Bran Berba ib. 11 als *Bran dond dīn slūaig* „Bran, der Braune, Schirm

---

[8] Vgl. die Gotteskenningar *wuldres hyrde* „Hirte der Himmelsherrlichkeit" B. 931 und *wuldres weard* Gen. 941 usw., Marquardt S. 278.

[9] Die Belege zeigen, daß es irrig wäre, Bezeichnungen Christi, wie *landes hirdi* H. 2743, *drohtine . . . landes hirdie* H. 3663 ff., *burgo hirdi . . . landes uuard . . . rīki rādgeƀo* H. 625 ff. allzusehr im Sinne des christlichen Hirtenbegriffes auszulegen.

[10] Kuno Meyer, Bruchstücke der älteren Lyrik Irlands, Erster Teil (= Abh. d. Preuß. Akad. d. Wiss., Jg. 1919, Nr. 7), Berlin 1919. Vgl. W. Krause, a. a. O., S. 11.

des Heeres". Auch die Vorstellung vom *folces hyrde* bzw. vom *landes hirdi* spiegelt sich hier wider, und zwar in ib. 5 *cēimair tīr dianad būachail* „glückselig das Land, dem er ein Hirte ist", was von Āed Bennān, König von Westmunster, gesagt wird.

[. . .]

Selbstverständlich ist die Frage zu stellen, ob wir bei den aufgezeigten Übereinstimmungen ererbte Elemente eines urindogermanischen „Hofstils" oder einer urindogermanischen Dichtersprache vor uns haben [11]. Leider können wir sie nicht sicher beantworten [12]. Es ist eben doch so, daß ganz bestimmte Ausdrucksweisen der Hofsprache und der Dichtersprache, insbesondere deren epischer und deren elogischer Gattung, von Natur aus naheliegen und mithin immer wieder neu geschaffen werden können. Das gilt nicht nur für den „unvergänglichen, weiten und großen Ruhm" (κλέος ἄφθιτον, κλέος εὐρύ, μέγα κλέος: *pṛthú śrávah . . . ákṣitam* RV. 1, 9, 7, *máhi śrávah* RV. 1, 79, 4) [13] und für die „schnellen Pferde" (ὠκέες ἵπποι : *áśvāso . . . āśávo* RV. 10, 78, 5, *aspáŋhō . . . āsavō* Yt. 17, 12), sondern auch sonst [14].

Berechtigte Skepsis könnte zum Beispiel ihren Ausgang von einer

---

[11] Für vergeblich halte ich den Versuch H. H. Schaeders, in ZDMG 94 (1940), S. 399 ff., die Anfänge der zarathustrischen Gathahymnen Y. 30 und Y. 45 in Zusammenhang mit dem Anfang der eddischen ›Vǫluspá‹ zu bringen. Ich verweise auf das, was ich dazu in: Die Gathas des Zarathustra II, Heidelberg 1959, S. 18 f. und S. 60 f. gesagt habe.

[12] Frederick Klaeber, in: Herrigs Archiv für das Studium der neueren Sprachen 126 (1911), S. 353[3] hält die Übereinstimmung zwischen *helm Scyldinga* und ἕρκος Ἀχαιῶν für zufällig. I. Schröbler, a. a. O., S. 322 will Einfluß Homers auf den Dichter des ›Beowulf‹ glaubhaft machen. G. Schramm, a. a. O., S. 87 ist überzeugt, daß es sich um gemeinsames Erbgut handele. Nirgends wird die Frage nach der Stellung der behandelten Ausdrucksweise im jeweiligen System gestellt.

[13] Literaturangaben und weiteres Material bei Franz Specht, in: KZ 64 (1937), S. 1 ff.

[14] Auch das von mir in meinen Aufsätzen: Kompositum und Parenthese, in: MSS 5 (1954), S. 90 ff. und: Aussage plus negierte Gegenaussage, in: MSS 14 (1959), S. 23 ff. vorgeführte Material ist in die Diskussion einzubeziehen.

Homerstelle nehmen, in der ἕρκος . . . πολέμοιο abweichend von
den bisher behandelten ἕρκος-Belegen gesetzt ist. Ich meine

Il. IV 298 f. πεζοὺς δ' ἐξόπιθε στῆσεν πολέας τε καὶ ἐσθλοὺς
ἕρκος ἔμεν πολέμοιο.

Die Stelle ist der dichterischen Überhöhung bar, die man dann empfindet, wenn, wie sonst, einzelne, freilich besonders hervorragende
und eine ganze Heeresabteilung aufwiegende Kämpfer, nämlich
Ajas und Achill, als ἕρκος bezeichnet werden. So könnte man diese
Stelle oder vielmehr ein gleichartiges älteres Vorbild als Ausgangspunkt für die Entstehung der Wendung Αἴας . . . ἕρκος Ἀχαιῶν
betrachten.

Zu den Bildern, die sich sozusagen von selbst anbieten, gehört
auch das vom Hirten des Volkes. Außerordentlich aufschlußreich
ist die Liste der Vergleiche des Herrschers mit einem Hirten in den
akkadischen Königsinschriften, die A. Schott erstellt hat [15]. Danach
nennt sich z. B. Hammurabi u. a. „Hirt der Menschen", Sargon
„Hirt der Urartäer", Sanherib „Hirt der Untertanen". Weiteres
interessantes Material zu diesem gesamten Fragenkomplex findet
man in J. Jeremias' Artikel ποιμήν in Kittels ›Theologischem Wörterbuch zum Neuen Testament‹, dem ich den Hinweis auf Schott
verdanke [16].

Der Indogermanist im herkömmlichen Sinn wird sich also nicht
recht befriedigt fühlen. Doch ist ja schließlich das gebannte Starren
in die indogermanische Vorvergangenheit nicht die ausschließliche
Aufgabe einer historisch orientierten vergleichenden Sprachwissenschaft. Auch Übereinstimmungen, die nicht unbedingt gleicher Herkunft sind, sind der Betrachtung wert. Nicht dauerhaft erleuchtend
ist die Fragestellung, von der der hochverdiente F. Specht ausging,
als er aus atharvavedischem *idáṃ janā úpa śruta* AV. 1, 32, 1 und
eddischem *hlióðs bið ek allar helgar kindir* Vǫl. 1 einen urindoger-

---

[15] Albert Schott, Die Vergleiche in den akkadischen Königsinschriften
(= Mitteilungen der Vorderasiatisch-Ägyptischen Gesellschaft 1925,2)
Leipzig 1926, S. 70 ff.
[16] Auf den Artikel selbst hat mich mein Kollege G. Stählin aufmerksam
gemacht.

manischen Liedanfang *idém ĝonóses úpo klute* rekonstruierte [17].
Eine bessere Zukunft würde ich einer nicht nur dem indogermanischen Stammbaum verpflichteten Untersuchung der Gemeinsamkeiten archaischer Hofsprache und archaischer Dichtung voraussagen.

[17] Specht, a. a. O., S. 3.

Gottfried Schramm, Namenschatz und Dichtersprache. Studien zu den zweigliedrigen
Personennamen der Germanen. Göttingen: Vandenhoeck & Ruprecht 1957, S. 114—118.

ZWEIGLIEDRIGE PERSONENNAMEN ALS ZEUGNIS ALTINDOGERMANISCHER HEROISCHER DICHTUNG *

Von Gottfried Schramm

Im Gegensatz zu den unkomponierten Namen, die sich aus Sprachgut von sehr verschiedenartigem Gehalt aufbauen, zeigen die zweigliedrigen Bildungen bei Griechen und Slawen nicht anders als bei den Germanen ein einheitliches Gesicht. Die Namenwörter sind — von einer geringen Zahl an Ausnahmen abgesehen — einem engabgesteckten Themenkreis entnommen. Im Mittelpunkt stehen Ausdrücke, die sich auf Kampf und Krieg beziehen. Häufig sind bei den Griechen Worte für „Volk" und „Heer" (λαός, δῆμος, στρατός); bei den Slawen ist immerhin voj „Heer" aufgenommen. Geographisches ist spärlich vertreten und meint zumeist Herrschaftsbereiche: bei den Griechen erscheint die „Stadt", erstmals in altachaeisch *Wa-tu-o-ko* (Φαστύοχος), „Land" bei den Slawen z. B. in poln. *Ziemowit*. Daneben stehen Worte, die auf Klugheit, Rat und Rechtswahrung deuten: z. B. gr. μῆδος, βουλή und δίκη, aksl. *myslь, lestъ und sǫdъ*.

Die wenigen Hinweise verraten, daß die Begriffswelt, die in den griechischen und slawischen Namen gezeichnet wird, in ihrem Grundriß die gleiche heroische Welt ist, die wir aus den Germanennamen kennen; daß das Menschenbild, dem auch die Namen der beiden sprachverwandten Völker huldigen, das Bild des Helden ist. Ja, mit einiger Sorgfalt wird gemieden, was den heroischen Maßstäben nicht standhält. So etwa die Begriffe der Viehzucht und des Ackerbaus: kaum, daß die Griechen dem Namenwort *Bov-*„Rind", erstmals bezeugt in altachaeisch *Qo-u-qo-ta*, eine kümmerliche Randexistenz gönnen. Eigentümlich, daß auch der religiöse Wortschatz nur schwach und fast durchweg in sehr allgemeinen Aus-

---

* Die Überschrift stammt vom Herausgeber. [Anm. d. Red.]

drücken vertreten ist. Auf spezielle Kulthandlungen wird kaum je angespielt. Auf der ältesten Stufe griechischer und germanischer Namenbildung dürften — wie bereits im vorigen Kapitel ausgeführt wurde — Namen von Einzelgottheiten nur selten in Personennamen verwandt worden sein. Diese fehlen ganz im slawischen Schatz der zweigliedrigen Namen; sie werden nicht erst vom Christentum verdrängt worden sein. Bedeutsam schließlich, daß das Vokabular der Magie — von wenigen Ausnahmen bei den Germanen abgesehen — zu fehlen scheint. Hier wird man sich an Bowras interessante, der Heldendichtung abgewonnene These erinnern müssen, daß ein Volk, bevor es das Ideal des Heros ausprägt, „der andere Menschen in Eigenschaften übertrifft, die alle bis zu einem gewissen Grade besitzen", den Magier feiert, der mit übermenschlichen Fähigkeiten begabt ist und sich zum Herrn über Gewalten machen kann, denen die andern hilflos unterworfen sind [1]. Gerade hier wird deutlich, daß das Bild des Helden in den Namen scharf ausgeprägt ist und daß die Konturen älterer Idealbilder nicht mehr hindurchscheinen.

Die Namen der drei Völker stimmen somit in bemerkenswerter Weise überein, aber nicht voreilig darf diese Übereinstimmung aus indogermanischem Erbe hergeleitet werden. Nicht von vornherein dürfen wir ja die Möglichkeit von der Hand weisen, daß die drei Völker, ohne auf einer gemeinsamen Tradition aufzubauen, ein ähnliches Heldenideal ausgeprägt und allen anderen Idealen vorangestellt haben. Denkbar dabei, daß sie in weltgeschichtliche Bewegungen hineingezogen wurden, durch die die oberen Schichten der Gesellschaft auf heroische Ideale hin ausgerichtet wurden. Denkbar auch, daß sie ohne historischen Zusammenhang, ja, zu ganz verschiedenen Zeiten durch ähnliche Umschichtungen der sozialen Struktur hindurchgingen, die dem Helden zu besonderer Ehre verhalfen. Die Skepsis gegenüber dem Versuch, die Übereinstimmungen zwischen den Namen verschiedener Völker aus deren gemeinsamer Abstammung zu erklären, behält in einer Reihe von Einzelfragen gewiß recht. So geht es nicht an, aus der Parallelität von wnord.

[1] Cecil M. Bowra, Heroic Poetry, London 1952, S. 91 f., vgl. auch S. 5 ff.

Iófrøðr, gall. *"Epomanduos*, makedon.-illyr. Ἐπόκιλλος, griech. Ἱππόμαχος, iran. *Vištāspa* und ind. *Aśvajit* zu schließen, daß es ein indogermanisches Namenwort für „Pferd" gegeben habe. Diese Namen konnte erst geben, wer gelernt hatte, das Pferd im Kriege einzusetzen — zunächst als Zugtier für den Streitwagen und später als Reittier: Revolutionen der Kriegführung, die sich erst vollzogen, als die Indogermanen längst nicht mehr beieinander wohnten und nicht mehr *eine* Sprache sprachen [2]. Und doch — erörtern wir nicht die Parallelität einzelner Namenworte, sondern die Übereinstimmung in den großen Umrissen jener Welt, die sich in den Namen abzeichnet, so dürfen wir schon heute für wahrscheinlich halten, was sich in der Zukunft vielleicht noch deutlicher wird zeigen lassen: daß diese Umrisse durch indogermanisches Erbe vorgegeben waren. Bereits die zweigliedrigen Namen der Indogermanen werden streng heroisch gewesen sein.

Man wird dem hinzufügen wollen, sie seien „poetisch" gewesen, den poetischen Gehalt schreibt man ja den griechischen und slawischen nicht minder als den germanischen Namen zu. Es ist aber die Grundidee der vorliegenden Arbeit, eben das „Poetische" der Namen strenger fassen zu wollen. Dürfen wir nun behaupten, daß schon die indogermanischen Namen eine traditionelle Formelsprache heroischer Poesie widerspiegelten, daß also bereits die jahrtausendelange Vorgeschichte der germanischen Namen vor dem Hintergrund von Dichtungsgeschichte zu verstehen ist?

Gewiß muß der Philologe sich hüten, leichtfertig mündliche Überlieferungen anzusetzen, die eine lange Folge von Generationen überdauerten. So ist durchaus verständlich, wenn es Andreas Heusler für sehr unsicher hielt, daß die heroische Poesie der Germanen aus urindogermanischen Anfängen hervorging.

Forderte man für die Heldendichtung der Germanen und der Griechen gemeinsamen Ursprung: dies verschlüge zurück ins dritte Jahrtausend (die Jonier kamen um 2000 an die Aegäis). Also eine Heldendichtung mit Steinwaffen ... und danach hätten unsre Ahnen wohl 2500 Jahre auf der

---

[2] Joseph Wiesner, Fahren und Reiten in Alteuropa und im alten Orient (Der alte Orient Bd. 38, H. 2—4, Leipzig 1939).

Stelle getreten, bis endlich die Stoffe der Völkerwanderung alles bisherige wegfegten . . .? [3]

Dennoch muß die Möglichkeit, die Heusler hier abtut, noch einmal erwogen werden — und zwar an Hand der Namen und der Mannbezeichnungen der Dichtung, eines Materials also, das Heusler für seine zeitlichen Ansätze nicht berücksichtigt hatte.

Es wird dabei wichtig sein, den germanischen Verhältnissen die griechischen zu konfrontieren. In den homerischen Epen entsprechen jenen Ausdrücken der germanischen Dichtung, die „Mannbezeichnungen" genannt wurden, die „schmückenden Beiwörter", die so oft den Eigennamen der Helden hinzugesetzt werden: Τυδεΐδης τε μενεπτόλεμος καὶ δῖος Ὀδυσσεύς — Αἴας διογενής — Ἀτρέος υἱὲ δαΐφρονος ἱπποδάμοιο usw. Milman Parry hat in einer schönen Arbeit gezeigt, daß Ilias und Odyssee einen Schatz an vorgeprägten « épithètes traditionnelles » aus einer alten Sängertradition übernommen haben müssen [4]. Bedeutsame Aufschlüsse über das Alter dieser Tradition dürfen wir von einem Vergleich der homerischen Epitheta mit den Personennamen erwarten. Die engen Berührungen der beiden Gruppen springen ins Auge. Wenn nun die ersten Entzifferungen altachäischer Inschriften vermuten lassen, daß der griechische Namenschatz bereits in mykenischer Zeit im wesentlichen so gestaltet war, wie wir ihn aus späteren Perioden kennen, dann liegt die Annahme nahe, daß eine Reihe von homerischen Formeln, die auch als Namen begegnen (z. B. μενεπτόλεμος und διογενής), bereits Bestandteile der altachäischen Dichtersprache waren: die Tradition der homerischen Formelsprache dürfte bis in frühgriechische Zeit zurückgehen.

Mehr noch: wir werden den längst bemerkten Parallelen zwischen Homer und ›Beowulf‹ neues Interesse schenken müssen. An früherem Ort wurde bereits ausgeführt, daß die Parallele von *eodor Scyldinga* und ἕρκος Ἀχαιῶν kaum anders als aus indogermanischem Erbe erklärt werden kann [5]. Für einige weitere Formeln wird das gleiche gelten dürfen.

[3] Andreas Heusler, Die altgermanische Dichtung, 2. Aufl. Potsdam 1943, S. 17.

[4] Milman Parry, L'épithète traditionelle dans Homère, Paris 1928.

[5] S. o. S. 86 ff. [hier nicht abgedr. —Anm. d. Red.]

Alles in allem: die Tradition formelhafter Mannbezeichnungen der Dichtung ist im Griechischen wie im Germanischen mit einiger Sicherheit sehr viel älter als selbst die ältesten erhaltenen poetischen Denkmäler. Wichtige Anzeichen deuten darauf hin, daß sie bis in grundsprachliche Zeit hinaufreicht. Die offenbar in derselben Periode begründete Tradition der zweigliedrigen heroischen Namen darf wohl als Spiegel eben der Tradition einer formelhaften Dichtersprache gelten.

Es wird schwer sein, über den Charakter jener indogermanischen Dichtungen Aussagen zu machen, von denen die Mannbezeichnungen und Namen zeugen. Eines dürfen wir vermuten: daß diese Dichtungen vornehmlich dem Ruhm von Helden dienen sollten. Namenworte für „Ruhm" sind bei einer Reihe von indogermanischen Völkern reich bezeugt, ja, in diesem Falle lassen sich wohl wirklich einmal indogermanische Namenworte erschließen. August Fick wies auf die Parallelität von griech. Κλεόστρατος, Στρατοκλῆς usw., tschech. *Slavimír* und serb. *Bratoslav* usw. sowie von ind. *Devaśravas* u. a. hin [6]. Mit Tomaschek ist noch illyr. *Vescleves* [7], mit Fritz Burg und Hjalmar Falk nordgerm. *HlewagastiR* hinzustellen [8]. Eine zweite Reihe konnte Fick mit griech. Κλυτομήδης, Περίκλυτος usw., kymr. *Clotrí*, ind. *Śrutakarman*, *Pariśruta* usw. aufzeigen [9]. Hierher gehört wohl auch germ. **Hluda-* > **Hloda-*, umgebildet zu *Hlōda-* in wfrk. Χλωθοαῖος usw. [10] Weitere, dem Germanischen vorbehaltene Namenworte für „Ruhm" sind ost- und westgerm. *Hrōma-*, vor allem aber gemeingerm. *Hrōþi-* z. B. in erul. *Rodvulf*, ags. *Hroedberct*, dt. *Hruodhero*, wnord. *Hródmárr*. Eben dies letzte Etymon weist darauf hin, daß der Ruhm, der den Helden zierte und dem er nachstrebte, nicht bloß „rühmende Nachrede" und „ehrendes Gedenken" meinte, sondern auch dichterischen Ruhm —

---

[6] August Fick, Die griechischen Personennamen, Göttingen 1875, S. CXCVII.

[7] Beitr. z. Kunde der idg. Sprachen 9 (1885), S. 94 f.

[8] Fritz Burg, Die ältesten nordischen Runeninschriften 1885, S. 19; Hjalmar Falk, in: Akademiske afhandlingar til Sophus Bugge, Kristiania 1881, S. 19.

[9] Fick, a. a. O.

[10] S. o. S. 18 Anm. 2 [hier nicht abgedr.].

die Verherrlichung im Lied. *Hróðr* „Ruhm" ist nämlich ebenso wie
lof „Lob" ein nordgermanischer Name für das Preislied. „Da das
Preislied skaldische Hauptgattung war, kann die Dichtersprache die
beiden Namen für *poesis* im allgemeinen setzen . . ." Gleichbedeutend war vielleicht ae. *weorþung* „Ehrung", dann auch *modulatio
vel cantus*. [11] Solche Bezeichnungen erinnern an eine Szene, die der
Dichter der ›Odyssee‹ beschreibt und die am phäakischen Hofe
spielt. Den Sänger Demodokos treibt die Muse, die „Rühme der
Männer" — κλέα ἀνδρῶν — zu singen aus einem Liede, dessen Ruhm
damals den weiten Himmel erreichte, den Zank des Odysseus und
des Peleiden Achilleus . . . [12]. Und eben jener Achilleus singt, wie
die Ilias berichtet, vor Patroklos ein gleichgeartetes Lied zur Leier:

. . . ἄειδε δ᾽ ἄρα κλέα ἀνδρῶν [13].

Von κλεῖα προτέρων ἀνθρώπων spricht Hesiod [14]. Man mag aus
diesen Erwähnungen ähnliche Formen des Preisliedes herauslesen,
wie sie für die Germanen angenommen wurden: „Zeitgedichte" aus
der Odysseestelle, „Ahnenpreislieder" aus dem Hesiodzitat. Das
Lied, das der Odysseedichter den Demodokos vortragen läßt, über-
schreitet freilich bereits den Rahmen des reinen Rühmens, den die
offenbar sehr alten Traditionen entstammende Bezeichnung κλέα
ἀνδρῶν noch festhält. Der Sänger will nicht einen Heros feiern im
Kreise derer, die diesem nahestehen, sondern seine phäakischen
Hörer mit einem in weiter Ferne geschehenen heroischen Ereignis
fesseln. Das scheint eine im strengeren Sinne heroische Dichtung [15],
wie sie in höchster Vollendung in den großen Epen begegnet, bereits
für die griechische Frühzeit (die der Odysseedichter schildert) zu

[11] Heusler, Die altgermanische Dichtung, S. 123.

[12] Od. VIII 72.

[13] Il. IX 189.

[14] Hesiod, Theog. V. 100 f. Zu κλέος s. Gerhard Steinkopf, Untersuchungen zur Geschichte des Ruhmes bei den Griechen, Diss. Halle 1937,
S. 4 ff.

[15] Bowra, Heroic Poetry, rechnet das Preislied nicht unter die eigentliche Heldendichtung: "Panegyric . . . represents an outlook which is close
to the heroic, but it lacks the independence and objectivity of a heroic
poem" (S. 9).

bezeugen. Jedoch mag dieser, wie Wolfgang Kullmann andeutet[16], gerade hier zeitgenössische Dichtformen in die Vergangenheit zurückprojiziert haben. So muß wohl offenbleiben, wann die Griechen vom bloßen „Rühmen" zu einer poetischen Darstellung vorstießen, die objektiver gehalten und in höherem Maße für Fernerstehende bestimmt war. Diesen bedeutsamen Übergang vom Preislied zum Heldenlied schon in indogermanischer Zeit ansetzen zu wollen, wäre allzu gewagt. Jedenfalls hat die Suche nach indogermanischen Heldenliedstoffen bisher keine überzeugenden Ergebnisse gezeitigt.

Nachwort 1976

Wenn ich 1957 gemeint hatte, über die zweigliedrigen Personennamen lasse sich ein Typus formelhafter Dichtersprache rekonstruieren, der in einer Jahrtausende zurückliegenden Frühzeit ausgeprägt wurde, so war diese These nach der von Rüdiger Schmitt 1973 angestellten Rückschau verfrüht, aber nicht verfehlt. Mein Ansatz lasse sich durch eine strengere Beweisführung absichern und weiterführen (Innsbrucker Beiträge zur Sprachgeschichte, Vorträge 10, S. 10). In der Tat steht die Forschung heute schon auf festerem Boden als bei Abfassung meiner Dissertation. In Spezialstudien wurde die Zahl der poetischen „Erbformeln", die sich namentlich aufgrund griechisch-arischer Übereinstimmung wahrscheinlich machen lassen, nicht unerheblich vergrößert (s. den von Schmitt 1968 als Bd. 165 der „Wege der Forschung" hrsg. Sammelband ›Indogermanische Dichtersprache‹). Dazu kommt, daß die philologische Erschließung von reichen Tontafelfunden aus Persepolis unsere Kenntnisse der altiranischen Namengebung mittlerweile wesentlich ausgeweitet hat. Jetzt erst verspricht die bislang allzu riskante Anstrengung Erfolg, eine gemeinindoiranische Namenschicht freizulegen. Diese könnte für die Erschließung der grundsprachlichen Strukturen ein ähnliches Gewicht bekommen wie jene Namenschätze von Griechen,

---

[16] Wolfgang Kullmann, Das Wirken der Götter in der Ilias. Deutsche Akad. d. Wiss. zu Berlin, Schriften d. Sektion f. Altertumswiss. 1, Berlin 1955, S. 11 Anm. 1.

Slaven und Germanen, die ich als die transparentesten und getreuesten Fortsetzungen des indogermanischen Erbes in Anspruch genommen hatte. Beeindruckt haben mich Schmitts Korrespondenzreihen von Namen und Epitheta bei Griechen, Iranern und Indern. In glücklich gelagerten Fällen, für die εὐ-μενής, Εὐ-μενης, ved. *su-manas*, episch-altindoiran. *Su-manas* „wohlgesinnt" als Proben dienen mögen, lassen sich in der Tat uralte, auch als Namen gebrauchte Heldenbeiwörter zurückgewinnen. Mein Urteil von 1957, solche Versuche müßten Spielerei bleiben, möchte ich also revidieren.

Aber die Rekonstruktion konkreter Lautungen sollte, wie meine Rezension von Schmitts Vortrag (in: Beiträge z. Namenf. 9 [1974], S. 262) andeutete, durch eine andersartige Bemühung flankiert werden, die nicht auf Einzelnamen und Einzelepitheta, sondern auf ein Allgemeines, nämlich auf die *Sinnstruktur* des zweigliedrigen Namentypus und seiner Entsprechung in der Dichtersprache abzielt. Welche Töne wurden zum Preis des Helden angeschlagen? Welche Eigenschaften, welche Bewährungsfelder wurden ihm zugeschrieben? Welche Vergleiche wurden angestellt? Welche Ding- und Vorstellungsgruppen blieben in dem sorgsam auswählenden Grundmuster dieser hochartifiziellen Schmucktechnik ausgespart? Es geht also

um eine Kombination zweier Verfahrensweisen . . ., von denen die eine . . . kleinräumige, aber relativ sichere Ergebnisse verspricht, während die andere weitausgreifendes Arbeiten ermöglicht und nicht wenige Unsicherheiten einschließt.

Stig Wikander, Från Bråvalla till Kurukshetra. In: Arkiv för nordisk filologi 75 (1960), S. 183—193. Aus dem Schwedischen übersetzt von Jörg Scherzer.

BRÁVELLIR UND KURUKSHETRA

Heldendichtung als Reflex
germanischer und indo-iranischer Mythologie *

Von STIG WIKANDER

Faszinierend an den Traditionen der Schlacht von Brávellir ist vor allem ihr poetischer Wert. Die Erzählungen über diese Schlacht fassen die Heldendichtung des Nordens zusammen und schließen sie ab. Für die altnordische Sage hat sie die gleiche Bedeutung wie der Kampf um Troja für die griechische. Die ausführliche Aufzählung aller nordischen und nichtnordischen Helden, die am Kampf teilnehmen, erinnert zudem an den Schiffskatalog der ›Ilias‹. Verglichen mit dem poetischen Wert ist der historische Kern, der eventuell herausgeschält werden kann, von geringem Interesse. Möglicherweise existiert er überhaupt nicht.

Diese Thesen Sven Grundtvigs von 1867 (Udsigt over den nordiske Oldtids heroiske Digtning. Tre Forelæsninger, S. 60—62) unterschreibt man gern und kann sie zum Ausgangspunkt einer erneuten Untersuchung der Brávellir-Sage nehmen. [1]

Zwischen ihr und der ›Ilias‹ gibt es Ähnlichkeiten. Gehen sie aber über allgemeine Züge hinaus, die sich in der Epik so vieler anderer Literaturen finden und die H. M. Chadwick und seine Schule veranlaßt haben, soviel Wesens von den Begriffen "heroic age" und "heroic poetry" zu machen?

Völlig andere und wirklich spezielle Ähnlichkeiten gibt es dagegen zwischen den Traditionen der Brávalla-Schlacht und dem

* Die Überschrift stammt vom Herausgeber. [Anm. d. Red.]

[1] [Altnord. Nom. Plur. Brávellir, Name einer Ebene an der schwedischen Ostküste in der Nähe von Norrköping. Der Gen. Plur. Brávalla erscheint in der geläufigen Bezeichnung Brávallaschlacht u. ä. und entspricht der heutigen schwedischen Namensform.]

indischen Epos ›Mahābhārata‹. [2] Der Hauptteil dieses riesigen Epos schildert die Schlacht zwischen zwei Heeren, von denen das eine von einem der fünf Söhne des verstorbenen Königs Pāṇḍu, das andere von dessen Onkel Dhṛtarāshṭra und dessen zahlreichem Geschlecht geführt wird. Die Schlacht wird auf der Ebene Kurukshetra ausgetragen, die nach der Tradition nordwestlich Delhi lokalisiert wird, eine Gegend, in der in historischer Zeit mehrere entscheidende Kämpfe stattfanden.

Natürlich ist es sehr schwierig, die kurze Schilderung der Brávalla-Schlacht [die Saxo Grammaticus im Buch VIII seiner ›Gesta Danorum‹ (um 1200) liefert], * mit dem riesigen Freskogemälde, der wohl größten Schlachtschilderung der Weltliteratur, die die Bücher X—XI des ›Mahābhārata‹ [redigiert zwischen 300 v. und 300 n. Chr.] füllt, zu vergleichen. [3]

Die Schlacht auf der Kurukshetra-Ebene hat eine ähnliche Stellung in der altindischen Tradition wie die Brávalla-Schlacht in der altnordischen. Auch das ›Mahābhārata‹ faßt mit seinem gewaltigen Kampfgemälde das heroische Zeitalter Indiens zusammen und rundet es ab. Auch hier werden Krieger aus der gesamten bekannten Welt aufgeboten, um auf der einen oder anderen Seite am Kampf teilzunehmen, und der Dichter zählt mit Vergnügen die Namen der Krieger und ihre Heimatorte auf. Auch hier bezeichnet dieser Kampf das Ende einer glänzenden Dynastie mit Ahnen aus der Urzeit, der Bharata- oder Kurudynastie, einer indischen Entsprechung der Skjǫldungar.

Auf beiden Seiten greift ein Gott in Menschengestalt in den Kampf ein und sichert mit doppeldeutigen und hinterlistigen Manövern den Sieg der Seite, die er begünstigt. Odin bei Brávalla und Krishna bei Kurukshetra handeln in gleicher Weise.

Großes Gewicht mißt man sowohl im Norden als auch in Indien den verschiedenen Kampfformationen bei, die die Truppen einneh-

---

[2] Das ›Mahābhārata‹ (Mbh) wird nach der fünfbändigen Ausgabe Kalkutta 1834 ff. zitiert.
* Ergänzungen in [ ] stammen vom Herausgeber [Anm. d. Red.].
[3] [Vgl. zur Brávallaschlacht Kindler Literaturlexikon, Bd. I, Sp. 1828—1830, und zum ›Mahabharata‹ ebd., Bd. IV, Sp. 1828—1830.]

men. Der exakte Inhalt der unterschiedlichen Termini für sie ist in den verschiedenen Texten leider ziemlich unklar. Als es zum Kampf kommt, spielen diese taktischen Formationen im übrigen keine Rolle.

Zu den allgemeinen Ähnlichkeiten gehören auch die phantastischen Schilderungen von der Heftigkeit des Kampfes und dem gleichzeitigen Aufruhr in der Natur, der beiden Treffen eine Art apokalyptischen Zug gibt (wir kommen auf diesen Punkt zurück).

Möglicherweise aber bilden solche Ähnlichkeiten keinen unwiderlegbaren Beweis für einen Zusammenhang, der näher ist als der, den man zwischen heroisch-epischen Dichtungen der Vorzeit, zwischen der Brávalla-Tradition, der ›Ilias‹ und anderen ähnlichen Kampfschilderungen überhaupt erwarten muß?

Es ist indessen unmöglich, spezielle Zusammenhänge zu verneinen, wenn man den gewaltigsten Kämpen in beiden Treffen betrachtet, der auf der schließlich besiegten Seite kämpft. In beiden Fällen wird er auf eine Weise ums Leben gebracht, die — sowohl in den beiden Traditionskomplexen als auch in heroischer Epik überhaupt — einzigartig ist.

In der Brávalla-Sage ist sein Name Ubbo Fresicus (Ubbi Friski). Unüberwindlich geht er gegen die schwedisch-norwegischen Heere vor und besiegt im Zweikampf einen Gegner nach dem andern. Kein einzelner Krieger allein kann ihm widerstehen. Schließlich wird er von Bogenschützen umringt, die ihn mit Pfeilen förmlich durchsieben, 144 Stück nach Saxo, VIII, IV, 7, während das Sǫgubrot af fornkonungum K. 9 [die zweite Quelle der Brávalla-Schlacht, eine isländische Saga vom Ende des 13. Jh.s] sich mit *tvennum tylftum* begnügt. [4]

Im ›Mahābhārata‹ ist der gewaltigste Kämpe unbestreitbar Bhīshma. Während zehn von achtzehn Tagen der Schlacht kämpft

---

[4] Hier und anderswo, wo keine Quelle angegeben wird, beziehen sich lateinische Namen und Saxo-Zitate auf die ›Gesta Danorum‹, vorwestnordische Namen und Zitate auf: Sǫgubrot af nokkrum fornkonungum i Dana ok Svia veldi hos C. C. Rafn, Fornaldar Sögur Norðrlanda I, 363—388.

er mit Erfolg gegen die Pāṇḍavas und deren Leute. Schließlich wird er von so vielen Pfeilen auf einmal getroffen und durchbohrt, daß er nicht zu Boden fallen kann, sondern auf den Spitzen aller Pfeile, die fest in seinem Körper sitzen, hängenbleibt (Mbh VI, Schluß — ein beliebtes Motiv für spätere Illustrateure!). In dieser Stellung bleibt er für den Rest der Schlacht, um nachher, bevor er stirbt, eine lange erbauliche Betrachtung anzustellen. Hier wird, wie häufig, der indische Geschmack am Übertriebenen und Phantastischen für europäische Leser äußerst anstrengend. Die Ähnlichkeit ist jedoch nicht zu übersehen. Indische wie nordische Helden werden sonst stets im Zweikampf getötet.

Die besiegte Seite hat in beiden Sagen aber nicht nur den gewaltigsten Kämpen zu ihrer Verfügung. Sie wird zudem in beiden Traditionen von einem greisen Fürsten geführt, der blind ist und von schlechten Ratgebern dazu bewogen wird, seinen Neffen, den Sohn seines Bruders, herauszufordern — es sind Haraldr Hilditǫnn (Kampfzahn) bzw. Dhṛtarāshṭra, die Ringo (Hringr) bzw. Yuhishthira herausfordern. Der schlechte Ratgeber ist bei Saxo VII, XII, 1 Bruno, in Wirklichkeit der verkleidete Odin; im ›Mahābhārata‹ sind es Dhṛtarashṭras eigene Söhne, das ›Sǫgubrot‹ hat ein anderes Motiv, das bei Saxo ebenfalls erwähnt wird.

Alle diese Übereinstimmungen scheinen mir nicht anders als durch einen sehr unmittelbaren Kontakt zwischen beiden Sagenkreisen erklärlich. Aber nicht genug damit. Der Brávalla-Schlacht wie auch der von Kurukshetra geht eine lange und verwickelte Vorgeschichte voraus. Hier häufen sich Übereinstimmungen auf noch bemerkenswertere, speziellere Weise.

Harald Kampfzahn hat im ›Sǫgubrot‹ und bei Saxo völlig verschiedene Genealogien. Lediglich Saxo aber hebt mehrere Male einen Gesichtspunkt hervor, der allein Haralds Genealogie kennzeichnet, nämlich den, daß das alte Königsgeschlecht auszusterben drohe und besondere Maßnahmen erforderlich seien, es zu retten (VII, IX, 1. 9. 17). Es ist auch lediglich die von Saxo angeführte Genealogie, die Parallelen zum Baharatageschlecht im ersten Buch des ›Mahābhārata‹ hat. Eines der Themen dieses Buches ist die Frage, wie die alte Königsdynastie an der Macht gehalten werden kann.

Die Familienchronik bei Saxo VII, IX—X macht uns mit drei Generationen bekannt:

I. In der ersten tritt die norwegische Fürstin Drota auf, flankiert vom schwedischen König Gunnarus und von Borcharus, dem Hirdmann (*comes*) des dänischen Königs Alf. Gunnarus nimmt nach seinem Sieg in Norwegen Drota zu sich und bekommt mit ihr den Sohn Hildigerus. Borcharus aber, der Drota liebt, erschlägt Gunnarus und bekommt danach mit Drota den Sohn Haldanus. In einem Zweikampf wird Hildigerus von Haldanus getötet, der nicht weiß, daß dieser sein Halbbruder ist.

II. In Dänemark ist vom alten Königsgeschlecht nur noch Guritha, die Tochter Alfs, übriggeblieben. Haldanus freit um sie. Er ist jedoch früh durch eine Wunde im Gesicht, die nicht verheilt und ständig eitert, abscheulich entstellt worden. [5] Aus diesem Grunde, aber auch deswegen, weil er nicht königlicher Geburt ist, weist sie den Freier ab. Er geht auf einen Wikingerzug, und als er zurückkehrt, trifft er Guritha, die genötigt war, an den Fortbestand der Dynastie zu denken, bei der Feier ihrer Hochzeit mit einem deutschen Fürsten an. Kurz entschlossen erschlägt Haldanus ihn und sein Gefolge und bekommt endlich Guritha.

III. Ihr Sohn ist Haraldus Hyldetan. Er wird als großer Heerkönig und Wiedererrichter des dänischen Imperiums geschildert. In Schweden regiert gleichzeitig der Sohn seiner Schwester, Ringo (im ›Sǫgubrot‹ ist Hringr der Sohn seines Bruders). Mit ihm gerät Haraldus in einen Krieg, und zu Beginn von Buch VIII wird die Schlacht von Brávellir (*bellum Sueticum*) geschildert. Der König nimmt daran selbst teil, obwohl er blind ist. Er fährt in einem Wagen und wird zum Schluß durch einen Keulenschlag seines Dieners Bruno (Bruni) getötet, hinter dem sich Odin in Menschengestalt verbirgt.

Auch das ›Mahābhārata‹ enthält eine lange, bizarre Familiengeschichte, die sich über drei Generationen erstreckt:

I. In der ersten begegnen wir der Prinzessin Satyavatī, flankiert vom Asketen Parāçara und König Çāntanu. Mit Parāçara hatte sie

---

[5] *Oblisam quippe labelli partem ita verrucae vitium ulcerabat, ut eius rimosa tabes carnis excremento sarciri nequiret* (Saxo VII, IX, 8).

in ihrer Jugend einen Sohn, den Asketen Vyāsa, mit Çāntanu wird sie später vermählt und bekommt mit ihm die Söhne Citrāṅgada und Vicitravīrya.

II. In der folgenden Generation erleidet das Königshaus dadurch große Verluste, daß die beiden erbberechtigten Prinzen früh sterben — der älteste, bevor er sich verheiraten konnte, Vicitravīrya kurz nachdem er König geworden war und geheiratet hatte und ehe er Erben bekommen konnte. Nun ist guter Rat teuer. Den Bestimmungen des indischen Levirates zufolge kann jedoch ein Sohn, den die Witwe des Verstorbenen mit einem Schwager bekommt, als ehelicher Sohn des verstorbenen Mannes betrachtet werden. Als einziger williger Schwager wird der heilige Vyāsa aufgefordert, diese Rolle zu übernehmen. Leider ist er häßlich und übelriechend. Als er sich der ersten Gemahlin des Königs, Ambikā, nähert, schließt sie voll Abscheu die Augen. Der Sohn, der gezeugt wird, ist von Geburt an blind und kann deshalb als König nicht in Frage kommen. Der Versuch muß mit der zweiten Königin, Ambālikā, wiederholt werden. Sie ist nur wenig mutiger, erbleicht beim Anblick Vyāsas und gebiert daher einen Sohn, der bleich ist. Hierauf deutet sein Name Pāṇḍu hin. Als Thronerbe ist er jedoch voll geeignet und wird deshalb der neue König, während sein älterer Bruder, Dhṛtarāshtra, zurückstehen muß.

III. In der dritten Generation wird dies der Anlaß eines Konfliktes. Als König Pāṇḍu rasch stirbt, kommt die Frage auf, ob sein ältester Sohn, Yudhishṭhira, oder der älteste Sohn des älteren Bruders, Duryodhana, das Thronrecht bekommen soll. Der Hauptteil des Mahābhārata beschreibt die wachsende Feindschaft und schließlich den offenen Krieg zwischen den beiden Königserben und ihren Anhängern. Der blinde Dhṛtarāshtra nimmt selbst am Zusammenstoß mit der Armee seines Neffen Yudhishṭira teil. Seine Seite verliert.

Die indische Sage handelt in der gesamten Zeit von ein und derselben Dynastie, während sich die nordische Sage bei Saxo in raschem Wechsel zwischen Norwegen, Dänemark und Schweden und den betreffenden Königshäusern hin und her bewegt. Das indische Epos hat wesentlich mehr Personal. Ich habe im Referat mehrere Nebenpersonen außer acht gelassen, die keine Entsprechung

in den nordischen Traditionen haben. Dies dürfte keine ungebührliche Zurechtlegung des Vergleichsmaterials darstellen, da die Darstellung des ›Mahābhārata‹ auf viele Weisen bereichert und variiert
worden sein muß (und nicht nur durch die erheblichen Varianten,
die verschiedene Handschriften und Editionen aufweisen). Auch in
unserem kurzen Referat sind Personen wie Citrāṅgada und eine
der Königinnen Ambikā-Ambālikā für die Ökonomie der Handlung streng genommen überflüssig. [6]

Es ist zudem selbstverständlich, daß gewisse Personen in indischem und nordischem Milieu auf jeweils eigene Weise vorgestellt
werden. Die beiden nichtköniglichen, für den Fortbestand der Dynastie aber unerläßlichen Generationen Borcarus-Haldanus bzw.
Parāçara-Vyāsa werden im Norden von zwei tapferen Kriegern,
in Indien von zwei frommen und weisen Asketen verkörpert. —
In Indien dient das Levirat zur Lösung der Frage des Fortbestandes
der Dynastie, während im Norden ein derartiges Institut nicht
existiert und die gesamte genealogische Struktur zudem auf andere
Weise arrangiert ist.

In beiden Traditionskomplexen handelt es sich darum, wie eine
Königsfamilie, die vom Erlöschen bedroht ist, perpetuiert werden
kann. Die Rettung kommt in beiden Fällen von einem nichtköniglichen Bastard, dem Resultat einer Verbindung, die eine Fürstin der
ersten Generation eingegangen war. Dieser rettende Engel ist in

---

[6] In Wirklichkeit dürfte es sich hier um die sekundäre Verdoppelung
einer Person handeln. In diesem Fall wird die Ähnlichkeit mit der Galerie
der Personen in der Brávalla-Sage eher noch größer. Von Vicitravīrya
wird nämlich berichtet, er sei verheiratet mit den beiden jüngsten der drei
Schwestern Ambā, Ambikā, Ambālikā. Dies sind jedoch keine Personennamen, sondern Hypokoristika, die „kleine Mutter“ bedeuten. Die drei
Wörter sind in einem Abzählvers im indischen Königsritual *açvamedha*,
an einer sexuell betonten Stelle des Rituals, enthalten. Aus der rituellen
Anrede hat die Sage sekundär die Namen der drei Prinzessinnen gebildet. — Zu Varianten der Namenformen und teilweise anderen Erklärungen siehe A. Weber, Indische Studien I, S. 183 f.; J. J. Meyer, Trilogie
altindischer Feste und Mächte der Vegetation III, S. 240 ff. (Die Arbeit
Dumonts über *açvamedha* war mir während der Abfassung des Aufsatzes
nicht zugänglich.)

beiden Sagen häßlich und übelriechend [7] und weckt bei den weiblichen Kontrahenten lebhaften Widerwillen. Der legitime Erbe, der gezeugt wird, ist in Indien blind, während er es bei Saxo erst später wird (in ›Sǫgubrot‹ ist der König nicht blind). In der dritten Generation kommt es dann zu dem großen Krieg zwischen dem blinden König und dem Sohn seines Bruders (in Indien) bzw. dem Sohn seines Bruders oder seiner Schwester (im Norden). Es ist schwierig, sich diesen ganzen verwickelten Komplex als Produkt des Zufalls — voneinander völlig unabhängig in Indien und im Norden entstanden — vorzustellen, wenn es auch sein mag, daß gleichgeartete Auffassungen von den Bedingungen des sakralen Königtums zu gleichgearteten Dichtungen führen könnten.

Oder soll man vermuten, daß die Geschichte gewandert ist — in diesem Fall wohl von Indien nach dem Norden? Tatsächlich birgt die Brávallatradition ja gewisse Züge, die fremd wirken. Zwei wurden hervorgehoben. Da ist zum einen die kuriose Episode, in der berichtet wird, daß sich Guritha nach der Eheschließung als steril erwies und daß ihr Mann deshalb eine Fahrt nach Uppsala unternimmt und vom dortigen Orakel gute Ratschläge bekommt. [8] Derartige Pilgerfahrten sind in der nordischen Religion unbekannt, während sie typisch für Indien sind, wo sie besonders in Fällen von Sterilität unternommen werden. Es wäre freilich auch denkbar, daß Saxo eine christliche Pilgerfahrt anachronistisch in die heidnische Zeit verlegt hat.

---

[7] Mahābhārata I, 105 erwähnt *virūpatā* (Häßlichkeit) und *gandha* (Geruch), während Saxo VII, IX, 10 *oris deformitas* erwähnt, und *rimosa tabes*, die wir bereits im Zitat aus VII, IX 8 angeführt haben, müssen widerwärtig gerochen haben.

[8] *conciliandae ei fecunditatis gratia Upsalam petit . . . postquam oraculo paruit, optatae rei solatium impetrauit.* (Saxo VII, X, 1) „Bis Haldan zusammen mit ihr nach Upsala fuhr" übersetzt P. Herrmann, Erläuterungen II, 519 fehlerhaft und fügt biblische Parallelen an. Der Text spricht aber lediglich davon, daß Haldanus fuhr. Erstaunlicherweise übersetzte er 20 Jahre früher in Erläuterungen I, richtig. Hat das Interesse an biblischen Parallelen, die leider nicht zum Text passen, wenn er richtig übersetzt wird, ihn zu dieser Fehldeutung verleitet?

Zum zweiten erscheint es sonderbar, daß König Harald während der Schlacht in einem Wagen fährt. Nach dem ›Sǫgubrot‹ war er nicht waffenfähig, kämpft schließlich aber von einem Wagen aus. „Der sicher unnordische Streit- und Sichelwagen", wie P. Hermann sagt (Erläuterungen II, 514. Saxo hat *falcato curru vectus* VIII, IV, 8). Im indischen Epos sind dagegen Könige und große Krieger stets Wagenkämpfer. Auffallend ist, daß Harald zum Kutscher den zum Diener Bruno verkleideten Odin hat — dies erinnert an Arjuna im ›Mahābhārata‹, der nicht weiß, daß sein Kutscher der Gott Krishna ist, ehe sich dieser ihm offenbart. Ist der Streitwagen also eine Entlehnung aus einer schlecht verstandenen, letztlich indischen Vorlage oder eine Reminiszenz an alte epische Traditionen einer älteren Kulturepoche?

Ein Teil der Familiensage, von der wir gehandelt haben, hat bekanntlich Berührungspunkte mit einer Fornaldarsaga. Das, was wir bei Saxo als erste Generation bezeichnet haben (VII, IX), kehrt unter verändertem Namen in der Ásmundarsaga kappabana in der Weise wieder, daß Drota dort Hildr heißt, Gunnarus Helgi, Hildigerus Hildebrandr, Borcarus Aki, Haldanus Ásmundr und Guritha Aesa. F. Detter (Zwei Fornaldarsögur, S. XLIII ff.) will dies so erklären, daß die Ásmundarsaga auf der deutschen Hildebrand-Hadubrand-Sage aufbaut und dann ihrerseits, stark verändert, von Saxo in der Geschichte von Harald Kampfzahns Ahnen benutzt wurde.

Der Ausgangspunkt dieses Gedankengangs ist falsch. Detter war der Meinung, daß das Motiv des tragischen Zweikampfes zwischen zwei nahen Verwandten, zwischen Vater und Sohn oder zwei Brüdern, die von ihrer Verwandtschaft nichts wissen, so selten sei, daß es im Norden von der deutschen Hildebrandssage herstammen müsse. Mittlerweile wissen wir, daß es im Gegenteil auf fast der ganzen Welt existiert. Auch der Abschluß des Gedankengangs ist falsch. Das Vergleichsmaterial besteht für Saxos Teil lediglich aus einem kurzen Abschnitt einer längeren Familiengeschichte, die ein zusammenhängendes Ganzes darstellt. Gegenüber dieser größeren Einheit ist die Handlung der Ásmundarsaga ein Fragment. Gibt es einen direkten Zusammenhang, dann dürfte es ganz im Gegenteil der Isländer gewesen sein, der den Stoff zu einer Novelle Saxos reichem Vorrat bzw. älteren Quellen, die die gleiche Familiensage behandeln, entnahm.

Will man nun eine Erklärung für diese Ähnlichkeiten suchen, sollte man sich zunächst fragen, ob ein indischer Einfluß auf die nordische Sage vorliegen kann. Wir haben bereits zwei Details erwähnt, die eventuell für einen indischen Ursprung sprechen könnten. Schließlich fehlt es keineswegs an Beispielen dafür, daß Sagen und Novellen während des Mittelalters von Indien nach Europa gewandert sind. Auf der anderen Seite ist unser Fall aber völlig anders geartet als etwa bei den ›Sieben weisen Meistern‹ oder ›Barlaam und Josaphat‹. Die wandernden Sagensammlungen suchen nicht ihren indischen Ursprung zu verhehlen. Abgesehen davon ist es in der Regel leicht, Stil und Stoffwahl der indischen Fabel oder Novelle wiederzuerkennen.

Aus unserem Vergleich ging hervor, daß eine eventuelle Entlehnung gut und gründlich eingeschmolzen worden sein müßte und zu einem integrierenden Teil dänischer Tradition geworden wäre. Dies müßte zudem recht früh stattgefunden haben, da Saxo offenbar das Ganze für eine authentische Geschichte hält.

In zwei Aspekten gleicht die Geschichte im ›Mahābhārata‹ der nordischen Sage. Zum einen in der Grundstruktur, von der man sagen könnte, daß sie einen Königsspiegel in konkreter Form enthält: in der Erzählung von den dynastischen Schwierigkeiten der drei Generationen, ihrem Ausmünden in den gewaltigen Kampf und im tragischen Untergang der Dynastie. Zum andern — und dies ist noch merkwürdiger — in einer Reihe konkreter Einzelheiten, die man nicht vergißt: dem häßlichen Freier mit seinem schlechten Geruch, dem blinden König im Kampfwagen während der Schlacht, dem unüberwindlichen Kämpen, der zum Schluß, am gesamten Körper von Pfeilen durchbohrt, fällt.

Auf der anderen Seite freilich welche ungeheuren Abweichungen in den verschiedenen Punkten, die das Ganze zu einer historischen Erzählung verknüpfen: die Genealogien sind nicht „übersetzt" worden, sie sind gänzlich anders gebaut, und der Krieg wird völlig unterschiedlich motiviert (in der nordischen Tradition übrigens auf zwei einander widersprechende Arten). Haben wir es mit einer

Entlehnung zu tun, dann ist sie mit Sicherheit auf eine gänzlich andere Weise zustande gekommen als alle anderen Entlehnungen vom Orient in das mittelalterliche Europa.

Mit einem gewissen Zweifel nimmt man die Diskussion der anderen Möglichkeit auf: Kann es sich um ein gemeinsames Erbe handeln? Könnte die Volkstradition in Indien und im Norden einen gemeinsamen, großen Sagenkomplex aus indoeuropäischer Zeit bewahrt haben? Und warum sollte gerade diese bizarre Sage bewahrt worden sein?

Die Angelegenheit wird vielleicht etwas wahrscheinlicher, wenn wir uns klarzumachen versuchen, wovon die Geschichte des Bharata-Geschlechtes im ›Mahābhārata‹ eigentlich handelt.

Im Anschluß an die Forschungen Georges Dumézils über System und Struktur der indoeuropäischen Mythen suchte ich 1947 zu zeigen, daß diese Struktur auch im ›Mahābhārata‹ wiederzufinden ist, dessen Hauptpersonen den obersten Göttern des vedischen Pantheons, übertragen auf das heroisch-epische Niveau, entsprechen. [9] Die fünf Söhne König Pāṇḍus entsprechen den fünf Hauptgöttern der vedischen und auch der vor-zoroastrischen Religion, Mitra Vāyu, Indra und den Zwillingsgöttern Açvinau. [10] In der weiteren Diskussion baute Dumézil diese Analyse aus, indem er zeigte, daß auch Pāṇḍu einen wichtigen vedischen Gott, Varuṇa, verkörpert [11] und daß andere Figuren des großen Epos ebenfalls Transpositionen verschiedener vedischer Götter sind. [12] Der bittere Feind der Pāṇḍu-Söhne, Duryodhana, tritt besonders als persönlicher Gegner des zweiten der Brüder, Bhīma, auf. Die Rivalität zwischen diesen beiden gleichaltrigen Vettern wird auf eine Weise geschildert, die

[9] In: Religion och Bibel 6, S. 27—39.
[10] Über die Zwillingsgötter und das Epos vgl. Wikander, Nakula et Sahadeva, in: Orientalia Suecana 6 (1957), S. 66—96.
[11] Jupiter Mars Quirinus 4 (1948), S. 71 ff.
[12] Vgl. u. a. Orientalia Suecana 3 (1954), S. 60—66; ebd. 5 (1956), S. 183—188; Indo-Iranian Journal 3 (1959), S. 1—16; Etudes Celtiques 1959, S. 263—283 und zusammenfassend Les Dieux des Germains, Paris 1959, Kap. III « Le drame du monde ».

eigentümlich an gewisse iranische Mythen vom Kampf zwischen Ohrmazd und Ahriman erinnert.

Ein Vergleich zwischen den mythisch-rituellen Elementen im persischen Nationalepos ›Shāhnāmeh‹ und im ›Mahābhārata‹ zeigt, daß sie auf den gleichen religionsgeschichtlichen Voraussetzungen aufbauen. [13] Der Inhalt des ›Shāhnāmeh‹ variiert in den älteren, legendären Abschnitten, die die Zeit vor den Akemeniden behandeln, ein einziges Thema bis ins Unendliche: den Krieg zwischen den Erbfeinden Turan und Iran. Eine frühere Forschung sah in diesen Sagen Reflexe von Grenzstreitigkeiten mit nichtarischen Stämmen im Norden und hielt diese ausgedehnten Grenzfehden sogar für eine Voraussetzung für das Entstehen des iranischen Dualismus. Grenzfehden schaffen keinen Dualismus, ein dualistisches System kann jedoch leicht zu Sagen und Dichtungen über zwei sich ständig bekämpfende Partner führen. In Wirklichkeit sind die vielhundertjährige Fehde zwischen Turan und Iran und die 18tägige Schlacht von Kurukshetra ein und dieselbe Sache: zwei verschiedene Versuche auf der irdischen Ebene — durch epische Kunst — den ewigen Streit zwischen Göttern und Dämonen nachzuerzählen, der im eschatologischen Drama der großen Schlacht kulminiert.

Es gibt keine andere Erklärung, es existiert kein „historischer Kern" auf einer der beiden Seiten. Aber gerade der Vergleich zwischen zwei so unterschiedlichen Lösungen des Problems der Mythenerzählung ist aufschlußreich. Ein Vergleich zwischen den beiden größten Epen der Antike zeigt, wie ähnlich der Grundgedanke und viele charakteristische Details und Personenbeschreibungen sind—denn sie sind im gemeinsamen mythischen Stoff enthalten —, während in der Genealogie, Chronologie und der Lokalisierung, d. h. im gesamten pseudohistorischen Apparat, Unterschiede auftreten.

Damit haben wir auch die Erklärung für die rätselhaften Übereinstimmungen zwischen der Brávalla-Sage und dem ›Mahābhārata‹ gegeben. Auch die Brávalla-Schlacht ist eine Variante der großen Schlacht der indoeuropäischen Eschatologie, die sekundär historisiert wurde. In Saxos Text hat dies sogar deutliche Spuren

---

[13] Wikander, Sur le fonds commun indo-iranien des épopées de la Perse et de l'Inde, in: La nouvelle Clio (Bruxelles 1950), S. 310—329.

hinterlassen. Er beschreibt in seiner großen Chronik unzählige
Kämpfe, einzig bei der Schilderung der Brávalla-Schlacht aber
nimmt sein Stil einen eigenartig apokalyptischen Tonfall an:

Crederes repente terris ingruere caelum, silvas camposque subsidere, mis-
ceri omnia, antiquum rediisse chaos, divina pariter et humana tumultuosa
tempestate confundi cunctaque simul in perniciem trahi . . .

(Saxo VIII, I, 4)

Mag der Krieg nun durch Uneinigkeit unter Verwandten oder — wie
nach dem ›Sǫgubrot‹ (dies wird auch bei Saxo erwähnt) — deshalb
entstanden sein, weil König Harald nicht an Altersschwäche sterben
wollte, so kann man die Zurüstung und den Verlauf der größten
Vorzeitschlacht des Nordens als reichlich umfangreich dimensioniert
empfinden. Seit Konrad Maurer hat man das apokalyptische Kolorit mit dem Einfluß einer dichterischen Quelle — vielleicht der
›Vǫluspá‹ — auf Saxo erklären wollen. [14] Selbstverständlich muß
eine lange Reihe von Texten, auch poetischen, hinter seiner Version
stehen. Wenn aber die Sage von der Brávalla-Schlacht der letzte
Ausläufer der indoeuropäischen Eschatologie ist, dann sind diese
Farben nicht späte Ausmalung, sonder ganz im Gegenteil Reste der
alten eschatologischen Schilderung. In den kolossalen und phantastischen Kampfschilderungen der persischen und indischen Epik
gleichen Ursprungs ist sie viel besser bewahrt worden.

Nicht ohne Bedenken lege ich eine mythologische und vergleichende indoeuropäische Deutung der Brávalla-Tradition vor. Eine
gewisse Vertrautheit mit den Dokumenten der indo-iranischen Vorzeit hat mich, wie andere Forscher, indessen zu ihrer Umdeutung als
religionshistorisches Quellenmaterial geführt. Es ist nicht länger
möglich, wie man dies bisher getan hat, das sprachlich älteste Dokument auch als das inhaltlich älteste anzusehen. Die — sprachlich
gesehen — junge Epik Indiens und des Iran liefert uns das beste

---

[14] „Offenbar hatte das alte Lied, welchem Saxo seine Erzählung entnahm, die gewaltige irdische Schlacht mit dem letzten Kampfe der Götter
und ihrer Gegner verglichen" (Die Bekehrung des norwegischen Stammes
zum Christenthume II, S. 32 Anm. 14).

Material für vergleichende Studien der indo-iranischen und indo-europäischen Mythologie. Diese Epik ist für solche vergleichenden Studien wesentlich wichtiger als die Texte der ›Avesta‹ und ›Veda‹.

In den späteren Arbeiten Dumézils hat dieser Gesichtspunkt interessante Resultate auch beim Vergleich von Indischem und Nordischem erbracht. Er formuliert die neue Einsicht folgendermaßen:

Un fait capital saute aux yeux: plus que la version iranienne de ces événements cosmiques, c'est l'ensemble mythique para- et prévédique conservé en transparence dans l'intrigue de l'épopée indienne qui se découvre parallèle à l'ensemble mythique scandinave. [15]

In unserer Untersuchung hat sich dieses indische Epos als bedeutungsvoll für das Verständnis nicht nur der nordischen Mythologie, sondern auch erzählender Traditionen erwiesen, die — wie die indischen — mythischen Stoff in epischer Umformung enthalten.

Kann man darüber hinausgehen und behaupten, daß auch im Norden die späteren Erzähltraditionen generell interessanteres und älteres mythologisches Material enthalten als etwa die ›Edda‹ und die älteste Skaldendichtung? Es dürfte bislang noch unmöglich sein, sich so weit vorzuwagen. Generell darf man wohl den Analogien zwischen nordischer und indo-iranischer Tradition nicht zuviel abverlangen, nachdem die erstere ja in jeder Hinsicht soviel jünger und dürftiger ist. Es ist freilich bereits ein interessantes Faktum, daß Saxos Chronik in Form der pseudohistorischen Erzählung uns eines der wichtigsten Bauelemente zur Rekonstruktion der germanischen und indo-europäischen Mythologien liefert.

[15] G. Dumézil, Les dieux des Germains, a. a. O., S. 98.

II. GRIECHISCHE HELDENDICHTUNG

Gymnasium 60 (1953), S. 97—114.

DER SOZIOLOGISCHE ASPEKT
DER HOMERISCHEN EPEN *

Von HERMANN STRASBURGER

Das Zeitalter Homers ist von namhaften Darstellern der griechischen Kultur und Geschichte als „Das griechische Mittelalter" überschrieben worden [1]. Vergleichspunkte zum germanischen und romanischen Mittelalter finden sich in der Tat im großen wie im kleinen. Man denke nur an die Parallelität, die in der Überwältigung einer hohen, aber ausgelebten Kultur durch die Einwanderungsstöße eines noch unverbrauchten und begabten Volkstums liegt, den folgenden Prozeß der Beruhigung und Ausklärung, Verschmelzung und Seßhaftwerdung. Hier wie dort die kräftige, illitterate Grundgesinnung der Epoche, in welchem Nährboden allein das große Heldenepos gedeiht. Und in Einzelzügen wieviel Verwandtschaft zwischen den Lebensidealen und Sitten der Helden Homers und der ritterlichen Gesellschaft des christlichen Mittelalters!

Ein solcher Vergleich wirkt fruchtbar durch die Belebung der ergänzenden Phantasie, aber ebendarin liegen auch seine Gefahren. So ist von anderer Seite — ebenfalls mit Recht — vor der Verewigung des Begriffes „Griechisches Mittelalter" gewarnt worden, da die Unterschiede zwischen beiden Epochen nicht geringer seien als die Übereinstimmungen [2]. Einem einzigen solcher Unterschiede,

---

* Vortrag, gehalten am 5. Juni 1952 auf dem Kongreß deutscher Altphilologen und Altertumsforscher in Marburg.

[1] So schon Welcker. J. Burckhardt, Griech. Kulturgesch. 4, S. 61; Th. Bergk, Griech. Literaturgesch. I, S. 303 (für das Zeitalter der Lyrik: J. 776—500) R. v. Pöhlmann, aus Altertum und Gegenwart, 1911, S. 139 ff.; E. Meyer, Gesch. d. Altertums, Bd. 3, 2. Aufl., S. 267, 2; U. Wilcken, Griech. Gesch., 5. Aufl., S. 53. Vgl. H. E. Stier, in: Historia 1950, S. 196.

[2] H. Bengtson, Griech. Gesch. 1950, S. 51, 3.

nämlich der sozialen Struktur der Adelsgesellschaft, möchte ich die heutige Betrachtung widmen. Als wirtschaftsgeschichtlicher Sachverhalt ist sie von einigen Forschern — ich nenne nur Robert v. Pöhlmann, Eduard Meyer und Johannes Hasebroek — längst zutreffend beschrieben worden [3]. Aber ihre Erkenntnisse sind weder Gemeingut der Literatur noch von ihnen selbst zu den notwendigen Folgerungen soziologischer und geistesgeschichtlicher Art ausgenutzt worden. Es gibt umfängliche Bücher über das homerische Zeitalter, in denen der soziologische Aspekt überhaupt nicht berührt wird [4]. So scheint mir eine Erneuerung der Fragestellung, mag sie vielleicht auch nur zu einer Akzentverlagerung führen, der Mühe wert, wie jeder noch so geringe Beitrag zum Verständnis eines Zeitalters, welches sich schon allein durch seine Dichtungen als ein im höchsten Sinne produktives ausgewiesen hat.

Mit den analytischen Fragestellungen der Homerkritik fand ich bei meiner Arbeit wenig Berührungspunkte. Sowohl sozial- wie geistesgeschichtlich betrachtet, verbietet, soweit ich sehe, nichts, die ›Ilias‹ und die ›Odyssee‹ als je eine geschlossene Einheit zu behandeln und zeitlich nahe aneinanderzurücken [5]. Beide Epen gehören höchstwahrscheinlich dem 8. Jh. v. Chr. an, vor dessen Ende auch die Gedichte Hesiods anzusetzen sind [6]. Haben die Dichter von

---

[3] R. v. Pöhlmann, Aus dem hellenischen Mittelalter: a. a. O., S. 139 ff.; E. Meyer, Die wirtschaftl. Entwicklung d. Altertums, in: Kl. Schr., 1910, S. 99 ff.; Gesch. d. Altertums, a. a. O., S. 270 ff.; J. Hasebroek, Griech. Wirtschafts- u. Gesellschaftsgesch., 1931, S. 6 ff. Vgl. L. Brentano, Das Wirtschaftsleben d. antiken Welt, 1929, S. 26 ff.; G. Finsler, Homer, Bd. I, 2. Aufl. 1914, S. 98 ff. passim.

[4] A. Lang, Homer and his age (1906); H. M. Chadwick, The heroic age, 1912; W. Leaf, Homer and history, 1915. — Auch J. Burckhardt, (Griech. Kulturgesch. 4, 3. Aufl., S. 23 ff.) ist das Wesentliche entgangen.

[5] Vgl. K. Reinhardt, Tradition u. Geist im homerischen Epos, in: Studium Generale 4 (1951), S. 339.

[6] W. Schadewaldt, Von Homers Welt und Werk, 2. Aufl. 1951, S. 92 ff.; s. a. H. T. Wade-Gery, The Dorian Invasion, in: AJA 52 (1948), S. 115 f.; ders., The poet of the Iliad, 1952. Einen wichtigen Neufund zur Datierung der ›Odyssee‹: eine attische Kanne „aus dem mittleren 8. Jh." veröffentlichte soeben R. Hampe, Die Gleichnisse Homers u. d. Bildniskunst seiner Zeit, 1952, S. 27 ff. und Abb. 7—11.

›Ilias‹ und ›Odyssee‹ auch zweifellos von Vorgängern Einzelzüge aus älteren Kulturstufen übernommen, die für ihr Jahrhundert keine Gültigkeit mehr haben, so spiegeln sie doch in allem Lebendigen — und nur mit ihm hat meine Fragestellung zu tun — ihre eigene Zeit: sowohl in der Quasi-Realität des in den Epen dargestellten täglichen Lebens, wie in der Skala der ideellen und materiellen Wertschätzungen. Damit soll umgekehrt nicht ausgeschlossen sein, daß ähnliche Verhältnisse wie zu Lebzeiten Homers *auch* schon in der Vergangenheit bestanden haben, ja, „angesichts der großen Beharrlichkeit der agrarischen Zustände in Zeiten reiner Naturalwirtschaft" [7] müssen wir dies im ganzen für wahrscheinlich halten.

Die Gesellschaft, die uns die Epen zeigen, zerfällt, im großen gesehen, in zwei Klassen, die in der allgemeinen Auffassung der Zeit durch eine tiefe Kluft getrennt scheinen: eine Oberschicht vornehmer oder adeliger Familien, deren Macht und Ansehen aufs engste mit der Größe ihres Besitzes verknüpft ist, und eine abhängige bzw. dienende Schicht. Zu letzterer sind praktisch zu zählen nicht nur Sklaven und Lohnarbeiter, sondern auch Handwerker, soweit sie sich überhaupt schon spezialisiert haben, und die kleinen, ja sogar auch die mittleren Bauern. Denn auch die Bauern sind, obwohl frei, völlig abhängig von der Gnade der vornehmen Herren, die ihnen das Recht nach ungeschriebenen Gesetzen sprechen und ihnen Schutz vor feindlicher Ausraubung wie wirtschaftlichen Beistand nach Gutdünken gewähren oder versagen; insbesondere auch sind sie bedrückt durch den Zwang zur Heeresfolge. Ihre Untertänigkeit ist festgelegt durch das Klientelwesen einer patriarchalischen Gesellschaftsordnung.

Von Leibeigenschaft oder Hörigkeit bieten die Epen keine sichere Kunde. Die Halbfreiheit entwickelte sich wohl auch erst in den folgenden beiden Jahrhunderten. Desgleichen gibt es keine Freigelassenen. Durch Kriegsgefangenschaft oder räuberische Entführung verfiel ein Mensch jählings in lebenslängliche Sklaverei. Uns mag nichts schrecklicher bedünken. Aber der Odysseedichter bezeichnet als das härteste Erdenlos das des Lohnknechtes bei einem armen

[7] R. v. Pöhlmann, Gesch. d. soz. Frage u. d. Sozialismus in d. antiken Welt 1, 2. Aufl., S. 18.

Bauern (Od. XI 489—491), nicht das des Sklaven. In der Tat mag das Schicksal des Sklaven bei einem wohlgesinnten Herrn, dem die Mittel zur Verfügung stehen, sein Personal gut zu halten, erträglich, ja beneidenswert sein. Durch die Gunst seines Herrn kann der Sklave zu einem eigenen Stück Land und eigenem Vermögen kommen und innerhalb der Hausgemeinschaft mit einer Sklavin verheiratet werden. Ein solches Paar ist in der ›Odyssee‹ der Altknecht Dolios mit seiner Frau. Sie haben sechs Söhne! (XXIV 497). Man denke an die freien Kleinbauern Böotiens, denen Hesiod das Einkindersystem empfiehlt (Erga 376), weil das karge Land seine Bevölkerung nicht ernähren kann. Mag die ›Odyssee‹ immerhin die Verhältnisse verklären; die Sache selbst ist gar nicht unwahrscheinlich, weil der Sklave im Großbetrieb nicht das wirtschaftliche Risiko des freien Bauern trägt. Sein Kinderreichtum kommt zugleich seinem Herrn zugute. Der Sklave Eumaios, der Sauhirt des Odysseus, hat sich aus eigenen Mitteln sogar seinerseits einen Sklaven gekauft, der ihn beim Essen bedient (Od. XIV, 449—452). Die Umgangsformen zwischen Herrschaft und Sklaven auf dem Gute des Odysseus sind familiär, ja herzlich. Hier setzt sich auch die freie und vornehme Abkunft von Sklaven bis zu einem gewissen Grade wieder durch. Die soziale Stellung eines Sklaven schwankt also mit weitem Spielraum, je nach der Gesinnung und dem Wohlstand seines Herrn, und läßt sich nicht fest einordnen.

Der selbstverständliche Beruf des Menschen in der homerischen Zeit ist seine Beteiligung an der Landarbeit. Einzelne Handwerke beginnen sich abzulösen: z. B. der Töpfer, der Zimmermann. Der Schmied und der Lederarbeiter haben ihre besondere Bedeutung durch die Herstellung der Waffen. Spezialisiert sind auch die Künste, die eine besondere Gabe voraussetzen: der Arzt, der Seher, der Sänger. Aber die meisten Bedarfsartikel stellt sich der Landwirt nach Möglichkeit im eigenen Gutsbetrieb her. Die Frauen spinnen die Wolle und verarbeiten das Gewebe zu Kleidern. Der Bauer steigt selbst ins Gebirge, fällt den Baum und zimmert sich den Wagen (Il. IV 482 ff., mit den nächstgenannten Stellen). Besonders hübsch ist das Beispiel von dem schweren eisernen Diskus, den Achilleus in den Kampfspielen zum Preis aussetzt: auf Jahre hinaus wird der Gewinner, sei er nun Hirt oder Pflüger, an diesem

Eisen Schmiedematerial haben und nicht den Weg zur Stadt machen müssen (Il. XXIII 826—835, vgl. Hes. Erga 432). In der Stadt also beginnen die Handwerker sich zentral anzusiedeln. Aber Städter in unserem Sinne gibt es sonst nicht. Die so genannt werden (ἀστοί), sind Gutsherren oder Bauern, die ihr Wohnhaus in der Stadt haben. Hier müssen wir uns verdeutlichen, was eine Stadt in homerischer Zeit überhaupt ist. Das Territorium eines Gemeinwesens heißt bei Homer und Hesiod πόλις, das Kollektivum seiner Bewohner δῆμος, ganz ebenso wie später bei den Griechen. Aber wir dürfen uns nur an das Wesen der Sache halten, nicht an die Worte, denen noch das Wichtigste des Gehaltes fehlt, welchen wir retrospektiv unwillkürlich mit ihnen verbinden: das spezifisch Politische [8]. Weder hat die Gemeinde irgendwelche Macht, noch besitzt sie einen Verwaltungsapparat. Die Heeresversammlung in der ›Ilias‹ und die friedliche Volksversammlung in der ›Odyssee‹ sind stumme Versammlungen, in denen die Menge Mitteilungen und Anweisungen entgegennimmt. Römisch ausgedrückt: es gibt nur *contiones*, keine *comitia*. Die Gemeinde hat zwar einen Vorstand, den König, und seinen Rat, die Geronten; aber sie hat sich diese Obrigkeit nicht gewählt; deren natürliche Autorität beruht auf erblichem Adel. Sehen wir ab von dem untergeordneten Organ der sogenannten Herolde, der Ausrufer, so liegt der einzige Ansatz zu einer Gemeindeordnung in der Rechtsprechung, die der König selbst oder statt seiner die Geronten (Il. XVIII 503) üben, nach unkodifiziertem Recht, wie gesagt. Der König aber, das ist der größte Grundherr, und die Geronten sind die Oberhäupter der reichsten Grundbesitzerfamilien. Im Grunde ist die Polis noch nichts als ein, wohl meist befestigter, Siedlungsmittelpunkt einer Stammesgemeinschaft, die vom Landbesitz lebt. Es darf nicht verwundern, daß bei Homer daneben keine Dörfer erwähnt sind, denn die Polis hat mit Ausnahme ihrer etwaigen Befestigungsanlage dörflichen Charakter und, nach späteren Maßstäben, meist wohl auch noch dörflichen Umfang. Das geistige und wirtschaftliche Schwergewicht scheint dabei auf dem sie umgebenden Lande zu liegen; der private Inter-

[8] Vgl. z. folg. V. Ehrenberg, Der griech. Staat (Gercke-Norden 3) S. 8 f.

essenkreis, das Leben in der Familie und auf dem Grundbesitz beherrscht die Bildung der Kultur. Die Polis dient mehr als Treffpunkt und Schutzburg. Schutzburg ist wohl auch die ursprüngliche Bedeutung des Wortes πόλις (ἀκρόπολις > πόλις). In der Handlung der homerischen Epen waltet, bei einem ausgeprägten Individualismus, der überall das schwache Band der Zweckgemeinschaft, welche hauptsächlich eine Wehrgemeinschaft ist, zu zersprengen droht, eine Art von politischer Ordnung wenigstens in der ehrerbietigen Ausrichtung des Volkes auf die Autorität des Königs und das Gottesgnadentum des Adels. Hesiod dagegen — sicherlich weniger der Repräsentant einer neuen Zeit als einer literarisch bisher stummen Gruppe — verhält sich zum Politischen betont ablehnend. Für ihn ist die Grundform der menschlichen Existenz die Landwirtschaft von Einzelbesitzern (Erga 21—39). Rechtshändel schlichtet man nach seiner Auffassung ehrlich von Mann zu Mann und an Ort und Stelle; von der Agora und ihrem Gezänk (vgl. Il. XVI 387; XVIII 497 ff.; Od. XII 440) hält ein anständiger Mensch sich fern. Abgrundtief ist Hesiods Mißtrauen gegen die menschliche Gerechtigkeit und insbesondere die der adligen Richter, überhaupt gegen die Wirksamkeit des Sittlichen in der Gemeinschaft (Erga 202—273). In den Lebensregeln Hesiods im Anhang der ›Erga‹ (695 ff.) kommt bemerkenswerterweise die Obrigkeit nicht vor. Nach seiner Meinung kann menschliche Gemeinschaft nur im vorsichtigsten Verkehr mit Nachbarn und Freunden bestehen.

Die keimende Idee der Polis im eigentlichen Sinne, der Staatsgemeinschaft, liegt in der homerischen Zeit gegenüber dem rücksichtslosen Eigensinn, der sich nur für die Belange der Sippe einsetzt, noch in schwerem Behauptungskampf; sie wird allerdings in den folgenden Jahrhunderten den Sieg davontragen. Einstweilen ergibt sich im ganzen noch, die Vielzahl dieser in sich so lose organisierten Gemeinwesen aneinandergelegt — nicht zu reden davon, daß dieses Netz von Poleis noch keineswegs lückenlos den griechischen Kulturboden überzieht, sondern noch aufgelockert scheint durch die unorganisierte Einzelsiedlung in dem von der Stammesgemeinschaft okkupierten Landstrich — ein Bild starker Zerbröckelung. Entwicklungsgeschichtlich offenkundig ein *Abstieg*, nachdem Griechenland unter der Führung Mykenes schon einmal eine kulturelle

Einheit, ja vielleicht sogar eine Art politischer Gemeinschaft gebildet hatte, wie Bodenfunde und ›Ilias‹ sich gegenseitig bestätigen [9].

Ein urbanes Bürgertum, beruhend auf Handel und Gewerbe, zeigt sich also in homerischer Zeit erst in schwachen Ansätzen. Das Landleben mit seinen Bedürfnissen bestimmt die Kultur der sogenannten Stadt. Zu fehlen scheint vor allem noch die wirtschaftlich vom Adel unabhängige Kaufmannsschicht, die in der Lage wäre, die Kluft zwischen den Großen und den Kleinen zu überbrücken und als freier Mittelstand auf die Verfestigung eines politischen Rechtszustandes hinzuwirken. Doch bietet die Grundlagen zur Bildung eines Kaufmannsstandes bereits die aufblühende Handelsschiffahrt. Sie *muß* ein Privileg einer besonderen neuen Gesellschaftsklasse werden, da der adelige Großgrundbesitzer und erst recht der Kleinbauer an die Scholle gefesselt ist. Das Thema der ›Odyssee‹ ist ja die beste Illustration dafür, wie sehr die Gutswirtschaft durch die langwierigen Wikingerfahrten der Herren, die Raubzüge über See, leiden muß. Für sie sind die Nachbarkriege zu Lande, die kurzen Überfälle, das zweckmäßigere Bereicherungsmittel. Man kann allerdings ein Bauer mit Schiff sein, besonders wenn man als Inselbewohner auf dem benachbarten Festland — und umgekehrt natürlich — einen Teil seiner Feld- oder Weidewirtschaft hat, wie Noemon, der dem Telemachos sein einziges Schiff leiht (Od. II 386; IV 634—637). Zum Rudern zieht man dann Theten oder Sklaven heran (IV 644). Hesiod besaß, wie es scheint, zwei Schiffe, ein großes und ein kleines, die in Aulis lagen. Mit ihnen fuhr er aber niemals weiter als über den Sund nach Euboia, um in Chalkis seine Ernteüberschüsse auf den Markt zu bringen (Erga 618—694) [10]. Das heißt, er trieb als Bauer nebenbei einen bescheidenen Handel zur Förderung seines Gutsbetriebes. Aber wir treffen in der ›Odyssee‹ auch den echten Kaufherrn mit

[9] S. Fr. Matz, Griech. Vorgesch. (in: Das neue Bild der Antike, 1942, I), S. 28 ff; ders., Handb. d. Archäol. 2, 1950, S. 303; J. F. Daniel, The Dorian Invasion, in: AJA 52 (1948), S. 107.

[10] Hasebroek S. 38 f. Anders beurteilt von M. Pohlenz, Der hellenische Mensch, 1947, S. 347.

Schiff und „Gefährten", der weite Seereisen macht, um Tauschhandel zu treiben (I 182—184; VIII 161—164). Der Typ geht
fließend über in den des Abenteurers und Seeräubers (Od.
XIV 191—359; XV 403—481), der zu des Dichters Zeiten die Meere
beherrscht; das Anrüchige daran wird gerne den erfahreneren Phö-
nikern in die Schuhe geschoben (Il. XXIII 744. Od. XV 415 ff.
vgl. Herodot 1, 1), aber an der Sache selbst nehmen die Griechen
durchaus teil. Wenn in der ›Ilias‹ Handel und Seefahrt zurücktreten, darf man daraus nicht auf einen geringeren Entwicklungs-
grad schließen. Der Tauschhandel über See, der ja bereits in mykenischer Zeit beträchtlich gewesen sein muß, kommt auch in der
›Ilias‹ an mehreren Stellen vor (VII 467; IX 71 f.; XXI 41; XXIII
747; XXIV 751 ff.), und ihre Gleichnisse bieten eine Reihe von
Bildern mit Schiffern auf hoher See (Il. VII 6; XV 381; 624 ff.);
damit sind gewiß nicht nur seefahrende Krieger gemeint.

Dennoch ist die große Seefahrt und der Handel als Selbstzweck
für die Griechen dieses Zeitalters etwas, was als modern empfunden
wird [11]. Daher erscheinen sie in der heroischen Sphäre des Epos nur
am Rande, mit dem Beigeschmack des Suspekten oder gar Veräch-
lichen behaftet (Od. VIII 159 ff.). Warum die Adelsgesellschaft
den Kaufmann verachtet, davon wird noch zu sprechen sein.

Die *herrschende Schicht* der homerischen Zeit in ihrer besonderen
Wesensart genauer zu verstehen, das ist mein eigentliches Anliegen.
Gerade weil auf ihr das vorzügliche Augenmerk der Dichter ruht,
kämpfen wir hier mit größeren Schwierigkeiten und Täuschungs-
möglichkeiten als bei der Betrachtung der unteren Gesellschafts-
klassen. Letztere sind zweifellos ziemlich naturgetreu aus der
eigenen Zeit heraus gezeichnet, stilisiert wohl, aber nicht heroisiert
und nicht archaisiert [12]. Den Adel jedoch, besonders die Könige, be-
treffen die poetischen Motive der Haupthandlungen beider Epen,
und so haben wir hier mit den Vorstufen der Dichtung, mit der
Überschichtung von Stoffbeständen und damit von geistigen und
sozialen Wertordnungen aus einer längeren Reihe von Jahrhunder-

---

[11] G. Busolt, Griech. Staatskunde, 3. Aufl., S. 173.
[12] Vgl. C. M. Bowra, Tradition and design in the Iliad, 2. Aufl. 1950,
S. 121 u. 191.

ten zu rechnen. Aber die Unstimmigkeiten, die sich daraus ergeben müssen, finden sich nicht im geistig-soziologischen Bereich, sondern ernstlich nur in dem der Antiquitäten (mit dem ich mich nicht abzugeben brauche) und im Institutionellen. Nichts im Bilde der homerischen Gesellschaftsordnung ist unklarer — trennt man selbst ›Ilias‹ und ›Odyssee‹ wie zwei verschiedene Welten — als die Rechts- und Machtstellung des Königtums [13]. Der einzige von den vielen Königen in der ›Ilias‹, dem noch etwas vom Glanze echten Königtums anhaftet, ist eigentlich Agamemnon, neben dem sich am ehesten noch Menelaos und Nestor sehen lassen können. Hier spiegeln sich Erinnerungen an wirkliche Machtverhältnisse der mykenischen Zeit [14]. Agamemnon kann, wenn er will, noch ganze Städte verschenken, mitsamt ihren Einwohnern, und Schätze obendrein. Man vergleiche mit diesen Sühnegaben, die er Achilleus bietet (Il. IX 122 ff.), das Lösegeld des Priamos für den Leichnam des besten Mannes von Troia (Il. XXIV 229 ff.; vgl. Od. XXIV 274 ff.): Gaben eines reichen Gutsbesitzers; auch in anderer Hinsicht ist Priamos als solcher charakterisiert. Undeutlich bleibt im Grunde in der ›Ilias‹ das ursprüngliche Rangverhältnis zwischen Agamemnon und Achilleus, um welches sich das Sagenmotiv von ihrer Erzürnung kristallisieren konnte. Man möchte eigentlich meinen, es müsse das Verhältnis eines absoluten Herrschers zu einem Untertanen gewesen sein, einem trutzigen Vasallen, der als Kämpfer der bessere Mann war. Aber im Gesamttenor der ›Ilias‹ ist Agamemnon zu einem nicht übermäßig geachteten primus inter pares abgesunken. Man begreift eigentlich nicht — schon Thukydides (1, 9) hat sich darüber Gedanken gemacht —, mit welchen Mitteln er, um einer Privatfehde willen, den Heerbann so vieler Gleichrangiger auf die Beine brachte und so lange zusammenhielt. Aber diese Unklarheit auszuscheiden, war dem Dichter unserer ›Ilias‹ offenbar nicht wichtig genug (und mit Recht, vom poetischen Standpunkt aus). Was ihn fesselte, war der *geistige* Austrag im Streit der Könige, und hier

---

[13] Vgl. H. M. Chadwick, The Heroic Age, S. 387 f.

[14] Über Nestor: R. Hampe, Die homerische Welt im Lichte der neuen Ausgrabungen, in: Vermächtnis der antiken Kunst, hrsg. von R. Herbig, 1950, S. 11 ff.

ist alles auch so lichtvoll und genau wie die Realität der bäuerlichen
Sphäre in den Gleichnissen. Das heißt: die Argumentationen in der
Haupthandlung der ›Ilias‹ hat der große Dichter selbst einheitlich
erfunden, aus der Empfindung und dem Geiste der eigenen Zeit
heraus [15]. Denn niemand wird für möglich halten, daß der Ilias-
dichter planvoll historische Studien über die geistige Kultur der
mykenischen Zeit angestellt habe. Sein Archaisieren ist sehr viel un-
schuldigerer Natur. Das soziale Kolorit entstammt durchweg der
Welt lebendiger und geltender Vorstellungen, nicht anders übrigens
in der ›Odyssee‹. Wie es nicht darauf ankommt, was bei Homer eine
„Stadt" heißt, sondern was eine Polis der Beschreibung nach ist, so
dürfen wir auch nicht vom Königsnamen ausgehen, der keinen eigenen Stand über dem Adel mehr anzeigt [16]. Vielmehr haben wir in
der Vielzahl der sogenannten Könige sowohl in der ›Ilias‹ wie in
der ›Odyssee‹, wo sich dasselbe Verhältnis auf kleinerer Skala wiederholt — aber die Freier der Penelope, die auch Könige heißen,
sind wirklich nicht mehr als kleine Barone —, wie auch in der
Mehrzahl der Könige bei Hesiod der historischen Sache nach den
vielköpfigen Herrenstand vor uns, den wir Adel nennen mögen,
das heißt die oberste Gesellschaftsklasse der homerischen Zeit.
Dieser Stand stellt alle Träger der menschlichen Handlung in der
›Ilias‹ und überwiegend auch in der ›Odyssee‹, er wird in seinen
Lebensgewohnheiten und geistigen Eigentümlichkeiten am weitaus
umfassendsten in beiden Epen beschrieben; es ist ja zugleich der
Stand, *für* den die Dichter schreiben.

Dieser Stand ist es auch ganz offenbar, der dem Jahrhundert die
eigenen Wesenszüge aufgeprägt hat, die schöpferisch fortwirken
durch die Lebenskraft der beiden unsterblichen Gedichte, in uner-
meßlichem Einfluß auf die Griechen, auf das gesamte Altertum, ja
auch auf uns. Es besteht wohl Einmütigkeit darüber — und ich
schließe mich keineswegs aus —, daß die homerischen Gedichte einer
adeligen Welt, einem Zeitalter ritterlicher Ideale entstammt [17].

---

[15] Bowra S. 253; Wade-Gery, in: AJA 1948, S. 116; H. Fränkel, Die
homerischen Gleichnisse, 1921, S. 100.
[16] Vgl. H. M. Chadwick, The Heroic Age, S. 364.
[17] S. bes. Schadewaldt a. a. O., S. 116 u. sonst.

Demgegenüber scheint es zunächst kein Widerspruch zu sein und eine Feststellung von rein wirtschaftsgeschichtlicher Bedeutung, wenn die Historiker, die das Epos gewissermaßen gegen den Strich gelesen haben, bemerken — ich übernehme eine Formulierung von J. Hasebroek —: „Die homerische Welt ist eine agrarische und so ruhen die Besitzverhältnisse auch des homerischen Adels in erster Linie auf Ackerbau und Viehzucht" [18]. Das kann ja denn keinem Homerleser entgehen, daß Odysseus, seiner wirtschaftlichen Daseinsform nach, eigentlich ein großer Gutsbesitzer ist und daß man sich auch die Helden der ›Ilias‹ in Friedenszeiten in solchem Rahmen lebend zu denken hat. Aber schließt dies einen echt adeligen Lebensstil, das Aufgehen in ritterlichen Idealen aus? Grundsätzlich keineswegs. Und so beschreibt denn Eduard Meyer das Leben des Herrenstandes homerischer Zeit folgendermaßen:

Dem Wesen des Adels entspricht es, daß er seinen Wohlstand und seine Macht auch äußerlich zur Schau zu stellen liebt und seinen reichen, behaglichen Luxus entfaltet. Der Adlige erscheint in glänzenden Waffen, mit zahlreichem Gefolge, hält prächtige Rosse, Jagd- und Schoßhunde (Od. XVII 310). Wo ihn nicht der Krieg oder seine eigenen Geschäfte in Anspruch nehmen — die im realen Leben eine weit größere Rolle gespielt haben als im Idealbilde des Epos —, führt er zusammen mit seinen Standesgenossen vor den Augen der Menge ein behagliches Genußleben: ein Gelage folgt dem anderen, gewürzt durch Gesang und Tanz, die von berufsmäßigen Sängern und Tänzern vorgeführt werden . . .

(Gesch. d. Altertums, Bd. 3, 2. Aufl., S. 340).

Andere Gelehrte tönen das Bild etwas anders, aber, auf das Ganze gesehen, herrscht doch die Meinung vor, der Adel der homerischen Zeit sei „eine Art Feudalaristokratie, deren Männer ihr Leben zwischen Kampf, Jagd und Gelage teilen, indes die Frauen im Haus die Mägde beaufsichtigen" [19].

Aber diese Anschauung ist zu einseitig und nicht einmal aus *beabsichtigter* Suggestion der Dichter (sozusagen aus einer Lektüre *mit* dem Strom der Poesie) zu rechtfertigen.

[18] Griech. Wirtschafts- u. Gesellschaftsgeschichte, 1931, S. 10.
[19] E. Auerbach, Mimesis, 1946, S. 27. Vgl. J. Burckhardt, Griech. Kulturgesch. 4, S. 40. R. Harder, Eigenart d. Griechen, 1949, S. 20 ff.

Zunächst einmal das angebliche unaufhörliche Schmausen der homerischen Helden. Wer tafelt denn da wirklich andauernd? Die Phaiaken: ein Märchenvolk. Die Freier der Penelope: zuchtlose Nachkömmlinge, denen die starke Hand fehlt. Schließlich: die Götter. Ihr fröhliches Genießen soll doch gerade ihre höhere Glückseligkeit veranschaulichen, welche sie vom Menschengeschlecht unterscheidet: „Sie aber, sie bleiben / In ewigen Festen / An goldenen Tischen" — während der Mensch geschlagen ist mit Unglück und Mühsal; nicht nur Hesiod stimmt diese Klage an (Erga 174 ff.), sondern auch die Dichter von ›Ilias‹ (XXIV 525 ff.) und ›Odyssee‹ (I 348 ff.; IV 197 f.; XX 201 ff.). Die ›Ilias‹ enthält keine Gastmähler, die einen Dauerzustand anzeigen. Essen und Trinken werden mit epischem Behagen erwähnt, gehören aber nur zur Deutlichkeit der Lebensschilderung, wie die Bezeichnung der Tageseinschnitte, das Waffenanlegen oder das An- und Abschirren der Pferde. Wenn in der ›Odyssee‹ (außer den schon erwähnten Fällen) gemeinschaftlich geschmaust wird, dann wird es — das ist gerade das Bezeichnende — ausdrücklich begründet: in Pylos (III 5 ff.), weil ein großes Opferfest für Poseidon, in Sparta, weil Doppelhochzeit in der Königsfamilie gefeiert wird (IV 2 ff.). Natürlich werden die Gelageszenen gern ausgeführt, weil das Verweilen bei den Wunschbildern die zum Epos gehörige Stimmung des Festlichen erhöht. Aber eine alltägliche Erscheinung des Adelslebens sollen sie nicht sein; wie wir sehen, gerade im Gegenteil.

Dagegen ist die Arbeit in der heroischen Sphäre allgegenwärtig, in der ›Ilias‹ um nichts weniger als in der ›Odyssee‹. Wo immer die ›Ilias‹ Durchblicke auf die Friedens- und Alltagssituationen im Leben der Vornehmen zuläßt, da steht die nützliche Betätigung im Mittelpunkt, nicht Erholung, Vergnügen oder Sport. Von den Frauen gilt es überhaupt als selbstverständlich, daß ihre Finger keinen Augenblick stillestehen. Nicht nur die Königstochter beteiligt sich am Wäschewaschen; auch die Königin selbst nimmt bei festlicher Zusammenkunft sogleich nach der Mahlzeit die Spindel zur Hand. Sogar Göttinnen haben sich ihre Kleider selbst verfertigt. Es sind vielleicht nicht gerade die gröbsten Schmutzarbeiten, an denen sich die Herrschaften selbst beteiligen. Aber grundsätzlich *kann* jeder jede Arbeit und packt zu, wo es gerade nottut [20]. Die Söhne von Königen und Vornehmen trifft der Leser der ›Ilias‹ am gewissesten auf der Weide beim Viehhüten an. Bei dieser Beschäftigung können sie wenigstens noch träumen und haben Aussicht auf den ungestörten Besuch huldreicher Göttinnen, wie Anchises und Paris dies erfahren haben. Aber es sind durchaus keine arkadisch-bukolischen Wunschbilder, die dieses Motiv in die Poesie eingeführt haben. Das Weiden der Herden ist — und war es vor der Seßhaftwerdung noch mehr — die dringlichste laufende Arbeit des Alltags. So sehr ist das typisch, daß in der Sage von der Gründung Troias sogar der Gott Apollon die Rinderherden auf dem Berge Ida weiden muß, während Poseidon für den König Laomedon die Mauer um Troia baut (Il XXI 448). Die Edelleute ziehen ihre Söhne zwecks Einsparung des nicht überreichlichen männlichen Personals zu dieser Arbeit heran, solange sie zu Besserem noch nicht brauchbar sind; so lernen sie auch gleich den Umgang mit dem Vieh. Man *erwartet* es geradezu von vorneherein, auf der Weide vornehmen Jünglingen zu begegnen. Athene erscheint dem Odysseus nach seiner Landung auf Ithaka als junger Schafhirt, wie es da heißt: „fein von Gestalt, wie eben Herrenkinder sind" (Od. XIII 222).

Paris arbeitet am Bau seines Hauses mit (Il. VI 314). Sein Bruder Lykaon will sich einen Streitwagen basteln (XXI 37 f.). Odysseus zimmert selbst sein Bett und Schlafgemach (Od. XXIII 189—204). Laertes, der in seiner Jugend ein großer Krieger war (er wird noch öfters Heros genannt), hatte sich in eben dieser Zeit sein Landgut im Schweiße seines Angesichts urbar gemacht (Od. XXIII 206 f. Schol. z. St.). Der heimkehrende Odysseus trifft ihn bei harter einfacher Arbeit (226 ff.). Nicht daß er als Herr arbeitet, sondern daß er es noch in so hohem Alter tut, wird hervorgehoben (255). Der Gedanke ist wohl, daß er stellvertretend für den vermißten Sohn arbeitet, dessen Anwesenheit ihm ermöglicht haben würde, sich zur Ruhe zu setzen (Il. V 153 f.; IV 477 ff. = XVII 301 ff.). Und wenn Odysseus als Knabe auf sein Bitten vom Vater mit einer Reihe besonderer Obstbäume beschenkt wurde (336—344), so kann

[20] Finsler 1, 2. Aufl., S. 123; vgl. Bowra S. 245.

dies nur den Sinn gehabt haben, daß er sie selbst in Pflege nehmen sollte. Mindestens zeigt das Motiv (gerade auf dem Höhepunkt der Erkennungsszene zwischen Vater und Sohn eingeführt!) die innige Verbundenheit der Vornehmen mit der Arbeit auf ihrem Besitztum. In der Widerrede des Bettlers Odysseus an den Freier Eurymachos (Od. XVIII 356—380) wird Tüchtigkeit in der Landarbeit einerseits und im Kriege andererseits als das Ideal eines wackeren Mannes gerühmt (vgl. Od. XX 378 f.). Die Volksversammlung im Buch II der Odyssee wird mit den Worten aufgelöst (252): ἐπὶ ἔργα ἕκαστος: „nach Haus, auf den Acker ein jeder!" Auch der Anführer der Bewerber um Penelope, Antinoos, bezeichnet einen etwaigen Abzug der Freier als Rückkehr ἐπὶ ἔργα (Od. II 127 = XVIII 288). Also auch die adeligen Taugenichtse wissen, daß ihr Platz bei der Arbeit ist und daß sie zum mindesten dabeizustehen haben.

Die Arbeit und persönliche Tüchtigkeit in der Gutswirtschaft gehört demnach mindestens in der Odyssee zu den höchsten Adelsidealen. Ich weise nur andeutend darauf hin, wie dieser Begriff durch mehrere wichtige Stellen verflochten ist mit den Vorstellungen von echt königlicher Qualität (Od. XVIII 356 ff.; XIX 109 ff.; vgl. Hes. Erga 225 ff. Od. XXIV 205 ff. 365 ff.) und wie die Vereinigung dieser Eigenschaften die drei Vertreter des legitimen Königshauses (Großvater, Vater und Sohn) am Schluß der ›Odyssee‹ folgerichtig der bloßen Quantität entarteter Usurpatoren als Sieger gegenüberstehen läßt. Ich fordere dabei mutwillig den Einwand der Analytiker heraus, daß ich mein Material hiermit den „jüngsten Schichten" des Epos entnähme und daß die Schlußfolgerung für die Zeit der ›Ilias‹ unverbindlich sei. Wie schon angedeutet, glaube ich nicht daran, daß der soziologische Aspekt von ›Ilias‹, ›Odyssee‹ und Hesiods ›Erga‹ drei unterschiedliche Zeitstufen wahrnehmen lasse. Es liegt am Ausschnitt des Blickfeldes, der durch die jeweilige Handlung und die Persönlichkeit des Dichters bedingt ist. Was die ›Odyssee‹ hier ausspricht, ist der ›Ilias‹ selbstverständlich. Wie könnte es sonst kommen, daß in der ›Ilias‹ selbst Götter und Göttinnen kaum je versäumen, ihre Pferde persönlich an- und abzuschirren und ihnen das Futter hinzustreuen (Il. V 369; VIII 50; XIII 23 u. 35 f.). Es ist offenbar, daß die Menschen, für welche die Dichter singen, das sind doch eben die Edelleute, im Täglichen der bäuerlichen Sphäre näherstehen als der heroischen. Wohl sind sie ein Kriegervolk von Herkunft, wohl sehen sie im Kämpfertum den Inbegriff der Männlichkeit und nähren ihr Herz aus der Erinnerung an eigene Waffentaten und den Wunschträumen von übermenschlichem Reckentum. Ihre Kriegszüge sind gewissermaßen die Festtage ihres Lebens. Daher macht die Unwahrscheinlichkeit der Kampfschilderungen diesen Hörern weniger aus, ja ist als Erfüllung rauschhafter Phantasie geradezu willkommen. Wie im Schlachtgewühl lange Reden gehalten werden können, wie Helden sich in schweren Rüstungen wie Leichtathleten bewegen, eben geschlagene Wunden plötzlich wieder verheilt sind, danach fragen sie nicht. Je märchenhafter in der heroischen Sphäre, desto besser! Die quasi-realistischen Todesbilder sind geschickt eingesetzte Einzelzüge. Aber im Bereiche seiner alltäglichen Wirklichkeit verlangt der Hörer Homers Wahrscheinlichkeit. Pferde müssen ihr Futter haben! (Il. VI 187—189; VIII 503 f. 543 f. 564 f.; XXIV 350). Man hat freilich mit Recht die Pferdeliebhaberei der homerischen Götter und Helden den „noblen Passionen" zugezählt [21]. Die Pferde stehen ja als Kampfgefährten dem Menschen besonders nahe (Hehn) [22]; die Auserwählten unter ihnen können gar reden oder weinen (Il. XVII 426—440; XIX 404 ff.). Aber hier geht eines untrennbar ins andere über. Auch der Stier erscheint in den heroischen Gleichnissen. Er ist eine Verkleidungsform des Zeus. Pasiphae verliebt sich in einen Stier. Später ist Griechen und Römern die Auffassung geläufig — und warum soll dies nicht erst recht für die Frühzeit gelten? —, daß das Rind als Arbeitstier des Menschen Gefährte sei (Belege: Hehn, S. 39).

Bei der Ausfahrt des Priamos (Il. XXIV 247—280) müssen die Königssöhne selbst den Wagen anschirren. Der technische Vorgang wird genau beschrieben! Dabei werden sie vom Vater mit Scheltworten angetrieben: „Lügner! Tänzer! Schafdiebe! Ziegendiebe!" So schimpft ein alter Bauer auf seinem Hof herum. Zu den Pferden wird angemerkt, daß Priamos sie persönlich gepflegt und gefüttert hatte (vgl. V 271). Eine dörfliche Situation! Die mächtigen Zwingherren mykenischer Zeit, die sich von Scharen von Dienstmannen

---

[21] Schadewaldt S. 116; Harder S. 21.
[22] V. Hehn, Kulturpflanzen u. Haustiere, 4. Aufl., S. 39 ff.

oder Beutesklaven die kyklopischen Steinblöcke ihrer Burgen türmen ließen [23], die Herren von Mykene und Tiryns wird man sich ungern nach diesem Typus vorstellen. Der sogen. Palast des Priamos (VI 242) [24] ist auch nur ganz vage vorgestellt. Jedenfalls denkt sich der Dichter einen ungepflasterten Innenhof, da sich sonst der König bei der Trauer um Hektor hier nicht so im Schmutz wälzen könnte (XXIV 161 ff.). Die richtigen Königsburgen (sagenhafte Reflexe einer versunkenen Wirklichkeit) kommen erst in der ›Odyssee‹ vor: hochräumige, prachtschimmernde Paläste (IV 43—136; VII 84 ff.; vgl. III 386 ff.) [25]. Aber wenn vor diesem gewaltigen Hintergrund Alkinoos vorschlägt, die Gastgeschenke für Odysseus gemeinsam aufzubringen, weil ihm das als einzelnem notwendig schwerfallen müsse (XIII 15), oder wenn Menelaos „Nachbarn und Nahestehende" zur Hochzeit einlädt und die Frage aufgeworfen werden kann, ob man im Palast des Königs von Sparta die Bewirtung zweier Fremdlinge übernehmen oder sie zu einem anderen Wirt verweisen solle (IV 15—36), so zeigt dies alles keine lebendige Vorstellung des Dichters von mykenischer Königspracht und „königlichen" Verhältnissen, sondern eine Phantasie, die sich aus schlichten ländlichen Verhältnissen einer ärmeren Zeit nährt. Auch die Wertmaßstäbe, die sich in ›Ilias‹ wie ›Odyssee‹ in der Aufzählung von Geschenken und Kampfpreisen zeigen, führen im Gesamtbild durchaus zur gleichen Schlußfolgerung. Der typisierte „König" der Schildbeschreibung ist ein Gutsherr, der die Erntearbeit beaufsichtigt (Il. XVIII 550 ff.).

Die Schildbeschreibung übrigens, die doch eine Art Sinnbild des menschlichen Lebens ist, gibt uns eine gewissermaßen statistische Handhabe: Die Bilder vom Leben und von der Arbeit auf dem Lande überwiegen völlig die wenigen Szenen, die schon so etwas wie eine urbane Luft atmen, und auch der Krieg geht um die Werte des landwirtschaftlichen Besitzes, insbesondere die Viehherden, die in der Wirklichkeit das wesentlichste Ziel der Beutelust gewesen

---

[23] Dazu Pöhlmann, Aus Altertum u. Gegenwart S. 160 ff.

[24] Finsler 1, 2. Aufl., S. 117; H. L. Lorimer, Homer and the monuments, 1950, S. 431.

[25] Dazu Lorimer S. 406 ff.

zu sein scheinen [26]. Dieser Beleg ist deshalb wichtig, weil die Schildbeschreibung das Leben wohl stilisiert, aber nicht heroisiert, wie die
Gleichnisse, die in die Schlachtengemälde verwoben sind. Dennoch
führt eine Auswertung der Gleichnisse zu ganz demselben Ergebnis.
Ich brauche nach dem Gesagten jetzt wohl nicht mehr umständlich
auszuführen, daß die Gleichnisse, die dem Landleben entnommen
sind — es sind in der ›Ilias‹ die weitaus meisten —, das heroische
Kampfgeschehen nicht in einer *als niedrig empfundenen* Realität
spiegeln sollen, sondern in *der* Wirklichkeit, in welcher der Edelmann selbst lebt und webt. *Deshalb* stört es in der heroischen Sphäre nicht im leisesten, wenn die vorrückende Schlachtreihe mit
mähenden Schnittern verglichen wird (Il. XI 67) oder ein verbisse-
nes Kämpferpaar mit zwei Bauern, die auf der Feldgrenze mit dem
Maß in der Hand um jeden Zoll Boden streiten (XII 421), oder das
kampflüsterne Troianerheer mit einer wild durcheinanderblökenden
Schafherde, die auf das Melken wartet (IV 433), um von zahlreichen
noch drastischeren Beispielen zunächst nur wenige anzuführen.

Das heroische Epos ist durchtränkt mit Bildern und Begriffen aus
der bäuerlichen Vorstellungswelt. Könige und Edelleute führen den
Ehrennamen ποιμὴν λαῶν (Hirt der Völker). Städte heißen εὔπωλος
(fohlenreich: Il. V 551) oder ἱππόβοτος (rossenährend: IV 202) oder
πίειρα (fett: XVIII 342). Der reiche Mann heißt πολύμηλος,
πολύρρηνος, πολυβούτης, πολυλήϊος (XIV 490; IX 154; V 613:
reich an Schafen, Rindern oder Weizen), der arme Mann ἀλήϊος
(IX 125). Ein häufiges Beiwort bedeutender Helden, auch ganzer
Volksstämme (Hesiod fr. 16 Rzach²) ist ἱππόδαμος (der Rossebän-
diger). Aber die Helden reiten nicht im Kampf und fahren den
Streitwagen auch nicht selbst. Das Bild stammt also vom Abrichten
wilder Pferde [27]. Die Bezeichnung der Tageszeit wird auch durch
ländliche Bilder umschrieben. Der Mittag heißt: die Zeit, da der
Holzfäller sich das Essen zubereitet (Il. XI 86—89; vgl. Od. XIII
31—34), der Abend: die Zeit des Stierausspannens (Il. XVI 779 =
Od. IX 58). In die Polis, die ländliche Stadt, führt die Bestimmung:

---

[26] Il. I 154; XI, 671 ff.; Od. XX, 49 ff.; XXIII, 357 u. öfters. Hesiod.
frg. 96, Z. 10 f. Rz.
[27] S. auch das Gleichnis XV, 679—684 mit Finsler 1, 2. Aufl., S. 101 f.

die Zeit, da der Richter vom Markt zum Abendessen weggeht (Od. XII 439 f.). Um den Preis junger Mädchen zu singen, hat die ›Ilias‹ einen Ausdruck, der ein ganzes Stück Kulturgeschichte in sich begreift; die im Reigen tanzenden Jungfrauen heißen nicht die „Lieblichen", sondern die „Rinder-Einbringenden" ἀλφεσίβοιαι (XVIII 593, mit Hinblick auf die Freiersgaben, die sie ihrem Vater durch ihre Vermählung einbringen werden). Den Zauber der Unberührtheit anzudeuten, nennt die ›Odyssee‹ Nausikaa rühmend eine παρθένος ἀδμής („die Ungezähmte": VI 109 u. 228; vom Zähmen junger Pferde und Maulesel). Beide Epitheta kommen auch im ›Aphrodite-Hymnos‹ vor (82. 119. 133). Dabei wollen wir der Eigennamen gedenken, die Stallduft an sich tragen: Frauennamen: ᾽Αλφεσίβοια, Μελίβοια, Φερέβοια (Hesiod fr. 57 Rz. Athen. 13, 557 a—b), diese ersten drei nicht bei Homer, aber alle folgenden: ᾽Ερίβοια (Il. V 389), Περίβοια (XXI 142), Πολυμήλη (XVI 180), ῾Ιπποδάμεια; Männernamen: Βουκολίων (VI 22), Βουκόλος (XV 338), Πολύμηλος (XVI 417), Θρασύμηλος (XVI 463), Εὔμηλος (II 764), ᾽Εχέπωλος (IV 458; XXIII 296), ῾Ιππόδαμος (XI 335); alle von heroischer, d. h. guter Familie. Haupthelden heißen bei Homer allerdings nicht so; davon wird noch zu reden sein.

Zunächst genug der Belege. Sie dürften gezeigt haben, daß in homerischer Zeit der Edelmann mit der Landarbeit eng verwachsen ist, mindestens in seiner *äußeren* Lebensform. Er ist Ritter und Großbauer in einer Person und sein Hochmut gegenüber dem kleinen Bauern geht nicht von der verschiedenen Lebensform, sondern von der Größe des Besitztums aus. Das unterscheidet ihn scharf vom Ritter des deutschen oder französischen Mittelalters, der *nicht* arbeitet und das Bauerntum verachtet, der wirklich nur noblen Passionen lebt und sich von der Welt der Arbeit ideologisch abschließt [28]. Aber, wie der Ritter des christlichen Mittelalters die

---

[28] Eine Revision dieser Auffassung für die „einfachen Grundschichten der mittelalterlichen ritterlichen Nobilität" regt H. G. Wackernagel an, ausgehend von der Beobachtung, daß in der Schweiz vielerorten Ritterburgen mit Gutsbetrieben, welche hauptsächlich Viehzucht und Milchwirtschaft pflegten, fest verbunden waren: Wackernagel, Burgen, Ritter und Hirten, in: Schweiz. Arch. f. Volkskunde 47 (1951), S. 215 ff. (Ich verdanke den Hinweis R. Merkelbach.) Auch im nordischen Kulturkreis

Lebensformen der Arbeit, Bauern- und Kaufmannstum, bewußt und grundsätzlich als etwas Minderwertiges negiert und aus der Welt seiner Ideale herausdrängt, so stellt sich nun als das eigentliche Kriterium erst die wichtigere Frage: hat in homerischer Zeit auch der rustikale Nützlichkeitsinn als Gesinnungsform, als geistig strukturbildend, in die ritterliche Ideenwelt Einlaß gefunden, oder beschränkt sich die Berührung der beiden Lebenskreise auf die äußere Daseins- und Tätigkeitsform?

Die Antwort ist vorbereitet. Schon in den bisher angeführten Beispielen läßt sich die Außenseite der Sache vielfach nicht mehr von der Innenseite trennen. Es kann auch kaum mehr nur als äußerliche Folge der Wirtschaftsform gelten, wenn unter den Helden der ›Ilias‹ der Wert einer Frau, berechnet vor allem nach ihrer Arbeitstüchtigkeit, mit genauester Sachlichkeit gegen den von Rindern oder Kochkesseln abgeschätzt wird (XXIII 262 ff.; 702 ff.). Der bäuerliche Wirtschaftssinn ist tief und unaustrennbar in die geistige Haltung eingelassen und durchkreuzt sich in eigentümlichster Weise mit heroischem Edelsinn und empfindlichem Ehrgefühl. Diese Züge treten in beiden Epen im großen und kleinen in Fülle auf. Ich muß mich mit wenigen Proben begnügen, die sich leicht isolieren lassen.

Achilleus, der den Ehrenstandpunkt im Extrem vertritt, erklärt doch auch wie ein Bauer, im Grunde habe er vor Troia nichts zu suchen; „denn an mir", sagt er, „sind die Troer nicht schuldig geworden, denn sie haben mir weder Rinder noch Pferde weggetrieben noch die Feldfrucht vernichtet" (Il. I 154 ff.).

Im Buch V der ›Ilias‹ lauschen wir einem Gespräch zwischen Pandaros dem Bogenschützen, dem Führer lykischer Hilfstruppen, und Aineas. Pandaros ist ärgerlich, daß seinen Schüssen der Erfolg versagt bleibt und bereut nun beinahe, nicht mit Pferd und Streitwagen ausgezogen zu sein, wie ihm sein Vater eigentlich geraten hatte. Nun schildert er, wie er im heimatlichen Gehöft (dem Hause eines Königs!) elf Wagen stehen hat, säuberlich mit Decken verwahrt,

lassen sich Parallelen aufsuchen. Schwerlich jedoch wird sich finden lassen, was der homerischen Zeit die besondere Note gibt: das Bauerntum einbezogen in die *Ideale* einer *obersten* ritterlichen Gesellschaftsklasse und in eine höfisch anmutende Verfeinerung der Ausdrucksformen.

daneben im Stall die Pferde, die weiße Gerste und Speltkörner futtern. Wenn er gegen den Rat des Vaters nicht zu Wagen auszog, so mit Rücksicht auf die Pferde, die an reichliches Futter gewöhnt waren und in der belagerten Stadt nicht Hunger leiden sollten (Il. V 180 ff.). Wie rührend kommt da der Bauer heraus!

Iphidamas, ein Thraker, der unmittelbar von der eigenen Hochzeit zum Kampf für Troia ausrückte, fällt von der Hand Agamemnons (XI 241 ff.). Da heißt es nun:

So stürzte er zu Boden und sank in den ehernen Schlaf des Todes — [das unbezweifelbar hohe heroische Pathos der Stelle ist zu beachten] — beklagenswert, denn er fiel, im Abwehrkampf für seine Mitbürger, fern von der jungen Gattin, von der er noch keinen Dank gesehen hatte für das Viele, was er gegeben; denn hundert Rinder hatte er zuerst ihrem Vater gegeben, dann noch tausend Ziegen und Schafe . . .

Als Glaukos und Diomedes zum Zeichen der Gastfreundschaft ihre Rüstungen tauschen, bemerkt der Dichter hierzu:

Zeus raubte dem Glaukos den Verstand, da er seine goldene Rüstung für eine erzene gab: einen Wert von hundert Rindern gegen neun Rinder (VI 234 ff.).

Achilleus glaubt, die Freigabe der Leiche Hektors vor dem toten Patroklos entschuldigen zu müssen, aber er rechtfertigt sich weder mit dem Willen der Götter noch dem Gebot der Menschlichkeit, sondern mit den stattlichen Lösegaben, von denen er auch ihm, Patroklos, sein angemessenes Teil erstatten werde (XXIV 592—595).

Ganz kurios ist der tröstende Zuspruch der Athene an Odysseus in der Nacht vor dem Freiermord (Od. XX 49 ff.):

Stünden zu fünfzig Haufen geschart die sterblichen Männer / rings um uns zween und dräueten uns mit den Waffen des Ares, / triebest Du allen gar leicht die *Rinder und Schafe* von dannen (Übers. v. R. A. Schröder).

In der Erzählung vom Wettstreit der Freier um Helena bei Hesiod (frg. 94—96) gilt es von vornherein als ausgemacht, daß der reichste Bewerber die Braut gewinnen wird. Der schlaue Odysseus schickt deshalb selbst erst gar keine Brautgeschenke. Wie er voraussah, siegt Menelaos, weil er am meisten gibt.

Eine solche bäuerliche Welt ist der natürliche Nährboden für nüchternsten Eigennutz, der in allem vom Interesse der eigenen Familie ausgeht. So prophezeit Andromache (in der Totenklage um Hektor) ihrem verwaisten Sohn dieses Schicksal (XXII 487 ff.):

Sollte er wirklich dem Schwert der Achaier entrinnen, wird dennoch Mühsal und Sorge immer sein Los sein. Denn mit dem Vater zugleich verliert das Waisenkind alle Gespielen, und die Nachbarn werden ihm die Grenzsteine auf seinen Feldern versetzen. Vor allen muß der Knabe ducken, und weinend geht er umher bei den Gefährten des Vaters, zupft sie am Kleid und bittet um ein Almosen. Da reicht ihm wohl einer flüchtig den Becher, netzt ihm die Lippe, doch nicht den Gaumen; oder der Reiche treibt ihn mit Schlägen vom Mahl und mit Schimpfen: Fort mit Dir! Dein Vater ist nicht unser Tischgenosse.

Hier ist plastisch festgehalten, wie der harte bäuerliche Eigennutz in dieser Adelsgesellschaft den aristokratischen Corpsgeist überwuchert bzw. letzterer nur eine Verkappung des ersteren ist. Die Rangordnung dieser Gesellschaft ist ganz auf das Recht des Stärkeren gebaut; Ehre genießt in ihr nur, wer sein Besitztum notfalls mit dem Schwert gegen die Gier der Nachbarn zu verteidigen weiß (dies auch ein Grundmotiv der Telemachie).

Für die ›Odyssee‹ ist die Bedeutung materieller Ideale in der Forschung stärker beachtet worden. Ich verweise besonders auf die Abhandlung von Felix Jacoby: Die geistige Physiognomie der Odyssee (Antike 1933, S. 159 ff.). Jacoby schreibt (S. 178 f.):

Bürgerlich im eigentlichen Sinne ist überall und ausgesprochen die geistige Haltung des Odysseedichters im Gegensatz zur homerischen [scil. der ›Ilias‹]. Es genügt, das an einem, aber dem beherrschenden Motiv jedes der beiden Epen sich klarzumachen: nennen wir sie schlagwortartig Ehre (τιμή) und Besitz (χρήματα), wobei wir ruhig an den modernen Gegensatz „Händler- und Heldengeist" denken können. Beides hängt insofern zusammen, als in jeder, vielleicht besonders stark in der Adelsgesellschaft, die soziale Stellung an den Besitz geknüpft ist; Besitz ist Vorbedingung für das Ansehen des Mannes. Aber nicht um das Faktum handelt es sich, sondern um die Wertskala. Da ist denn kein Zweifel, daß die Ilias den Akzent auf die Ehre, der Odysseedichter (der sich darin mit Hesiod berührt, nicht deckt) auf den Besitz legt.

Nach den robusten Äußerungen eines bäuerlich merkantilen Zeitgeistes, die ich soeben aus der ›Ilias‹ angeführt habe, kann ich diese Wertung nicht für richtig halten. Im Gegenteil: Bei Anrechnung des stofflichen Unterschiedes, daß für die ›Ilias‹ das heroische Grundkolorit durch Szenerie und Handlung vorgegeben ist, während in der ›Odyssee‹ der ländliche Hintergrund wie das mit bürgerlich-privatrechtlichen Fragestellungen durchsetzte Hauptthema zum Schwelgen in materiellen Vorstellungen einlädt — in Anbetracht dessen finde ich die utilitaristische Grundgesinnung in der ›Odyssee‹ geradezu gemäßigt und verfeinert gegenüber deftigerer Urwüchsigkeit in der ›Ilias‹. Gewiß macht es einen Unterschied, ob man die „geistige Physiognomie" der beiden Epen an der poetischen Handlung abnehmen will, d. h. an der Illusion, welche die Dichter zu erzeugen *beabsichtigen*, oder an der kulturgeschichtlichen Realität, aus der sie unwillkürlich heraus sprechen. Doch sehe ich auch nicht, inwiefern Odysseus bürgerlicher, unheroischer gesonnen sein sollte als Achilleus. Die Parallelität der Konfliktstoffe ist doch beachtlich. Beide, Achilleus wie Odysseus, werden gekränkt in einem Besitzwert, der für sie zugleich ein Gegenstand persönlichen Affektes ist. Beide grollen in unversöhnlichem Rachedurst. Beide verzeihen ihren Beleidigern nicht (Achill dem Agamemnon, Odysseus den Freiern) und weisen die angebotenen Sühnegaben zurück, da die „herzkränkende Schmach" nicht durch materielle Wiedergutmachung getilgt werden kann. Aber Achilleus begräbt die Fehde schließlich (wenn er auch nicht verzeiht) und stellt sich mit dem Gegner wieder auf den Verkehrsfuß gesellschaftlichen Anstandes, obwohl die ihm angetane Beleidigung eine unnötige, mutwillige und absichtlich kränkende war. Odysseus jedoch verzeiht *nicht* und nimmt fürchterliche Rache, obwohl die Freier ihn gar nicht absichtlich gekränkt hatten und eine materielle Sühnung sehr wohl dem Sachverhalt hätte Genüge tun können. Denn sie hatten ja sein Weib gefreit nur in der festen Annahme, daß er nie wiederkehren werde, und sein Gut nur verzehrt — nach dem Brauch aller Brautwerbungen — solange, bis die Braut sich entschied; wenn sie das Prassen unverschämt trieben, so nur als Druckmittel auf Penelope. Der Dichter hat alle Mühe, Frevel und Gewalttat der Freier, die angeblich himmelhoch reichen (XVII 565), einer nüchternen Beurteilung glaubhaft zu machen. Dennoch besteht Odysseus auf der weder notwendigen noch in seiner Lage klugen Rache, weil auch ihm, wie Achill, die Ehrenfrage die eigentliche ist. So ist auch in der ›Odyssee‹ das Hauptmotiv planvoll in die heldische Sphäre gesteigert. Der ursprünglich wahrscheinlich ganz schlichte, sozusagen naturnotwendige Zug in der Sage, daß der heimkehrende Odysseus die Freier töten muß, erhält, eingebettet in die Vorstellungen einer problematisch empfindenden Zeit, den Charakter des Überspannten, welches den Menschen über sein Naturmaß hinaustreibt.

Doch genug hiervon. Als letzten Prüfstein der Frage, wieweit Bauerntum und Rittertum im Adel der homerischen Zeit eine Einheit seien, möchte ich die Überlegung anstellen, ob unseren Dichtern hier nicht doch irgendein Zwiespalt bewußt sei und ob sie etwa zwischen spezifisch bäuerlicher und spezifisch ritterlicher Lebenshaltung und Gesinnung wertmäßig unterscheiden.

In dieser Frage glaube ich aus der Summe sehr vielfältiger Eindrücke aus beiden Epen einen ungefähren Befund ableiten zu dürfen, der sie bejahen läßt. Es fällt mir auf, daß das „Rustikale" — wenn ich schlagwortmäßig gliedern darf — das Rustikale, sei es als Charakterzug, sei es als Vergleich, sei es als Milieu-Kolorit, sich an die Haupthandlung und ihre Träger in weit geringerem Maße anheftet als an die Nebenfiguren und die Nebenhandlung. Je tiefer wir vom Vordergrund der Bühne in ihren Hintergrund bis zu der nur noch aufgemalten Szenerie hineinschreiten, vom heroischen Übermaß weg auf das menschliche Normalmaß zu, desto stärker wird im höfischen Grundton die rustikale Beimischung. Wohl verspüren auch Achilleus oder Hektor die kräftigen Regungen bäuerlichen Nützlichkeitssinnes, der allen Helden, großen wie kleinen, im wörtlichen Sinne „im Blut liegt", wohl freut sich Odysseus, wie Penelope, als die seiner würdige Hausfrau, den Freiern die Geschenke ablistet, aber derartige Züge verbinden sich mit den *Haupt*personen nur in *neben*geordneten Zusammenhängen; in den entscheidenden Lagen folgen die großen Helden nur dem mächtigen Anruf ihres Schicksals, welcher sie auf die uneingeschränkte Betätigung ihres Wertbewußtseins, ihrer Ehre, verpflichtet. Durch diesen Wesenszug soll zugleich zur Verdeutlichung ihrer Überlebensgröße beigetragen sein. Es steht in der heroischen Wertskala schon eine Stufe tiefer, wenn Aias bei der Bittgesandtschaft den hartnäckig grollenden Achilleus an den Brauch erinnert, der als gute und vernünftige Norm, sozusagen als zivilisatorischer Fortschritt, sich unter Menschen eingebürgert habe: Kränkungen an sich nicht wiedergutmachbarer Natur durch materielle Sühnung abgegolten sein zu lassen (Il. IX 632 ff.). Uns gibt es einen Durchblick auf die Behandlung solcher Konflikte in der damaligen Wirklichkeit. Aber offenbar ist das für die Phantasie dieser Edelleute schon nicht mehr heroisch genug: *Achilleus* ist der Held der Ilias. Die Herren*ideale* beginnen, sich ins Überspannte zu versteigen, die bisher nicht erfolgte kastenmäßige Auseinanderlösung der Lebenskreise, die für Hesiod, aus seiner Sicht von unten, schon eine bitter empfundene Wirklichkeit ist, zeigt sich auch im heroischen Epos in der Behandlung der Kernmotive tendiert.

Die Differenzierung läßt sich genauer zeigen an den Gleichnissen, besonders den zahlreicheren der ›Ilias‹. Bekanntlich entstammen sie überwiegend Beobachtungen aus dem Landleben und der Natur. Wenn die Wucht der Heldenkämpfe durch den Vergleich mit den Naturgewalten oder gewaltigen Raubtieren veranschaulicht wird, so findet dies auch der moderne Mensch der heroischen Sphäre angemessen. Wir stutzen freilich, wenn wir Agamemnon mit einem Leitstier (Il. II 480), Aias mit einem störrischen Esel (XI 558), Menelaos mit einer lästigen Stechfliege oder gar mit einer kläglichen blökenden Kuh verglichen finden (XVII 4; 570; 742). Andererseits ist gewiß, daß der Tiervergleich den Helden und sein Gebaren im Kampf nicht karikieren soll. Wenn ein sterbender Kämpfer mit einem in der Schlinge zappelnden Stier (XIII 571) oder mit dem sich krümmenden Regenwurm (XIII 654) verglichen wird, so schließt der schauerliche Ernst jede komische Nebenabsicht aus. Der Mensch homerischer Zeit ist so völlig in den animalischen Bereich eingelassen, daß ihm das Tier für die herabsetzende Absicht zu schade wäre. Wenn der Dichter (was sehr selten ist) durch einen drolligen Vergleich einen Helden mit einem flüchtigen Strahl von Komik beleuchten will, so vergleicht er ihn nicht mit Tieren, sondern mit Menschen (XVI 7; XX 252). Aber wenn auch nicht karikieren, so soll der Tiervergleich den Helden doch indirekt charakterisieren. Da zeigt sich denn, daß der Dichter (und seine Hörer) durchaus einen Rangunterschied zwischen trivialeren und edleren Tieren empfindet. Achilleus oder Hektor werden niemals mit Bullen oder Eseln verglichen. Aias, Menelaos, Agamemnon usw. werden wohl *auch* mit Löwen, Ebern, Adlern oder Naturgewalten verglichen, Hektor und Achill aber nicht umgekehrt *auch* mit gewöhnlichen Tieren. Vom Vergleich mit letzteren sind auch die Götter ausgenommen, außer etwa in der drastischen Beschimpfung untereinander (wie XXI 394 u. 421: „Hundsfliege"). Achilleus erhebt sich wiederum eine Stufe über Hektor dadurch, daß er nicht nur, wie dieser, mit vornehmen Tieren verglichen wird (dem Löwen, dem Adler, dem edlen Jagdhund oder Rennpferd), sondern in einer höheren Symbolik des Mächtigen, zu der das Tier nicht mehr ausreicht. Seine Gestalt strahlt weithin sichtbar, wie Rauch- und Feuerzeichen aus einer belagerten Inselstadt (XVIII 207 ff.), wie eine Feuersbrunst im Gebirge, ein Dämon (XX 490 ff.), ein Stern (XXII 26). Hektor sinkt im letzten Kampf durch den Vergleich mit furchtsamen Tieren wieder in eine niedere Kategorie, während Achilleus sich erhebt in letzter denkbarer Steigerung und überhaupt nicht mehr verglichen wird — nur sein Speer leuchtet wie der Abendstern (XXII 318). — damit wird er in die Sphäre der Götter gestellt (Apollon ging „der Nacht gleich").

Also hier herrscht eine Art von Präzision; eine deutlich gestufte Gefühlsskala. Unsere Bilanz aus der Durchsicht aller Gleichnisse ist, daß das rustikale Element mit dem ritterlichen in der Wirklichkeit der homerischen Zeit eine unteilbare verträgliche Gefühlseinheit bildet, daß das *Ideal* aber aus seiner ländlichen Beheimatung wegzuschreiten sich anschickt auf eine abstraktere Vornehmheit zu.

Die Frage nach der zeitlichen Priorität der Sphären ist an sich eine heikle. Die geläufigere Vorstellung dürfte sein, daß ›Ilias‹, ›Odyssee‹ und Hesiod uns eine kulturhistorische Stufenfolge spiegeln, in der wir aus einer heroisch-ritterlichen Welt (mit dem Abglanz mykenischer Königspracht) allmählich (in der ›Odyssee‹ noch verkappt, bei Hesiod deutlich) in ein neues Zeitalter hineingeführt werden, welches im Zeichen der bäuerlichen und bürgerlichen Arbeit, der Nützlichkeitsideale und des erwachenden Sozialgefühls steht.

Ein umgekehrter Entwicklungsgang ist mir wahrscheinlicher. Vom soziologischen Aspekt der mykenischen Zeit wissen wir nichts, und schwerlich wirkt er, außer durch den Umriß der Sage, der einstige Macht- und Größenverhältnisse widerspiegelt, noch in wesentlichen Zügen in die ›Ilias‹ hinein [29]. Die Stürme der Wanderungszeit haben die geistigen Spuren des Alten verwischt. Was folgt, ist soziologisch ein Neubeginn, eine Epoche nomadisierender Bauernkrieger, die allmählich seßhaft werden. Ihr Lebensinhalt ist die Landwirtschaft und der Kampf mit den Nachbarn um die Nahrung und den Lebensraum. Diese Kriege bestehen in Raubzügen und Überfällen, bei denen der Hinterhalt eine größere Rolle spielt als der offene Heldenkampf und man die männliche Bevölkerung des Gegners vernichtet und seine Frauen und Kinder als Arbeitskräfte verschleppt. Das typische Streitobjekt dieser Kämpfe sind die Viehherden, die man sich gegenseitig zu rauben trachtet. Wenn im Epos Rückblicke in eine quasi-historische Vergangenheit eröffnet werden, dann dreht sich das heroische Leben und Kämpfen immer um eben diese Dinge. Beispielhaft sind hierfür die Erzählungen Nestors, in denen die Illusion einer schlichteren Vorzeit durch das Kunstmittel eines bodennäheren Kolorits erzeugt wird, wie Schadewaldt zur großen Erzählung im Buch XI ausgeführt hat (Iliasstudien, 1938, S. 85 f.). Wie man längst richtig erkannt hat, sind diese Bilder ein ungefähres Abbild der Wirklichkeit, noch für die homerische Zeit gültig. Die ›Ilias‹ und teilweise auch die ›Odyssee‹ tendieren, dies zu alltägliche Heroentum zu überbieten in einer übermenschlichen Vorstellungswelt, die sich gewiß nicht nährt aus den echten historischen Erinnerungen einer *noch* größeren Vergangenheit, sondern aus genialer Phantasie, die in der Fiktion die Wunschträume einer lebens- und tatendurstigen Adelswelt befriedigt. Diese Übersteigerung der Dimensionen in allen Bezügen konzentriert sich in beiden Epen auf die Haupthandlung und ist in beiden Epen wohl das Werk der letzten großen Dichter, die aus älteren und schlichteren Stoffbeständen die großen einheitlichen Handlungspläne konzipiert haben. Geistesgeschichtlich ausgedrückt: In der Herrenschicht geht der Zug der Zeit vom Altväterisch-bäuerischen weg auf rittermäßige Ideale zu; sie sucht zwar das Bauernwesen sich nicht aus dem Leibe zu reißen, weil es die Grundform ihrer Existenz ist, aber sie trachtet es sozial zu überwinden in der Exklusivität, welche wir ohne Übertreibung höfisch nennen dürfen. Denn während, wie gesagt, das grob Bäu-

---

[29] Vgl. F. Matz, Handb. d. Archäol. 2 1950, S. 302 f.

rische in der Haupthandlung beider Epen sehr kurz gehalten wird, verbindet sich das Höfische mit den Hauptfiguren — ohne deswegen in der Nebenhandlung zu fehlen — in betonter und sprechender Ausführlichkeit. Höfisch in der Gehaltenheit und Selbstzucht äußerer wie innerer Umgangsformen sind fast alle Auseinandersetzungen der Helden; der höfische Anstand ist die feste Form, in die nach allen Entgleisungen wieder hineingestrebt wird. Als Musterbeispiel für viele möchte ich nur die formale Aussöhnung zwischen Achilleus und Agamemnon im Buch XIX anführen. Hier ist das Bäurische, wie *wir* es wenigstens als Kriterium verstehen, restlos eliminiert. Dabei ist im Kämpfertum natürlich, wie schon von anderen gesagt, die Roheit das Alte, die Ritterlichkeit das Neue.

Hierbei ist anzumerken, daß der soziale Anstand, die gute Form des patriarchalischen Wohlwollens im Verhältnis des großen Grundherrn zum kleinen Bauern und zum Gutspersonal in das Ideal dieser höfischen Zucht ausdrücklich miteinbezogen ist. In der ›Odyssee‹ zeigt sich das in größerer Ausführlichkeit, aber auch die ›Ilias‹ deutet es ausreichend an. Thersites ist ein Frechling, höchstwahrscheinlich selbst ein Vornehmer geringeren Ranges [30], der die verdiente Zurechtweisung erfährt. Sonst gebrauchen die großen Herren häßliche Schimpfworte nur untereinander, der Klient und der treue Sklave werden — wenigstens im Ideal, wie es uns die Dichter mit vollständiger Konsequenz zeigen — höflich und gütig behandelt. Das „unsoziale" Verhalten der Freier, welche die ehrlichen Hirten des Odysseus „törichte Bauern" schimpfen (XXI 85) und einer schwachen Magd rücksichtslos dasselbe Arbeitspensum aufgeben wie ihren kräftigeren Gefährtinnen (XX 105 ff.), soll die entarteten Junker zeigen und disqualifizieren. Die bäuerliche Arbeit behält als Grundform der menschlichen und adligen Existenz ihr hohes Ansehen und bleibt dem herrenmäßigen Tun zugerechnet (XVIII 366 ff.). Wenn der Edelmann dagegen den modernen Typ des Handelsmannes mit verachtungsvollem Mißtrauen betrachtet, so nicht deshalb, weil dieser materiellem Gewinn nachjagt — das tut der Vornehme nicht minder — und auch nicht, weil er arbeitet, sondern wahrscheinlich gerade, weil er *weniger* arbeitet als er selbst.

---

[30] Proklos z. Aithiopis. Gebhard, RE 2. R. V. 2459.

In der ›Odyssee‹, deren sparsam verwendete Gleichnisse, an Höhepunkten der Gemütsbewegung eingeschaltet, besonders tief durchdachte assoziative Funktionen erfüllen, erhält das Tagewerk des Bauern noch einen besonderen Ehrenplatz durch den Vergleich mit dem Heldenleben des Odysseus nach der vollständigen Erzählung seiner Abenteuer bei den Phaiaken:

> „Aber Odysseus
> Wandte das Haupt gar oft zu des Helios blendender Leuchte,
> Wünschend, sie tauche hinab; sein Herz verlangte zur Heimat.
> Wie der Mann nach Hause begehrt, dem über den Tag hin
> Durch die Brache den Pflug weinfarbene Rinder gezogen,
> Ihm aber sinkt zu sehnlicher Lust die leuchtende Sonne,
> Daß er zur Mahlzeit kommt und schleicht mit wankenden Knien,
> So zu sehnlicher Lust versank das Licht dem Odysseus."
>
> (XIII, 28 ff. Übersetzt v. R. A. Schröder)

Wie sich das griechische Adelsideal der homerischen Zeit in den folgenden Jahrhunderten verwandelt und was von dieser typischen Lebensform als Erbe für das Griechentum aller Zeiten übrig bleibt, das kann hier nicht mehr verfolgt werden. Daß diese wirklichkeitsnähere Geistigkeit ein ganz anderes Kultursubstrat bilden mußte als das Rittertum etwa des deutschen Mittelalters, leuchtet ohne weiteres ein. Dem Vergleich nachzusinnen, welcher aus dem Bereich wissenschaftlicher Geschichtsbetrachtung in den der ahnenden Intuition abführt, mag einem jeden überlassen bleiben.

Würzburger Jahrbücher 3 (1948), S. 147—153.

STUDIEN ZUM HOMERISCHEN EPOS:
EPOS UND HEROENKULT

Von Friedrich Pfister

Von vielen Heroen, deren Taten von Homer besungen wurden, sind uns aus späterer Zeit Kulte bezeugt, so von Achilleus, Agamemnon, Menelaos, Diomedes, Aias, Odysseus, Kalchas u. a. Das gleiche gilt auch von Heroen, die in ›Ilias‹ und ›Odyssee‹ keine Rolle spielen oder hier überhaupt nicht genannt werden, wie Theseus, Herakles, Iason und viele andere mehr; von ihnen haben epische Dichtungen erzählt, die uns nicht erhalten sind. Man kann ganz allgemein behaupten, daß alle bedeutendere mythische, d. h. im Epos besungene Heroen zugleich Gegenstand eines Kultes waren. Es ist gewiß von Wichtigkeit sowohl für unsere Kenntnis der Geschichte der griechischen Religion als auch für die Beurteilung der epischen Dichtung, die Frage zu entscheiden, ob diese Heroen deshalb kultisch verehrt wurden, weil Homer ihre Taten besang, oder ob schon für die Dichter diejenigen, die sie in ihren Gesängen als Träger der Handlung auftreten ließen, bereits Gegenstand des Kultes waren, ob also die mythischen Heroen schon vor der Entstehung der homerischen Poesie einen Kult genossen oder ob dieser erst später, etwa unter dem Einfluß des Epos, eingerichtet wurde.

Folgende Gründe scheinen mir den vorhomerischen Heroenkult unwiderleglich zu beweisen:

1. Die Art des Kultes. Im griechischen Kult können wir hinsichtlich der blutigen Opfer zwei Arten unterscheiden, die prinzipiell voneinander geschieden sind und auch sprachlich verschiedene Bezeichnungen aufweisen [1]. Auf der einen Seite stehen die uranischen Opfer, den himmlischen Göttern geweiht, im strengen Sprachge-

---

[1] Vgl. zum folgenden Pfister, Der Reliquienkult im Altertum II, S. 466 ff.

brauch θυσίαι genannt; dazu das Verbum θύειν, das Opfertier ἱερεῖον, der Altar βωμός. Auf der anderen Seite die chthonischen Opfer für die unterirdischen Gottheiten und die Toten, ἐναγίσματα; dazu zur Bezeichnung der Handlung ἐναγίζειν, das Opfertier heißt σφάγιον, der niedere Altar ἐσχάρα oder die Opfergrube βόθρος. Das Wort ἐναγίζειν bedeutet „tabuieren", d. h. von den chthonischen Opfern durfte im Gegensatz zu den ἱερεῖα nichts gegessen werden, sie waren tabu, gehörten ganz den Unterirdischen und wurden ganz verbrannt, sie hießen auch danach ὁλοκαυτώματα. Solche chthonische Opfer waren naturgemäß auch im Totenkult üblich. Heroenkult ist aber gesteigerter Totenkult, und für die Griechen waren die mythischen Heroen Menschen der Vorzeit, die wegen ihrer Verdienste und Taten eines solchen Kultes für würdig erachtet wurden. Wir müssen also annehmen, daß sich der Heroenkult in den Formen des Totenkultes bewegte, d. h. daß er chthonischen Charakter trug, daß den Heroen ἐναγίσματα dargebracht wurden. Dies ist auch häufig der Fall und der Gegensatz ἐναγίζειν ὡς ἥρωι und θύειν ὡς θεῷ wird in der griechischen Literatur des öftern erwähnt, zum erstenmal von Herodot (II 44). Nun ist aber die auffallende Tatsache festzustellen, daß der Heroenkult durchaus nicht immer das chthonische Ritual zeigt, sondern daß zahlreichen Heroen „wie Göttern" geopfert wurde, daß ihnen also keine ἐναγίσματα, sondern θυσίαι dargebracht wurden, daß ihre Kultstätte nicht als ἡρῷον oder μνῆμα, sondern ausdrücklich als ἱερόν bezeichnet wurde. Dazu kommt, daß auch außerhalb der eigentlichen Opfer sich im Heroenkult Bräuche (δρώμενα) finden, die als Bestandteil des Totenkults unerklärlich sind und die sonst nur im Götterkult vorkommen.

So wurde dem Herakles bald ὡς θεῷ, bald ὡς ἥρωι geopfert [2], auch dem Achilleus brachten die Thessalier alljährlich in der Troas durch eine Festgesandtschaft Opfer in beiden Formen dar [3]. An-

---

[2] Herodot II 44; Diod. IV 39. Daher wird Herakles von Pindar, Nem. III 38 als ἥρως θεός bezeichnet, wozu der Scholiast bemerkt, das Orakel habe befohlen, den Herakles νῦν μὲν ὡς ἥρωα δὲ ἐπιούσῃ ὡς θεόν zu verehren. Ein solches Doppelopfer ist z. B. für Sikyon bezeugt, Paus. II 10,1; vgl. Nilsson, Griech. Feste, 1906, S. 452 f.

[3] Philostr. Her. S. 324 ff. K.

deren Heroen wurde nur in der uranischen Form geopfert. Hierfür drei Beispiele, die auch für das Epos von Wichtigkeit sind.

In Therapne bei Sparta wurden Helena und Menelaos in einem Heiligtum (ἱερόν) verehrt, das bereits Herodot (VI 61) erwähnt. Es wurde ihnen ein Kult οὐχ ὡς ἥρωσιν ἀλλ᾽ ὡς θεοῖς dargebracht[4]. Wie die englischen Ausgrabungen lehrten [5], reichte dieser Kult mindestens in die frühgeometrische, wahrscheinlich sogar in die späthelladische Epoche hinauf. Dem uranischen Kult entsprach die Entrückungslegende. Weil der Kult sich nach oben richtete, deshalb galt das Heiligtum nicht als „Grab" der Heroen, das ihre Reliquien umschloß, sondern sie waren körperlich entrückt worden, wie Euripides sagt. Aber von der Entrückung des Menelaos weiß bereits der Dichter der ›Odyssee‹ zu erzählen (IV 561 ff.). Da weissagt Proteus dem Menelaos: Dir ist es nicht bestimmt, in Argos zu sterben, sondern dich werden die Götter ins Elysion senden, wo auch Rhadamanthys wohnt, wo ein liebliches Leben herrscht, und zwar deswegen, weil du Helena zur Gemahlin hast und dadurch Schwiegersohn des Zeus bist. Diese Entrückungslegende wurzelt im uranischen Kult, der durch sie erklärt wird.

Ebenfalls in Therapne wurden die Brüder der Helena, die Dioskuren, verehrt; daß dort ihre Gräber waren, wird nicht gesagt. Sie hatten auch ein ἱερόν beim Dromos in Sparta (Paus. III 14,6) und einen ναός im Phoibaion gegenüber von Therapne auf dem rechten Ufer des Eurotas (Paus. III 20,2). Von Kastor allein wird in Sparta bei der Skias ein ἱερόν erwähnt, merkwürdigerweise mit einem μνῆμα (Paus. III 13,1), Polydeukes hatte ein ἱερόν an der Straße nach Therapne (Paus. III 20,1). Über den Kult wissen wir im einzelnen nichts, aber ἱερόν und ναός weisen auf einen göttlichen Kult hin, ebenso auch das Fehlen der Reliquien in den meisten Heiligtümern der Dioskuren, ferner auch die in Sparta gefeierten Theoxenia [6], wobei die Dioskuren bewirtet wurden und gemeinsam mit den anderen Gästen speisten. Aber ihren göttlichen Kult kennt auch

---

[4] Isokr. Hel. 61; vgl. Äneas von Gaza S. 937 Migne, Patr. Gr. vol. 85; Eurip. Or. 1631 ff.; 1683 ff.; Hel. 1676 ff.

[5] Vgl. Bölte, R.-E. V A 2352 f.

[6] Ziehen, R.-E. III A 1477 f.; vgl. R.-E. V A 2256 ff.

bereits das Epos; Od. XI 302 ff. wird berichtet: Sie (die Dioskuren) hält beide lebend die Erde fest (vgl. Il. III 243 f.) und auch unter der Erde haben sie Ehre von Zeus und abwechselnd Tag für Tag leben sie und sind sie wieder tot; göttergleiche Ehren haben sie erlangt. Dies erklärt Pindar (Nem. X 55 ff.) so: Abwechselnd bringen sie einen Tag bei ihrem Vater Zeus zu, den andern in der Tiefe der Erde in den Höhlungen von Therapne; vgl. Pyth. XI 61 ff.; Isthm. I 31. Es ist also hier keine vollständige Entrückung wie bei Menelaos, sondern Tag für Tag leben sie abwechselnd im Heiligtum in Therapne oder im Olympos. Es ist vielleicht daraus zu schließen, daß sie hier bald ὡς θεοί, bald ὡς ἥρωες verehrt wurden (wie etwa Achilleus in der Troas oder Herakles in Sikyon (s. Anm. 2). Auf jeden Fall ist der Kult bereits dem Epos bekannt.

Und schließlich Ino-Leukothea, die in Megara ein Heroon besaß und dort alljährlich durch eine θυσία verehrt wurde (Paus. I 42,7). Bei Homer (Od. V 333 ff.) tritt sie als Meernymphe auf, ursprünglich eine Sterbliche, des Kadmos Tochter, jetzt aber hat sie im Meer wohnend göttliche Ehren (θεῶν ἐξ ἔμμορε τιμῆς).

Außer diesen bereits dem Epos bekannten Fällen gibt es noch mehr Heroen, denen uranische Kulte gewidmet wurden. Meist wurde dieses der Regel widersprechende Ritual durch eine Entrückungslegende begründet [7]. Denn der uranische Kult wandte sich hinauf zum Himmel, der chthonische Kult hinab zur Erde, also dorthin, wo man den Gegenstand der kultischen Verehrung sich dachte. Wenn man also einem Heros, d. h. einem Verstorbenen einen uranischen Kult darbrachte, so mußte er nach der Vorstellung der Opfernden im Himmel und nicht unter der Erde im Grab hausen; Grab und Entrückungslegende schließen sich aus. Aus dem einem Heros gewidmeten uranischen Kult entstand als Erklärung dieser Abweichung vom üblichen Ritual die Legende von seiner Entrückung, die ja als eine körperliche gedacht wurde. Wenn nun diesen Heroen ein Kult erst später aufgrund ihrer Verherrlichung durch das Epos eingerichtet worden wäre, hätte sich dieser Kult doch in den Bahnen

---

[7] Vgl. Wochenschr. f. klass. Philol. 1911, S. 81 ff.; Pfister, Reliquienkult II, S. 480 ff.; Pfister, Die Religion der Griechen und Römer, in: Bursians Jahresber. 229 (1930), S. 55.

des üblichen Totenkultes mit chthonischen Opfern gehalten und es
wäre ihnen ein Kult ὡς ἥρωσιν, nicht ὡς θεοῖς verliehen worden.
Aber es kommt noch etwas hinzu.

In Sparta wurde ein Zeus Agamemnon verehrt [8], in Rhodos
existierte ein Heiligtum der Helena Dendritis [9], Achilleus hatte als
Pontarches im Schwarzen Meer Verehrung [10]. Diese Kulte können
nicht jünger als das Epos sein. Denn wie hätte man dazu kommen
können, nachdem einmal die Gestalten des Agamemnon, des Achilleus, der Helena durch die epische Dichtung als Menschen der Vorzeit fest geprägt waren, ihnen Kulte einzurichten, in denen der eine
zum Kultbeinamen des Zeus, der andere zu einem göttlichen Schüt-
zer zur See, Helena zu einer Baumgöttin (mit höchst merkwürdiger
Legende Paus. III 19,10) wurde?

Zu diesen uranischen Opfern, die einzelnen Heroen dargebracht
wurden, treten nun noch zahlreiche δρώμενα, kultische Handlungen,
die an Heroenfesten vorgenommen wurden [11] und die nichts mit
einem Totenkult zu tun haben, sondern ebenfalls auf einen göttlichen Kult hinweisen, also auch nicht *nach* der epischen Dichtung
eingeführt sein können.

2. *Die Kulte im Kolonialland*. Viele homerische Heroen wurden
auch im griechischen Kolonialland in Kleinasien verehrt. Es ist bekannt, daß die auswandernden Achäer, Ioner und Dorer wie auch
die später nach dem Westen ziehenden Kolonisten ihre einheimischen Kulte aus dem Mutterland mit in die neue Heimat nahmen [12].
Auf diese Weise kam Helena nach Rhodos, Agamemnon nach Kla-
zomenai, Achilleus nach Kleinasien und ins Schwarze Meer, Kalchas
nach Klaros-Kolophon. Diese Kulte sind älter als das Epos, da sie
bereits in der Zeit zwischen der dorischen Wanderung und der Ent-

---

[8] Lykophron 335, 1123 ff., 1369 mit Schol.; Staphylos bei Clem. Al.
Protr. II 38; FHG IV 506. Sam. Wide, Lakonische Kulte, S. 333 ff.
[9] Paus. III 11, 9; vgl. Polyän. I 13.
[10] Escher, R.-E. I 223 f.; Diehl, in: Gnomon III (1927), S. 633 ff.;
Pfister, Reliquienkult I, Anm. 33.
[11] Nilsson, Griech. Feste, S. 453 ff.; Pfister, Reliquienkult II, S. 489 ff.
[12] Bilabel, Die ionische Kolonisation, 1920; in meinem ›Reliquienkult‹
finden sich viele Nachweise.

stehung des Epos nach dem Osten kamen. Auch wäre, wie gesagt, wenn sie jünger als das Epos wären, dem Achilleus kaum der Kultname Pontarches, der Helena nicht das Epitheton Dendritis beigelegt worden, noch wäre der Agamemnonkult mit heißen Quellen und Brunnen [13] in Verbindung gebracht worden.

3. Homerische Zeugnisse. Im Epos kann natürlich des Kultes der Heroen, die in der Dichtung als handelnde Personen auftreten, nicht gedacht werden. Nur einmal spricht der Dichter deutlich vom ἡμιθέων γένος ἀνδρῶν (Il. XII 23). Aber noch einige Stellen weisen darauf hin, daß die epischen Dichter diesen Kult kannten. Daß die Verfasser von Il. VII 84 ff. und Od. XXIV 73 ff. von den Gräbern des Achilleus, Patroklos und Antilochos in der Troas wußten, ist wohl eher anzunehmen, als daß man auf Grund dieser Stellen später irgendwelche Grabhügel dort mit diesen Namen in Verbindung brachte und einen Kult dort einrichtet. Ferner heißt es Od. XI 601 ff. von Herakles: Sein Eidolon sah Odysseus in der Unterwelt, er selbst aber, d. h. körperlich [14], lebte bei den unsterblichen Göttern und hatte des Zeus Tochter Hebe zur Gemahlin, war also wie der entrückte Menelaos ein Schwiegersohn des Zeus. Und mit Bezug auf diese Stelle preist Hesiod (Theog. 950 ff.) den Herakles glücklich, da er leidlos und ohne zu altern im Olympos wohne [15]. So wird also auch der uranische Kult des Herakles alt und dem epischen Dichter bekannt gewesen sein. Ferner kennt das Epos (Il. II 547 ff.; Od. VII 80 f.) den Kult des Erechtheus auf der athenischen Akropolis [16]. Dazu treten die drei bereits besprochenen Zeugnisse für Menelaos, die Dioskuren und Ino-Leukothea. Auf andere Heroengräber, die im Epos erwähnt werden, will ich hier nicht eingehen: Agamemnon (Kenotaph, Od. IV 584), Aias (in der Prophezeiung des Hektor, Il. VII 84 ff. und die richtige Bemerkung des Eustathios dazu), Aipytos (Il. II 603 ff.), Aisyetes (Il. II 793), Eetion

[13] Kleidemos, FHG I 361; Paus. VII 5, 11; IX 40, 11; Strabo XIV 645; Philostr. Her. 300, S. 160 K.

[14] Das Pronomen αὐτός als Körper im Gegensatz zu ψυχή Il. I 3; XVI 856 ff.; XXII 362 ff.; XXIII 65 f.

[15] Antike Grammatiker haben sowohl Od. XI 602—604 als auch Theog. 947—955 athetiert; die Homerverse schrieb man dem Onomakritos zu.

[16] Pfister, Reliquienkult I, S. 8 ff.

(Il. VI 415 ff.), Elpenor (Od. XII 10 ff.), Hektor (Schluß der Ilias),
Ilos (Il. X 415, XI 166, 371, XXIV 349), Myrine (Il. II 811 ff.),
Oidipus (Begräbnis in Theben, Il. XXIII 677 ff.), Phrontis (Od. III
278 ff.), Tydeus (Il. XIV 114).

4. *Archäologische Zeugnisse*. Sie haben etwa für die Kulte des
Menelaos und der Helena in Therapne, des Hyakinthos in Amyklai
und des Pelops in Olympia einen vorhomerischen Ursprung erwiesen. Ebenso gibt es ja auch Götterheiligtümer, die Homer erwähnt und die durch die Ausgrabungen als vorhomerisch erwiesen
wurden, wie das Höhlenheiligtum der Eileithyia in Amisos (Od.
XIX 188).

5. *Das Wesen der mythischen Heroen*. Diese ganze Beweisführung
für die Priorität des Heroenkultes gegenüber dem homerischen Epos
ist für denjenigen überflüssig, der den Satz H. Useners für richtig
hält: „Wir dürfen mit Überzeugung den Satz aufstellen, daß alle
Heroen, deren Geschichtlichkeit nicht nachweisbar oder wahrscheinlich ist, ursprünglich Götter waren." Denn dann sind die uranischen
Kulte und die übrigen besonderen Dromena, die den „Heroen" galten, uralte Riten, die den ehemaligen Göttern gewidmet waren und
auch beibehalten wurden — denn der Kult ist immer konservativ —,
als diese Götter im Mythos zu Heroen, zu Menschen der Vorzeit
wurden. Daß diese Heroen aber einst Götter waren, diese von
Usener und Ed. Meyer einst vertretene Ansicht gewann zuletzt
sogar bei v. Wilamowitz immer mehr an Boden, der noch im Hermes 54 (1919), S. 60,1 erklärte: „Den Glauben, daß Heroen wie
Agamemnon deklassierte alte Götter wären, sind wir hoffentlich
los." Aber schließlich gab er [17] doch etwa für Inachos, Asopos, Tay-
gete, Dirke, Kallisto, Iphigeneia, Erechtheus, Athamas, Pelops,
Salmoneus die ursprüngliche Göttlichkeit zu.

Wenn im allgemeinen die den mythischen Heroen gewidmeten
Kulte älter als die epische Dichtung sind, die ihre Taten feiert, dann
ist von Anfang an das Epos im eminenten Sinn eine heilige Dich-

---

[17] Die griechische Heldensage I und II (Sitzungsber. der Berliner Akad.
1925); vgl. Philol. Wochenschrift 1926, S. 281 ff.; Pfister, Religion der
Griechen und Römer, S. 154 f.

tung, die auf religiösem Boden ruht, da ja die im Epos auftretenden
Heroen Gegenstand des Kultes waren und das Epos eben diese
Kultheroen besang. Nun war aber die Hauptkultstätte eines Heros
vorzüglich in seiner Heimat, die häufig auch seine Reliquien zu besitzen sich rühmte, und so ist etwa der *Schiffskatalog* für die Griechen von besonderer religiöser Bedeutung gewesen, da er ja ein Ver-
zeichnis der Heroen mit Angabe ihrer Heimat, d. h. dem Sitz ihrer
Hauptkulte enthielt. Dies wußte der Verfasser des pseudo-aristote-
lischen ›Peplos‹ noch sehr wohl, als er seine Grabepigramme nach
den Angaben der Boiotia dichtete. Der Verfasser des Schiffskatalogs,
der ja ein anderer war als der Dichter der übrigen ›Ilias‹, hat
seine Angaben über die Heroen und ihre Heimat aus epischen
Dichtungen entnommen, in denen diese Heroen eine Rolle spielten
und da als beheimatet genannt wurden, wo sie einen Kult genossen.

Vor 40 Jahren habe ich bereits gezeigt, daß in der griechischen
Heldensage wie auch im homerischen Epos, das diese Sagen gestaltet, das „Gesetz der Bodenständigkeit" gilt: Die Namen der mythischen Genealogien [18], die für eine griechische Stadt oder Landschaft
aufgestellt wurden, etwa für Megara, Troizen oder Achaia oder die
Namen der thessalisch-pylischen Genealogie sind nicht frei erfunden, sondern sie wurzeln im Kult oder in der lokalen Bezeichnung;
diese Heroen waren Gegenstand des Kultes oder Ortseponymoi
oder beides, und die Genealogie wurde aus diesem Namensvorrat
zusammengesetzt, der größtenteils vorher schon in der Sage eine
Rolle spielte. Die Sage beschäftigte sich mit den im Kult verehrten
Wesen und mit Ortsnamen, die sie zu erklären und auf einen Heros
oder Gott zurückzuführen suchte. Die kultische Bodenständigkeit
eines Heros kann auch darin ihren Ausdruck finden, daß sein Name
als Kultbeiname eines Gottes erscheint, wie bei Zeus Agamemnon,
Amphiaraos, Trophonios, und wenn griechische Kolonisten dem
Apollon Iasonios einen Kult in Kyzikos stifteten, so schloß sich
bald die Legende an, Iason sei auf seiner Fahrt selbst dorthin gekommen. Ähnlich werden wir urteilen etwa bei Aphrodite Aineias,

---

[18] Diese habe ich im 1. Teil meines Buches ›Reliquienkult‹ untersucht;
vgl. auch Rhein. Mus. 68 (1913), S. 529 ff.; Pfister, Religion der Griechen
und Römer, S. 179, 215, 218.

bei Athena Aiantis und in vielen anderen Fällen. In den mythischen Heroennamen sind also nur ganz ausnahmsweise freie Erfindungen zu erblicken; sie sind meist im Kult oder in der topographischen Bezeichnung bodenständig. Auch im homerischen Epos sollte man stets bei jedem Heros, der mit Heimatangabe genannt wird, untersuchen, ob er an diesem Ort im Kult oder als Eponymos verwurzelt ist, ehe man von „freier Erfindung" des Dichters spricht. Dies gilt auch für ganz nebensächliche Personen.

Nehmen wir als Beispiel Od. IV 216 f.: Vor dem Mahl wäscht Menelaos in Sparta sich die Hände. Asphalion, der Diener des Menelaos, gibt ihm das Wasser. Asphalion wird sonst im Epos nirgends als nur in diesen zwei Zeilen erwähnt. Man darf wohl eine freie Erfindung des Namens annehmen für eine Person, die der Dichter einmal braucht und dann sogleich wieder verschwinden läßt. Aber man darf doch bemerken, daß Asphalion und Asphalios ein häufiger Kultbeiname des Poseidon war und daß dieser Gott mit diesem Beinamen gerade in Sparta auf dem Marktplatz und ebenso in Tainaron einen Kult hatte [19]. Der spartanische Diener des Menelaos mit Namen Asphalion und der in Sparta verehrte Poseidon mit diesem Beinamen müssen wohl irgendwie miteinander zusammenhängen; auf keinen Fall kann der Kult in Sparta aufgrund dieser zwei Homerverse eingerichtet sein. Der Dichter dieser zwei Verse braucht selbst von diesem spartanischen Kult nichts gewußt zu haben, aber er kannte den Namen Asphalion aus einer mythischen Überlieferung, die in jenem Kult wurzelt.

Oder ein anderes Beispiel. In Il. V 49 ff. erlegt Menelaos den Skamandrios, der nur an dieser Stelle genannt wird. Er heißt hier Sohn des Strophios; er war ein großer Jäger, den Artemis selbst diese Kunst gelehrt hatte. Haben wir es hier mit einer Erfindung des Dichters zu tun? Auf jeden Fall gab es eine kultische Verbindung der Artemis mit Strophios; denn ein Kult der Artemis Strophaia ist für Erythrai bezeugt [20]. Skamandrios ist Eponymos und vom Fluß der Troas abgeleitet. Also auch hier sind es keine frei erfundenen Namen.

---

[19] Paus. III 11, 9; Suid. s. v. Ταίναρον.
[20] Gebhard, R.-E. IV A 376.

Der Einfluß des homerischen Epos auf die Gestaltung des *Mythos* war ungeheuer. Bald nach der Entstehung des Epos setzen die mythologischen Darstellungen in der bildenden Kunst ein, auf Vasen und Fibeln, im wesentlichen Herakles- und Theseustaten gebend, danach Szenen aus dem troischen Sagenkreis [21]. Gleichzeitig systematisierte Hesiod den Mythos, dann schöpfen die Lyriker und die Tragiker aus dem Epos und für die ältesten „Historiker" von Hekataios ab gab das Epos geschichtliche Überlieferung. Gering dagegen war der Einfluß des Epos auf den *Kultus*, nicht nur auf den Heroenkult, sondern auch auf den Götterkult. Pallas Athena und Phoibos Apollon, unter diesen Namen im Epos besungen, sind unter diesen Namen nicht unter die Kultgötter aufgenommen worden. Dem Perikles gelang es nicht, das alte Kultbild der Polias zugunsten der jungfräulichen homerischen Athena des Phidias zu verdrängen. Homerische Epitheta der Athena wie Erysiptolis, Ageleia und Tritogeneia sind keine Kultbeinamen geworden, noch weniger Epitheta wie ἐννοσίγαιος für Poseidon, γλαυκῶπις oder ἀτρυτώνη für Athena. Ob etwa der Kult der Athena Oxyderkes in Argos (Paus. II 24,2) aufgrund der Ilias-Stelle (V 127 f.) eingerichtet wurde, wie die von Pausanias wiedergegebene Überlieferung will, wird sich nicht beweisen lassen. So gelang es auch dem Epos nicht, unhomerische Vorstellungen aus dem Heroenkult, wie sie im Ritual und in Beinamen wie Dendritis und Pontarches und sonst noch bestanden, zu beseitigen und das homerische Bild des Heros an ihre Stelle zu setzen.

---

[21] Pfister, Religion der Griechen und Römer, S. 159 ff.

Deutsche Literaturzeitung 49 (1935), Sp. 2126—2134 (gekürzt).

HOMERS HELDENBILD *

Von Rudolf Pfeiffer

[. . .]

Jaeger gibt in den beiden Eingangskapiteln seines ersten Buches über die griechische Frühzeit: „Adel und Arete" und „Kultur und Erziehung des homerischen Adels" ein Bild des homerischen Heldenlebens selbst; er schließt ein drittes über „Homer als Erzieher" an, das die Weiterwirkung des homerischen Menschenbildes als eines „Ideals" für die Folgezeit zeigen will. Diese drei Homerkapitel (S. 23—88) sind das breitangelegte Fundament für den Aufbau der ganzen Werkes. Man wird sie also auf ihre Tragfähigkeit hin besonders aufmerksam betrachten dürfen.

[. . .] Der Sache nach ist für die *hier* verfolgte Frage der Einsatz mit dem Epos richtig [. . .].

Diese Zustimmung im allgemeinen kann doch nicht von dem Bedenken lassen, warum gerade beim Epos der Begriff der ἀρετή zum Ausgangspunkt genommen wird. Gewiß wird er in verschiedener Weise für den politischen Weckruf des Tyrtaios an die Spartiaten im 7. Jh. wie für die schon gefährdete Adelswelt des 5. Jh.s in Pindars ›Epinikien‹ und dann für weite Bereiche der Philosophie zentral; aber im Ablauf des epischen Geschehens spielt die ἀρετή nicht die bewegende Rolle. Sie wäre kaum an den Anfang gestellt worden, wenn nicht das Streben nach einem einheitlichen „Leitmotiv" für die ganze Bildungsgeschichte (S. 25, vgl. 35, 37) dazu verführt hätte. Es zeigt sich hier eine charakteristische — und nicht ungefährliche — Eigenheit des Buches, daß es vielfach von Späterem aus an Früheres heranzukommen sucht und um der Herausarbeitung einer geschlossenen „organischen" Entwicklung willen zu Harmoni-

---

* [Besprechung von:] Werner Jaeger, Paideia. Die Formung des griechischen Menschen. 1. Bd. Berlin, Leipzig: de Gruyter 1934, VII u. 513 S. [Überschrift vom Herausgeber.]

sierungen neigt. Das Wort ἀρετή, das in den beiden großen Epen
gar nicht häufig ist, kann allerlei bezeichnen, was die adligen Helden, die ἀριστῆες, auszeichnet und worauf zugleich ihre Geltung
beruht: vornehme Abstammung, Kraft, Kampftüchtigkeit, Besitz,
Schönheit, Klugheit, aber einen umfassenden Begriff adligen Men-
schentums, gar mit bewußt ethisch-erzieherischem Sinn, drückt es
im Epos nicht aus. Für die „in harter Zucht der Natur abgerungene
ἀρετή" (S. 29) dürfte sich schwer ein episches Zeugnis finden lassen;
ja gerade in den Teilen des Epos, in denen J. mit Recht die früheste
deutliche Darstellung des Erziehungsgedankens sieht und die er
ausführlich behandelt, geht es nicht um ἀρετή.

[. . .]

Neben der Telemachie liefert das IX. Buch der ›Ilias‹, die
Bittgesandtschaft an den grollenden Achill, das Hauptbeispiel für
eine Heldenerziehung. Gelegentliche Feststellungen, daß der ἄριστος
gelernt hat und weiß, was er zu tun hat, finden sich auch sonst;
aber Achill allein hat im IX. Buch einen Erzieher, der in der Gestalt
des greisen Phoinix selber auftritt und von dem wir erfahren, wie
Achill im Vaterhaus „erzogen" wurde. Die riesige Rede des Alten
steht zwischen der des Odysseus und des Aias, die alle drei Achill
bitten, Agamemnons Angebot der Wiedergutmachung für die ge-
kränkte τιμή anzunehmen und dem vom Feinde bedrängten Heere
zu Hilfe zu kommen. In der großen Phoinixrede, der Mitte im
mächtigen Aufbau des ganzen Gesanges, steht zwischen der Jugendgeschichte und dem Meleagermythos in der Mitte die Mahnung an
die göttlichen Λιταί selbst und die Warnung vor der Ἄτη. J. hat
die beiden Ecksätze, sowohl die Rückerinnerung an die Kindheit
und den Vater wie das fast drohende Beispiel eines alle verderben-
den Heldenzornes der Vorzeit schön erläutert; er läßt die Rede in
diesem breit erzählten Mythos gipfeln. Dabei scheint mir jenes
Mittelstück nicht zu seinem Recht zu kommen. In ihm erreicht vielmehr nicht nur die Rede, sondern der ganze Gesang seinen Höhepunkt: Hinter den Lehren des Erziehers, den Mahnungen des
Vaters, dem Beispiel der Vergangenheit offenbart sich in den Gestalten der Zeustöchter, der „Bitten", die den „Unerbittlichen" dem
Dämon des Verderbens, der Ἄτη, zum Strafvollzug überantwor-
ten, die gottgesetzte Regelung selbst. Die Norm für die Menschen

wird dadurch zum Ausdruck gebracht, daß es heißt: Die Götter selbst, die größer sind an ἀρετή, τιμή, βίη beugen sich den Bitten; so *muß* es also auf dieser vom Göttlichen durchwirkten Welt sein. Achill als unerbittlich ist nicht nur un-sozial ἀφρήτωρ usw., sondern ist un-menschlich; er trennt sich von den ἄλλοι ἐσθλοί, die die Zeustöchter ehren, er beleidigt das Bild der Gottheit selbst, das im Menschen lebt (vgl. die Apollonrede XXIV 40 ff.).

Es läßt sich gerade vom IX. Buch der ›Ilias‹ kaum reden, ohne die heikle Frage der „Analyse" zu berühren. In wohltuendem Gegensatz zu dem auf diesem Gebiete, wie es scheint, unausrottbaren gereizten, ja bisweilen pathologisch überreizten Ton legt J. (S. 38 ff., vgl. S. 86) in aller Ruhe und Kürze seine positive Stellung zur Analyse dar, ohne sie im Rahmen seines Buches näher begründen zu können; wenn ich recht sehe, besteht hier im Grundsätzlichen völlige Übereinstimmung mit dem, wofür ich bei einer ausführlichen Auseinandersetzung mit den letzten Homerbüchern von Wilamowitz und Eduard Schwartz eingetreten war (s. DLZ. 1928, Sp. 2355 ff.): nicht skeptische Abkehr, sondern innere Umgestaltung und bescheidenere Zurückhaltung. Auch gegen die Herabdatierungen (vgl. S. 39), insbesondere von Teilen unserer Odyssee bis weit in das lyrische Zeitalter, hatte ich mich damals ausgesprochen. Was nun Ilias IX betrifft, so spricht J. (S. 49) sehr allgemein von einer „jüngeren Schicht", weiterhin aber (S. 78 ff.) von einem „ethischen Aufbau der Ilias", wie sie uns vorliegt: Achill nämlich habe sich „in bewußter Wahl" (vgl. S. 32 u. 75) für ein kurzes Leben voller Tatenruhm entschieden, die „Tragik dieses Entschlusses" komme erst zur Geltung durch seine brüske Abweisung der Bittgesandtschaft und den nun von ihm selbst verschuldeten Tod des Patroklos mit seinen weiteren Konsequenzen.

Dem vermag ich nicht zu folgen. Diese Achillauffassung scheint stark unter „aristotelischer" Einwirkung zu stehen. J. interpretiert (S. 35 ff.) den Begriff der φιλαυτία bei Aristoteles an sich sehr schön:

der sich selbst Liebende soll unermüdlich für seine Freunde eintreten, sich opfern für sein Vaterland, Geld, Gut und Ehre bereitwillig hingeben . . . lieber ein einziges Jahr für ein hohes Ziel leben als ein langes Leben führen für nichts . . ., aber er fügt hinzu, daß diese „Züge offenbar von der Gestalt des Achilleus entlehnt" seien, und verknüpft die philosophische Idee des „höchsten sittlichen Heroismus" mit dem „Aretegedanken der hellenischen Urzeit" (vgl. noch S. 52: „Achill verwirklicht in sich die wahre Harmonie höchster Geistes- und Tatkraft").

Wie zeigt sich der homerische Achill in Wirklichkeit, wenn wir vom I. Buch der ›Ilias‹ ab — zunächst von IX absehend — die große Linie verfolgen? Sein Beuteanteil und damit seine Heldenehre ist von Agamemnon geschmälert; er schlägt aber nicht mit dem Schwert drein, sondern zieht sich grollend vom Kampffeld zurück. Weder beim Streitausbruch noch bei der entscheidenden Wendung zur Kampfenthaltung spielt die ἀρετή oder gar die Rücksicht auf die Heeresgemeinschaft eine Rolle. Der göttliche Wille des Zeus selbst hilft ihm zur berechtigten Wiederherstellung seiner mißachteten Ehre dadurch, daß er die Achäer ohne Achill im Kampf unterliegen läßt, in den Patroklos schließlich eingreift. Aber eben die Erfüllung seines Verlangens nach höchster τιμή bringt ihm das tiefste Leid, den Verlust des liebsten Gefährten. In der μνήμη φίλου ἑταίρου erlischt der Groll, als ob er nie gewesen wäre; wiederum ist es *nicht* die Heeresgemeinschaft und Heldenpflicht, sondern nur diese Waffenbrüderschaft mit Patrokles, die ihn zur unbedingten Rache an Hektor in den Kampf zurückkehren läßt. Der Haß gegen Hektor, den Lebenden wie den Toten, scheint unauslöschlich; aber in der μνήμη φίλου πατρός („vergegenwärtige dir deinen eigenen Vater", bittet der greise Priamos ihn zu seinen Füßen) erlischt auch er, nachdem Achill, ergeben in den Willen des Zeus, zur Auslieferung der Leiche des Gegners bereit war. Im I. wie im XVIII. Buch ist ihm und seiner Mutter Thetis sein früher Tod gewiß, aber auch der größte Ruhm, der schließlich jedes (notwendige) Menschenleid aufwiegt. Alles ist sehr einfach und sehr groß; aber gerade Hingabe und Opfer, Verschuldung und Buße fehlen. Nichts weniger als ein φίλαυτος im Sinne des Aristoteles war dieser Achill.

Und der des IX. Buches? Zunächst das eine; auch hier wird 411 ff. nicht gesagt, daß Achill je am Scheideweg einer Lebenswahl gestanden habe (vgl. Snell, in: Philol. 1930, S. 147); aber daß, anders als in Buch I und XVIII, wo μόρος und κλέος feststehen, von zwei Lebensmöglichkeiten gesprochen wird, gehört zu der ganzen Reihe

von Besonderheiten in IX. Die Stelle IX 411 ff. ist die letzte Steigerung eines hemmungslosen Wutausbruches des sich um seine Ehre
betrogen fühlenden Heros: er höhnt nicht nur den Gegner und droht
mit sofortiger Abfahrt, sondern er kehrt das ganze eigene Leben
gewissermaßen um, indem er ein besitzfrohes Leben zu Hause über
Ehre und Ruhm stellen will. In dieser Antwort an Odysseus
schlägt er der adligen Standesehre ins Gesicht, in seiner Mißachtung
der Phoinixmahnung verstößt er, wie oben schon gezeigt, gegen die
göttliche Regelung selbst. Damit begeht er eine Hybristat und verfällt der Ἄτη. Dann müßte alles folgende, was ihn betrifft, vor
allem der Verlust des Patroklos, „Strafe" (τίσις) sein. Aber in den
späteren Gesängen findet sich davon auch nicht die leiseste Andeutung; die Linie der μῆνις-Handlung war vom Dichter des I. Buches,
wie eben kurz gezeigt, ohne jeden Gedanken einer „Verfehlung"
und „Buße" angelegt und durchverfolgt worden. Erst unter dem
Aspekt der abgewiesenen Bittgesandtschaft erscheint der Ablauf in
seltsamem Zwielicht; vom Dichter des I., d. h. vom Dichter der wesentlichen Teile unserer ›Ilias‹, stammt also das IX. Buch nicht. Es
ist eine jüngere „Ethisierung", wenn man das Wort denn gebrauchen
will, aber sie hat in den ursprünglichen Aufbau nicht umgestaltend
eingegriffen (XI 609 ff. XVI 85 sind starke äußere Indizien, daß
Buch IX nicht berücksichtigt ist, auch XI 832, nur im XIX. Buch
sind nachträglich Einschübe gemacht). Man wird also von der Interpretation aus schärfere Scheidungen treffen, als es in J.s Buch geschieht, und gerade um des in ihm verfolgten Problems willen die
Grenzen nicht verwischen dürfen. Selbst vom IX. Buch aus sollte
man besser nicht von einem „tragischen Konflikt" des Achill sprechen; denn er wird in keinem *inneren* Konflikt gezeigt und „Tragik" im wahren Sinn ist erst möglich in einer Welt, der das Verhältnis des Menschlichen zum Göttlichen fragwürdig geworden ist.
Erst in den Achilleusdramen des Aischylos ist das geschehen, s. fr.
135 N.² und das neue Myrmidonenbruchstück PSI 1211, wo Achill
wirklich in einem schweren Konflikt zu stehen scheint. Wichtiger
aber ist, was sich sozusagen negativ für die Gesamthandlung der
›Ilias‹ des Dichters des I. Buches ergeben hat: weder von einem
maßgebenden Aretegedanken noch von dem der Heeresgemeinschaft ist sie getragen. Ansätze im ionischen Epos waren da; aber

erst die späteren Jahr*hunderte* haben aus diesen Ansätzen steigernd, begrenzend, klärend den Begriff der ἀρετή zu einem allesumfassenden „Ideal", vor allem des mutterländischen Adels oder dann des Bürgerstaates herausgearbeitet. Allzu viel davon scheint mir in J.s Buch ins Epos zurückprojiziert zu sein, wodurch die großen und einfachen Umrißlinien seines Menschenbildes, dessen Schöpfung seine ungeheure geistige Tat war, nicht so deutlich herauskommen, als es wohl möglich erschiene.

[. . .]

Wolfgang Schadewaldt, Von Homers Welt und Werk. Aufsätze und Auslegungen zur Homerischen Frage. Stuttgart: K. F. Koehler ³1959, S. 155—202 (gekürzt). [Erstdruck dieses Aufsatzes: 1951.]

EINBLICK IN DIE ERFINDUNG DER ›ILIAS‹

›Ilias‹ und ›Memnonis‹

Von WOLFGANG SCHADEWALDT

[. . .]

Wie wir berichtet sind, las die Antike außer den beiden großen Homerischen Gedichten noch eine Reihe anderer alter Epen, die, um ›Ilias‹ und ›Odyssee‹ herumgruppiert, den später so genannten ›Epischen Zyklus‹ bildeten. Sie sind verloren, hinterließen aber in Lyrik und Tragödie wie auch Malerei des 6. und 5. Jh.s starke Spuren; und da uns auch der Inhalt der Gedichte in Abrissen aus der Spätantike mitgeteilt wird, so sind wir über die Hergänge unterrichtet. Die ›Kyprien‹ gaben in 11 Büchern die Vorgeschichte zur ›Ilias‹. Von dieser führte in 5 Büchern die ›Aithiopis‹ bis auf den Tod Achills. Bis zur Einholung des hölzernen Pferds nach Troia reichten die 4 Bücher der ›Kleinen Ilias‹, worauf die ›Zerstörung Troias‹ mit 2 Büchern und die ›Heimfahrten‹ mit 5 Büchern folgten. [. . .] Die Griechen fanden früh, daß die „anderen" Epen sich mit Ilias und Odyssee nicht messen könnten, und also auch nicht dem Homer gehörten [1]. Den Modernen galten sie sämtlich für „nachhomerisch".

[. . .] Das hundertjährige Vorurteil, das die ›kyklischen Epen‹ samt und sonders unter Homer hinunterrückte, war stark. Was richtig für den ganzen Kreis galt, den man tief ins 6. Jh. hinabdatierte [2], sollte auch für die einzelnen Epen gelten. Und doch gehen einige von ihnen nachweislich bis dicht auf Homer selbst zurück [3]. Nichts schloß es an sich aus, nachdem das Dogma von dem späten

---

[1] Aristoteles, Poetik 1459 a 30 ff.

[2] E. Bethe, Homer II 375, 385.

[3] R. Hampe, Frühe griechische Sagenbilder in Böotien, Athen 1936, S. 74 f.

Gebrauch der Schrift gebrochen war, daß das eine und andere unter diesen Epen auch über den Homer hinaufgehen mochte. Es fehlte der Entschluß umzudenken und der Beweis.

Diesen Entschluß gefaßt und den Beweis erbracht zu haben, ist das nicht ernst genug zu achtende Verdienst des schweizerischen Gelehrten Heinrich Pestalozzi, nachdem bereits Johannes Kakridis auf dem Wege einer „Neo-Analyse", die, statt Schichten herauszutrennen, Quellen und Vorbilder umgrenzen will, praktisch mehrfach auf den Vorhergang der ›Aithiopis‹ gestoßen war [4]. In seiner Schrift von 1945 entwarf nun aber Pestalozzi von der ›Aithiopis‹ und ihrem Hergang aus den Quellen ein so noch nicht erreichtes Bild [5]. Wo das Gedicht mit der ›Ilias‹ zusammenging, erwies es sich ihm nach erneuter Prüfung der noch vermehrten Übereinstimmungen durchweg als älter als die ›Ilias‹. Und da er diese mit der neueren Forschung nur als Einheit und Werk Homers betrachten konnte, so war der Ring geschlossen und es gelungen: die ›Aithiopis‹ ein vorhomerisches Gedicht, Vorlage der ›Ilias‹, und somit Organ, um Einblick zu gewinnen in die Art, wie Homer die ›Ilias‹ erfand, und mit der Deutlichkeit des Augenscheins das Homerische an Homer auszumachen.

[. . .] Wir nennen fortan ›Memnonis‹ die eigentliche ›Aithiopis‹, nämlich die Geschichte von Achilleus' Kampf mit dem Aithiopen Memnon, seinem Sieg über ihn und seinem eigenen Tod — ohne die bereits in der Antike gesondert angeführte ›Amazonia‹; sie ist auch ihrem Hergang nach sichtlich ein anderes Gedicht. [. . .]

Die Hauptabwandlungen und ihr Richtungssinn

[. . .]

Die ›Memnonis‹ war längst kein „Lied" mehr, sondern ein in Hexametern geschriebenes episches Gedicht. Es mag mit seinen

---

[4] In mehreren Aufsätzen seit 1930. Vgl. jetzt: Homeric Researches, Lund 1949, bes. S. 94 f.

[5] Die Achilleis als Quelle der Ilias, Zürich 1945.

zwanzig feststellbaren Szenen so um die 2000 Verse enthalten haben. [. . .]

Die ›Memnonis‹ ist das Gedicht vom letzten Sieg und Tod Achills: „Sieg und Tod des Achilleus" ist sein „Titel". Es ist ein ausgesprochen heldisches Gedicht. Der Held unter einer gegebenen Bedingung zum Tod bestimmt, Heldenfreundschaft, Heldentreue, ein rettender Opfertod, unbedingt und mit Leidenschaft befolgte Rachepflicht, hinreißendes Kampfungestüm, Heldenruhm als höchste Krönung der Heldenehre — alles die aus der Heldenepik der verschiedenen Zeiten und Völker wohlbekannten Vorstellungen. Auf die Verherrlichung des Helden kommt es hinaus. Ihr dient das ausgedehnte pathetische Finale mit seinen kultischen Begehungen, dem erschreckenden Erscheinen der Göttinnen aus dem Meer, dem Musengesang, der für alle Zeit den Ruhm begründet, der Entrückung des Toten zur Unsterblichkeit, dem Glanz und der Pracht der Leichenspiele.

Alles in allem kommt man zu dem Urteil, daß diese ›Memnosis‹, wir mögen nur das Gerippe ihrer Gestaltung kennen, ein Werk von nicht geringem dichterischen Rang war. [. . .] Die berechtigte Berühmtheit sicherte dem Werk die Erhaltung und Wirkung weit über Homer hinaus. Begreiflich, daß ein solches Epos den neu heraufkommenden Dichter beschäftigt hat, daß er es sich zum Muster nahm, es ihm gleichzutun, es zu übertreffen suchte.

Homer also hielt sich an den Hauptplan. Er stellte auch sein Gedicht auf Freundestod, Freundestreue, unwillkürlich befolgte Rachepflicht, frühe Todesbestimmtheit, Wahl des Ruhms statt langen Lebens, Kampf mit dem Mörder, Sieg. Doch waren das für ihn nur die Ecksteine seines neuen Baus. Er „sah" die Dinge anders, „verstand" ein und dasselbe in neuem Sinn, entwickelte manche in dem Stoff noch schlummernde Motive und schuf so das lebendige Gerüst für eine Handlung, die, aus sonst herbeigezogenen Stoffen stark bereichert, ein neues Wesen, eine neue Welt umfaßte. In drei ohne weiteres ins Auge fallenden Haupt-Abwandlungen stellt sich das Neue dar:

Homer „ersetzte" den Gegner Memnon durch den Gegner Hektor; er „ersetzte" den Freund Antilochos durch den Freund Patroklos; er begründete den Freundestod auf neue Weise.

Hektor

Daß Hektor keine überkommene Gestalt der Sage ist, sagte man sich längst. Jetzt sehen wir deutlich in ihm die eigene Schöpfung Homers, der wirklich die besondere Liebe des Dichters gehört, sehen — was freilich niemand ahnen konnte —, wie dieser Hektor damit, daß er einen Memnon ersetzt, auch dem Geschehen eine neue Tiefen-Erstreckung gibt. Den einfachen Kontrapost, der in der ›Memnonis‹ Göttinnensohn und Göttinnensohn einander entgegen-stellte, vertiefte Homer ins innere Wesen der Gestalt hinein, und ließ dem Sohn der Meeresgöttin, durch seine Mutter geheimnisvoll dem großen Element verbunden, an Ehre, Kraft und Schönheit keinem zu vergleichen, in Hektor einen Menschen gegenübertreten, der Mensch und mit allem Menschlichen behaftet ist: ein vielfältig Beschränkter, Gebundener, Sohn eines alten Vaters, einer alten Mutter, Bruder von Brüdern und Schwestern, Schwager, Gatte, Vater, Verteidiger seiner Stadt (daher sein Name), mannhafter, härter als alle um ihn her, und doch von Anfang an im Schicksals-zwielicht stehend, Vertreter einer von vornherein verlorenen Sache, der, als ein lange Verhinderter [6], nun meint, daß endlich seine Stunde gekommen ist, als Zeus ihm einen Sieg verheißt, der aber doch kein echter Sieg ist, sondern ihm lediglich um der Ehre des Achilleus zugestanden wurde — ein Beirrter von vornherein, denn er hat keine Einsicht, wie ihm Pulydamas sagt [7], und treibt, vom Siegesrausch benommen, immer tiefer in Wahn und Überheblichkeit hinein; ein Gescheiterter dann, der sich bekennen muß, daß er Troia vernichtet hat, und nun in seinem ganzen Sein erschüttert, den An-blick des Achilleus nicht erträgt und flieht und, als er, von der Göttin hintergangen, die Schwachheit überwunden hat, sich noch einmal im Wahn erhebt, bis er zuletzt, seine Gottverlassenheit er-kennend, einen tapferen, doch unsäglich bittren Tod stirbt, vor Augen, noch im Tod der Schändung zu verfallen [8].

Man kann gewiß sein: der Sohn der Morgenröte, ein *schöner*

---

[6] Il. XV 721.

[7] Il. XIII 726.

[8] Über Hektor: Iliasstudien S. 103/8 sowie: Von Homers Welt und Werk, S. 207 ff.; 268 ff.

Mann, wie ausdrücklich gesagt wird, trug Züge dieser Art nicht an sich. Wurde Homer gedrängt, sie seinem neuen Memnon zu geben, der nun kein Memnon mehr war, so nicht nur, um den Gegensatz zu Achilleus zu verschärfen und diesem auch einen im Wesen andersartigen Gegner zu geben. Der Ersatz des Eossohns durch diesen Gebundenen, Beirrten, Gescheiterten, mit Schuld und Schwachheit Gezeichneten deutet auf tiefere schöpferische Notwendigkeiten. Wir ahnen das Heraufkommen einer neuen, nackteren, unbedingteren Wahrhaftigkeit, wie diese mit jeder großen Erneuerung in Kunst und Dichtung verbunden ist. Neben das ruhmverklärte Vorbild von Wesen göttlichen und halbgöttlichen Ursprungs, die *einer* Leidenschaft, *einem* Trieb gehorchend, großartig zu leben und zu sterben wissen, verlangt ein Menschenbild Anteilnahme, das den Menschen zeigt, so wie er ist: nicht groß in allem oder klein, hoch oder niedrig, gut oder schlecht — einer, der gewiß schon etwas ist und sein kann: „trotz allen seinen Mängeln das Liebenswürdigste, was es gibt"[9], nur eben auch in seinem höchsten Können unter der Bedingung seines Menschseins stehend, das als Menschsein nun einmal anfällig, nämlich der Schuld und Schwachheit ausgesetzt ist.

Patroklos

Wie der *Gegner* Hektor von Memnon, so ist der *Freund* Patroklos von dem *Freund* der ›Memnonis‹, Antilochos, abgespalten. Doch läßt sich hier nach Lage der Dinge nicht erkennen, durch welche besonderen Einzelzüge Patroklos sich von Antilochos unterscheidet, ob etwa seine bekannte Gütigkeit bereits von Antilochos herkommt oder nicht. Antilochos fällt so früh im Gang der Handlung, daß sich an ihm wohl kaum so etwas wie ein Charakter entfaltet hat. Er war neben seiner Freundschaft zu Achilleus vor allem durch die Tat seiner Sohnestreue charakterisiert. Dies aber ist der Punkt, an dem nun doch die Richtung sichtbar wird, in der Homer dem Freunde des Achilleus in Patroklos ein neues Gepräge gab.

[9] Goethe, Maskenzug von 1818, V. 278, Jub.-Ausg. 9, 348.

War der Antilochos der ›Memnonis‹ neben seiner Freundschaft zu Achilleus auch und vor allem der treue Sohn des Vaters, für den er fiel, so schuf Homer in seinem Patroklos einen Freund Achills, der nur Freund, nichts als Freund, ausschließlich Freund ist. Dazu erfand er — denn auch Patroklos ist seine im übrigen freie Erfindung [10] — jenen wegen eines unglückseligen Totschlags als halbes Kind der Heimat Opus und somit allen anderen Lebensbeziehungen entrissenen Menschen [11], der, zu Peleus nach Phthia gekommen, bereits der Jugendgefährte des Achilleus ist [12]. Sein Vater Menoitios bleibt im Hintergrund, und es gibt von ihm weder Mutter noch Gesippen. Das Mädchen Iphis, das sein Lager teilt, ist eine Freundesgabe des Achill an ihn [13]. Alles, was er in dem Gedicht nur tut, tut er als Freund Achills. Und rühmt man ihm im Tode sein allzeit freundliches Wesen gegen alle nach [14], so ist auch das ein Zug, wie er einem zur Freundschaft geschaffenen Wesen ansteht. Als diesen Liebenswürdigen und zugleich Kühnen umfängt ihn Achilleus mit einziger Liebe, ehrt ihn über alle anderen „wie sein eigen Haupt" [15], schickt ihn, von aller Fürsorge geleitet, in seinen eigenen Waffen wie ein zweites Selbst hinaus und wird in ihm bis ins Mark hinein verwundbar. Der Kampf, den Patroklos in der ›Ilias‹ kämpft, ist, anders als der Kampf des Antilochos, ein Kampf im Auftrag des Achilleus, „für" Achilleus. Sein Tod ruft in Achilleus jenen Schmerz herauf, der bereits eine Art Tod für Achilleus ist. Die leidenschaftlichsten wie zartesten Seelenäußerungen gehen in Achilleus aus diesem Schmerz um den Freund hervor: jenes Bild des Niederbruchs beim Hören der Todesbotschaft [16], jene Gelöbnisse an den Toten [17], jene liebevollen Erinnerungen an das, was er ihm im täglichen Le-

---

[10] Ich spreche von der Gestalt, nicht dem Namen, der bekanntlich in den obliquen casus altertümliche Formen aufweist.

[11] Il. XXIII 85.

[12] Il. XI 765.

[13] Il. IX 667.

[14] Il. XVII 670; XIX 300.

[15] Il. XVIII 82.

[16] Il. XVIII 22. Von Homers Welt und Werk, S. 246 ff.

[17] Il. XVIII 333.

ben war, was er sich für die Zukunft für den Fall des eigenen Tods von ihm erwartet hatte [18].

Die Heldenfreundschaft zwischen Achilleus und Antilochos war in der ›Memnonis‹ das wichtige Motiv, das den Achilleus nach der Helden-Treupflicht gegen Memnon aufbrachte und ihn mit der Rache auch den Tod auf sich nehmen ließ. Auch einen Schmerz des Achilleus um den Freund, einen Entschluß zur Rache muß es dort bereits in irgendeiner Form gegeben haben. Zu einer ausgesprochenen Freundschaftshandlung jedoch kam es dort nicht. Die Ereignisse drängten fort. Die Bestattung richteten dem Antilochos die Achaier aus (Szene 16); Achilleus war da schon tot.

Homer hat das Motiv der Heldenfreundschaft in die Mitte seines Gedichts gerückt. Er schuf eine ausgedehnte *Freundschaftshandlung,* mit der die ›Ilias‹ als das Gedicht vom Zorn zugleich ein Hohes Lied der Freundschaft ist. Dabei vertiefte er die Heldenfreundschaft durch die Ausschließlichkeit, mit der Patroklos Freund ist, ins Seelische hinein. Eine ganze Reihe von Motiven, die in der ›Memnonis‹ rein auf sich selber standen, empfangen in der ›Ilias‹ von dieser Freundschaft her neues innres Leben. Die Rache an Hektor, zunächst Helden-Treupflicht, wird nun ein inneres Gebot der Seele, das den Achilleus so total erfüllt, wie die Freundschaft zu Patroklos sein Herz erfüllte. Mordet er furchtbar, verfolgt er den Feind noch über dessen Tod hinaus, so spricht sich darin nun nicht mehr sosehr die Unerbittlichkeit der Rache wie die Unermeßlichkeit des Freundesschmerzes aus. Die Bestattungsbräuche wie die Leichenspiele, in denen in der ›Ilias‹ Achilleus an Patroklos das tut, was in der Vorlage an ihm die Mutter tat, sind nun nicht nur mehr Dienste, wie sie die Ehre des großen Toten fordert, und dazu noch Verherrlichungen: sie werden nun vor allem zu Freundesdiensten — wir mögen an die Düsternisse der nächtlichen Totenopfer, die Verbrennung oder die Freudigkeit der Leichenspiele denken. Dieselbe Urne wird die Asche der beiden Freunde aufnehmen [19].

Freundschaft, wie Liebe, besteht in einer Art Austausch des eigenen Selbst: man „tauscht" die Herzen. So strahlt jene Aus-

---

[18] Il. XIX 315. 328.
[19] Il. XXIII 91.

schließlichkeit, mit der erst bei Homer Patroklos der Freund des Achilleus ist, auf Achill zurück, und um der Tiefe willen, mit der diese Freundschaft den Achill erfüllt, hat Homer Patroklos zu jenem Nur-Freund gemacht. Die Gestalt des Homerischen Achilleus gewann damit dem Achilleus der Vorlage gegenüber eine neue Erstreckung in die Tiefe. Seelisches tat sich mit dieser Freundschaft im Helden auf, Notwendigkeit des Herzens, inneres Müssen, das von innen her die ganze menschliche Existenz bestimmt und zugleich Handhabe wird für den Schicksalszugriff.

Zorn

Die folgenreichste Veränderung, die Homer an der Vorlage vornahm, geht auf die Art, wie er den Freundestod neu begründet. Antilochos wird in der ›Memnonis‹ dem Achill genommen, weil er sich in der Schlacht für den Vater opfert — ein Geschehenszusammenhang, der unabhängig vom Tun und Lassen des Achilleus verläuft und als ein anderweitig herbedingtes Schicksal ihn unerwartet von außen trifft. Homer hat es dagegen so gemacht, daß die Ereigniskette, welche schließlich zum Tod des Patroklos hinführt, von Achilleus selber herkommt und also hier der Freund letztlich dem Freunde selbst zum Opfer fällt. Er erreichte es durch die Erfindung, die seinem ganzen Gedicht den Namen gab: *Zorn des Achilleus*.

Die ›Memnonis‹ kann einen Achilleus-Zorn nur in der Form des *Rache-Zorns* gekannt haben, dessen Urform jene Mordwut ist, die, bei den Primitiven vielfach nachgewiesen, den Trauernden zur Rache treibt und wahllos morden läßt, wenn er sich im Schmerz über den Tod eines Nahestehenden nicht lassen kann[20]. In der ›Memnonis‹ mag dieser Rachezorn sich mit dem Tod des Antilochos in Achilleus erhoben haben: er trieb ihn gegen Memnon, ließ ihn nach dessen Fall unter den Troern morden und riß ihn zum Angriff gegen Troia fort, wo er dann fiel. Bei Homer beherrscht dieser Rachezorn das letzte Iliasdrittel, nämlich die mit der ›Memnonis‹ am engsten zusammengehende Handlungsstrecke vom Tod des Pa-

[20] K. Meuli, Die Antike 1941, S. 193 ff.

troklos bis zu Hektors Tod. Homer wird den Rachezorn zusammen
mit dieser Handlungsstrecke der ›Memnonis‹ nachgebildet und womöglich noch gesteigert haben, weil es bei ihm auf die Schändung
Hektors und schließlich die Versöhnung hinausging, die zu ihrer
Vorbereitung als Gegenbild die ganze Furchtbarkeit des Rächers
brauchte. Doch baute er nun diesem Rachezorn-Geschehen eine ausgedehnte Handlung vor, die unter einem anderen Zorn steht — wir
wollen ihn den *Zorn der verletzten Ehre* nennen. Dieser Ehr-Zorn
ist in jeder heldischen wie ritterlichen Gesellschaft, wo noch keine
allgemein verbindlichen Rechtssatzungen das Zusammenleben der
Menschen regeln, das höchst empfindliche Organ, mit dem der große
Einzelne seinen persönlichen Anspruchsbereich — die „Ehre" —
verteidigt und bewahrt [21]. Als „Zorn" im eigentlichen Sinn ist der
Ehr-Zorn jener Mordwut gegenüber der *Zorn des Achilleus*. Er
führt auch auf Patroklos' Tod hinaus.

Erregt durch jene Ehrenkränkung, die Agamemnon dem Achilleus
antut, führt dieser Zorn zur Kampfabsage des Achilleus sowie zur
Bitte an den höchsten Gott, daß er dem Achilleus die Genugtuung
gewähre, daß die Achaier schwer geschlagen werden (Buch I). Dann
wirkt er in der Weise fort, daß Achilleus im gleichen Schritt, wie
draußen die Not der Achaier wächst, den Zorn zwar nicht so bald
fahren läßt, doch stufenweise nachgibt. Er will zunächst warten, bis
Hektor an seinen eigenen Schiffen steht (Buch IX), und schickt
dann, als die Not am größten ist und auch Patroklos weinend in
ihn dringt, an seiner Stelle den Freund hinaus, um dem bedrängten
Heere Luft zu schaffen (Buch XVI). Zwar warnt er, begrenzt Patroklos den Auftrag, betet für ihn zu Zeus — gleichviel, er schickt
ihn doch selbst in den Tod hinaus. Dieser ist nun nicht mehr die
anderweitig bedingte Folge eines schönen heldischen Verhaltens. Er
ist die nicht vorausgesehene Frucht des Handelns des Achilleus
selbst. Der Zorn des Achilleus schafft die Verhältnisse, unter denen
Patroklos zugrunde geht; einmal allgemein: der Zorn ruft die Not
des Heers herauf, die dem Weiterzürnenden dann selbst zu Herzen
geht; dann im besonderen: er bewirkt, daß Achilleus, wenn er in
der größten Not nachgibt, tragisch genug, es doch nur halb tun

[21] Über den 'Zorn' ausführlich Von Homers Welt und Werk, S. 338 ff.

kann, weil er des Zorns auch jetzt nicht völlig Herr wird: in dieser durch Zorn und Nachgeben bedingten Halbheit schickt er den Freund hinaus.

Man sieht, was durch diese Zurückführung des Freundestods auf den Zorn erreicht ist. Nicht nur, daß der Schmerz des Achilleus um den Freund nun mehr als ein Schmerz um den Freund ist, weil sich in ihn der Wurm des Vorwurfs mischt — er verwünscht Streit und Zorn und klagt, daß „er den Freund vernichtet" habe [22]. Jener Achilleus, der in der ›Memnonis‹, den sicheren Tod vor Augen, zur Rache auszog, weil der Freund ihm infolge seiner Sohnestreue getötet wurde, handelte groß im Sinne des heldischen Ehrenkodex. Der neue Achilleus Homers, der das gleiche tut, weil ihm der Freund im Verfolg des eigenen Zürnens den Tod erleiden mußte, handelt *tragisch*. Auch die Gestalt des Achilleus wird durch diesen Griff des Dichters aus dem Glanz der Heldengröße in jenes Zwielicht hineingerückt, das das Zwielicht des Menschlichen ist. Man hat von allem nur den Anfang, doch nicht das Ende in der Hand. Man folgt einem leidenschaftlich reinen Drange, doch Leidenschaft beirrt. Man verstrickt sich selber ins Verhängnis.

Der Zorn des Achilleus — jener Ehr-Zorn — kommt als die neue Homerische Motivierung für den Freundestod erst bei Homer herein. Das Ältere, in der Vorlage Vorgefundene ist jener „Rache-Zorn". Wir lernen also, bemerkenswert genug, daß von der ›Memnonis‹ her angesehen der *Zorn des Achilleus* im Erfindungsgang der ›Ilias‹ ein sekundäres Motiv ist — gleichviel, ob Homer es selbständig erfand oder dazu anderweitig angeregt war [23]. Doch zeigt

---

[22] Il. XVIII 107; 82.

[23] Verzürnung eines Helden war ein verbreitetes Motiv der alten Epik; man mag an den Zorn des Paris (Il. VI 326), den des Aineias (Il. XIII 460 f.), den Streit des Odysseus und Achilleus (Od. VIII 75) denken. Daß es einen *Zorn* des Meleager vor Homer gegeben hat und daß dieser Vorbild für den Achilleus-Zorn gewesen ist, vermag ich auch nach der äußerst umsichtigen Darlegung des Problems durch Kakridis (Homeric Researches S. 11 ff.) nicht zu glauben. Vgl. auch Walther Kraus, Wiener Studien 63 (1948), S. 18. Ich gedenke auf die Frage an anderer Stelle zurückzukommen.

sich auch alsbald, wie jener Ehrzorn in der Homerischen Gestaltung vorherrschend wird. Er wird zur Seele der zwei ersten Ilias-Drittel. Der Rachezorn des letzten Drittels wird lediglich zu seinem Ausläufer, und beide Zorne, ohnehin verschwistert, wie Zorn und Wut miteinander verschwistert sind, bilden zusammen nach dem neuen Sinn des Dichters schließlich jenen einzigen, umfassenden *Zorn des Achilleus*. Dieser Achilleus-Zorn greift aus. Er übergreift die ganze Handlung, stellt einen neuen Raum des Geschehens her, bestimmt neu Heldenbild und Schicksalsform und unterwirft sich damit auch die ganze, von der ›Memnonis‹ her weiter befolgte Motivkette: Freundestod — Treue — Rache — Tod des Helden — Ruhm, die Glied für Glied nun einen neuen Sinn empfängt.

[. . .]

Heroisches und Menschliches

Ist es nach allem nötig, den Horizont, in dem sich alles bisher einzeln Verfolgte zusammenfindet, noch ausdrücklich zu benennen? Ein *Menschliches* kam mit Homer gegenüber dem Heroischen der ›Memnonis‹ herauf, wie sich gewiß bereits von selber aufgedrängt hat.

Homer, der Erbe einer epischen Überlieferung, die mit Motiven wie Ehre, Treue, Rache, Ruhmesdauer die Ideale jener patriarchalischen Adelszeit verkörperte, die uns als „heldische Epoche" ("heroic age") in den verschiedenen Frühkulturen mehrfach begegnet, hat jene alten Überlieferungen zwar festgehalten, doch im Wesen nicht fortgesetzt. Er ist nicht der Erfüller und Vollender jenes Heldischen in strenger Wesensform. Er ist sein Auflöser und Überwinder. Indem er die Geschichte des Helden neu erzählte, ihn mit seinem überlieferten Tun und Lassen ins Zwielicht rückte, ihn bedingte und verstrickte und ihm ein neues Inneres entfaltete, hob er in dem bekannten Doppelsinn des Worts das Heldische in etwas auf, das mit dem „Menschlichen" wohl am besten bezeichnet ist.

Längst deuteten Beobachtungen in diese Richtung. Wie wenig heldenmäßig schien es in dem größten Einzel-Heldenkampfstück der ›Ilias‹ zuzugehen, wenn Hektor dort zunächst vor Achill davonläuft, kein einziges starkes Werk des Arms geleistet wird und ein

Betrug der Göttin die Entscheidung bringt (Buch XXII)[24]. Einer ganzen Schlacht der ›Ilias‹ (Buch XI) konnte man es ansehen, wie die Drastik des Kampfgeschehens an sich selber den Dichter nicht mehr sehr bewegt. Er schneidet aus überlegener Überschau die alten Hergänge so zu, daß in den Kämpfenden der Mensch erscheint, Anfällen des Menschlichen ausgesetzt und sich erst so in neuem Sinn bewährend[25]. Oder auch: jener Zwiespalt Helenas, die das Unwürdige ihrer Ehe mit Paris spürt und der göttlich gebieterischen Verführung doch wieder erliegen muß[26], jenes Unter-Tränen-Lachen der Andromache in dem vergeblichen Kampf ihrer Liebe gegen das kriegerische Ungestüm des Mannes[27], jene deutlich gezeichnete Kleinmut des Heerkönigs Agamemnon, der zugleich empfindlich und grausam ist, ein kleiner Mensch auf einem hohen Posten[28], und wieder jene Züge der Milde, Gütigkeit, Liebenswürdigkeit, Menschlichkeit in Gestalten wie Menelaos, Patroklos, Antilochos, Hektor[29] und Achilleus. Oder: jene verächtlich mitleidigen Götterworte über die „zagen" Menschen[30], jenes den klar empfundenen Abstand von der alten Helden-Überlegenheit verkörpernden „Wie die Menschen heut sind", jene Geschichten vom Hinauswurf der Ate aus dem Himmel, die nun unter den Menschen Beirrung stiftet[31], ausgleichbar einzig durch die Abbitten, die ihr nachgehen[32], oder von den zwei Fässern, aus denen Zeus Gutes und Böses stets zusammengebündelt zuteilt, denn „ein Leben in Furcht und Kümmernissen haben die Götter den zagen Menschen zugesponnen"[33]. Homers bedeutendster Held, Achilleus, spricht diese Leidensweisheit aus, und spricht sie nicht nur aus. Sein ganzes Wesen ist durch das Wissen um Leid und Leidenmüssen, die Fähigkeit leidend zu leiden, ebenso

---

[24] Von Homers Welt und Werk, Seite 297 ff.; 313 ff.
[25] Z. B. XI 401; XVII 645. — Iliasstudien S. 24; 65 f.
[26] Il. III 381; VI 344.
[27] Il. VI 467 ff.
[28] Il. I 9, 14. Grausamkeit: XI 122 ff.
[29] Il. XXIV 771.
[30] δειλός, Il. XXI 463; XVII 446/201.
[31] Il. XIX 90.
[32] Il. IX 502.
[33] Il. XXIV 525.

tief geprägt wie durch seinen löwenhaften Mut, die Kraft seines
Arms, die Schnelligkeit seiner Füße. Wie anstößig erschien, gemessen
an den Forderungen eines rechten Heldenepos, der Schluß der ›Ilias‹
in seiner versöhnenden Menschlichkeit [34], mit der Homer ein Wort
über das unbedingte Recht des Toten auf Bestattung in seine Zeit
hineinspricht.

Dies alles und mehr dergleichen war aufgefallen und auch so weit
durchschaut, daß man sich tastend sagte, daß in dem Dichter der ›Ilias‹
ein Umdeuter und Erneuerer tätig wäre. In einer Zeit schien er zu leben, in der am Ende des 8. Jh.s die alte Reckenwelt der Achaier nur
noch in alten Liedstoffen fortlebte. Auch die patriarchalisch-adlige Lebensform mit Königtum, Gefolgschaft, Ehrenrechten, ständiger Waffenübung, gemeinsamen Mählern war bereits erschüttert. Seefahrt,
Ansiedlung über See, die neu aufkommende, von den Geschlechtern
getragene Polisordnung, neue große Kriege in ganz Hellas brachten
neue Erfahrungen und Erprobungen, in denen man den Menschen *in*
sich wie auch *um* sich besser kennenlernte, an vielen neu erlittenen
und erlebten Schicksalen drängend Schicksal spürte; auch das Göttliche trat neu heran. In dieser Zeit eines neuen Anfangs, in den hinein viel Altes endete, gab Homer, so schien es, den überkommenen
Stoffen altheldischen Gepräges eine neue Wahrheit, indem er sie
aus dem neuen Wissen um Weltwesen und Mencheninneres neu
deutete [35]. Von ihm, „der zuerst den Schritt vom leidenschaftlich
Unbedingten zum seelischen Zwiespalt tat, . . ., den Schritt vom
Heldisch-Übermenschlichen zum Problematisch-Menschlichen" sprach
Karl Reinhardt [36]. Und nun kommt in dies alles die ›Memnonis‹
herein und spricht dafür, daß jenes rein aus der Physiognomie der
›Ilias‹ gewonnene Bild nicht nur brauchbar und aufschlußreich,
sondern womöglich sogar richtig war.

[. . .]

[34] Ich denke hier natürlich an die Bewertung des Iliasschlusses durch
Wilamowitz und ihre analytischen Folgerungen; vgl. Von Homers Welt
und Werk, S. 350 f.

[35] Vgl. Von Homers Welt und Werk S. 53, 124 ff., sowie Iliasstudien
S. 162 f.

[36] Das Parisurteil (1938), jetzt in: Tradition und Geist, Göttingen
1960, S. 36.

Ein letzter vergleichender Blick auf das Ganze der ›Memnonis‹ wie auch der ›Ilias‹ läßt erkennen, wie die Handlung der ›Memnonis‹ sich linear steigend erhebt, bis sie in der Verherrlichung des Helden am Schluß ihren höchsten Punkt erreicht. Das Gedicht Homers dagegen durchläuft einen Kreis. Indem es mit der Versöhnung dessen endet, was anfangs der Zorn aufgeregt hat, biegt es am Schluß wieder zur Ruhelage des Beginns zurück. Diese *kyklische* Komposition Homers, statt der sich aufgipfelnden seiner Vorlage, sagt viel. Homer ist kein Verherrlicher: er sieht, was ist. Er meidet die heldische Emphase, das aufdringlich Paradeigmatische. Indem er die Entstehung des Zorns, seine Entwicklung und, was er alles Trauervolles heraufführt, bis zu seiner Beschwichtigung am Schluß durchläuft, gestaltet er den großen Schicksalsgang nach Art eines gesetzlichen Naturvorgangs. Heldenüberlieferung, Heldenwesen, so groß es sein mag, geht bei ihm in die umfassendere Größe eines Bildes des Ganzen der Physis ein. Was das Verherrlichen angeht, so gesteht er Hektor, dem großen Unglücklichen um des Ausgleichs willen, am Schluß den Heldenpreis in den Klagen zu, den ihm drei Frauen an der Bahre singen — auch dieser mehr ein Preis des Menschen Hektor als des Helden [37]. Achilleus bedarf für Homer eines Preises nicht. Er „verherrlicht" sich selbst lediglich durch sein Sein, wie es der Dichter sieht und sehen läßt: zürnend, leidend, schmerzlich zu furchtbarer Härte und Grausamkeit hingerissen, todbereit, nachgebend, versöhnt.

Es scheint, der Dichter, der vom Heldisch-Vorbildlichen zur Wirklichkeit des Menschen in der Welt hinausgelangt ist, hat damit auch den Beruf des Dichters in neuer Weite und Wirklichkeit gefaßt. Sang er auch selbst „Rühme der Männer", so gewann dieses „Rühmen" in ihm seine höchste Form im reinen Sehen und Sagen der Dinge und Bezüge, wie sie sind. Es war die Begründung nicht allein der Dichtung für das Abendland. Es war zugleich die Stiftung des *Dichterischen*, so wie dieses neben Religion und Philosophie seitdem (nach Goethes nicht fernab vom Sinn Homers geprägten Wort [38]) als ein „weltliches Evangelium" bei den Dichtern fortlebt, die es wirklich sind.

[37] Il. XXIV 724 ff.
[38] Dichtung und Wahrheit, Buch 13, Jub.-Ausg. 24, 161.

The Making of Homeric Verse. The Collected Papers of Milman Parry, ed. by A. Parry.
Oxford: Oxford University Press, 1971, pp. 414—418. [Zuerst erschienen in: Classical
Philosophy 32 (1937), pp. 59—63.] © 1937 by The University of Chikago Press, Chicago,
Illinois.

ABOUT WINGED WORDS

By Milman Parry

Professor Calhoun's study of the Homeric formula ἔπεα
πτερόεντα shows, as has so much of his late work, that he is one of
the very few scholars with a real understanding of the nature of
Homer's style. [1] Nevertheless—and it is the first time, I believe,
that we have not rather generally agreed—he has failed to make
me believe that I was mistaken in holding that Homer uses this
phrase just because it is useful, and without thought for any particular meaning which the epithet 'winged' might have. I stated my
reasons for thinking this in an earlier number of this journal, but
only in a single sentence, and I should now like to give my view
more fully.

The various ἔπεα πτερόεντα verses, I believe, are used to bring in
speech when "the character who is to speak has been the subject of
the last verses, so that the use of his name in the line would be
clumsy". [2] Thus Homer could not have used at Od. I 122 such a
verse as τὸν δ' αὖ Τηλέμαχος πεπνυμένος ἀντίον ηὔδα, as can be seen
by reading from verse 113. The name of Telemachus is given in this
verse, and it serves as the grammatical subject of all the following
sentences in such a way that the second use of the name at 122
would break the style badly; what Homer wants to say is essentially 'and he said', not 'and Telemachus said'. Likewise it cannot be only Homer's wish to get πτερόεντα in at V 172 which keeps him from
using some such verse as τὸν δ'ἄρ' ὑπόδρα ἰδὼν προσέφη πολύμητις
Ὀδυσσεύς. He has just given the name of Odysseus in the verse before, and could not do so again. It is the same in all the other 124

---

[1] The Art of Formula in Homer — ἔπεα πτερόεντα, in: Classical
Philology 30 (1935), pp. 215—227.

[2] TM, pp. 372 f. above. [hier nicht abgedr. — Anm. d. Red.]

ἔπεα πτερόεντα verses in the ›Iliad‹ and the ›Odyssey‹: the hearer already has the speaker in mind as the natural subject of the sentence which introduces the speech, and there is no place for the second use of the name. Only in some five or six cases, where subordinate clauses with another subject have come between, might we again use the name without spoiling the style. Of course, if Homer had some other whole verse or verses without πτερόεντα in them whereby he could say 'and he said', there would be no purpose in pointing this out; but there is no other verse. If he wishes to express this idea in just the length of a verse, he is bound to use the words ἔπεα πτερόεντα. On the other hand, the phrase is never found in the same verse with the name of character.

Thus, in order tò hold that Homer uses the phrase only when he has in mind speeches of some given sort, one has to argue both that Homer never wanted to say in just a verse 'and he said' and also that, when he wants to use πτερόεντα, he plans the syntax ahead in such a way as not to have to give the name of the speaker when he introduces the speech. This would be a very complex sort of verse-making and quite foreign to the way in which such traditional and oral song as that of Homer is composed. The singer of oral narrative rarely plans his sentence ahead, but adds verse to verse and verse part to verse part until he feels that his sentence is full and finished. The poet, with writing materials, can think leisurely ahead, but the singer, in the speed of his song, must compose straight on out of fixed verses and verse parts until he comes to the point where one of his characters is to speak. Then he must have straightway at hand a verse or verse part to introduce the speech. This the common oral style has given him, as it has given him his diction as a whole; and it has given him not one or two formulas which he must in some way work in, but a whole living system of them which allows him each time to express just the right idea in a phrase of just the right words and length and rhythm. He has formulas to bring in a first speech in dialogue, or an answer, or to bring in monologue. He has formulas where there is place for the speaker's name, and others where the name, already understood, is implied in the verb. He has also formulas which simply bring in the speech, or which also state the tone, or which give the name of the person spoken to, or give some circumstance about the speaking. Finally, within these categories of meaning he has formulas of different grammatical form to fit the grammatical sequence of the passage, and of different metrical form to fit into his verse at the different points where he may find himself. However, he usually has only one formula to suit a particular need, since the earlier singers in their natural and never ceasing search for the easiest means of verse-making had usually kept and passed on to him only as many fixed phrases as were really useful. Thus Homer, when he has just a verse to fill and wishes to express the idea 'and he said', will use the simple formula καί μιν (σφεας) φωνήσας (φωνήσαο') ἔπεα πτερόεντα προσηύδα (προσηύδων) 54 times. Or, if he wishes also to give the tone of the speech, he will use a formula of the type:

[11 times] καί ὅ' ὀλοφυρόμενος
[4 times] καί μιν λισσόμενος   } ἔπεα πτερόεντα προσηύδα

Or he may state some circumstance:

[13 times] ἀγχοῦ δ' ἱστάμενος
[thrice]   τοὺς ὅ γ' ἐποτρύνων } ἔπεα πτερόεντα προσηύδα

Finally, there are times when he finds himself ready to announce speech though he is only halfway through a verse. He then says, simply, ἔπος τ' ἔφατ' ἔκ τ' ὀνόμαζε (45 times). It is for purely grammatical reasons that we have ἔπος τ' ἔφατ' ἔκ τ' ὀνόμαζε and not ἔπεα πτερόεντα προσηύδα in such a verse as ἔν τ' ἄρα οἱ φῦ χειρὶ ἔπος τ' ἔφατ' ἔκ τ' ὀνόμαζε (11 times). Now to find in πτερόεντα and ὀνόμαζε some meaning which would limit the use of these formulas to speeches of some one sort is to take away a whole part from the system and say that Homer has no speech formulas for the verse and the half-verse—the most common measures of the formula—which simply mean 'and he said'. [3]

[3] No small part of my knowledge of ἔπεα πτερόεντα I owe to my former students, J. P. Cooke and M. V. Anastos, who made a study of the length of the speeches introduced by the different speech formulas. This they did to disprove an explanation of ἔπεα πτερόεντα more improbable

When Professor Calhoun gives the particular meaning which he finds in ἔπεα πτερόεντα and ἔπος τ᾽ ἔφατ᾽ ἔκ τ᾽ ὀνόμαζε, he says that the range of the two expressions overlap, and that they express "myriad facets of the human spirit", and finally that "the one usually connotes animation or urgency, the other earnestness or affection". [4] Is it not possible, however, that he has here for once fallen into somewhat the same line of reasoning as that so often followed by the so-called 'Unitarians'? This school of critics thought that the only way to defend Homer against the disintegrators' charge of inconsistencies in the text was to show that there were really no inconsistencies at all. They accordingly gave their ingenuity full play and looked for subtle beauties of thought which had escaped the dull understanding of Homer's belittlers, who through their lack of poetic feeling had seen inconsistencies where there was only poetic refinement. Professor Calhoun, of course, is far beyond this; yet is it not, perhaps, a like unwillingness to believe that Homer might have used common formulas, and used them without thinking about what the words in them meant, which has led him to find in all the speeches introduced by ἔπεα πτερόεντα προσηύδα an emotion and intensity which would set them off from the other speeches of the poems? Certainly when he paints for us in his own words the circumstances and the substance of each one of these speeches he sets vividly before us its intensity and emotion. But here I must fall back on the somewhat questionable charge of δεινὸς λέγειν, because I believe that the fallacy of the method lies in the fact that another critic, if he knew how to write as well as Professor Calhoun, could paraphrase in the same lively way the speeches introduced by any other group of formulas. Is there not everywhere in the ›Iliad‹ and the ›Odyssey‹ enough of the simple force of Homer's heroic style to allow a writer of talent to bring forcibly before us the intensity and emotion of any given passage? Professor Calhoun thus places his readers in the plight of having to agree with him before they can disagree, save perchance in the few

even than Professor Calhoun's—namely, that the phrase is used to introduce short speeches.

[4] L. c., pp. 225 f.

cases where one can argue against the sort of intensity and emotions which he finds. Thus he tells us that Eteoneus (IV 20 ff.) has his hands so full with the banquet that the sight of Telemachus and Pisistratus, two new and uninvited guests, is for him "the last straw", and he "momentarily loses his head" and announces their arrival in winged words, but I do not believe that every reader of the ›Odyssey‹ will be willing to find this comedy between the lines for it. Likewise I myself do not like to think of Zeus as being "eager and brisk" when he gives orders to the baneful dream (Il. II 7). Such a Zeus seems to me too little Phidian.

Professor Calhoun uses as one of his arguments the fact that "out of somewhat more than 120 instances of ἔπεα πτερόεντα more than 70 are preceded by explicit allusions to emotion or its symptoms",[5] but it is not also true that the speech formulas of the type ending in προσέφη πόδας ὠκὺς ᾿Αχιλλεύς, προσέφη πολύμητις ᾿Οδυσσεύς, and so on (if one puts aside verses of the type τὸν δ᾿ ἀπαμειβόμενος προσέφη πόδας ὠκὺς ᾿Αχιλλεύς, which is limited to answers) show an equally high number of cases where there is some word which we could class as emotional? What difference is there between καί μιν ὑπόδρα ἰδὼν ἔπεα πτερόεντα προσηύδα (twice) and τὸν δ᾿ ἄρ᾿ ὑπόδρα ἰδὼν προσέφη πολύμτις ᾿Οδυσσεύς (9 times) save the presence of the name in the one case and its absence in the other, and the difference for grammatical reasons of the conjunction? We can, perhaps, see here what has led Professor Calhoun to his conclusions: having found in the text, either in the same verse as ἔπεα πτερόεντα or very near it, a large number of such words as νεμεσσήθη, ῥίγησεν, γήθησεν, and so on, has he not supposed that the meaning of these words must accord with the meaning of the epithet πτερόεντα? By the same reasoning, however, we could argue equally well for an emotional connotation of ἔπεα and of προσηύδα. One can be somewhat surer that he has thus reasoned his way to his understanding of ὀνόμαζεν as connoting "earnestness or affection". This half-verse is most often found in the following whole verse formulas:

| [6 times] χειρί τέ μιν κατέρεξεν | } | ἔπος τ᾿ ἔφατ᾿ ἔκ τ᾿ ὀνόμαζε |
| [11 times] ἔν τ᾿ ἄρα οἱ φῦ χειρὶ | | |

[5] Ib., p. 225, n. I.

and in these verses there are doubtless earnestness and affection.
However, we also have

[4 times]   Ἀντίνοος
[Od. XVI 417]   Ἀντίνοον   ⎫
[Od. XIX 90]   ἀμφίπολον   ⎬ δ'ἐνένιπεν ἔπος τ' ἔφατ' ἔκ τ' ὀνόμαζεν
[Od. XXIII 96] Τηλέμαχος   ⎭
[Il. XV 552]   τόν ῥ' Ἕκτωρ ἐνένιπεν ἔπος τ' ἔφατ' ἔκ τ' ὀνόμαζε.

Is there not, therefore, as much reason to say that ὀνόμαζε connotes
dislike as to say that it connotes affection? Have we the right to
suppose, in the one case more than in the other, that the meaning
of the first half of the verse has anything to do with the meaning
of the second half?

These are the particular reasons I have for thinking that Homer
used πτερόεντα and ὀνόμαζεν without thinking of their special
meaning; but the issue at stake here is one which probably stands
beyond such minute arguing. It seems to me to be the whole issue of
whether we should read Homer as we read written poetry, which
is for us the natural form of poetry, or whether we should not
rather try to gain for our reading the sense of style which is proper
to oral song. I know from my own mistakes that this is no easy
thing. In some measure we may gain this sense by our mere feeling
for the diction of the Homeric poems, but there is still then the
danger of looking too closely and finding beauties where they are
not. The reading of the ›Iliad‹ and the ›Odyssey‹ must be abetted by
much reading of the other early European heroic poetries, and by
the study of some of the many oral narrative poetries which still
thrive in those places of the world where reading and writing have
as yet gained no hold. The Homeric student who does this will
come back to the ›Iliad‹ and the ›Odyssey‹ better able to feel their
conventional wording as the usual heroic language of a tale which
ever sweeps ahead with force and fineness, but also with an ob-
viousness which is so utter that it may deceive, as I believe has been
the case for Professor Calhoun, even the best of critics.

Comparative Literature 11 (1959), pp. 193—208 (gekürzt).

MILMAN PARRY AND HOMERIC ARTISTRY

By Frederick M. Combellack

[. . .]

The regrettable feature of Parry's work, as I see it, is not that Parry has taken the great creative poet out of the ›Iliad‹ and the ›Odyssey‹, but that he has taken from Homeric critics a considerable body of phenomena which literary critics normally consider a legitimate and significant part of their proper study. If Parry's conclusions are sound, it is now hard, or impossible, to find artistry in many places in the Homeric poems where critics of the pre-Parry age found beauty and where contemporary critics often still find it. Moreover, this subject now has an interest and an importance extending far beyond the field of Homeric studies, since scholars have begun to apply Parry's theories to other poetry—Magoun's essay on the use of the formulary style in the ›Beowulf‹ is a conspicuous example. [1]

If we accept Parry's view about the traditional formulary nature of the Homeric style, his contention that the oral poet chooses a phrase primarily because it is convenient, not because of any delicate nuance in its meaning (and I should say that in the present state of our knowledge of oral poetry we ought to accept this), then we must, in dealing with Homer, renounce a large area of normal literary criticism, and a vast and varied collection of earlier and contemporary criticism and "appreciations" of Homeric poetry must be thrown overboard.

In the most general sense, the side of Parry's work I am here concerned with is its effect on the criticism of the *minutiae*, the details, of Homeric style. These constitute an aspect of literature, and especially of poetry, which has always attracted the attention of

[1] F. P. Magoun, Jr., Oral-Formulaic Character of Anglo-Saxon Narrative Poetry, in: Speculum 28 (1953), pp. 446—467.

critics. The situation in which the critic of Homer's poetry now
finds himself is most obvious when he undertakes to deal with Homer's great and multifarious assembly of expressions consisting of
a noun plus an adjective, and most of the material I shall be occu-
pied with here will be of this sort. Conscious, as critics have always
been, that in post-Homeric literature adjectives used by great poets
usually mean something and can often be shown to be beautifully
apt, critics have naturally tried to deal with Homeric poetry in the
same way. And, although in the post-Parry age criticism of this sort
is no longer so simple, it is still going on and manifests itself in a
number of ways. [. . .]

The classic example of the kind of Homeric criticism which
Parry has made impossible, is, I suppose, the comment made by
John Ruskin in the twelfth chapter of the third volume of ›Modern
Painters‹, "Of the Pathetic Fallacy." Ruskin quotes the passage in
the third book of the ›Iliad‹ in which Helen's statement that she
cannot see her two brothers in the army is followed by this comment by Homer:

> ὣς φάτο, τοὺς δ'ἤδη κάτεχεν φυσίζοος αἶα
> ἐν Λακεδαίμονι αὖθι, φίλῃ ἐν πατρίδι γαίῃ.
> (Lines 243—244)

Ruskin translates these lines thus: "So she spoke. But them, already, the life-giving earth possessed, there in Lacedaemon, in the
dear fatherland." He then bids us,

Note, here, the high poetical truth carried to the extreme. The poet has to
speak of the earth in sadness, but he will not let that sadness affect or
change his thoughts of it. No; though Castor and Pollux be dead, yet the
earth is our mother still, fruitful, life-giving. These are the facts of the
thing. I see nothing else than these. Make what you will of them.

Ruskin's editors add the further information that "In the MS Ruskin notes, 'the insurpassably tender irony in the epithet—"life-
giving earth" of the grave . . .'" [2]

I am not here concerned with the soundness of Ruskin's reading

---

[2] The Works of John Ruskin, ed. by E. T. Cook and A. Wedderburn,
V, London 1904, p. 213.

of this passage or with the extent to which Arnold's criticism of Ruskin [3] is justifiable. Nor am I concerned with the linguistic question of whether the second element in the epithet which Ruskin found so tenderly ironic is connected with the word meaning "life." [4] My point is simply that, if φυσίζοος αἶα is a formulary phrase and if Parry is correct in his analysis of the poet's technique in the use of formulas, then we can no longer with any confidence urge that the adjective φυσίζοος was deliberately chosen by the poet because of any kind of peculiar appropriateness of meaning. φυσίζοος αἶα may be just a way of saying αἶα under certain metrical conditions. And so of a thousand other splendid Homeric phrases.

[. . .]

Ruskin's interpretation of φυσίζοος αἶα is, both itself and as a type, still with us, as we may see by looking at some remarks of C. M. Bowra. A special interest might be expected to attach to Bowra's words, partly because of his distinguished place among Homerists and partly because he happens to have discussed Homeric epithets briefly just before the Parry era in his ›Tradition and Design in the Iliad‹ [5] and then again some two decades later in his ›Heroic Poetry‹. [6] The surprising fact which emerges from comparing the two discussions, however, is that Parry's work can hardly be said to have made much, if any, difference in Bowra's views about these matters. In the earlier book (p. 84) he shares Ruskin's belief that there is conscious artistry in the "life-giving earth" which is the tomb of Helen's brothers:

[3] Matthew Arnold, On Translating Homer, London: New Universal Library n. d., pp. 8—9.

[4] The opinion now apparently prevailing connects the second element in the adjective with a grain, *Triticum monococcum*, and not with life, so that the word means strictly "grain producing" and not "life producing"; but for poetical purposes either meaning would seem to arrive at much the same result.

[5] Oxford 1930. Parry's ›L'Épithète traditionnelle dans Homère‹ was published at Paris in 1928, but Bowra gives no indication in this book of being aware of Parry's work.

[6] London 1952.

. . . the effect is pure pathos. The earth, which gives birth, is still a grave. The thought is simple and ancient and perfectly just. No doubt Homer had it in mind when he wrote these lines.

In ›Heroic Poetry‹, and on a page which mentions Parry in a footnote (p. 240), he tells us:

When Homer says that the "life-giving" earth covers Helen's brothers in death, he marks the ironical contrast in the nature of the earth which both feeds and buries us. This is a delicate art which Homer usually manages with skill. Of course it might be argued that such epithets are so otiose that nobody takes much notice of them. This is no doubt true in many cases, but none the less it is a finer art to make a conscious use of such formulae than to treat them as if they had no function.

[. . .]

The examples * of Homeric artistry we have so far considered are alike in that they show critics' efforts to find a peculiar appropriateness in the meaning of the adjective in a noun-adjective formula in a particular instance or in all the instances of a particular formula. But in all these examples the adjective in a given formula is thought to have the same meaning, and the poet's artistry lies in the special appropriateness of that meaning in the context. Somewhat different are those passages in which critics have given a formula a specially fitting nuance by modifying the meaning of the adjective somewhat to suit an unusual case. An example of this is the phrase γναμπτοῖσι μέλεσσι, used half a dozen times in Homer. In three of these, Il. XI 669, Od. XI 394 and XXI 283, there is a contrast between the kind of strength a person has now and that which he used to have ἐνὶ γναμπτοῖσι μέλεσσι. Two of the remaining three, Od. XIII 398 and 430, occur in the description of how Athena disguised Odysseus: we are first told that she said she would dry up the skin on Odysseus' γναμπτοῖσι μέλεσσι and then that she did so. There seems to be pretty general agreement nowadays that the adjective in these passages is complimentary: Cunliffe gives as definitions "flexible, lissom"; Liddell and Scott tell us that the adjective in this phrase means" supple, pliant,"

---

* [Bei der vorliegenden gekürzten Fassung kommt nur *ein* Beispiel zum Abdruck. — Anm. d. Hrsg.]

and distinguishes "the limbs of living men from the stark and stiff ones of the dead." [7] Murray translates the word in all five passages "supple." So far there seems to be no trouble.

But in the sixth instance the phrase is applied to the aged Priam, so frightened by the sudden appearance of Hermes at the ford when the king and Idaeus are on their way to ransom Hector's body that the hair stands upright on Priam's γναμπτοῖσι μέλεσσι (Il. XXIV 359). Now probably the most consistently emphasized quality assigned to Priam in the ›Iliad‹ is his old age. There has, therefore, been a natural tendency to boggle at the idea that the hair stood upright on the lissom limbs of this decrepit old man. Commentators, therefore, have long been ready to believe that in this passage the adjective does not have its usual complimentary meaning, here seemingly so inappropriate, but a slightly different and pejorative meaning beautifully suited to the context. Here, we are told, the phrase does not mean "lissom limbs" but "limbs bent with old age." [8]

---

[7] This idea is at least as old as Eustathius. See his note on Il. XI 669, in: Eustathii . . . commentarii ad Homeri Iliadem III, Leipzig 1829, p. 74.

[8] This interpretation of the phrase is sometimes assigned to Doederlein, but it is considerably older. Doederlein did maintain that γναμπτοῖσι μέλεσσι meant "limbs bent with age"; but he was not responsible for the idea that there was special artistry in this passage, because he argued that the phrase always meant "limbs bent with age," *curvatis membris*, and compared it to Tacitus' *curvata senio membra* (Ann. I 34) (L. Doederlein, Homerisches Glossarium III, Erlangen 1858, p. 9). Nearly a century before Doederlein, J. A. Ernesti had said that the adjective in this passage about Priam did not mean "*flexibilibus*, sed: *incurvo in corpore*, scil. senis grandaevi." (Ernesti's edition, publ. 1759—64, is not readily available to me. I take this from Heyne.) And in 1802 Heyne (Homeri Carmina, ed. C. G. Heyne, VIII, Leipzig and London 1802, p. 670) argued that this was the correct interpretation of the phrase as applied to Priam and possibly in Il. XI 669, and Od. XXI 283, but that in the other three instances the adjective was merely ornamental. Among the Homerists since Heyne who have fancied that the limbs of Priam are bent differently from those of other Homeric heroes with bent limbs may be mentioned the Greek editor G. Mistriotes (ΟΜΗΡΟΥ ΙΛΙΑΣ III, Athens 1887, p. 459) and the French translator P. Mazon, who tells us that Nestor's limbs in Il. XI 669

But the possibility of this kind of subtle difference in the use of this and other formulas is, I should say, ruled out by Parry's studies. Whether the phrase was meant to be pejorative or complimentary, Parry's theories seem to require us to recognize that the formula refers to some constant quality in limbs, whether of all men or of all old men.

As a matter of fact, it is quite probable that the phrase was not intended to be either complimentary or the reverse, but merely indicated that limbs are so constructed that they bend. This kind of fact is not one we should think worth mentioning; so we tend to translate "lissom" or "bent" and not just "bendable" or "capable of being flexed"—actually we do not even seem to have in English a completely neutral literary word for describing this phenomenon. As J. Berlage showed, [9] there are a number of these "neutral" epithets in Homer which merely mark some facet of a phenomenon without expressing approval or disapproval.

So far we have been concerned with what may be called the serious side of Homeric artistry. But Parry's work has also done serious damage to the criticism of Homeric humor, since critics have often believed that part of Homer's humor is somehow connected with his style. In exploring briefly this topic, although I shall begin with noun-adjective formulas, I shall include illustrations of one or two other sorts.

Critics have often maintained that Homer's formulary epithets are sometimes deliberately chosen for humorous effect. The most popular example, I suppose, has been the adjective applied to the mother of the beggar Irus in the ›Odyssey‹. From ancient times Homerists have been struck by the fact that, in introducing this lazy beggar Irus in the eighteenth book (5), Homer says that his mother called him Arnaeus and calls the mother πότνια μήτηρ. The

---

are « membres souples », while Priam's in XXIV 359 are «membres tordus » (Homère, Iliade, 4 vols., Paris 1947). Leaf mentions the meaning "bent with age" as one of two possibilities without committing himself (The Iliad, ed. by W. Leaf, 2nd ed., II, London 1902, p. 562).

[9] De vobicus τυκτός, τετυγμένος, ποιητός, οἰκουμένη, aliis, in: Mnemosyne 53 (1925), pp. 289—298.

adjective, elsewhere in Homer monopolized by the upper classes and seeming to mean something like "queenly," appears glaringly inappropriate.

An ancient remedy for this difficulty was to change the text, [10] and it is probably only the scantiness of our ›Odyssey‹ scholia which has robbed us of much ancient learned speculation. Some moderns have maintained that we owe this ridiculous word to some stupid *diaskeuast* who was familiar with the phrase and used it here with no regard for its proper meaning. (The stupid *diaskeuast*, in short, acted like Parry's Homer.) But there has also been much effort to find cunning artistry in the seemingly inappropriate expression. The secret of its neatness, we are told, lies in its humor. Homer is adding to the generally merry tone of the introduction by saying, with a leer, "This lout's *regal mother* called him Arnaeus" [11]. It is not surprising that this interpretation should appear in the pre-Parry age; but I think it is surprising (*mirarer si in Homeric interprete quicquam mirandum esse ducerem*) that, even after Parry, Homerists still feel confident that there is delightful and deliberate humor in this passage, that Mrs. Suys-Reitsma, for instance, in the very section of her book in which she is discussing Parry with approval is ready to assume that the adjective is used deliberately for comic effect. [12] Of course, for all we *know*, Homer may have meant πότνια μήτηρ to be a jolley misuse of a dignified formula, and his audience may have grinned with him; but, now that Parry has raised the suspicion that πόντια μήτηρ may be just a convenient

---

[10] The reading suggested, τὸ γὰρ θέτο οἵ ποτε μήτηρ, though it has been found plausible in modern times, is almost certainly the invention of some ancient Homerist who was as troubled by this queenly mother as many of his later heirs have been.

[11] Ameis-Hentze-Cauer (Homers Odyssee, Gesang XIII—XVIII, 9th ed., Leipzig and Berlin 1928), for example, tell us in their note on the line that this is a fixed adjective for the word "mother," and is used here with the same humor as governs the rest of this scene.

[12] Just as, in the preceeding sentence, she has found artistry in the formulary χεῖρας . . . ἀνδροφόνους of Il. XXIV 478—479 (S. J. Suys-Reitsma, Het Homerisch Epos als orale Schepping van een Dichter-Hetairie, Amsterdam 1955, p. 20).

way of saying μήτηρ under certain metrical conditions, there is no longer any way of being sure about such matters, and it seems to do very little good to guess about them. [13] Here, too, we simply cannot any longer criticize the stylistic artistry of Homer as we might that of Shakespeare.

In addition to the isolated bits of humor which critics have found in phrases such as the "queenly mother" of the town loafer, some critics have maintained that Homeric humor in general is the result of the contrast between the formal language and the informal situations. E. E. Sikes in his paper on Homeric humor [14] did not concern himself with formulary style and, indeed, although writing in 1940, gave no sign that he was aware of Parry's existence; but he did urge that the poet added to the fun by composing the humorous passages in the regular epic style; and he further noted that this humorous incompability of style and subject was an aspect of Homer's technique which was often missed or neglected by modern translators. I fancy it was also missed by the original audience. At least, I cannot see how the poet or his audience can have felt any added humor in the use of this style for this purpose, since this was apparently the only style they knew.

[. . .]

But the great four-lane highway leading to error in this humorous field is the popular old notion that the ›Odyssey‹ every now and then indulges in deliberate parody of the ›Iliad‹—that it is in a modest way a kind of prehistoric ›Rape of the Lock‹. [15] A leader in this kind of interpretation was the learned English editor D. B. Monro,[16] who, for example, found our old friend Irus' regal mother

---

[13] I disregard another possible interpretation of the phrase: "But it is not impossible that his mother actually was a lady . . ." (W. B. Stanford, The Odyssey of Homer II, London 1948, p. 300). This may, however, be taken as a further indication of our helplessness before the adjective.

[14] In: CR 54 (1940), pp. 121—127.

[15] There have also been suggestions that some parts of the ›Iliad‹ are parodies of other parts. See, for instance, G. Finsler, Homer II (2nd ed., Leipzig and Berlin 1918), p. 79.

[16] Homer's Odyssey, Books XIII—XXIV, Oxford 1901. Monro's com-

"mock-heroic." [17] A few lines later in the same eighteenth book of the ›Odyssey‹, Antinous, preparing for the fight between the beggar and Irus, says, "Whichever wins and proves the better . . ." This is identical with the expression used by Alexander in the third book of the ›Iliad‹, when he is suggesting the conditions for his duel with Menelaus (71). For Monro the use of the Iliadic line in these sordid new surroundings was "doubtless in the spirit of parody." Similarly in Book XIV, "the epithet of the dogs, ὑλακόμωροι (29), is a parody of the epic [sic] ἐγχεσίμωροι."

But perhaps the most notable example of parody yet found in the ›Odyssey‹ is the description of Eumaeus' pigpens in Book XIV. Monro, believing this to be "almost a parody of Priam's palace," tells us that "the spirit of parody is shown by the use of the lofty epic formula where the subject is unworthy of it," and bids us "note πεντήκοντα and πλησίον ἀλλήλων."

It is true that, if one is looking for parody in the ›Odyssey‹ and is sure that parody is a feature of that poem and if one disregards what we now know of the Homeric style and of oral poetry, it is easy to make the description of the pigpens almost farcical when we set it beside the ›Iliad's‹ description of Priam's palace (VI 242— 250). In the palace there are within the courtyard twelve rooms built close together, and at the farmstead there are within the courtyard twelve pigpens built close together; elsewhere in the palace there are fifty rooms, and in each of the pigpens there are fifty sows; in the description of the palace there is a contrast between the arrangements for the sons and for the daughters of Priam, at the farmstead a contrast between Eumaeus' different arrangements for the sows and for the boars.

But if we are not convinced that the ›Odyssey‹ is characterized by this love of parody, if, indeed, we suspect that the author of the ›Odyssey‹ had not only a purpose but also a technique of composition very different from Pope's, and if we then look at the two passages and at Monro again, it will become clear at once that the

ments dealing with parody are found partly in notes on individual lines and partly in the Appendix, p. 331.

[17] Monro found the ancient variant quoted in note 10 above "plausible."

parallel between the two descriptions is not particularly close and that the specific evidence cited by Monro is not overwhelmingly convincing. In the first place, are we really justified in saying that the first of his citations, πεντήκοντα, the normal word for fifty, is a "lofty epic formula"? If not, then the formulary resemblances Monro could find are reduced to the single phrase, πλησίον ἀλλήλων, close to one another. I should think one might fairly say that a structure for many human beings and a structure for many pigs might well in those simple days have shown certain architectural similarities, and at least that each of the two structures would most naturally have had its various parts πλησίον ἀλλήλων, close to one another. It is, of course, typical of the economy of the Homeric style that the same numbers are used. While on this porcine topic, I might also remark that Monro thought there was another probable, or possible, parodical pig in line 419 of this same book, and that it was, of course, the French editor Pierron who made the gourmet's point that, while the ›Iliad's‹ five-year-old steer might be good eating, a five-year-old pig would be « dure et coriace. »

[. . .]

The difficulty is not that Parry's work has proved that there is no artistry in these features of Homer's style, but that he has removed all possibility of any certitude or even reasonable confidence in the criticism of such features of Homeric style and has thus put this side of Homeric criticism into a situation wholly different from similar criticism of, say, Sophocles or Shakespeare. The hard fact is that in this post-Parry era critics are no longer in a position to distinguish the passages in which Homer is merely using a convenient formula from those in which he has consciously and cunningly chosen le mot juste. For all that any critic of Homer can now show, the occasional highly appropriate word may, like the occasional highly inappropriate one, be purely coincidental—part of the law of averages, if you like, in the use of the formulary style.

Albin Lesky, Gesammelte Schriften. Aufsätze und Reden zu antiker und deutscher Dichtung und Kultur. Bern und München: Francke 1966, S. 72—80.

ZUR EINGANGSSZENE DER PATROKLIE

Von Albin Lesky

Das Folgende ist nicht in der Hoffnung geschrieben, durch ein paar Beobachtungen die Situation der Homerforschung, diese widerspruchsvolle, zu pessimistischer Abkehr verlockende Situation, von Grund auf zu ändern; auch erwartet der Verfasser nicht, daß es ihm gelingen könnte, die Auffassung eines von ihm verehrten Forschers zu beeinflussen, wohl aber möchte er dazu beitragen, daß wichtige Probleme offengehalten werden. Wenn dabei hüben und drüben grundsätzliche Urteile und einzelne Interpretationen sichtbar werden, die weltweit auseinanderliegen, so ist das betrüblich, zu vermeiden ist es bei der heutigen Lage der Dinge auf keinen Fall.

Seit langem ist der Eingang der Patroklie einer der wichtigsten Ansatzpunkte der Analyse. Man hat wiederholt behauptet, in dieser Partie breche die ›Ilias‹ auseinander, und Günther Jachmann hat diese Aussage vor kurzem (Der homerische Schiffskatalog und die Ilias, 1958, S. 63) mit allem Nachdrucke wiederholt. Wir denken nicht daran, das Problem im Rahmen dieses Aufsatzes in seinem ganzen Umfange aufzurollen, vielmehr handelt es sich um Teilfragen, die ihrem Wesen nach eine abgetrennte Behandlung rechtfertigen, zugleich aber weit ins Grundsätzliche führen.

Im Anfange des Buches XVI tritt Patroklos, tief erschüttert über die Not der Achäer und in Tränen aufgelöst, zu Achilleus. Das Gespräch, das notwendig Anklage des Freundes sein muß, zu eröffnen, fällt ihm schwer. Aber Achilleus rührt der Jammer des Gefährten (keineswegs das Leid der Griechen, das betonen wir gleich hier), und er redet zu Patroklos (7):

Was bist du in Tränen, Patroklos, wie ein kleines Mädchen, das neben der Mutter herläuft und bettelt, sie solle es auf den Arm nehmen? Ans Gewand klammert es sich und hält die Eilende auf, weinend blickt es zu ihr empor, bis daß sie es aufhebt. Diesem gleich, Pratroklos, vergießest du zarte Tränen. Hast du etwas den Myrmidonen kundzutun oder mir selbst? Oder hast du irgendeine Botschaft aus Phthia vernommen, du allein? Leben soll doch noch, so sagen sie, Menoitios, des Aktor Sohn, und es lebt der Aiakide Peleus unter den Myrmidonen. Über sie beide würden wir wohl heftigen Schmerz empfinden, wären sie tot. Oder jammerst du gar um die Argiver, daß sie verderben bei den hohlen Schiffen um ihres Frevels willen? Sag's heraus, birg's nicht in deinem Sinne, auf daß wir beide es wissen.

Achilleus hat im XI. Buch, also fünf Gesänge vor dem Einsatz der Patroklie, den Freund auf Erkundung ausgesandt. Aus mehr als einem Grunde beobachtete er die Schlacht, soweit ihm dies von seinem Platze im Schiffslager in dieser Phase des Kampfes möglich ist: gut steht es nicht um die Griechen, und so kann der Augenblick nicht fern sein, der ihm durch ihre Not die heiß begehrte Genugtuung für die erfahrene Kränkung bringt. Anderseits aber sind seine Schiffe immer noch ein Teil des gemeinsamen Lagers, und wenn er IX 650 verheißen hatte, erst dann einzugreifen, wenn Hektor zu Zelten und Schiffen der Myrmidonen käme, so rückt die Möglichkeit eines solchen Vorstoßes in immer größere Nähe. Als Achilleus den Nestor mit einem Verwundeten vorüberfahren sieht, der wohl Machaon sein könnte, da sendet er Patroklos aus, um sich darüber Gewißheit zu verschaffen. Es folgt die durch Nestors Erzählungen breitgedehnte Szene in dessen Zelt; ihr wichtigster Teil ist die Mahnung an Patroklos, er solle auf den Freund einwirken, seinen Starrsinn brechen oder doch wenigstens erreichen, daß er selbst in den Waffen des Achilleus den Bedrängten zu Hilfe eilen dürfe. Patroklos macht sich auf den Rückweg, trifft aber auf den verwundeten Eurypylos, den er in dessen Zelt führt, um seine Wunde zu versorgen. In den folgenden Kämpfen, die mehrere Gesänge füllen und das Unheil trotz allem Schwanken der Schlacht immer näher an die Schiffe herandringen lassen, entschwindet uns Patroklos für lange aus dem Blickfeld. Im XV. Buch (390) finden wir ihn wieder. Er hat bei Eurypylos im Zelt gesessen, dessen Wunde mit heilenden Kräutern behandelt und ihm tröstlichen Zuspruch gespendet. Da nun aber die Mauer die Troer nicht mehr halten kann, ist es hoch an der Zeit, zu Achilleus zu eilen und ihn zum Eingreifen zu bringen. Der Rest des Buches XV steigert die Not der Achäer bis zu der

Szene, in der Aias allein den Feinden noch wehrt, die Feuer an die
Schiffe herantragen. Wie lange kann er noch halten? So fragen wir;
doch da verändert sich der Schauplatz, und wir sehen Patroklos
weinend vor Achilleus stehen, der ihn mit den eben übersetzten
Worten anspricht.

Für die Analyse ist es ein unverzeihliches *skandalon*, diese Dinge
zu erzählen, als ob sie wirklich zueinander paßten und uns nicht in
Wahrheit Risse und Sprünge sehen ließen, die schließlich am Beginne des XVI. Buches zum Auseinanderbrechen der Dichtung
führen. Wir meinen jedoch, daß alles, was man gesehen hat oder zu
sehen glaubte, uns das Recht nicht mindert, festzustellen, was in
der Dichtung, wie wir sie lesen, jenen Worten des Achilleus voran-
geht, die uns zunächst und vor allem beschäftigen. Wer wollte
leugnen, daß sie zu Verwunderung Anlaß geben? Achilleus hat Patroklos ausgesandt, um festzustellen, ob der Verwundete Machaon
wäre; davon fällt kein Wort mehr, vielmehr rätselt er über die
Ursache der Tränen seines Freundes. Jachmann (a. a. O., S. 59) hat
dieser Verwunderung starken Ausdruck gegeben:

. . . Achilleus, der ihn in aller Ruhe nach dem Anlaß seiner tiefen Betrüb-
nis fragt, tastet bei den eigenen Vermutungen darüber ratlos im Dunkel.
Schon gleich seine erste Frage an den von ihm selbst auf Erkundung Aus-
gesendeten: ob er etwa den Myrmidonen oder ihm selbst Schlimmes zu
künden habe (V 11) —, sie wirkt in ihrer Richtungslosigkeit geradezu ver-
blüffend. Als nächstes zieht er dann, weit aus der umgebenden und aktuellen Situation abschweifend, eine etwa aus der Heimat eingetroffene
Todesnachricht über Menoitios oder Peleus in Betracht — an den von ihm
selbst erteilten Auftrag rührt kein Gedanke und kein Wort.

Eine Einzelheit läßt sich rasch erledigen. Für Jachmann hat es
den Anschein, als hätte sich Patroklos, wie er sich zu Achilleus gesellt, gar nie von ihm fortbegeben, komme also nicht von draußen
her. Der Ausdruck v. 2 Πάτροκλος δ' Ἀχιλῆι παρίστατο ist gewiß
knapp, kann aber ohne jeden Anstoß die Rückkehr des Patroklos
von seinem Erkundigungsgang decken.

Aber Machaon! Kein Wort von ihm! Hier sind die Fronten er-
starrt und es handelt sich um einen jener Fälle von Homerinterpre-
tation, bei denen man eben sein Glaubensbekenntnis ablegen muß.
Bethe (Homer I, 1914, S. 144) und Schadewaldt (Iliasstudien, 1938,

S. 75) haben das Fallenlassen des Machaon-Motivs zu Beginn des XVI. Buches als verständlich, wenn nicht geradezu als notwendig empfunden, Jachmann hat nun nach zahlreichen Vorgängen dieses Übergehen aufs neue zu einem entscheidenden Argument der Analyse gemacht. Danach gehörte der Anfang des Buches XVI in eine sehr alte, noch dem I. Buch vorausliegende Patroklie, die auf den Botengang des Patroklos deshalb nicht eingehen konnte, weil sie von ihm noch gar nichts wußte.

Wir erblicken in dem Fehlen einer Meldung über Machaon keinen Anlaß zur Zertrennung der oben überblickten Partien und können das nur kurz begründen, ohne im Wesentlichen Neues zu sagen. Die Aussendung des Patroklos auf Erkundung über Machaon verrät sich deutlich genug als Hilfsmotiv. Machaon ist für Achilleus in keiner Weise so wichtig, daß gerade sein Zustand festgestellt werden müßte. Und wie sonderbar ist die Begründung (XI 613): von hinten sah er wohl so aus, als wäre er Machaon, aber ich konnte sein Antlitz nicht sehen! Wir halten das für sehr fein, wenngleich wir wissen, mit welchem Anathema jene bedacht werden, die im Homer Feinheiten zu entdecken vermeinen. Machaon ist für Achilleus wirklich nur Vorwand, worum es ihm in Wahrheit geht, sagt er im Eingange seines Auftrages selbst: die Stunde naht, in der die Achäer schwerste Not zu kosten bekommen und zu seinen Füßen betteln werden. Wie weit er noch davon entfernt ist, seinen heißen Groll zu stillen, das will er wissen. Für die Frage, ob Achilleus nach der Presbeia so sprechen kann, begnüge ich mich hier mit dem Hinweis auf Schadewaldts ›Iliasstudien‹ (S. 81). Uns kommt es darauf an, daß Machaon lediglich die Bedeutung eines auslösenden Elementes hat, das fünf Gesänge später wohl übergangen (bewußt übergangen, nicht vergessen) werden konnte. Dies um so mehr, als wir an zwei dazwischenliegenden Stellen mit aller Deutlichkeit die Umschaltung gewahren. Im XI. Buch zeigt Nestor den Ausweg aus der Not der Stunde: will Achilleus schon nicht selber kämpfen, so entsende er doch Patroklos in der eigenen Rüstung. Und dieser bestätigt es (839) ausdrücklich, daß es nun darum geht, diesen Vorschlag an Achilleus heranzubringen. Weiters wird das in jenem Patroklos-Intermezzo des Buches XV (390) hervorgehoben, das die einen für elendes Flickwerk, die anderen für eine kompositionell höchst glückliche und wichtige Klammer halten. Hat sich die Lage der Griechen doch neuerdings verschärft, so daß es noch um ein Stück dringlicher geworden ist, Achilleus zum Eingreifen zu bringen. Alles in allem darf man wohl sagen, daß seit der Frage, ob der Mann, der von hinten so aussah, wirklich Machaon wäre, allerlei vor sich gegangen ist, um zu Beginn der Patroklie dieses Problem in den Hintergrund treten zu lassen.

Aber wir gebrauchen Jachmanns Worte „Doch Machaon hin, Machaon her", auf ihn kommt es uns hier nicht an, wenngleich wir die Frage berühren mußten. Die Worte des Achilleus sind uns von einer anderen Seite her merkwürdig, und eben hier wollen wir die Gabelung der Wege zeigen: steht hier Unsinn, der nur analytisch-genetisch zu erklären ist, oder geht es darum, ein Stück feiner, freilich im Stile des Epos angedeuteter Charakteristik zu verstehen? Achilleus fragt den weinenden Patroklos, von dem er im Zusammenhang unserer ›Ilias‹ wissen muß, daß er aus einer der Katastrophe nahen Schlacht kommt, zunächst um folgendes: Hast du den Myrmidonen etwas (Trauriges) zu melden oder mir selbst? Hast du eine Kunde aus Phthia erhalten, die wir noch nicht kennen? Unsere Väter leben doch noch? Um sie würden wir freilich herzlich trauern . . . — Es besteht kein Zweifel, daß diese Fragen aus der Situation heraus betrachtet unsinnig sind. Sollten sie aber den Sinn einer Charakteristik, und dann einer sehr feinen Charakteristik, erhalten, wenn wir sie vom Wesen des Achilleus aus zu deuten versuchen? Womit bereits gesagt ist, daß es so etwas wie eine Physis des Achilleus wirklich gibt, nebenbei eben das, wodurch diese Gestalt Homers über Jahrtausende hinweg einen unauslöschlichen Eindruck zu hinterlassen vermochte. Wir wollen in diesem Zusammenhange Hermann Gunderts schöne Heidelberger Vorlesung (in: N. Jahrb. 1940, S. 225) nicht vergessen.

Ein wichtiges Stichwort für die Wesensart des Achilleus fällt IX 255, wo sein Vater von seinem μεγαλήτωρ θυμός spricht. Es ist nicht ohne Reiz, den derart charakterisierten Achilleus mit dem μεγαλό-ψυχος der aristotelischen ›Ethik‹ (Hauptstelle N. E. 4, 7) zu vergleichen. Große Denkensart, das Hochgestimmte des Herzens eignet beiden, und doch scheidet sie ein tiefreichender Unterschied. Freilich bedeutet beiden die Ehre außerordentlich viel, aber der μεγαλόψυχος des Aristoteles kennt in allen Bereichen die Tugend des Maßhaltens. So überschätzt er denn die Ehre nicht und sieht über eine Kränkung einfach hinweg, denn sie ist unverdient und kann sein Wesen nicht treffen: οὐ γὰϱ ἔσται δικαίως πεϱὶ αὐτόν. Zwischen Homer und Aristoteles liegt die Entdeckung des inneren, von äußerer Schätzung unabhängigen Wertes eines dem Guten zugewandten Menschen. Für Achilleus hingegen ist eben die Maßlosigkeit seines ganzen Wesens, seines Ehrbegriffes vor allem anderen, kennzeichnend. Jener μεγαλήτωϱ θυμός, von dem Peleus IX 255 spricht, wird dort nicht als der große Antrieb, sondern als die gefährliche Macht gesehen, die es zu hemmen, der es φιλοφϱοσύνη entgegenzusetzen gilt, soll Unheil vermieden werden. Aus derselben Wurzel wachsen im Wesen des Achilleus der maßlose, in jedem Augenblick zum Hervorbrechen bereite Zorn, die Unbedingtheit seines Rachewillens und die Härte seines Trotzes. Schadewaldt hat in seiner Behandlung des Papyros mit Resten der aischyleischen ›Achilleis‹ (in: Hermes 71, 1936, S. 56) die Handlung der Myrmidonen als Trotzhandlung charakterisiert und die Linien gezeigt, die von Homer heraufkommen. Die ganze Achilleus-Tragödie der ›Ilias‹ (wir wissen, daß wir einen verbotenen Ausdruck gebrauchen) ist als Trotzhandlung größten Ausmaßes zu verstehen. Trotz kann nicht besänftigt, gemildert, er kann nur gebrochen werden. So bricht denn erst die Katastrophe des Patroklos, der selbstverschuldete Verlust des liebsten Menschen, das Unmaß dieses Trotzes. Es ist in unserem Zusammenhange von Bedeutung, daß der Trotz des Achilleus hoch hinaufreicht in die Sphäre des Tragischen, anderseits aber auch völlig kindliche Formen anzunehmen vermag. Agamemnon hat angekündigt, daß er dem Achilleus die Briseis wegnehmen werde, und dieser ist — schwer genug — zur Einsicht gekommen, daß er das kränkende Geschehen nicht verhindern kann. So trotzt er denn mit seinem letzten Worte in dem Streit (I 300):

Gut, raubt mir, was ihr mir schenktet. Aber wehe, wenn sich einer außer dem Mädchen sonst etwas von meinem Besitze holen will! Meine Lanze wird sich mit seinem Blute färben!

Niemand denkt daran, Achilleus etwas anderes zu nehmen als Briseis, kein Wort in diesem Sinne ist gefallen. Aber sein Trotz, dem die Aufsagung der Kampfesgemeinschaft nicht genügt, findet für sein Unmaß in der völlig sinnlosen Drohung — wenigstens im Augenblick — noch etwas an kümmerlicher Nahrung.

Achilleus, der sich selbst durch Wort und Tat klar darstellt, wird außer durch das früher besprochene Peleuswort IX 255 auch durch seinen Freund mit unvergleichlicher Prägnanz charakterisiert. Im Zelte des Nestor will Patroklos rasch aufbrechen, um Achilleus nicht warten zu lassen, kenne doch Nestor selbst dessen Wesensart (XI 653): ein δεινὸς ἀνήρ ist er, wir dürfen ganz einfach sagen 'ein schrecklicher Mensch', der leicht auch den Schuldlosen beschuldigt. In der Tat bewegen sich alle, die mit Achilleus in Berührung kommen, auf vulkanischem Boden. Es ist die Kehrseite seines großen Wesens, daß unerwartet das Heftigste aus ihm hervorbricht. Gerade dort, wo Achilleus, von den Göttern bestimmt und von seinem eigenen Wesen getragen, seine herrlichste Tat vollbringt, seinen Rachewillen niederzwingt und Priamos die Leiche seines Sohnes ausliefert, den er ihm erschlug — gerade dort begegnen wir einem bezeichnenden Beispiel für diese jähe Wesensart. Eben noch hat Achilleus den knienden Priamos aufgehoben, seine Tränen mit jenen des Greises vereinigt und in tröstender Rede von der Schickung gesprochen, die über allen Sterblichen steht. Da drängt Priamos weiter: er wolle nicht sitzen, ehe ihm Achilleus den Leichnam löst und die Gaben nimmt. Damit verfehlt er es aber. Eben sein Drängen ruft in Achilleus alle jene Mächte wach, die er niederringen mußte, um seine Tat der Großmut tun zu können. Nun braust er gefährlich auf, der δεινὸς ἀνήρ, nun bedroht er den tief erschrockenen Priamos: „Höre auf, mein Herz zu erregen, leicht könnte ich sonst selbst an dich, der unter Zeus' Schutze steht, meine Hand legen" (XXIV 568). Achilleus löst den Leichnam und zwingt seine Erregung nieder. Aber sie schwingt kräftig nach, wenn es 572 heißt, daß er wie ein Löwe aus dem Gemache springt, um draußen die Bitte des Greises zu erfüllen.

Seine Maßlosigkeit, das Jähe, die Verhärtung im Trotze läßt Achilleus auch seine Freunde und gerade diese fühlen. Eine Stelle der Presbeia zeigt dies in eindrucksvoller Weise. Die Rede des Phoinix (mehr noch die Kindheitserinnerung als die Allegorie und das Paradeigma) hat Achilleus ans Herz gegriffen und ihre Wirkung getan: er will Phoinix bei sich behalten und am nächsten Tage mit ihm beraten, ob er heimkehren oder bleiben solle. Das ist bereits eine halbe Zurücknahme der Drohung mit der Abfahrt, die ganze erfolgt nach den Worten des Aias. Aber was Phoinix sagte, hat noch eine andere Seite: es ist ein Eintreten für Agamemnon, der ihn kränkte, und für die Griechen, die dies geschehen ließen. Was eine Bitte in gefährlicher Kampfeslage ist, ist doch zugleich Parteinahme für die bitter Gehaßten, Parteinahme also gegen Achilleus. Und schon flammt der μεγαλήτωρ θυμός auf (IX 611): Verstöre mir nicht das Herz mit deinem Jammern. Du stellst dich damit auf die Seite des Atriden. Sogleich hören wir den 'schrecklichen Mann', der leicht auch den Unschuldigen beschuldigt: Hüte dich, für Agamemnon Freundliches zu denken, rasch kann meine Liebe in Haß umschlagen. Der Unbedingte, der auch von seinen Freunden unbedingte Stellungnahme verlangt, ist von Homer mit unvergleichlicher Treue dem Leben nachgezeichnet.

In den für Achilleus' Wesen mit knappen Strichen entworfenen Rahmen stellen wir nun seine seltsamen Worte im Eingange der Patroklie, wobei wir besonders an die letzte der eben behandelten Stellen anknüpfen. Weinend steht Patroklos vor Achilleus, und dieser weiß, warum der Freund weint. Er hat auch Mitleid mit dem Jammer des Gefährten. Keines aber mit jenem der Griechen, die das Unrecht duldeten. Sein Trotz ist in der ganzen Partie noch völlig ungebrochen, von Rührung über die Kampfesnot noch keine Spur, darin stimmen wir mit Jachmann vollkommen überein. Darum will er es auch nicht wahrhaben, daß der Liebste der Menschen um die weint, die er noch immer hassen muß. Wohl weiß er, daß seinem Verharren im Grolle jene Grenze gesetzt ist, die er selbst klar genug am Ende der Presbeia (650) bezeichnet hat; deutlich verweist XVI 61 auf diese Stelle. Die bittere Notwendigkeit des Kampfes gestattet es ihm nicht, weiter abseits zu stehen, aber im Inneren lodert sein Zorn mit unverminderter Heftigkeit. Der Atride bleibt ihm ἐχθρὴ κεφαλή (XVI 77), erst unter der Wucht des Schicksals, das ihm Patroklos raubt, wird er diesen Haß weglegen, wie ein Ding, das ihm nichts mehr bedeutet. Dann wird er es mit leichter Hand tun. Hier aber spricht er zu Patroklos in aller Breite von dem erlittenen Unrecht, nicht weil er es nötig hätte, dem Freund die Ursache seines

Grolles darzulegen (Jachmann a. a. O., S. 63), sondern weil all diese Dinge mit unverminderter Kraft in seinem Inneren leben. Dieser Achilleus will nicht von Patroklos hören, daß er um die Not der Achäer weint, die doch auch und vor allem die Not Agamemnons ist. Deshalb beginnt er seine Fragen mit Fiktionen, mit weithergeholten, in der Realität durch nichts begründeten Fiktionen, die es ihm gestatten, das, was auszusprechen ihm so schwerfällt, hinauszuschieben und durch anderes zu überdecken. Diese Deutung seiner Worte als ein Stück Ethopoiie hat in der sprachlichen Form starke Stützen. Wie so oft, trägt eine kleine Partikel gewichtigen Sinn. Dort, wo Achilleus (17) auf jenen Anlaß für die Tränen seines Freundes kommt, den er von allem Anfang an als den wahren kennt, heißt es: ἦε σύ γ' Ἀργείων ὀλοφύρεαι . . .; das ist jenes γε, das in disjunktiven Sätzen eine Alternative hervorhebt. Od. III 214 kann ein Beispiel dafür bieten, wie ein solches γε den Sinn erhält: 'oder etwa gar?' So ist auch an unserer ›Ilias‹-Stelle die zuletzt genannte Möglichkeit als jene bezeichnet, an die der Sprecher nicht gerne denkt, die er aber doch in Rechnung ziehen muß. Und wie prächtig ist in die knappe Fassung sogleich die Polemik gegen den Freund einbezogen, der um solche weint, um die er nicht weinen soll: Gelten deine Tränen den Argivern, die bei den Schiffen zugrunde gehen um ihres Frevels willen? Weinst du also um Leute, die ihre Not selbst verschuldet haben? Noch dazu um solche, deren Schuld schwere Kränkung für mich bedeutet? Ich möchte das von meinem Freunde nicht gerne glauben, lieber dächte ich an das Unwahrscheinlichste, eine Nachricht aus der Heimat oder was immer!

Diese Deutung der Rede Achills stellt sie in nächste Nähe zu den auftrotzenden Worten, die er zu Athene im ersten Gesange spricht (202). Er weiß sehr gut, daß die Göttin gekommen ist, um seinem Jähzorn in den Arm zu fallen, in seinen Worten aber sucht er diese Möglichkeit abzuwehren, der er sich doch nicht wird entziehen können: „Warum bist du gekommen, Tochter des Zeus? Etwa, um den Frevel Agamemnons zu schauen? Aber ich sage dir . . .“

So meinen wir denn, daß Renate von Scheliha in ihrem Patroklos-Buche (1943, S. 257) für die Worte des Achilleus ganz richtig von bewußter Verstellung gesprochen hat. Wie diese Verstellung tief im Wesen des Sprechenden begründet ist, versuchten wir zu

zeigen. Klärlich sind wir damit zur Wertung der Verse durch Jachmann in den denkbar stärksten Gegensatz getreten. Dort ihre Deutung in analytischem Geiste aus einer ehedem selbständigen Patroklie, aus einer dem jetzigen Zusammenhange völlig fremden
Situation, in der Achilleus sozusagen aus dem Nichts heraus mit
seinen Fragen beginnen mußte; hier eine Interpretation, die von
diesem Wesen des Achilleus ausgeht, wie es die Dichtung entwickelt,
und die seltsame Art dieses Fragens in der aufs äußerste empfind-
lichen, zu jähem Ausbruch stets bereiten, von den Freunden unbedingte Gefolgschaft verlangenden Wesensart des Helden begründet
findet.

Wir denken nicht daran, die Argumente eines Gelehrten wie
Günther Jachmann zur Bagatelle zu machen, es ist auch nicht die
Intention dieser Blätter, die eigene Position selbstgefällig als die
schlechthin einzig mögliche darzustellen, wohl aber soll die bezeichnete Antithese die Weite der Gegensätze ohne schwächliche Aus-
gleichsversuche sichtbar machen und so den geistigen Raum bezeichnen, innerhalb dessen jeder Interpret der homerischen Dichtung
seinen Platz bestimmen muß.

In aller Kürze soll dieser Gegensatz noch an einem weiteren,
entscheidend wichtigen Abschnitt der Dichtung sichtbar gemacht
werden. Es geht um die Presbeia, und da ist denn der Schreiber
dieser Zeilen längst nicht mehr der einzige, der in dieser Partie mit
ihrem Triptychon von Reden und der überzeugenden Reaktion, die
sie wecken, eines der dichterisch bedeutendsten und für die Komposition des Ganzen wichtigsten Stücke findet. Für Jachmann trägt die
Presbeia, das Erzeugnis eines rhetorisch ausgerichteten Aoiden, „das
Signum des ursprünglichen Einzelliedes in unverkennbarer Deutlichkeit an der Stirn" (a. a. O., S. 101). Diese genetische Frage soll
hier beiseite bleiben, uns geht es um den Achilleus der Presbeia und
um die Wertung seiner Drohung mit der Heimfahrt. Jachmann
findet in dem Achilleus, der hier das Leben als der Güter höchstes
preist, das größte Heldenbild der ›Ilias‹ kläglich in Stücke geschlagen (a. a. O., S. 99):

Denn eine wahrhafte Zerreißung dieses hehren Bildes bedeutet es doch,
wenn der Dichter den Peliden von sich selbst abfallend verkünden läßt
(401 ff.), daß er an Wert nichts dem Leben gleich achte und um den Preis

eines langen, wenn auch untätigen Daseins auf jeden Nachruhm verzichte. So dürfte allenfalls ein Thersites sprechen; ein Edelmann, und wäre er der Letzte von allen, darf es nicht, ohne mit solcher Absage an die höchsten Heldenideale gänzlich aus der iliadischen Heroenwelt auszuscheiden.

Wenn es auf diesen Blättern gelungen ist, ein homerisches Achilleusbild glaubhaft zu machen, in dem maßloser Trotz, der ebenso tragisch-erhaben wie sinnlos-kindisch sein kann, ein konstitutiver Zug ist, dann reiht sich die so schwer verklagte Partie ohne weiteres in diesen Rahmen. Es gehört zu den wirkungsvollsten, von höchster künstlerischer Weisheit sprechenden Zügen der Presbeia, daß die erste der Reden, jene des gewandten Diplomaten Odysseus, die wirkungsloseste ist. Mehr noch: sie reizt den Zorn des Achilleus nur aufs neue. Die Form freilich wahrt er den Gästen gegenüber, die unter seinem Dache sitzen, aber er muß etwas tun, was seine maßlose Verachtung für Agamemnon zeigt und die in Schrecken setzt, die als seine Sendlinge kommen. Ein Pfeil ist ihm noch im Köcher verblieben, und den verschießt er nun. Durch seine Abfahrt will er jede Möglichkeit einer Wendung zum Guten ein für allemal zerstören. Aber er zerstört in seinem Trotze noch mehr: er leugnet das Heldenbild, das bislang sein Leben bestimmte und in dessen Zeichen er nun bittersten Undank erntete. Er tut dies im Spiele, in einem trotzigen Gedankenspiel, das so ausgezeichnet zu einem Achilleus paßt, der im Trotz schlechtweg alles kann und sich sogar gegen sich selber zu kehren vermag. Um ein Spiel mit Möglichkeiten geht es, und so ist dieser Achilleus nicht ganz unähnlich jenem Aias des Sophokles, der in dem vielverkannten λόγος ἐσχηματισμένος mit den Gedanken an Versöhnung und Unterwerfung spielt, mit Dingen also, die außerhalb seines Wesens liegen. Und welche Möglichkeit der Steigerungen hat sich der Dichter dadurch geschaffen, daß sich dieser Achilleus nach der ersten Rede in der dem erstrebten Ziele entgegengesetzten Richtung bewegt! Nun kann Phoinix diese äußerste Verhärtung lockern, nun können die rauhen Worte des Aias, die am besten treffen, den unachilleischen Gedanken an Heimkehr und Lebenssicherung zum Verstummen bringen.

Wer, wie es auf diesen Blättern geschah, homerische Dichtung als Dichtung zu verstehen sucht und dabei nicht genug des Schönen entdecken kann, stellt sich von vornherein in Gegensatz zu jenen, als deren Stimmführer Jachmann das ganze „Iliasgespinst" als „reines Hirngespinst" und den „Hersteller" des Epos als unbedacht und fahrlässig, „bar jeder Meisterschaft in kompositorischer Feinarbeit" erklärt. Wem ist es da zu verdenken, wenn er es mit der Angst zu tun bekommt und nach Bundesgenossen Umschau hält? Freilich, ein jeder von uns muß selber zu dem stehen, was er zu erkennen vermeint, aber deshalb braucht nicht vergessen zu werden, was Schiller am 27. April 1798, drei Jahre nach dem Erscheinen der Wolfschen ›Prolegomena‹, an Goethe geschrieben hat:

Übrigens muß einem, wenn man sich in einige Gesänge hineingelesen hat, der Gedanke an eine rhapsodische Aneinanderreihung und an einen verschiedenen Ursprung notwendig barbarisch vorkommen; denn die herrliche Kontinuität und Reziprozität des Ganzen und seiner Teile ist eine seiner wirksamsten Schönheiten . . .

III. RÖMISCHE HELDENDICHTUNG

Mannestum und Heldenideal. Fünf Vorträge . . ., eingeleitet von Th. Mayer. Marburg: N. G. Elwert 1942, S. 22—35 (gekürzt).

DAS RÖMISCHE MANNESIDEAL

Von Hellfried Dahlmann

Das römische Volk war ein konservatives Volk. Als es schon längst kein Bauernvolk mehr war, sondern im Innern durch seine Geschichte und Berührungen mit anderen Völkern, zumal den Griechen, gewandelt, im Äußeren weit über seine Grenzen gewachsen war, hat es grundsätzlich trotz all dieser Veränderungen bis in die Zeit des Augustus und weit über sie hinaus in einer in der Geschichte vielleicht einzigartigen Konstanz die Werte auch als die seinen anerkannt, die in die Sphäre einer bäuerlichen Gesellschaft gehörten. Es hat immer die Vollendung des römischen Mannes, das Ideal auch der römischen Frau in einem festgeprägten Bild und im Vorhandensein von Eigenschaften gesehen, die ganz dem Wesen und den Forderungen der alten Ahnen entsprachen. Das römische Mannesideal auch in der entwickeltesten Zeit der römischen Weltherrschaft war das des vollkommenen Typs des mit dem Heimatboden verwurzelten römischen Bauern. Es ist erstaunlich zu beobachten, wie wenig das Anwachsen Roms von einem italischen Bauernstaat zur beherrschenden Weltmacht einen Wandel des Tugendideals des Römers herbeigeführt hat, wie wenig tief in die römische Welt alles

Der Vortrag, der am 16. Oktober 1940 im Auditorium Maximum der Marburger Universität gehalten wurde und in der gleichen Form hier erscheint, verdankt Anregungen und Belehrungen Richard Heinze, Vom Geist des Römertums, Leipzig 1938, S. 279 ff.; Viktor Pöschl, Grundwerte römischer Staatsgesinnung, Berlin 1940, S. 12 ff.; Ulrich Knoche, Der Beginn des römischen Sittenverfalls, in: Neue Jahrb. für Antike und deutsche Bildung 1938, S. 99 ff.; Karl Büchner, Altrömische und Horazische virtus, in: Antike 15, 1939, S. 145 ff. Unbekannt war mir der im Januar 1941 (Antike 16, 1940, S. 206 ff.) erschienene Aufsatz von Erich Burck, Altrom im Kriege, mit dem ich mich in der Fragestellung und mancher Einzelheit berühre.

Fremde eingedrungen ist und in wie kleine, das ganze römische Volk und seine Vorstellungen kaum beeinflussende Schichten. Gewiß hat seit dem 2. Jh. v. Chr. die griechische Philosophie, vor allem die stoische Ethik und ihr Tugendideal, in Rom ihre Einbürgerung erfahren, aber die griechische ἀρετή hat die römische *virtus* kaum und in den weiten Kreisen des römischen Volkes gar·nicht zu verwandeln vermocht. [. . .]

Dies bäuerliche Ideal des römischen Mannes, wie auch das der römischen Frau, stellt nüchternem bäuerlichen Denken gemäß immer den reifen gesetzten Mann dar, immer die gute würdige Hausfrau. Der heroische Jüngling, der mutige stürmende Held, das schöne begeisternde Mädchen mit allen Reizen und Lockungen — solche Ideale bedeuten dem Römer nichts: die Erfüllung menschlichen Seins liegt für ihn nicht im Jüngling, im erblühenden Mädchen. Es sind Wertsetzungen einer bäuerlichen Gesellschaft: der gute Hausherr, der *pater familias*, der pflichtbewußte Soldat, die rechte Hausfrau. Alles Gewaltige, jede Schranke des Normalen Durchbrechende, alles Geniale, Übermenschliche liegt dem Ideal des römischen Mannes fern: es ist die tägliche, pflichtbewußte Bewährung in einem engen Kreis menschlichen Denkens und Wirkens, die man verlangt, auch als die ganze Welt Rom zu Füßen lag. Alles Eigenschaften, die etwas Nüchternes, Hartes, Tüchtiges, Zähes und Strenges, Maßvolles, Energisches, auch vorsichtig Berechnendes und Erwägendes bedeuten; nichts Unerreichbares, das uns innerlich ergriffe oder überraschend beglückte und mitrisse, nichts Unergründliches, vom Enthusiasmus Getragenes.

[. . .]

Während die römische Sprache keinen Ausdruck kennt, der das vollendete Wesen der Frau mit einem Wort bezeichnete — ein Wort hierfür war bei der vergleichsweise geringen Bedeutung der Frau in einem so typischen Volk der Männer, wie es das römische war, auch nicht so wichtig —, so hat sie für die erste und höchste Tugend des Mannes das Wort *virtus*. Es ist ein sehr altes Wort der lateinischen Sprache, gebildet wie nur noch drei andere: *iuventus, senectus, servitus*. Und wie diese drei analogen Wortbildungen einen Zustand bezeichnen, den Zustand des *iuvenis, senex, servus*, also „Jüngling sein", „Greis sein", „Sklave sein", so könnte man erwarten, *virtus* würde „Mann sein" bedeuten. Aber diese rein neutrale Bedeutung ist uns nirgends faßbar; nicht verwunderlich, so will mir scheinen, wenn man diese Tatsache auch für sonderbar erklärt hat. Denn *vir* heißt auch nicht einfach „Mann", um eine Altersstufe anzugeben, wie *senex* oder *iuvenis,* sondern *vir* heißt „Mann" im Gegensatz zu „Frau", und zwar gern in der prägnanten Bedeutung des „wahren, rechten Mannes". Und so hat *virtus* von Anfang an immer diese Wertung ausgedrückt: „ein rechter Mann sein", mit anderen Worten „männliche Tüchtigkeit, Mannhaftigkeit". Dies Wort erfaßt also das Wesen der höchsten Vollendung des Mannes. Es ist kein Begriff der Sittlichkeit im allumfassenden Sinne wie das griechische ἀρετή, die sittliche Vollendung des Menschen drückt *virtus* nicht aus. Für diese hat das römische Denken keinen eigenen Begriff, die römische Sprache kein Wort geprägt, es ist vielmehr die Bezeichnung einer Einzeltugend. *Virtus* gleichbedeutend mit ἀρετή ist erst ein spätes Übersetzungslehnwort, das dem Einwirken der griechischen philosophischen Ethik zu verdanken ist und ist als solches ein griechisch bestimmtes Ideal, wie auch *humanitas.* Das „Menschsein" im Sinne des „wahren eigentlichen Menschseins" ist etwas ganz Unrömisches. Der Begriff der Sittlichkeit überhaupt fehlt dem Römer ebenso wie die Forderung reiner Menschlichkeit. Sein Ideal des vollkommenen Menschen ist das des vollkommenen Mannes, das des vollkommenen römischen Mannes. Und daß *virtus* einmal den weiten Sinn griechicher ἀρετή vertreten konnte, beweist allein, daß es die Haupttugend des Römers war, in der man am ehesten noch den Begriff des Sittlichen schlechthin wiedergegeben sehen konnte. So gibt es im altrömischen Sprachgebrauch auch nicht den Plural *virtutes* im Sinne von ἀρεταί gleich „Tugenden"; *virtutes* römisch verstanden sind vielmehr immer Äußerungen, Taten der *virtus*: Mannestaten, Bewährungen des wahren Mannseins.

Wenden wir uns der Frage nach dem wesentlichen Gehalte römischer Mannhaftigkeit zu, wird es gut sein, zunächst abzugrenzen und auszusondern, was man vielleicht durch die Beispiele griechischer ἀρετή oder auch germanischer Tapferkeit verlockt in römischer *virtus* ebenfalls erwarten könnte.

Das Ideal römischer *virtus* ist nie wie das der hellenischen ἀρετή ein Standesideal gewesen, *virtus* hat nichts zu tun mit vornehmer

Geburt und Reichtum, mit Rittertum und Adel. Adelsethik — das kennt das römische Volk nicht. Die *virtus* ist vielmehr etwas, was von vornherein dem römischen Volk als ganzem, allen römischen Männern, zukommt, eine Eigenschaft, die man ebenso vom einfachen Soldaten und Bürger erwartet, wie vom berühmten Feldherrn und Magistrat. Der Kreis und die Stärke und der Erfolg, mit dem sie der einzelne beweisen kann, ist je nach seinem *ingenium* und seiner Stellung verschieden, und das zieht gewisse Folgerungen der Wertung nach sich, aber zu zeigen hat sie jeder nach seinen Kräften, und so ist es immer gewesen. Die *virtus* verbindet alle, ist aller individuellen Besonderheit und Eigenwilligkeit entkleidet; Mann für Mann, die ganze Gemeinschaft, sind in gleicher Weise ihre Träger. So kommt es, daß zum wahren Mannsein auch nicht die äußere Pracht der Erscheinung gehört, der Glanz der schönen Gestalt, die starken Fäuste, der gewaltige Körper, Schönheit und Größe, die ja immer nur den Einzelnen auszeichnen können. Das Heroisch-Jugendliche des καλός τε μέγας τε des homerischen Einzelhelden wie das des Schönen und Guten, des καλός κἀγαθός, ist ihm in gleicher Weise etwas Unbekanntes. Das in unseren Augen Heroische läßt also das römische Ideal im Gegensatz zum Griechentum und der germanischen Welt vermissen. Es gilt die Bewährung des Mannes, nicht der Heroismus des Jünglings in all seiner Schönheit und Begeisterungsfülle. Auch ermangelt der *virtus* der Zug des Schlauen, des Listen- und Plänereichen, wie es das griechische Epos in der Person des πολυμῆτις Ὀδυσσεύς verherrlicht hat; auch das ist ja etwas dem einzelnen Individuum Eigenes. Einem Loki oder Hagen hätte römisches Empfinden in vielen Stücken das rechte Mannsein abgesprochen: Schlauheit und List, *calliditas* und *dolus*, liegen ihm viel zu nahe dem Bereich der *perfidia*, der Treulosigkeit; und gerade deren Fehlen hat der Römer für sich in Anspruch genommen, ebenso wie er *perfidia* all seinen Feinden unterschiedslos vorwarf. [. . .]

Als kriegerische *virtus* kommt der Begriff dem der „Tapferkeit", *fortitudo*, der soldatischen Bewährung, sehr nahe. Aber was heißt römische Tapferkeit? Ganz etwas anderes als griechisches oder germanisches Heldentum im Kriege, ganz etwas anderes, als man sich gemeinhin unter dem Begriff der Tapferkeit vorzustellen pflegt. Es ist schon so, wie man es ähnlich bereits ausgesprochen hat, daß das am meisten militärische Volk der alten Welt im wirklichen Sinne kriegerisch gar nicht gewesen ist. Der Kampf gegen den Feind der *res publica* ist nicht das Element, in dem sich der Römer wohl fühlte, das ihm die Befriedigung seines Kraftgefühls und Mutes brächte. Draufgängerischer Mut und unternehmende Kühnheit des einzelnen Kämpfers, jugendliches Vorwärtsstürmen — alles, was den Charakter des nordischen Helden bestimmt, ist römischem Wollen unbekannt. Er verschmäht den *impetus*, die ὁρμή des einzelnen, auf sich gestellten stürmenden Angreifers, den Ungestüm, den römische und griechische Beurteiler gerade als das Spezifikum und das Überwältigende germanischer Tapferkeit hinstellten [1], ebenso kennt er nicht die Lust und die Fülle des Lebens, wie sie Achilles im Kampfe findet. Das Individuum tritt gar nicht so sehr hervor vor der geschlossenen Gemeinschaft der aneinander gebundenen, wie ein Mann stehenden Macht des gesamten Aufgebotes. Und dies nimmt den Kampf auf sich als ihm auferlegte Pflicht, die eben zu leisten ist im Dienste an der *res publica*; ohne Überschwang, wie der reife bäuerliche Mann sein gefährdetes Hab und Gut verteidigt, leidenschaftslos, ernst, ruhig und verantwortungsbewußt. Will man einen homerischen Helden vergleichen, dann allein Hektor, der auch ohne jede Selbstherrlichkeit der Notwendigkeit folgt, für eine Gemeinschaft einzustehen, ἀμυνόμενος περὶ πάτρης, als Verteidiger der Heimat. Dieser Einsatz für die Gemeinschaft des Volkes wird weiter niemals motiviert durch die Liebe zu Heimat und Herd; jegliches Gefühlsmoment, jegliche Phantasie fehlt dieser kriegerischen *virtus*. So erklärt es sich wohl auch, daß es in Rom eine bodenständige Kriegspoesie nicht gegeben hat. Was sie zeigt, ist allein der Charakter: Das Aufsichnehmen und Ertragen der dem Mann unausweichlichen Aufgaben. Das ist klare und unerbittliche, bittere Einsicht. Wir verstehen nun, daß die kriegerische *virtus* bei den römischen Schriftstellern ungewöhnlich häufig mit dem Begriff des *labor*, der mühevollen Arbeit, verbunden wird: ein *durus labor*, „harte Mühe", ist etwa für den Dichter Ennius der Krieg [2]. Erzählen die Bücher der Römer von großen kriegerischen Taten der Legionen oder auch des

---

[1] Tacitus, Ann. II 14, 14; Germ. 5; Josephus, Archäol. 19, 15
[2] Ennius, Ann. 345 Vahlen².

einzelnen Kämpfers — und ihre Werke sind voll davon —, so sind es so gut wie nie kühne Wagnisse, sondern Taten bewußten Opfermutes, Taten der Rettung und Verteidigung. Hierin sehen sie die große Leistung des Krieges, ganz wie in der friedlichen Bewährung der *virtus* des Redners das von der Gemeinschaft wirklich Geachtete die Verteidigung des Klienten ist, nicht die Anklage, der Angriff des Gegners. Man hat diesen konservativen, auf die Sicherung und Erhaltung des Bestandes bedachten, nicht vorwärtseilenden und erobernden Geist des Römertums gerade in den letzten Jahren in der großen Politik Roms in seinen auswärtigen Kriegen sehr schön aufgewiesen. Er erscheint ebenso im Kleinen, in den einzelnen Zusammenstößen mit dem Gegner in der Schlacht. Caesar, um gerade den als Beispiel zu nennen, der als Feldherr besser als ein reiner Historiker den Geist der Soldaten kannte und von ihm erzählen konnte, spricht gern und oft von der Tapferkeit einzelner Centurionen oder Soldaten: Nie sind es Beispiele unternehmenden Mutes des für sich handelnden Einzelnen, sondern immer Bewährungen in schwerer Stunde, wo sich der Einzelne ohne jede Illusion und Begeisterung, ja schweren Herzens dem Ganzen aufopfert.

Ein Beispiel allein aus den schweren Kämpfen im siebenten Jahre des gallischen Krieges [3]. Der Centurio Marcus Petronius steht mit seiner Manipel dem Feind gegenüber in verzweifelter Lage, so daß ihm der unmittelbar drohende Untergang seiner ganzen Abteilung zur erschreckenden Gewißheit wird, es sei denn, daß sich einer, um den anderen Raum und Zeit zu verschaffen, um zu entkommen, der Gesamtheit opfert. Da tut er es selbst mit den Worten:

quoniam me una vobiscum servare non possum, vestrae quidem certe vitae prospiciam, quos cupiditate gloriae adductus in periculum deduxi: vos data facultate vobis consulite!

Da ich mich zugleich mit euch nicht erretten kann, will ich wenigstens für euer Leben sorgen. Ich habe euch, um Kampfesruhm zu erlangen, in die Gefahr geführt. Jetzt will ich euch die Möglichkeit schaffen, zu entkommen. Rettet euch!

Er opfert sich für seine Abteilung, und das schönste Lob, das ihm

---

[3] Caesar, Bell. Gall. VII 50, 4 ff.

Caesar am Ende des Berichtes spenden kann, ist: *pugnans concidit ac suis saluti fuit*, „durch seinen Tod in der Schlacht rettete er die Seinen".

„Kühnheit", *audacia*, ist überhaupt nicht ohne weiteres ein Vorzug, ebensowenig wie Langsamkeit, Bedächtigkeit und Zögern ein Fehler des Kriegers ist. Ja die *virtus* eines der größten Männer des Punischen Krieges, des Fabius Maximus, bewies sich gerade im Zaudern: *unus homo nobis cunctando restituit rem*, „ein Mann hat uns das Gemeinwesen wiederhergestellt durch sein Zaudern" [4]. „Vorsicht", *prudentia*, ist ein gut Teil kriegerischer *virtus*, „Zähigkeit", *perseverantia*, „Standhaftigkeit", *constantia*, „ernste Bedachtsamkeit", *gravitas*, „Fleiß und Eifer", *industria*, „Zucht", *disciplina*, „Selbstbeherrschung", *continentia*, „waches Achtgeben", *vigilantia*. *Virtus vigilantia labor* als typisch römische Eigenschaften, die den Griechen gänzlich abgingen, stellt Sallust einmal nebeneinander [5]. Das Adjektivum, das dem Träger der *virtus* zusteht, ist auch nicht *fortis*, sondern *strenuus*, „der Eifrige, rastlos Tätige". Es ist bei dieser Lage der Dinge wohl zu begreifen, daß das Gegenteil so verstandener Tapferkeit nicht eigentlich Feigheit ist im Sinne von mangelndem Mut, sondern alles, was Nichtstun und Trägheit bedeutet: *ignavia* ist nicht „Feigheit", wie wir es verstehen, sondern wie *inertia* „Schlaffheit" und Energielosigkeit, *desidia* gehört dahin, das müßige „Sichversitzen", das niemandem Nutzen bringt, *stupor* und *torpedo*, „Stumpfheit", *socordia*, das Fehlen verantwortungsbewußter Sorge.

Wer die Tugenden des pflichttreuen Kämpfers im Dienste der Volksgemeinschaft erfüllt, ist für den Römer nun auch nicht Held, der menschlicher Sphäre fast entrückt ist. Das Wort „Held" — und das ist nach dem, was ich ausführte, nur natürlich — fehlt der lateinischen Sprache — sie kennt den Begriff nur als griechisches Fremdwort—, sondern schlicht nennt man den Mann, der die *virtus* zeigt, einen *vir bonus*; er ist der Repräsentant des römischen Mannesideals und zu ihm gehört es, wie der alte Cato sagt, ein *miles strenuissimus* zu sein, ein *vir fortissimus* und *pius*, ein „eifriger Soldat", ein

---

[4] Ennius, Ann. 370 Vahlen².
[5] Sallust, Ad Caes. II 9, 3.

„wackerer und frommer Mann" [6]. Und diese Anerkennung erfährt der Römer nicht durch die Stimme seines Inneren, er kann sich nicht selbst wie der griechische Weise durch das Bewußtsein seiner Vollendung den Besitz der *virtus* zuerkennen; nicht seines individuellen Glückes, seiner eigenen εὐδαιμονία wegen handelt er, solch griechisches Ziel vermag römische *virtus* nicht zu erlangen. Bestätigung, Anerkennung braucht die *virtus*, die ja eine Eigenschaft der Gemeinschaft ist und allein in deren Dienste steht, um gültig zu sein, und diese Anerkennung erfährt sie durch das Urteil der Öffentlichkeit, der Gemeinschaft, deren Glied der einzelne ist. Der großen Handlung im Dienste des Volkes zollt dieses als Dank Ehre und Ruhm, *honos* und *gloria*, die der *virtus* auf dem Fuße folgen und unlösbar dem echten römischen Manne anhaften, so daß eins das andere bedingt. *Honos*, das ist „Ehre" sowohl wie „Stellung"; „Stellung, Amt" aber wieder in der Erfüllung der Pflicht. *Gloria*, „Ruhm", der nicht auf einer bestimmten Stellung beruht. Nun, das kann nach allem kein Ruhm sein, der sich wie die hellenistische δόξα an das Individuum und seine die anderen überragende Größe haftet. *Gloria* hebt nicht den einzelnen aus der Masse, der einzelne ist nur der Vertreter des Ruhmes des gemeinsamen Wesens. In *gloria* liegt die Anerkennung der Leistung für die *res publica*, und so ernten *gloria* auch nur Taten der *virtus*, d. h. Taten im Dienste am Ganzen von Volk und Vaterland.

Dieser ganz alterozentrische und verteidigende, nicht aggressive Sinn der *virtus* tritt in schöner Deutlichkeit zutage in den letzten Versen eines berühmten Fragmentes aus den ›Satiren‹ des Zeitgenossen und Freundes des jüngeren Scipio, Lucilius. Es heißt:

> *virtus id dare quod re ipsa debetur honori,*
> *hostem esse atque inimicum hominum morumque malorum*
> *contra defensorem hominum morumque bonorum,*
> *hos magni facere, his bene velle, his vivere amicum,*
> *commoda praeterea patriai prima putare,*
> *deinde parentum, tertia iam postremaque nostra.*

Virtus heißt es, dem Ehre und Stellung zu geben, das es der Sache
[nach verdient,

---

[6] Cato, De agric. pr. 2 ff.

> Feind und Gegner zu sein schlechter Menschen und Sitten,
> dagegen Schützer guter Menschen und Sitten,
> sie hoch zu schätzen, ihnen wohlzuwollen, ihnen ein dauernder
> [Freund zu sein,
> außerdem den Vorteil des Vaterlandes fürs höchste zu achten,
> dann den der Eltern, zu dritt erst und zuletzt den eigenen [7].

Wer das Vaterland an die erste Stelle setzt, dann die Familie, an dritte, letzte sich selbst und danach handelt, der allein kann ein *vir bonus* sein.

Jedoch ein wahrer römischer Mann wäre noch nicht, wer im Krieg und Frieden, im Haus und Gemeinwesen allein seine *virtus* bewiese. Der *vir bonus*, so schreibt Cato, ist nicht nur ein *miles strenuus*, er ist auch ein *vir pius*. Neben die *virtus* fast gleichgewichtig, ja in den Augen manches Römers sie noch weit an Wert und Notwendigkeit überragend, tritt der ganz eigentümlich römische Begriff der *pietas*. Liegt das Wirkungsfeld der virtus nicht im Bereich einer geistigen Haltung, einer Gesinnung, so könnte man wohl erwarten, daß *pietas* — „Frömmigkeit", wie wir gewöhnlich übersetzen — unseren Vorstellungen gemäß sich nicht so sehr im Handeln äußerte als in der Gesinnung und im Fühlen. Aber man würde so an der eigentlichen Bedeutung römischer *pietas* vorbeigehen: *pietas* erfüllt sich nicht anders als *virtus* im Handeln und nur im Handeln. Auch ihr fehlt die Betonung des Gefühls: Liebe zu Gott erfüllt nicht die römische Religiosität. Liegt der Bereich der *virtus* im Einsatz für Haus und Gemeinwesen, so ist der der *pietas* gleichzeitig weiter und enger: im gedanklichen Gehalt dieses Wertes liegt die Verbindung von Sittlichkeit und Religion, eine Verbindung, durch die der römische Mann erst wirklich zum wahren römischen Manne wird. Denn *pietas* drückt sich aus sowohl im Handeln dessen, der alle Verpflichtungen gegen die Götter treu und rechtzeitig erfüllt, wie dessen, der die gleiche Ehrerbietung seinen Eltern und Angehörigen erweist. *Virtus* verlangt die Tat der Notwendigkeit, der Verteidigung, *pietas* die der Unterordnung und Achtung. Es ist reizvoll, in der Geschichte großer Römer zu verfolgen, wie stark sie selbst ihr poli-

---

[7] Lucilius 1333 ff. Marx.

tisches Handeln auf die Befolgung der *pietas* gegen Eltern und Ahnen zurückführten. Caesar etwa, der in vielem so weit römischen Anschauungen entfremdet war, hat vom Beginn seiner Laufbahn an immer wieder die entscheidende Wichtigkeit der *pietas* gegen seine Familie als Triebkraft seines Handelns betont, die Rücksicht auf seine *gens*, seine Eltern, seinen Oheim Marius, ja seinen Schwiegervater. Oder man denke an Q. Caecilius Metellus, der sich für seinen Vater, der im Jahre 100 in die Verbannung geschickt worden war, einsetzte, seine Rückberufung erreichte und nun von der Gemeinschaft seiner Mitbürger den Beinamen Pius erhielt; an die Söhne des großen Pompeius, Cnäus und Sextus, die unter der Parole der *pietas* ihren verzweifelten Kampf für den erschlagenen Vater weiterführten [8].

Einen inneren Drang, eine Zuneigung, über die man nicht reflektiert, darf man dabei ebensowenig suchen wie Enthusiasmus und *impetus* bei den Taten der *virtus*. *Pietas* ist eine Verpflichtung, der sich der *vir bonus* unterzieht, wie der Arbeit für Haus und Vaterland. In beiden Tugenden herrscht der gleiche römische Realismus, aber doch nicht abstrakte Kälte und juristischer Formalismus, wie man leicht annehmen könnte und wie man das auch behauptet hat. Es ist das gleiche Wort, das das Verhältnis des Sohnes zu den Eltern bezeichnet wie das Verhältnis des Römers zur Gottheit, und das bedeutet: der *pater familias* ist im Hause des Römers das gleiche wie die schirmende Gottheit in der *res publica Romana*. Ehrfurcht und Sichbeugen unter die Autorität des Übergeordneten, dessen Wissen und Würde man sich fügt, das ist der Grundpfeiler, auf dem der Staat und die Familie aufbaut, denn sie ist, wie Cicero sagt, das *seminarium rei publicae* [9], die Pflanzschule des Gemeinwesens, nicht anders auch die Religion.

Als Virgil in den ersten, von hohem Ziel und dem Gefühl neuer Kraft und Größe getragenen Jahren des Augusteischen Prinzipates sein Epos von der Verkündung der Macht der Sittlichkeit und Herrschaft des römischen Volkes dichtete, ein Epos, in dem die Zeitge-

---

[8] S. Theodor Ulrich, Pietas als politischer Begriff (Histor. Untersuchungen Heft 6), Breslau 1930, S. 11 f.
[9] Cicero, De off. I 54.

nosssen in dem *exemplum* ihres Ahnen die alten römischen Mannes-
tugenden bildhaft und nachahmenswert ausgeprägt sehen sollten,
da ist Aeneas, der reife, vom Schicksal gepeinigte und erprobte
Mann, in seiner Entwicklung zum Idealbild des römischen Mannes,
zu dem er im Verlaufe des Epos allmählich wird, wohl auch der
Bewährer höchster *virtus*. Das einzige Mal im ganzen Gedicht, daß
er überhaupt mit seinem Sohne Ascanius spricht, stellt er sich ihm
mahnend als *exemplum* der *virtus* hin, sich und Hektor, wie Virgil
sehr fein auch in diesem ein gut Stück römischer *virtus* sieht. Er tut
das in den Abschiedsworten im XII. Buch der ›Aeneis‹(435):

> *Disce puer virtutem ex me verumque laborem,*
> *fortunam ex aliis . . .*
>   *. . . te animo repetentem exempla tuorum*
> *et pater Aeneas et avunculus excitet Hector.*

> Lerne, Sohn, die virtus von mir und wirkliche Arbeit,
> *Glück* von anderen . . .
>   . . . ruft sich dein Inneres zurück das Beispiel
>   [der Deinen,
>   dann sei ein Ansporn dir dein Vater Aeneas und Hektor.

Und doch ist der opferbereite mannhafte Sinn nicht das, was
Aeneas in erster Linie auszeichnet. Virgil hat es wohl bedacht, daß
seine Zeit es viel nötiger hatte, von einem Mann als Ideal römischen
Mannestums zu hören, der in noch höherem Maße ein Römer alter
pietas war. Beispiele von *virtus*, von Tapferkeit vor dem Feinde,
hatten die Römer seiner Zeit wohl noch in den schrecklichen Kämpfen der untergehenden Republik sehen und bewundern können, Beispiele der *pietas* kaum: das Familienleben war zerrüttet, die
fromme Verehrung der Götter vergessen: das sollte wiederkehren.
Und so ist diese Seite des Charakters des Aeneas, die Religion und
Sittlichkeit vereint, vom Dichter vor allem und immer wieder ein-
prägsam herausgestellt worden: Sein Held ist der *pius* Aeneas, der
insignis pietate vir, der Mann, ausgezeichnet durch seine Frömmigkeit, der das römische Mannesideal im wesentlichsten erfüllt durch
sein geduldiges Sichfügen in den Willen der Gottheit, durch seine
Unterordnung unter das fatum, aber auch durch seine Verehrung
und Sorge für den alten Vater. Es ist das schönste Bild römischer

pietas, das sich uns aus der ganzen Aeneasgeschichte wohl am lebhaftesten eingeprägt hat, wie der Held aus den Trümmern der brennenden Heimatstadt, von den Göttern geheißen und geführt, den alten lahmen Vater auf seinen Schultern durch die nächtlichen vom Feinde erfüllten Gassen rettet, an der Rechten Ascanius, den kleinen Sohn.

Als der Dichter in Aeneas, dem Urvater und Gründer des römischen Volkes, das römische Mannesideal verwirklicht zeigte, lag es ihm fern, damit allein in romantischer Rückschau etwas Gewesenes zu beleuchten. Aeneas war ihm nicht nur ideell der erste Römer und der erste wahre Römer zugleich, sondern nicht minder das Spiegelbild seines großen Enkels, des Kaisers Augustus. Und es ist bedeutsam, wie Virgil im Gründer und im Vollender des römischen Volkes und Reiches, die beide durch lange Jahrhunderte voneinander getrennt sind, die gleichen Werte für die entscheidenden halten konnte. Virgil, der feine Kenner der menschlichen Seele, spürte in Augustus das Walten des zeitlos Gültigen römischen Mannestums und er wußte, daß nur ein solcher Mann, der alles Große seines Volkstums in sich trug, sein Regenerator, sein Befreier von egozentrischer Gier nach Besitz und Genuß, *avaritia* und *luxuries*, werden konnte, ein Mann altrömischer *virtus* und altrömischer *pietas*.

[. . .]

Euphorion 50 (1956), S. 103—112 (Auszug S. 108—111).

VERGILS ›AENEIS‹ *

Von ULRICH KNOCHE

[. . .]

Der ›Aeneis‹ widmet Perret das umfangreichste Kapitel (S. 86 bis 145) [1]. Er betrachtet das Werk unter mehreren Gesichtspunkten, die weiterführen; vor allem betont er den Symbolcharakter der Dichtung, den R. Heinze erkannt hatte [2]. Es sei erlaubt, das Referat mit einigen eigenen Anregungen zu verbinden.

Die ›Aeneis‹ ist zunächst ein mythologisches Heldengedicht; denn ihr Gegenstand sind die Erlebnisse des Aeneas. Sie ist aber nicht nur dies; denn durch die epische Erzählung scheint oft etwas anderes durch: die römische Geschichte. Das ist kein bloßer Zierat, sondern es gehört das zum innersten Plan der ›Aeneis‹: was Aeneas widerfährt, sind keine zufälligen Abenteuer, sondern alles ist, hemmend oder fördernd auf ein Ziel gerichtet, auf die Gründungsaufgabe des Helden, auf das Ziel: Rom. Der Mythos dient also geschichtlicher Deutung; er wird aufgefaßt als Ursprung und Ursache, als bestimmender Keim, aus dem die römische Geschichte, und nur sie, erwachsen ist [3]. Die Todfeindschaft zwischen Rom und Karthago, die leidvolle Integration Italiens durch Rom: dies und vieles andere

---

* [Besprechung von:] Jacques Perret, Virgile. L'homme et l'œuvre. Paris: Boivin 1952, 190 S. [Überschrift vom Herausgeber.]

[1] Von vornehrein sei auf die Besprechung des Buches durch K. Büchner in: Gnomon 25 (1953), S. 98—100, verwiesen.

[2] Wie tief die Symbolik in Vergils Werken geht, hat sich seither immer deutlicher erschlossen. Dabei ist Symbolik von Allegorie scharf zu unterscheiden: ich glaube z. B. — trotz Pöschl und Perret — nicht, daß mit Dido Kleopatra oder mit dem mißhandelten Schiff des Aeneas (Aen. I) das römische Staatsschiff gemeint sei. Man halte nur die echte Allegorie Horaz, Carm. I 14 daneben!

[3] Dies ist eine von den vielen Erkenntnissen F. Klingners: Röm. Geisteswelt, Wiesbaden 1952, S. 155—176.

mehr sieht Vergil im Mythischen angelegt. So wäre die ›Aeneis‹ ein mythologisch-geschichtliches Epos, ganz anders als Homers Gedichte, und ebenfalls ganz anders als die ›Annales‹ des Ennius. Der Mythos wird bei Vergil ein großes Symbol der römischen Geschichte. Die Erfüllung der römischen Geschichte hat Vergil in seiner Gegenwart gesehen, in der Friedensordnung des Augustus; und so findet als drittes auch die Gegenwart Eingang in die ›Aeneis‹: ein schicksalhafter Weg führt von Trojas Trümmerstätte zu Actium. — Dann wäre also die ›Aeneis‹ ein patriotisches Heldengedicht im mythologischen Gewand? Sie ist wohl mehr. Denn in der Augusteischen Friedensordnung sieht Vergil den Widerschein des Friedens und der Ordnung, die zugleich unter den Göttern eingezogen sind: auch dort herrscht ja keineswegs immer eitel Eintracht und Freude. Ihren Friedensschluß, der sich unter ganz sollennen Formen vollzieht, berichtet das XII. Buch: menschliche und sittliche Ordnung sind schließlich nach langem Zwiespalt wieder im Einklang miteinander. Die Schwierigkeit und auch die Schönheit der ›Aeneis‹ hat ihren Grund nicht zuletzt darin, daß der Interpret alle diese vier Gesichtspunkte stets zugleich gegenwärtig haben muß; er muß den Sinn für Polyphonie haben.

Diesen vier Gedanken: Mythos, Geschichte, Gegenwart, überzeitliche Ordnung, scheinen verschiedene Tiefenschichten zu entsprechen. Das Gedicht heißt nach Aeneas; dies ist der Held, der ganz im Mittelpunkt steht (Perret S. 133—140). Er ist der Sohn eines Sterblichen, des Anchises, und seiner Göttin, der Venus. Er ist Hektors Gefährte: in ihm wird die mythologische Welt gegenwärtig. Sie ist die augenfälligste. In ihr erlebt Aeneas Trojas Untergang, seine Irrungen, das Abenteuer in Karthago, die Kämpfe in Latium. Aber Aeneas ist nicht ein Held wie Achill, Odysseus oder Herakles — obwohl er mancherlei Züge mit ihnen allen gemeinsam hat —, er ist auch kein Held wie Siegfried oder Hagen, wie Moses oder David. Er ist *insignis pietate et armis*, der *pius Aeneas*, der *pater Aeneas*, der *magnanimus*, der *rex*, der *dux Trojanus*. Also gewiß ein Heros besonderer Art. Von seiner Gestalt hat Vergil alles Beiwerk ferngehalten; alles an ihm ist von Bedeutung. Er ist ein Heros im Sinne Augusteischer Monumentalität, ein Einsamer, frei von allem Individuell-Gewöhnlichen. — Sein Bild ist in Italien spätestens seit dem frühen 5. Jh. v. Chr. bekannt [4]: ein Mann im Kriegergewand, der den alten Vater auf den Schultern trägt und der das Söhnchen an der Hand führt. Dies Bild verwandelt Vergil ins Symbol. Aeneas ist ein Mann, kein Greis, kein Jüngling. Er trägt den Vater, und dieser die geheimnisvolle *cista* mit den heimischen Staatspenaten. Er rettet keine Reichtümer, keine Insignien, sondern nur das, was von der Tradition, von der Vergangenheit, wirklich ehrfürchtig und bewahrenswert erscheint: den Vater und die Götter, d. h. die Gesittung. Der Sohn, Ascanius-Julus, stellt die Zukunft dar: ihr ist Aeneas genauso verantwortlich wie der Tradition. Rettung und Bereitung muß der Mann besorgen: er ist die wirkende Gegenwart.

— Schon dies mag zeigen, daß bei Vergil ein ganz anderer Aspekt vorliegt als im Homerischen Epos, das in gegenständlichem Bericht dem „Ruhm der Helden" dienen will, durch die „Bezauberung", die der Dichter erwirkt [5]. Von Homer ist Vergil durch eine ganze Welt geschieden. Sein Held ist ein Mann, der zwischen der Vergangenheit und der Zukunft steht mit einem geschichtlichen Auftrag. Diesen Auftrag läßt Vergil ihn wissen, im einzelnen immer genauer erkennen und immer tiefer bejahen: er richtet sich ein auf die Erfüllung seiner geschichtlichen Mission, ohne noch Kompromisse zu schließen. Solche Härte gehört auch zu seiner Gestalt. Er entschließt sich zum *Amor Fati*, und Perret bezeichnet ihn daraufhin als « un héros religieux » (S. 136).

Wie man's nimmt: — Aeneas ist der *pius Aeneas*, er ist der *pater Aeneas*. Beides bezeichnet zunächst nur den Bereich der Familie. Vergil erhebt das zu größerer Bedeutung: im besonderen Sinn ist Aeneas *pius*, weil er seinen Auftrag bejaht. In diesem besonderen Verstande ist es gerade der *pius Aeneas,* der Dido verläßt (IV 393), der einen Gegner mit schlimmer Spottrede zum Hades schickt (X 591). Er ist *pater*, natürlich als Vater des Ascanius, aber im besonderen Sinn auch als *Romanae stirpis origo* (XII 166): und in dieser Eigenschaft erzählt er z. B. Dido den Untergang Trojas (II 2). So

---

[4] Mit gewohnter Sachkenntnis und Gründlichkeit hat das jetzt Fr. Bömer behandelt: Rom und Troja, Baden-Baden 1951.

[5] Schönstes Zeugnis für diese Bezauberung: der Anfang des XIII. Buches der ›Odyssee‹.

kann ihn Juppiter selber als *magnanimus* vorstellen (I 260), obwohl gerade vorher Aeneas in seiner Verzweiflung gezeigt war (I 92 ff.); und Juppiter müssen wir es wohl glauben, daß er großherzig und zugleich hochgesonnen ist.

In solcher Weise verknüpft Vergil, wie sich hier nur andeuten läßt, den Mythos mit der Geschichte, bis hin zur geschichtlichen Erfüllung in der Pax Augusta, in der Gestalt des Aeneas: in wohlbedachter Weise erscheint Aeneas sowohl dem Augustus als auch dem Juppiter zugeordnet.

Nun muß man fragen: ist das denn nicht rein-höfische Kunst? Die Verbindung von Rom mit Troja, des Aeneas mit dem Julischen Haus und Augustus? Ein Umweg mag größere Klarheit bringen.

Wenn Vergil ein Römer-Epos schreiben wollte, so wäre es doch eigentlich das Nächstliegende gewesen, daß er nicht den Aeneas, sondern den Romulus-Quirinus in den Mittelpunkt gestellt hätte. Der war doch der Gründer Roms, und er hatte seinen anerkannten Kult in der Hauptstadt; obendrein weiß man, wie leidenschaftlich gerade die Augusteische Zeit um die Romulus-Idee gerungen hat [6].

Gewiß ist auch für Vergil, wie für jeden Menschen seiner Zeit, Romulus der Gründer der Hauptstadt gewesen; aber er hat in ihm auch, wie Horaz, den Mörder des Bruders gesehen, und den Mann, der die Sabinischen Mädchen geraubt hat, *sine lege* (Aen. VIII 635). Wenn man also das Römertum als eine *sittliche* Idee versteht — und das hat Vergil doch getan —, dann eignet sich Romulus gar nicht zum Haupthelden eines Römer-Epos, wohl aber Aeneas. Er ist *insignis pietate et armis*: mit diesen Worten spricht Vergil das aus, was ihm unter Römertum als Idee vorschwebt. Das entspricht ganz dem, was auf dem Ehrenschilde des Augustus stand: *virtutis clementiae iustitiae pietatis causa* [7]. Darum ist Perrets zusammenfassendes

---

[6] Sueton (Aug. 7, 2) berichtet, daß im Verlaufe der Senatsberatungen, die schließlich zur Verleihung des Namens *Augustus* an den Kaiser führten, auch der Beiname eines *Romulus* für ihn erwogen wurde. Mit welcher Macht der Romulus-Gedanke überhaupt den Werdegang der Monarchie in Rom begleitete, hat A. Alföldi mehrmals überzeugend dargetan, bes. in: Mus. Helv. 8 (1951), S. 190 ff. und ebd. 11 (1954), S. 134 ff.

[7] Monumentum Ancyranum 34, 19 f. (Volkmann).

Urteil über die Aeneasgestalt (S. 134) nur zum Teil richtig; denn es erfaßt die näheren Bestimmungen nicht genau, auf die es ankommt. Es soll in Aeneas ein Ideal des römischen Helden Gestalt gewinnen, der ein führender Mensch ist, der einen geschichtlichen Auftrag zu erfüllen hat, im Dienst einer sittlichen Ordnung, und der solchen Auftrag erfüllen will. Die Parallele Aeneas — Augustus drängt sich natürlich auf; aber wenn Perret sagt, Aeneas solle Augustus darstellen, so vereinfacht er die Sache allzusehr. Aeneas ist keine allegorische, sondern eine symbolische Gestalt.

Über den Abenteuern des Aeneas steht das Fatum. Durch das Fatum ist die Schicksalslinie festgelegt. Allerdings läßt das römische Fatum, wie man weiß, der menschlichen Initiative sehr viel Spielraum; Amor Fati besteht nicht darin, daß der Mensch versonnen warte, bis der Himmel helfe; der Amor Fati ist nichts wert ohne Klugheit und Tatkraft. In die Schicksalslinie hinein wirken auch die Götter. Sie geben dem Interpreten besonders schöne, schwierige Rätsel auf. Der sog. Götterapparat ist zunächst ein episches Requisit; aber Vergil treibt damit nicht sein Spiel, denn er ist ein frommer Mensch. Perret faßt ihn auf als Polytheisten (S. 128—133); und das stimmt mindestens im Sinne der theologia civilis; aber der Gedanke erfordert eine viel schärfere Bestimmung. Unter den Göttern gibt es genaue Rangabstufungen: über den Winddämonen steht Aeolus, über Aeolus stehn die großen Götter, und über allen großen Göttern steht Juppiter, nicht als primus inter pares, sondern abgesondert für sich, ganz einsam in eigener, unvergleichlicher Machtfülle. Juppiter schafft das Schicksal, durch sein Wort, das er aussprechen, dann aber nie wieder zurücknehmen kann; denn er verbürgt die Weltordnung. Vergils Polytheismus bekommt seinen Sinn also erst durch diese monotheistische Spitze.

In Juppiters Weltordnung wirken nun auch die Götter. Das sind, nach dem lateinischen Sprachgebrauch, die *di immortales*: sie stellen demnach etwas Ewiges dar, das sein muß. Perret interpretiert sie viel zu einseitig von der theologia civilis her (S. 128—133); besser ist es, auch hier verschiedene Gesichtspunkte zugleich zu beachten. Mercurius z. B., der zu Aeneas spricht, ist sowohl der Götterbote des Mythos, als auch der Gott, dem die Menschen im bürgerlichen Leben ihr Gelübde darbringen; außerdem zugleich der Logos, als

den die stoische Philosophie den Hermes ausdeutete, d. h. die Ratio
schlechthin, an welcher der Mensch als Glied einer bevorzugten Gattung der Schöpfung teilhat; und all das faßt der Dichter Vergil im
körperhaften Bilde Merkurs zusammen, der im Auftrag Juppiters
handelt, also im Auftrag der obersten Weltordnung, aber auch selbständig, wie die Vernunft und das Gewissen des geschichtsbewußten,
führenden Menschen. Man tut also gut daran, Vergils Götter möglichst von verschiedenen Seiten her zu verstehn, zugleich von der
mythologischen, bürgerlichen, philosophischen und dichterischen
interpretatio her.

Dann wird auch ein weiterer Tatbestand verständlicher. Es gibt
ja nicht nur gute Götter; auch die Winddämonen und sogar die Furie
Allecto sind Unsterbliche. In Juppiters Ordnung findet also auch
das Schlechte und sogar das Böse seinen legitimen Platz; nur muß
alles am rechten Ort sein und mit Fug regiert. Es muß die Winddämonen geben, als ewige Gewalten, aber unter dem Regiment des
Aeolus, und dies Regiment ist auf einen Pakt mit Juppiter begründet (I 62 *foedere certo*). Aber wie fügen sich nun die großen Götter
ein in Juppiters Weltordnung? Die ›Aeneis‹ beginnt mit dem Groll
der Juno. Sie wirft Aeneas nach Karthago; sie unternimmt es, durch
seine Bindung an Dido die Gründung in Latium zu verhindern; sie
verursacht den Bruderkrieg in Latium, und man hört aus ihrem
Munde die Worte: *flectere si nequeo superos, Acheronta movebo*
(VII 312). — Am Ende des XII. Buches liest man ihre besiegte, un-
besiegte Versöhnung.

Juno also, die große Göttin, tut Böses und sie schafft viel Unord-
nung. Sie folgt ihrem Haß (I 4): wie verträgt sich das mit dem
Bilde einer so großen, ernsten Gottheit, wie Juno es ist? Vergils
Juno ist keineswegs die Hera des griechischen Epos. Vergil deutet
sie viel tiefer. Das Böse, das sie schafft, tut sie aus durchaus edlen,
verständlichen Motiven heraus: einmal handelt sie aus ihrer *fides*
gegenüber der jungen Gründung Karthago; außerdem aus der tiefen
Verletzung des matronalen Prinzips, das sie darstellt, durch die
Trojaner. Wenn anders Juno die Göttin der römischen *matronae* ist,
dann ist es wohl sehr verständlich, daß sie die Beleidigungen als böse
Wunden empfindet, die ihr durch Helena und Ganymed angetan
worden sind. Vergil führt das ja Aen. I 25 ff. aus. Sie ist auch die

Saturnia Juno, die Tochter des Titanen (XII 830). Als solche hat sie einen spröden, herrischen Sinn, der schwer verzeihen kann. Da sie ein so heiliges Prinzip vertritt, wie die Ehe es ist, darf sie ja auch gar nicht leicht verzeihen; sie muß sehr schwer versöhnbar sein. Einen persönlichen Haß gegen Aeneas hegt sie nicht; aber, wenn sie in ihm das *Nomen Trojanum* haßt, wer könnte da ihr gutes Recht bestreiten? Vergil deckt hier, so scheint mir, eine echte Antinomie auf: ein Mann mit einer geschichtlichen Sendung kommt hier in Konflikt mit einem anderen, ewigen sittlichen Gesetz. Konkret zeigt sich das z. B. in der Didotragödie. Dadurch wäre eine weitere Schicht der Interpretation erreicht: an der Oberfäche spielt die mythologische Erzählung. Sie schafft die sinnerfüllten Bilder, die es zu deuten gilt. Die Mythologie gibt zunächst die Deutung der römischen Geschichte an die Hand und das Verständnis ihrer Erfüllung in der Pax Augusta. Wäre das alles, so könnte die ›Aeneis‹ vielleicht unser antiquarisch-historisches Interesse erregen. Aber es leuchtet die zeitlose, sittlich begriffene Idee des Römertums auf: dadurch wird schon unser humanistisches Interesse wach. Und dann weicht die ›Aeneis‹ auch der Frage nicht aus, wie der Mensch, der eines Auftrages gewiß ist, sich durchsetzt in der gegebenen Antinomie ewiger Gegensätzlichkeiten. Erst so läßt sich der Symbolcharakter der ›Aeneis‹ in seinen verschiedenen Tiefendimensionen begreifen.

[. . .]

IV. GERMANISCHE HELDENDICHTUNG

Abhandlungen der Sächsischen Akademie der Wissenschaften. Phil.-hist. Klasse 42, Nr. 5 (1933) (Auszug S. 1—11 = Kap. 1: Die Selbstberühmung und Kap. 2: Beot und gylp).

HELDENSTOLZ UND WÜRDE IM ANGELSÄCHSISCHEN

Von Levin L. Schücking

1. Die Selbstberühmung

Wer die epischen Werke der angelsächsischen Zeit, vornehmlich den ›Beowulf‹ (den der größere Teil der Forscher noch immer in den Anfang des 8. Jh. setzt, während doch viele Gründe dafür sprechen, daß er nicht vor dem Ende des 9. entstanden ist) durchliest, dem fällt in diesen, sonst der Denkart des heutigen Menschen nicht gar so fern stehenden Dichtungen als ein abweichender Zug die Art und Weise auf, in der der Held über sich selbst redet. Fast auf Schritt und Tritt macht sie sich gerade in dem großen angelsächsischen Epos bemerkbar. Als z. B. der Gautenprinz im Dänenlande, das er von der nächtlichen Grendelplage zu befreien gekommen ist, vom Strandwächter Hroðgars, des Dänenkönigs, angehalten und nicht ohne Mißtrauen nach Herkunft und Reiseziel verhört wird, da gibt er eine Antwort, die seinen eigenen Namen nicht, dagegen den seines verstorbenen Vaters mit einem Zusatz verrät, der dessen hohe Berühmtheit preist, und als er dann den Zweck seines Unternehmens andeutet, da klingt für uns etwas Großsprecherisches aus seinem Hinweis, daß, wenn ihm selbst dies Wagnis nicht gelinge, König Hroðgar sich endgültig mit dem Übel werde abfinden müssen. Höflicher, d. h. weniger selbstbewußt, äußert er sich darauf zu dem „Hofherrn" Wulfgar, der ihn bei der ersten Audienz einführt; aber in seiner Ansprache an den Dänenkönig spart er dann wieder mit dem Lob seiner eigenen großen Leistungen, die ihm seiner Meinung nach die besten Aussichten bei dem gegenwärtigen Unternehmen geben, nicht. Viel berühmte Taten, heißt es, habe er schon in seiner Jugend verrichtet, er erzählt dann von dem aufsehenerregenden Kampfe, den er erfolgreich gegen die Nikkern im Meere geführt und als der hämische Unferð zu seiner Unehre von einem Fall wissen will, in dem er beim Wettschwimmen unterlegen sei, da betont er, während er die Zuhörer eines Besseren belehrt, daß im Gegenteil noch niemals — es ist etwas vom Rekordstolz in seinen Worten — ein so schwerer nächtlicher Kampf, wie er ihn geführt, erhört worden sei. Ähnlich schildert er später dem Hygelac das Grendelabenteuer nicht ohne hervorzuheben, daß er seinem Volke große Ehre gemacht habe. Vom gleichen Geiste aber sind die Reden erfüllt, die König Beowulf als alter Mann vor und nach dem Drachenkampfe an seine Leute hält. Der Rückblick auf seine Leistungen gibt ihm Gelegenheit, hervorzuheben, wie er beständig im ersten Gliede gekämpft, dem gefallenen König Hygelac gegenüber getreu seine Pflicht erfüllt und durch die Tötung Dægrefns besonderen Ruhm erworben habe. Als jedoch dann der Kampf mit dem Feuerdrachen zwar für ihn siegreich, aber verhängnisvoll ausgeht, da zieht er in Abschiedsworten an seine Getreuen mit auffallendem Stolz das Fazit seines Lebens. Das Selbstbewußtsein, mit dem er bei dem Gedanken seiner halbhundertjährigen glücklichen Regierung und der Achtung, die ihm die Nachbarkönige erwiesen, verweilt, verläßt ihn nicht einmal bei dem Aufblick zu Gott, vor dessen Richterspruch er sich nicht fürchtet, weil er sich, wie er auseinandersetzt, von jeder schweren Schuld frei weiß. Dieser Befriedigung über das Erreichte paart sich die Genugtuung, für sein Volk gesorgt zu haben: so kann er denn auch verlangen, daß ein würdiger Grabhügel sein Gedächtnis ehre, den in alle Zukunft die Seefahrer, die ihr Weg an ihm vorüberführt, „Beowulfs Berg" nennen sollen. Mit dem stolzen Hinweis auf seine Väter, die Wægmundinge, zu denen er jetzt eingeht, scheidet er aus dem Leben. Was hier nur flüchtig in den auffallendsten Erscheinungsformen angedeutet ist, ließe sich leicht durch zahlreiche weitere Stellen noch des Näheren belegen. Ins Auge springt dabei die Formulierung, d. h. die Selbstcharakterisierung in einer Sprache, die wir von einer andern Figur auf den Helden angewandt, als selbstverständlich empfinden würden, die uns dagegen in seinem eigenen Munde als naives Selbstlob berührt. So spricht er etwa von seinem „großmütigen Sinn" (*þurh rūmne sefan* 277), er hebt hervor, was beinahe kränkend an die Ohren seiner Gastgeber klingen muß, daß Grendel, der Unhold, wohl wisse, daß er freilich die Dänen nicht zu fürchten brauche, aber er, der Gaute, werde jetzt seinem Treiben ein Ende machen (595 ff.), er bezeichnet eine Tat, die er verrichtet, als „heldenhafte Leistung" (636), und wenn er sich auch einmal gedrungen fühlt, zu betonen, daß er sich ihretwegen nicht besonders rühme (586), so strafen ihn doch eigentlich die eigenen Worte Lügen.

Es läge vielleicht nahe, solche Äußerungen zunächst einmal nur als Verwendung eines primitiven Kunstmittels zu deuten, ähnlich wie im frühen Drama — ja noch bei Shakespeare — den Figuren oft zur Aufhellung ihres Charakters ganz naive Äußerungen über sich selbst in den Mund gelegt werden können, die als objektiv richtig gedacht sind und beileibe nicht den Sprecher mit dem Odium der Eitelkeit oder Großsprecherei belasten sollen. Aber damit wäre die Tatsache verkannt, daß der altgermanische Dichter seinen Helden in Wirklichkeit ungemein viel Selbstgefühl mitgeben will.

Die Darstellung dieses Zuges ist ja auch, wie uns noch ein kurzer Rundblick zeigen mag, durchaus nicht auf den ›Beowulf‹ beschränkt. Ähnlich nämlich stellt sich z. B. Sigeferð im ›Finsburgfragment‹ als ein berühmter Recke vor, der siegreich aus vielen harten Kämpfen hervorgegangen sei [1], und der Sänger Widsith, der alle Lande der Erde durchwandert hat, hebt in naiver Prahlerei hervor, daß die Sachverständigen stets und überall erklärt hätten, niemals etwas Schöneres als seinen und seines Genossen Schilling Gesang gehört zu haben [2]. — Will man ferner Äußerungen unverhülltesten Stolzes finden, so muß man zu den Rätseln des ›Exeterbuchs‹ greifen, wo etwa (Rätsel XXI) das *Schwert* sich als den Krieger rühmt, der um seiner Taten willen gepriesen wird und sich nicht kümmert um das Jammern der Frauen, oder der *Speer* (Rätsel LXXIII) hervorhebt, wie schlank er sei und wie er in der Sonne blitze. Zwar kann man hier in der Tat bis zu einem gewissen Grade die Kunstform, d. h. die Ich-Erzählung des im Rätsel redenden Gegenstandes, für den Ausdruck verantwortlich machen, aber weit darüber heraus geht doch auch hier ersichtlich das starke Bewußtsein des eigenen Wertes bei dem Sprechenden. Er lebt auch in der Selbstbeschreibung des

---

[1] *Ic ēom Secgena lēod, Wreccea wīde cūð. — Fela ic wēana gebād, Heardra hilda.* 24 ff.

[2] *þonne monige men, mōdum wlonce, Wordum sprēcan, þaþe wēl cūðan, þæt hī nǣfre song sēllan ne-hȳrdon.* 106 ff.

Sturms (Rätsel II), der — nicht ganz unähnlich dem *Schwert* — eine grandiose Mischung von grausamer Zerstörerfreude mit heroischem Stolz verrät [3]. — Schon diese Beispiele lassen uns ahnen, daß der von sich eingenommene und der trotzig-stolze Charakter, der sich ungescheut seiner eigenen Leistung rühmt — oder soll man sagen: mit seinen Verdiensten prahlt —, der angelsächsischen Dichtung als charakteristischer Zug angehört. In der Tat greift er gelegentlich sogar in die religiöse Dichtung über. Denn wenn z. B. der Dichter der ae. ›Exodus‹ den Moses zu einem typischen großen Heerführer gemacht hat, der vor und nach der Schlacht, d. h. dem Durchzug durchs Rote Meer, begeisternde Kriegsreden an die Seinen hält, von denen die Heilige Schrift noch nichts ahnte, so vergißt auch er nicht, ihn mit einer gewissen herrisch-stolzen Gebärde auszustatten, die die Bedeutung der eigenen Person betont. „Seid nicht furchtsam", ruft er z. B. den Juden zu, „ob Pharao gleich brachte große Heere, eine Unzahl Helden, ihnen allen will der machtreiche Herr *durch meine Hand* [ein stereotyper Halbvers ags. Dichtung!] heute ihren Lohn geben" (259), er betont: „*ich selber* schlug mit grüner Rute der Schaumflut Tiefe" (280), kurz, er tritt durchaus nicht etwa persönlich hinter seiner Aufgabe zurück [4].

Allein, was hier für das angelsächsische Epos festgestellt wird, ist eine Erscheinung, die ähnlich auch in andern Werken frühgermanischer Literatur auftaucht. Freilich, wenn Ehrismann (Lit.-Gesch. I[2] S. 131) hervorhebt: „Es gehört zur Sitte, daß die Helden ihre Freude über ihre Krafttaten in Ruhmreden äußern, in naiver Selbstverherrlichung", so kann er dabei die wichtigste Dichtung, nämlich das ›Hildebrandslied‹, nicht eigentlich im Auge haben, zum mindesten wirkt das, was Hildebrand über sich selbst aussagt (er sei 30 Jahre

[3] Vgl. Schücking bei Walzel, Engl. Lit. im Mittelalter (= Handb. d. Literaturwiss., hrsg. v. O. Walzel, Lfg. 69, 72, 118, 133, 158), Potsdam 1926—30, S. 8.

[4] Es braucht kaum gesagt zu werden, daß es sich hier um einen unbewußten Einfluß handelt, der in beschränkten Grenzen bleibt. Vgl. das über *gylp* Gesagte weiter unten S. 18 [hier nicht abgedr. — Anm. d. Red.]. — Über einen "undertone of self-satisfaction" bei Cynewulf vgl. die Abhandlung von Kenneth Sisam, Cynewulf and his Poetry, Sir Israel Gollancz Memorial Lecture, in: British Academy vol. XVIII (1933), S. 20.

fern von der Heimat umhergezogen, „wo man mich stets in die Kriegsschar von Speerschützen eingereiht hat, ohne daß man mir bei einer einzigen Stadt den Tod beigebracht hat"), namentlich im Vergleich mit den Aussprüchen der angelsächsischen Helden auffällig bescheiden. Das Tragische ist ja auch hier gerade sein Lob nicht im eigenen, sondern im Munde des Sohnes, der ihn als Vater nicht anerkennt und seinen Tod will. Das fromme ›Ludwigslied‹ aber läßt — charakteristisch genug — trotz allerlei Anklängen an den frühgermanischen dichterischen Stil nicht die geringste Andeutung von Selbstberühmung aufkommen. Über den ›Waltharius‹ wird noch zu sprechen sein [5].

Wenn man unter den vielen Parallelen, die ›Beowulf‹ und ›Aeneis‹ aufweisen, eine auch für diesen Zug hat finden wollen [6], so hat das also bei solcher Allgemeinheit der Sitte schon von vornherein nicht viel Bedeutung. Übrigens wird er schwerlich, außer an der einen berühmten, ersichtlich der ›Odyssee‹ nachgebildeten Stelle: *sum pius Aeneas, fama super aethera notus* (I 378), dem Leser Vergils ähnlich wie dem des ›Beowulf‹ in die Augen springen, trotzdem sich aus dem Epos einige Fälle zusammenscharren lassen, in denen jemand seine *virtus* erwähnt (VIII 131 ff.; XI 441; XII 668), oder wo der Held sich und seine Leute mit der lobenden Charakterisierung einführt: *sunt nobis fortia bello pectora, sunt animi et rebus spectata iuventus.* Unvergleichlich näher steht auf alle Fälle in diesem Punkte, wie in so manchem andern die angelsächsische Art der Homerischen. Ist doch den Helden der ›Ilias‹ naive Selbstberühmung die natürlichste Sache von der Welt. Nicht nur der eitle Achill macht — um nur einige charakteristische Beispiele von vielen hervorzuheben — darauf aufmerksam, wie er „so schön und groß an Gestalt" sei (XXI 108), sondern auch der edle Hektor bezeichnet sich selbst

---

[5] Nicht uninteressant ist die Parallele des ›Rolandsliedes‹. Der Held dieses Gedichtes hält vor dem Tode eine Ansprache an sein Schwert Durendal (vgl. auch schon Laisse 14), bei welcher Gelegenheit er seine damit vollbrachten Taten aufzählt. Er wird freilich vorher (18) von seinem Freunde Oliver ausdrücklich *gefährlichen Stolzes* geziehen.

[6] Vgl. Tom Burns Haber, A Comparative Study of the Beowulf and the Aeneid, Princeton 1931. Zu seinen Beispielen noch: XII 668; VIII 150.

als den „tapfersten Helden im Volke" (VI 460); und wenn es auch wohl als eine Schwäche des greisen Nestor gedacht ist, daß er ununterbrochen Heldentaten auskramt, die er in seiner Jugend verrichtet, so mindert das doch die Hochachtung der andern vor ihm sichtlich nicht im geringsten. Hier lebt also, wie man sieht, dieselbe unbekümmerte Sicherheit im Urteil über sich selbst wie bei dem Helden der angelsächsischen Epik, ja einmal findet die Überzeugung vom eigenen Werte sogar einen Ausdruck, der auf das auffälligste an einen schon vorher angeführten Passus des ›Beowulf‹ gemahnt: es ist die Stelle, wo Hektor vom Tode des Gegners spricht, der mit ihm einen Zweikampf um die Entscheidung in der griechisch-trojanischen Streitsache wagen soll. Man wird ihm ein Grab aufschütten am breiten Hellespont, auf das künftig die vorbeifahrenden Schiffer mit den Worten hinweisen werden, daß in diesem Hügel ein Tapferer ruht, den der göttliche Hektor überwunden (VII 86 ff.).

Allein, mögen nun die Beziehungen des ›Beowulf‹ zum Homer sein, welche sie wollen, für uns kommt es im folgenden darauf an, zunächst einmal zu untersuchen, ob nicht die Selbstberühmung nur eine Funktion der wichtigen Rolle ist, die Stolz und Würde überhaupt im Persönlichkeitsideal der angelsächsischen Epik spielen. Wir werden sehen, daß dem in der Tat so ist und daß sie sogar im sprachlichen Ausdruck die auffälligsten Spuren zurückgelassen haben. Dafür aber ist es nützlich, in erster Linie einige typische Formen festzustellen und zu untersuchen, in denen eine gewisse *Selbstberühmungssitte* zutage tritt.

2. *Bēot und Gylp*

Eine solche Sitte tritt zutage im Kampfgelübde, der Kampfrede und im sog. „Männervergleich". Bei den ersteren handelt es sich um die beiden von Hause aus keineswegs identischen Begriffe *bēot* und *gylp*, deren Unterschied die bisherige Forschung [7] wohl nicht immer

---

[7] Vgl. Nyrop, in: Nordisk Tidskrift XII (1889), S. 312 ff.: En middelalderlig Skik. Ferner: V. Vedel, Heldenleben, Leipzig 1910, S. 64 ff. über

klar genug herausgestellt hat, woran aber vielleicht der unscharfe Wortgebrauch der angelsächsischen Dichtersprache, der eine Auswechselung beider Worte erlaubt, einen Teil der Schuld trägt. *Bēot,* dessen unkontrahierte Form, wie sie sich im Altsächsischen findet: *bihet,* deutsch „Beheiß", d. h. „Verheißung", den ursprünglichen Sinn noch deutlicher erkennen läßt, wie er auch noch in *gehātan* = „verheißen", „geloben", „versprechen" steckt (Beow. 1392, 1671, By. 246), ist zunächst weiter nichts als ein Gelübde, d. h. das Gelübde einer besonderen Leistung. Nun gibt es natürlich verschiedenartige Versprechungen, die alle gehalten werden müssen. Aber soweit heldische Leistungen in Betracht kommen — und fast ausschließlich damit beschäftigt sich die Epik — gilt das Gelübde als etwas, das in der Atmosphäre des Banketts besonders gut gedeiht. An prahlerische Versprechungen solcher Art wird ja gelegentlich schon im Homer erinnert. So mahnt etwa Agamemnon vor der Schlacht den Idomeneus an Äußerungen auf einem Bankett (IV 266), oder Apollo als Priamos' Sohn Lykaon reizt den Äneas durch die Bezugnahme auf seine „bei festlichem Weine" getane Verheißung, den Kampf mit Achill aufnehmen zu wollen (XX 83 ff.), oder Agamemnon sucht den gesunkenen Mut der schon bei den Schiffen kämpfenden Seinen durch die Erinnerung anzufachen, wie vordem doch jeder in Lemnos geprahlt habe, „schmausend das viele Fleisch, . . . ausleerend die Krüge", er werde es für seine Person mit hundert, ja zweihundert Troern aufnehmen (VIII 230 ff.). Diese Parallelen in der griechischen Epik sind nun zwar beachtenswert, es sei aber dahingestellt, inwieweit sie alle dasjenige Element *formaler Selbstverpflichtung* enthalten, das in der germanischen, auch im Skandinavischen reichlich bezeugten [8] *Gelübderede* steckt und das die Versprechung zu einer Art feierlichem Bindungsakte macht; häufig entspringt sie

Gelübde bei verschiedenen Völkern; Ehrismann, Zum Hildebrandsliede, in: P. Br. B. XXXII (1906), S. 287 ff.; Ders., Dt. Lit.-Gesch. I, 2. Aufl. 1932, S. 400; Ebenda, S. 56 f.; Vilhelm Grönbech, The Culture of the Teutons, 1931, II, S. 195 ff., III, S. 107; Fr. Kläber (Hrsg.), Beowulf V. 1.; Müllenhoff, Dt. Altertumskunde 4, 339.

[8] Vgl. Grönbech II, S. 195 ff. über die Sitte des Jul-Gelübdes; Nyrop a. a. O. über *heitstrenging.* Auch Nyrop nimmt an, daß eine gewisse Zeremonie vorliegen muß, die aber schwer feststellbar ist.

dem großen Gefühlsaufschwung in der Hallengemeinschaft, wenn der Gefolgsherr für seine Getreuen den Schatz erschließt, der Metgenuß das Selbstgefühl steigert und aus Musik und Gesang dem Einzelnen die Vision künftiger Leistung, ja künftiger Größe steigt. Man nimmt z. B. im Geiste den Augenblick mit Ungeduld voraus, wo man dem Herrn auf dem Schlachtfeld die Treue halten wird, aber noch mehr als das: Eine rauschartige Stimmung der Gehobenheit, eine Steigerung des Eigenbewußtseins, ein inneres Sichaufrecken tritt ein; man wächst vor sich selbst, vermißt sich großer Dinge und ruft alle zu Zeugen für diese Willenskundgebung an, die sich häufig das Außerordentliche, das nicht zu Erwartende, das die andern alle Überbietende, kurz das Heroische zum Ziele setzt; das für unmöglich Gehaltene soll geschafft, die als unüberwindlich betrachtete Schwierigkeit bewältigt werden. Dabei aber macht der Sprecher anscheinend mit einer gewissen Formelhaftigkeit auch die Gründe seines Zutrauens zu sich selbst namhaft, nämlich seine Abstammung, oder vormals verrichtete Taten, oder früher gezeigte und von andern anerkannte Fähigkeiten. Ein solches typisches Gelübde beim Bankett hat z. B. König Hroðgar im Auge, wenn er klagt, daß immer wieder Recken aus seiner Schar sich *über dem Bierkrug, vom Getränk erhitzt*, zum Kampfe mit Grendel erboten (*ful oft gebēotedon bēore druncne ofer ealo-wǣge ōretmecgas* etc. 480 ff.), aber stets ihr Leben bei dem Unternehmen eingebüßt hätten. An den *bēot* beim Met erinnert auch Aelfwine im ›Byrhtnoð‹ (212), ähnlich ist wohl auch Beowulfs und Brecas *bēot* eines Schwimmunternehmens gedacht (Beow. 536).

Aber ein solches Gelübde ist natürlich nicht auf die Situation des Bankettsaals beschränkt, sondern es entspringt ebensowohl dem Kampfrausch wie dem Metrausch. Als z. B. in dem verzweifelten Kampfe mit den Wikingern bei Maldon (991) die angelsächsische Phalanx zusammengebrochen, der Führer tot ist und die Mannen ins Wanken geraten, da sucht sie der Krieger Leofsunu zum Stehen zu bringen, indem er ruft: „Ich tue das Gelübde, keinen Fußbreit zurückzuweichen. Mir soll niemand vorwerfen, daß ich ohne meinen Herrn den Kampf verlassen habe. Eher soll mich Speer und Schwert dahinraffen" (By. 246 ff.). Hier ist nun freilich kein Element von Selbstberühmung zurückgeblieben, in einer parallelen Stelle desselben Gedichtes, der Rede Aelfwines, kommt es dagegen vor, wenn auch nur in der Feststellung der edlen Abkunft des Sprechers (216). Auch von Beowulf hört man zweimal vor dem Kampf ein *bēot* ohne Selbstberühmung [9].

Es kann nun kein Zweifel sein, daß in der angelsächsischen Epik gerade die Rolle eines solchen *bēot* als Charakterkriterium sehr ernst genommen wird [10]. Lenkt doch der einzelne mit ihm die allgemeine Aufmerksamkeit auf sich, stellt sich sozusagen unter die Kontrolle der andern und verpfändet ihnen seine Ehre. Dieser Tatsache bleibt er sich denn auch beständig bewußt [11], nachdem der kritische Augenblick gekommen ist. Denn es liegt ihm daran, sein Wort pünktlich und in vollem Umfange einzulösen. So hält Beowulf der falschen Darstellung Unferðs von seinem Schwimmabenteuer den Bericht entgegen, der mit der Feststellung anhebt: „Wir taten ein Gelübde und wir erfüllten es" (*gebēotedon . . . ond þæt geæfndom swā* 536 f.), darum auch legt der Dichter so großes Gewicht darauf, daß, was Beowulf in seinem *bēot* V. 604 ff. verheißen hat: „wenn die Sonne morgen hoch vom Himmel scheint, kann jeder wieder froh zur Halle gehn", sich, als tatsächlich die Sonne im Mittag steht, wortwörtlich erfüllt (917 [12]); und das Gedicht vom ›Wanderer‹ (70 ff.) stellt es unter diesen Umständen als eine Forderung besonderer Wichtigkeit auf, daß man ein Gelübde nur tue, wenn man sich zuvor genau geprüft und erkannt habe, was man wolle [13], womit wohl dem Bierbankgelübde und sicher auch einem

---

[9] Daß *bēot* übrigens auf diese Weise zu dem Sinn: „Drohung" kommen kann (Byrht. 27), versteht sich leicht. Der *bēot* des Königs Ongenþēow z. B. besteht darin, daß er am andern Tage das von ihm im „Rabenholz" eingeschlossene Gautenheer teils über die Klinge springen, teils aufhängen lassen wolle (Beow. 2939 ff.). — So würde sich übrigens auch ags. *hwōþan* = „drohen" neben got. *hwopan* = „sich rühmen", „sich gegen einen brüsten" erklären.

[10] Verf., Pres. Address M. Hum. Res. Ass. Bulletin Oct. 1929, S. 153 f.

[11] Vgl. Beow. 759 *gemunde þā sē gōda, mæg Higelāces, æfensprǣce*.

[12] Vgl. für den nicht ganz durchsichtigen Ausdruck Verf., Untersuchungen zur Bedeutungslehre der angelsächsischen Dichtersprache (1915), S. 86.

[13] *Beorn sceal gebīdan, ponne hē bēot spriceð, oððæt collenferd cunne gearwe, hwider hreðra gehygd hweorfan wille.*

guten Teil der Selbstberühmung die Daseinsberechtigung abgesprochen werden soll.

Immerhin wird bei den Angelsachsen, wie man sieht, der *bēot* nicht in Bausch und Bogen als sündhaft verworfen, wie es bekanntlich in Ekkehards ›Waltharius‹ geschieht, wo der Held unmittelbar nach dem „stolzen Gelöbnis", keiner der Franken solle entkommen, niederkniet und Gott bittet, ihm solche sündhaften Reden zu verzeihen. Dieselben Anschauungen hat der Verfasser des ›Heliand‹. Auch ihm ist ja der *bēot* offensichtlich noch ein ganz lebendiger Begriff. Als er nämlich das letzte Abendmahl des Herrn mit dessen Prophezeiung, daß er nun der Passion entgegengehe, und die darauf erfolgende leidenschaftliche Erklärung des Petrus, ihn in Kerker und Kampf nicht verlassen zu wollen, darzustellen hat, da erscheint ihm das Wichtigste an der Szene, angelsächsisch gesprochen, sichtlich als eine Art *bēot ofer ealowǣge* des Petrus. Das aber gibt ihm nun die Gelegenheit, solcher Art Selbstberühmung eine ernsthafte Philippika zu widmen (5033 ff.) und darzutun, wie falsch und unnütz Prahlerei dieser Art sei, da doch der Ausgang von der Vorsehung und also gutenteils davon abhinge, ob der Sprecher in Sünden verstrickt wäre. Die Stelle zeigt lehrreich, daß auch die altsächsische heroische Tradition das Gelübde *nicht von ausgesprochner Selbstberühmung trennen kann* (zu der die Bibelstelle ja im Grunde gar keinen Anlaß gibt), heißt es doch ausdrücklich, daß „ohne die Hilfe Gottes" dem Sprecher „der Sinn ja doch verzagter wird, spräche er auch ein bihet *und rühmte er sich auch seiner Kampfleistung und seines Armes Gewalt, der Mann seiner Stärke"* [14]. — Das ›Ludwigslied‹ aber hat den *bēot*, wie schon oben angedeutet, ziemlich vollständig ausgeschaltet und nur die Erklärung des Königs an seine Leute, daß Gott ihm geboten habe *thaz ih hier gevuhti, mih selbon nisparoti unc ih hiu gineriti* (34 f.), tritt dafür als ein schwacher Ersatz ein. Den eigentlichen *gylp* dagegen vertritt in diesem Gedicht ein „Kyrie eleison" (46 f.).

---

[14] *than is imu san aftar thiu breost-hugi bloðora, thoh he er b i h e t spreka, hromie fan is hildi endi fan is hand-krafti the man fan is megine.* Vgl. 5033 ff. — Ganz auffallend aber ist die an anderer Stelle im ›Heliand‹ erscheinende Sinnesübereinstimmung des Wortes mit dem von *gelp*

Daß *gylp* und *bēot* ursprünglich durchaus nicht zusammenfallen, wird besonders die Stelle im ›Beowulf‹, in der sich der Held auf den Drachenkampf rüstet, deutlich. Hier wird nämlich ausdrücklich erklärt, daß Beowulf zwar *bēot*-Worte spricht (2511) — in der Tat verkündet er seine Kampfbereitschaft, seine Entschlossenheit, das Leben einzusetzen, den unbeugsamen Willen, keinen Schritt zu weichen usw. und wirft einen Rückblick auf seine früheren Taten, der sich fast zu einer Lebensgeschichte auswächst —, sich aber des *gylp* gegenüber dem Drachen enthält (2529). *Der bēot gilt also den Genossen, der gylp aber dem Gegner. Gemeinsam ist beiden die Bezugnahme auf die eigenen Leistungen.* — Laut hinschallende Kampfreden an den Feind, dem man gegenüberzutreten im Begriffe ist — *gylp* hängt etymologisch wohl mit „gellen" zusammen — gehören nun bekanntlich auch schon zum eisernen Bestand der homerischen Epik. Selbstberühmung auf der einen Seite, Drohungen und Schmähungen des Gegners auf der andern bilden hier ihre typischen Bestandteile. Es ist freilich in der ›Ilias‹ nicht so, daß jedem Zweikampf ein *gylp* vorausginge (vgl. Paris-Menelaos III 345 ff.), auch kann ein *gylp* stattfinden, dem so wenig das Blutvergießen wie jedem Donner der Regen zu folgen braucht (vgl. Ajax-Hektor XIII 801 ff.), andrerseits können die Zungen den Waffen vorauseilen, ohne daß es zu eigentlichen Schimpf- und Prahlreden kommt (vgl. Ajax-Hektor VII 225 ff.). Hinwiederum wechseln Hektor und Achill in ihrem großen Zweikampf Reden, in denen zum mindesten der edle Hektor sich der Schmähungen zunächst ganz enthält, freilich aber beschimpft auch er dann den Gegner nach dessen erstem Lanzenwurf, offenbar erbittert geworden, als „gewandten und

= „Schmähung", „Verhöhnung", *eine Bedeutung, die das Ags. nicht kennt.* Vgl. unten S. 18 über *gelp* [hier nicht abgedr.]. Es handelt sich um Christi Weissagung über sein Leiden (Matth. 20, V. 18, 19 und Lukas 18, 32): er würde *hoskes gihorian ende harm-quidi, bismerspraka endi bihet-word manag.* Hel. 3530. Der Sinn „Drohwort", wie Heyne hier übersetzte, kommt schwerlich in Frage. Man muß vielmehr annehmen, daß das in die Bedeutung „Schmähung", „Verhöhnung" übergegangene *gelp* das, wie oben dargetan, nahe verwandte *bihet* angezogen und dies dann denselben Sinn angenommen hat.

hinterlistigen Schwätzer". Wie steht es nun in dieser Hinsicht im Angelsächsischen? Daß der *gylp* als Herausforderungs- und Selbstberühmungsrede hier nicht nur vorhanden, sondern sogar viel formelhafter und stereotyper als im Homer geworden ist, erscheint nicht zweifelhaft. Der Grund für die Erhaltung dieser Sitte wird aber vom Beowulfdichter einmal mit ziemlich dürren Worten angegeben. „Ich bin", sagt Beowulf (2528), als er sich zu dem verhängnisvollen Kampf mit dem Feuerdrachen anschickt, „so tapfer in meinem Sinn, daß ich mich des *gylp* wider den Kampfflieger (d. h. den Feuerdrachen) enthalte", d. h. „enthalten kann". Hier wird die eigentliche Aufgabe des *gylp* ganz offensichtlich, nämlich daß der Kampfentschlossene sich selbst mit ihm den Rücken stärkt. Mit andern Worten: *Der Stolz als Bewußtwerden des eigenen Wertes wird zur seelischen Kraftquelle.* Was den reifen Helden im Kampfe vorwärts treibt und stahlhart macht, was ihm Zuversicht einflößt und ihn vor Anwandlungen von Furcht bewahrt, ist der Gedanke, was er früher schon Großes verrichtet hat und was er sich deshalb jetzt schuldig ist. Es sich zu vergegenwärtigen, erscheint ihm also überaus zweckmäßig [15]. Aber wie verhält es sich mit der Schmähung des Gegners bei dieser Gelegenheit? [16] Worte wie die Hadubrandschen gegen seinen Vater, die ihn als verlogenen, tückischen, alten Hunnen zu brandmarken versuchen (Hild. 39—41) oder die Fülle von Anwürfen, die Waltharius gegen seine Gegner zur Verfügung hat, finden im Angelsächsischen keine Parallele. *Offenbar wird solches Verhalten hier als unedel aufgefaßt.* Beowulf, der es

[15] Wie alt auch dieser Gedanke ist, ergibt sich daraus, daß nach Vedel „bereits in der indischen Heldendichtung ein Wortstreit zwischen zwei Helden vorkommt, von denen Karna behauptet, daß, wer Kraft in sich fühle, dies auch aussprechen dürfe, und daß Prahlerei eine starke Willenskräftigung für den Prahler selbst enthalte, sein Widerpart dagegen der Prahlerei als wirklicher Stärke unwürdig spottet." V. Vedel, Heldenleben, Leipzig 1910, S. 66.

[16] Die Empfindung von etwas Unedlem, das darin liege, hat sich offenbar seit den ältesten Zeiten geregt. Dietrichs Vorwurf im ›Niebelungenlied‹ z. B., Helden sollten sich nicht wie alte Weiber schelten (Müllenhoff Dt. Altertumskunde 4, 339), nimmt ja bereits Äneas im Zuruf an Achill vorweg (Il. XX 252).

freilich in beiden Kämpfen mit Ungeheuern, einem Troll und einem
Drachen zu tun hat, leistet sich beileibe keine Hohnrede an sie, sondern betont im Gegenteil, daß die Ungewandtheit des Gegners
(Grendel) im Waffengebrauch ihn auch dazu zwinge, ohne Waffen
den Zweikampf zu unternehmen und spricht bei dieser Gelegenheit
sogar mit einer gewissen Anerkennung von dem Troll (683) [17].
Zwar spricht Byrhtnoð vor der unglücklichen Schlacht (anno 991)
zu dem Wikinger, der ihm Frieden gegen Tribut angeboten hat, mit
einer — offenbar ganz traditionellen — höhnischen Ironie. Vielmehr, er witzelt, der Tribut solle aus Speeren mit vergifteten Spitzen und erprobten Schwertern bestehen, werde dem Gegner aber im
Kampfe nicht gut bekommen, ein Gedanke, der mit der für den
angelsächsischen Stil charakteristischen Wiederholung eindrucksvoller Momente dann noch einmal auftaucht (60 ff.). Aber in dem
nun folgenden harten Kampf, der ihm das Leben kosten soll, wird
ebensowenig wie in der Wechselrede mit dem feindlichen Boten
etwas wie eine Schmähung des Gegners laut. Waldere endlich wendet sich mit Worten an Gunther, die neben Stolz, Trotz, Unverzagt-
heit und Zuversicht auf seine Rüstung vor allem bittere Ironie und
Hohn zum Ausdruck bringen [18], aber eine Schmähung der Person
des Gegners (Gunther) ist in seinen Worten gleichfalls nicht eigentlich zu finden.

Das bedeutet nun freilich nicht, daß man dem Glücksgefühl über
den Erfolg nicht kräftig Ausdruck gäbe. Lauten Stolz über den Erfolg zu zeigen, wird vielmehr als selbstverständlich betrachtet.

---

[17] Dabei soll nicht verkannt werden, daß ein etwas höhnischer Ton,
wenn man vom Gegner spricht, sich auch hier gelegentlich einschleicht.
Vgl. Beowulfs Bericht über die Meerungeheuer, die er erschlug: *ic him
þēnode dēoran sweorde* (560) „ich diente ihnen mit dem teuren Schwerte".
Vgl. unten S. 22 [hier nicht abgedr.].

[18] Vgl. für diese früher mißverstandene Stelle: *Hwat! þu hūru wēn-
dest, wine Burgenda, þæt mē Hagenan hand hilde getwǣmde, fēðewigges.
Feta, gyfþu dyrre, æt þus heaðuwērigan hāre byrnan!* Verf., Waldere und
Waltharius, S. 17 ff. wo der Nachweis erbracht wird, daß *heaðuwērig* I,
17, wie die ganze Aufforderung, *ironisch* zu verstehen ist. (Dadurch ist
überholt die Ausführung in des Verf.: Kl. Ags. Dichterbuch, Cöthen 1919,
S. 54 ff.)

Dafür bezeichnend sind die stereotypen Wendungen für den Mißerfolg: *gylpan ne-porfton, hrēman neporfton, hlyhhan ne-porfton*
= „sie konnten sich nicht rühmen" [19], oder Ausdrücke, in denen das
„Frohlocken über" sich eng mit dem Sinn von „stolz sein auf" berührt, wie *hūðe hrēmig* 124, *since hrēmig* 1883, *frætwum hrēmig*
2054 u. ä. Denn wem es glückt, der schweigt nicht still. Ein Auf-
jauchzen nach dem Erfolg malt die Epik öfter (vgl. By. 147), niemals
freilich so deutlich wie in der as. Genesis, wo ein sichtlich von mimi-
schen Gebärden begleitetes Triumphgelächter des Teufels einsetzt,
als Adam endlich der Verführung erliegt und von dem Apfel ißt
(*hlōh and plegode* 724).

Gegen die Behauptung, daß der ags. Epik die eigentliche Schmähung des Gegners im *gylp* ziemlich fremd zu sein scheint, wäre aber
noch der Einwand denkbar, daß wir es doch in der Streitszene Unferð—Beowulf mit Beschimpfungen des Gegners zu tun haben.
Allein hier handelt es sich offenbar um etwas anderes. In diesem

---

[19] Ganz so im Hildebr. 60 b *werdar sih hiutu dero hregilo hrumen
muotti* usw. — Daß *hliehhan, āhliehhan* usw. etymol. viel, aber psychologisch wenig mit nhd. „lachen" zu tun hat, ist nicht immer klar erkannt
worden. „Lachen" bedeutet hier meist: „einem Triumphgefühl Ausdruck
geben", „frohlocken über". Als der Held im ›Byrhtnoðliede‹ (147) dem
Wikinger die Lanze durchs Herz jagt, da heißt es „um so froher war der
Eorl, es lachte der stolze Mann, er dankte dem Herrn für die Leistung".
Grendel, der irrtümlich der Beute sicher zu sein glaubt, frohlockt (731).
Möglicherweise bezieht sich auch der Satz (Beow. 611) *þær wæs hæleþa
hleahtor* auf den vorausgegangenen *bēot* Beowulfs, daß Grendel bis morgen mittag tot sein soll, dem schon die Bemerkung über Hröðgar gilt: *þa
wæs on sālum sinces brytta* (607). Indem *hleahtor* = Jauchzen, Jubel,
Glücksstimmung" ist, kann es ferner synonym mit *drēam* verwendet werden, so daß *gum-drēam ofgifan* = *hleahtor ālecgan* = „sterben" ist. *gylp,
bēot und hlūde hlihhan* als Ausdruck stolzen Glücksgefühls gehören zusammen (Gen. 74). Der trostlose Diener nach des hl. Guðlāc Tode (1330)
sagt deshalb: *Hūru ic swīðe ne-pearf hinsīþ behlehhan*: „weiß Gott, ich
kann über seinen Tod nicht jubeln", Litotes für: „ich muß seinen Tod tief
beklagen". Oder: das Verbrechen der Ermordung des Andreas *þām banan
ne-wearð hleahtre behworfan* (nicht wie Grein übersetzt „zum Scherz gewendet", sondern:) „das gab ihnen keinen Anlaß zum Jubel" (Andreas
1705). Elene 920 heißt *hleahtor* direkt „Hohnlachen".

kuriosen Auftritt nämlich, in dem ein als großmütiger Retter an den
dänischen Hof gekommener Gautenprinz vom *þyle* des Dänenkönigs mit dem Vorwurf angepöbelt wird, er habe ja vorzeiten bei
einem Schwimmwettkampf mit Breca gänzlich versagt und jämmer-
lich den Kürzeren gezogen, dreht es sich um einen Wortstreit beim
Bankett. Solche Wortkämpfe bei Gelagen sind altgermanisches Erbgut [20]. Daß sie nicht bloß in der Dichtung leben, sondern noch in
verhältnismäßig später Zeit bei den Angelsachsen gang und gäbe
sind, zeigt das bisher zu wenig beachtete angelsächsische Gedicht ›Be
monna mōde‹ („Das Gemüt der Menschen" Grein-Wülcker III,
144—8), das sich aufs heftigste gegen diesen teuflischen Sport wendet, bei dem jemand, wie der technische Ausdruck dafür zu lauten
scheint (Beow. 501): „die Streitrune löst" (*onband beadurūne*). Der
Vorgang wird von dem Verfasser von ›Be monna mōde‹ höchst
drastisch so beschrieben, daß er sich

in Übermut erhebt . . . schreit und lärmt und von sich selbst bei weitem
mehr prahlt wie der bessere Mann . . . befeindet aus Mißgunst den besseren
Mann . . . er sitzt vom Gelage üppig und böse läßt er, vom Wein erregt,
Worte ausfahren . . . von Stolz entbrannt . . . voll Überhebung . . .
(V. 16—44).

An diesen Ausführungen wirkt manches wie eine Illustration zum
Unferð-Beowulf-Streit, wenn auch Unferð nicht von sich selbst
prahlt, sondern die Leistung eines andern gegen die des Gastes ab-
wägt. Sie sprechen übrigens auch ausdrücklich von einem Zweck,
den man bei solchem Streit im Auge hat, freilich in Worten von
ziemlicher Dunkelheit, nämlich, daß die beim Trinkgelage sitzen-

---

[20] Vgl. Ehrismann, Dt. Lit.-Gesch. I, 2. Aufl. 1932, S. 56 f., der auf die
Unferðstelle, auf Tac. cap. 22 und auf die Sprüche der Hávamál aufmerksam macht, die sich gegen den „höhnischen Spott am Trinktisch", das
„Necken beim Trunk", das „Hänseln beim Humpen" richten. Vgl. aber
auch Grönbech, a. a. O., II, S. 195 über das spirituelle Duell, in dem jemand sich mit einem andern oder seinen Helden mit dem des andern vergleicht, sowie die eingehende Schilderung des „Männervergleichs" als
„Biersitte" bei Heusler, Altgermanische Dichtung, S. 101 ff., und als Beispiel des *mannjǫfnuðr* Heusler und Ranisch, Eddica Minora, 1903, S. LXI
u. 65 ff.

den „zu wissen streben, welche Festigkeit [21] innen in dem Hause wohne unter den Männern, wenn der Wein anfeuert des Helden Sinn" (16 ff.). Mit der „Festigkeit im Hause" scheint auf einen Gegensatz solchen Wortgefechts zur Festigkeit auf dem Schlachtfeld angespielt zu sein. Als Sieger wird also vermutlich der angesehen, der selbstsicher bleibt und dem andern kräftig heimleuchtet, oder wie Heusler sagt, „den andern durch Herausstreichen seiner Großtaten übertrumpft" (ohne zu Tätlichkeiten überzugehen, von denen das Gedicht überhaupt nichts erwähnt). Auf alle Fälle ist bei dieser kuriosen Form der Unterhaltung der *gylp* noch äußerst lebendig. — Ganz entsprechend der hier ausgemalten Szene stellt sich denn auch der angelsächsische Genesisdichter Sodom als einen Ort vor, wo man sich an Bier berauscht, Lärm macht und prahlt (2406 ff.).

[21] Be monna Mode 17: *witan fundia þ, hwylc æsc-stede inne in racede mid werum wunie.* Das Wort *æsc-stede* (wörtlich „Lanzen-stätte", was keinen Sinn gibt) übersetzt B.-T. mit „battle-place"(?), einleuchtender Gr.-K. „firmitas, constantia pugnandi", Grein (Dichtungen) „Eisenlanzenfestigkeit".

Max Wehrli, Formen mittelalterlicher Erzählung. Aufsätze. Zürich und Freiburg i. Br.:
Atlantis 1969, S. 73—86 (Auszug S. 80—86).

GERMANISCHE UND CHRISTLICH-KAROLINGISCHE HELDENDICHTUNG *

Gattungsgeschichtliche Betrachtungen zum ›Ludwigslied‹

Von Max Wehrli

[. . .] Selten ist die Funktion eines Gedichts so unmittelbar und
aktuell nachzuweisen wie hier: Siegeslied, Königspreis nach gewon-
nener Schlacht, echtes Zeitgedicht ohne jene episch-mythische Entrückung, die für die Heldenlieder, wie sie uns bekannt sind,
bezeichnend ist. Anstelle des statisch-lyrischen Charakters, wie er
für das nordische, das biblische und vielleicht überhaupt das normale
Preislied gilt (vgl. auch etwa den ›Barbarossa-Hymnus‹ des Archi-
poeta), ist das ›Ludwigslied‹ fast ganz erzählend, doch im Gegensatz zum Heldenlied als Entfaltung eines strengen biographischen
und historischen Zusammenhangs, in welchem die Aktualität des
Moments erst eigentlich deutlich werden kann. Die gewonnene
Schlacht erscheint im Horizont der Heilsgeschichte für den Fürsten
wie für sein Volk. Wenn schon Seemüller [1] das Hin und Her von
altdeutscher Dichtung und Historiographie verfolgt hat, so ist doch
auf den grundsätzlichen Unterschied des Verhältnisses zur Geschichte im germanischen Heldenlied und in einem Gedicht wie dem
›Ludwigslied‹ hinzuweisen. Nur in diesem kann von einer eigentlichen Geschichtsanschauung überhaupt geredet werden. Seine ganz
andere „Wirklichkeit", nicht nur im Horizont des Geschehens, sondern beim Helden, seinem Handeln, seinem Spielraum selbst, kann
gerade etwa durch einen Vergleich mit dem ›Hildebrandslied‹ deut-

---

* Der Haupttitel stammt vom Herausgeber. [Anm. d. Red.]

[1] J. Seemüller, Studie zu den Ursprüngen der altdeutschen Historiographie, in: Abhandlungen zur germanischen Philologie, Festgabe für
R. Heinzel, Halle 1898, S. 279 ff.

lich werden — der Vergleich gilt aber für alle Heldendichtung, vor allem auch noch das ›Nibelungenlied‹. Diese altepische Welt ist in sich geschlossen, kompakt, fensterlos gleichsam; Held-Sein heißt sich selbst behaupten, unter dem unausweichlichen Gebot der Ehre, die keinen Unterschied zwischen Innen und Außen kennt; die heroische Existenz geht auf in ihrer Mächtigkeit, ihrer Machtausstrahlung, in einer staunenswerten Dichte und Fraglosigkeit. Doch ist damit auch die Tendenz zur tragischen Situation gegeben, da diese Existenz fast unausweichlich zum Zusammenstoß mit den andern ebenso expansiven Existenzen führt. Diese Welt drängt — das zeigt wenigstens das ›Hildebrandslied‹ — zur Selbstzerstörung, die freilich mit dem Selbsttriumph bis in den Tod „tragisch" zusammenfällt. Es gehört zu den Rätseln der mittelalterlichen Literaturgeschichte, wie diese episch-heroische Wirklichkeit noch und wieder im Hochmittelalter, im ›Nibelungenlied‹, ungebrochen und kompakt vorhanden ist: ein Beweis mindestens für die zwingende Konstanz einer Gattungswelt.

Um so erstaunlicher die christliche Wendung des ›Ludwigsliedes‹. Da bedeuten der Held und sein Handeln nicht nur sich selbst, sondern sie haben ihre Funktion im Heilsplan; das irdische Geschehen ist wirkliche Geschichte, der Held geht nicht in der Situation auf, sondern vollzieht sein persönliches Leben und das Heil seines Reiches. Auch der Gegner ist Instrument Gottes — wenn die Normannen im Gegensatz zu den verfluchten Heiden des ›Avarenschlachtliedes‹ nicht beschimpft werden, so ist dies nicht nur, wie oft zu lesen steht, germanische Achtung des kriegerischen Gegners, sondern wohl auch das Ernstnehmen derer, die im Auftrag Gottes die Franken an ihre Sünden erinnern (vgl. V. 11 f.). Die konkrete, machtmäßige Wirklichkeit ist nie nur sich selbst, sondern hat ihren geistlichen Sinn, ist Irdisches wirklich nur im Bezug auf Göttliches. Das unausweichliche Vorbild kann, wie es schon im einzelnen gezeigt wurde, nur die biblische Geschichte sein: die Geschichte der Franken und ihres Königs spiegelt die Geschichte des Volkes Gottes und seiner Könige und Propheten. Alttestamentlich ist die Spannung, die Furcht vor dem zornigen Gott, unter der das immer wieder ungetreue Volk steht, ist die Gestalt des von Gott seinem Volk berufenen und geprüften Helden, ist das direkte Reden Gottes zu den Seinen (das keineswegs legendenhaft wunderbar, vielmehr ganz selbstverständlich ist), ist die Härte im Kampf gegen die heidnischen Feinde und vielleicht sogar die Übung des Siegesliedes selbst mit seiner archaischen Einheit von Gotteslob und Kriegertum: *Exaltationes Dei in gutture eorum et gladii ancipites in manibus eorum ad faciendam vindictam in nationibus* [2].

Das muß nicht hindern, daß unterschwellig auch „germanische" Regungen und Assoziationen beteiligt sind, doch gehören sie nicht der bewußt gestalteten Schicht an. Erstaunlich ist die strenge, konzise sachliche und gedankliche Durchführung, die abgewogene Proportion der Teile, der Einsatz der direkten Rede in die Erzählung, die Dosierung hypotaktischer Sätze im Rahmen des meist parataktischen Stils. Das ist neuer Geist christlicher Form, über Otfried hinaus und im Gegensatz zum germanischen Epenstil [3]. Man darf bei diesem Thema und in dieser Zeit wohl auch die Endreimzeile mit ihren meist voll ausgekosteten Reimen noch als eine Art Bekenntnis auffassen.

Was im ›Ludwigslied‹ vorliegt, kann als ältestes volkssprachliches Beispiel eines christlichen (oder doch biblisch legitimierten) Heldenlieds bezeichnet werden. Das ist ein scheinbar widerspruchsvoller und jedenfalls nicht üblicher Begriff. Und doch meint er einen Typus heroischer Dichtung, der sozusagen a priori mit der Karolingerzeit zu erwarten ist, d. h. seit mit dem fränkischen Reichsbewußt-

---

[2] Ps. 149, 6 f.; 148, 14; vgl. Ludwigslied V. 55 f. Zur Rolle des Alten Testaments in der Karolingerzeit vgl. Walter Ullmann, The Bible and Principles of Government in the Middle Ages, in: La Bibbia nell' Alto Medioevo (Settimane di Studio del centro italiano di studi sull'Alto Medioevo, X), Spoleto 1963, S. 181 ff. — Percy Ernst Schramm, Das Alte und das Neue Testament in der Staatslehre und Staatssymbolik des Mittelalters, a. a. O. S. 229 ff. — Heinz Löwe, Regino von Prüm und das historische Weltbild der Karolingerzeit, in: Geschichtsdenken und Geschichtsbild im Mittelalter, hrsg. v. W. Lammers (Wege der Forschung Bd. XXI), S. 91 ff., speziell 114 f. (zum Konflikt mit der Fortunaidee).
[3] Über diesen Stil — Otfried und insbesondere die kleineren ahd. Reimgedichte — Helmut de Boor, Die deutsche Literatur von Karl dem Großen bis zum Beginn der höfischen Dichtung [7](1966), S. 92, und Fritz Willems, Der paratakt. Satzstil im Ludwigslied, ZfdA 85 (1954), S. 18 f.

sein weltliches Kriegertum eine kirchlich-christliche Legitimation
bekommt. Ein christlich-geschichtlich verstandenes Kriegerideal
kann dem mönchischen Ideal nicht auf die Dauer widersprechen.
Für die Karolingerzeit hat dies Theodor Siegrist in Notkers ›Gesta
Karoli Magni‹ schön aufgewiesen [4]. Mindestens für die Gestalt des
Königs wird entgegen der älteren Unvereinbarkeit der Ideale (z. B.
bei Johannes Chrysostomus) eine neue Einheit von Frömmigkeit
und Kriegertum gesehen. Das Mönchtum hat kämpferische Züge
und das Kriegertum eine christliche Bestimmung; es ist dieselbe
Adelsgesellschaft, die beides trägt. Diese Einheit war von jeher vor-
bereitet in der biblischen Metaphorik vom christlichen Leben als
Kriegsdienst, die dann besonders für die monastische Literatur
(Benediktinerregel, Cassian) bezeichnend wird: der Mönch und der
fromme Christ überhaupt als *miles*, als *heros*, als *athleta Christi*.
Christus selbst ist der Kämpfer für das Heil, ist Triumphator und
Weltenherrscher. Eine derart grundlegende Metaphorik und Alle-
gorie (etwa auch bei Prudentius) gibt auch der Sache, dem Kriegertum, selbst ein durchaus positives Vorzeichen, ob es nun der
römische Soldat, der fränkische Gefolgsmann oder schließlich der
Ritter war. Im Sinne des frühmittelalterlichen konkreten Denkens
mag auch der äußere Kampf eines christlichen Königs und seiner
Leute durchaus als Abbild und Äquavalent geistlicher *militia
Christi* verstanden worden sein, ohne daß es im einzelnen einer religiösen Rechtfertigung bedurfte [5].

Erstaunlich ist nicht dieses Ideal und damit auch der dichterische
Typus des ›Ludwigsliedes‹, sondern die Tatsache, daß dieser in deutscher Sprache vereinzelt blieb. Er kam hier offenbar nicht auf gegen
das alte Heldenlied; die Heroenzeit der Germanen war die Wan-
derzeit, wogegen Frankreichs heroische Epoche bereits christlich und
besonders karolingisch ist. Die französische „Heldensage" beruht
auf den im Kern karolingischen Stoffen der ›Chanson de geste‹. Es
ist wichtig, den Unterschied grundsätzlich zu sehen: dort der Recke

---

[4] Theodor Siegrist, Herrscherbild u. Weltsicht b. Notker Balbulus.
Untersuchungen zu den Gesta Karoli, Diss. Zürich 1963, S. 73, 98.
[5] Etwas gewagt darüber Friedrich Heer, Aufgang Europas, Wien—
Zürich 1949, S. 154 ff., besonders 159 f.

mit seinem schicksalhaften Kampf in seiner ausweglosen, episch
dichten Welt, hier der christliche Kämpfer gegen die Heiden, in geschichtlicher Funktion, im Spannungsfeld irdischer und göttlicher
Wirklichkeit. Solche christliche Heldendichtung mag sich — später
wenigstens — mit der Legende berühren (obwohl der christliche
Held kein Heiliger sein muß), und sie teilt ihre heilsgeschichtlichen
Kategorien mit der Historiographie; doch bleibt sie eine Konzeption *sui generis*. Und sie ist auch von der späteren ritterlichen Dichtung zu trennen, wo der Kampf zum persönlichen Abenteuer in
einer ungeschichtlich-idealen Welt geworden ist. Diesem Roman
gegenüber ist die christliche Heldendichtung wie die germanische
von archaischem Charakter. In beiden Fällen handelt es sich um die
Schöpfung eines "heroic age", einer bestimmten sozialen Entwick-
lungsstufe einer in die Geschichte eintretenden Kultur. Und darum
sehen sich germanische, karolingische und altjüdische Züge unter
Umständen so ähnlich. Himmel und Erde sind in dieser christlichen
Heldendichtung nahe beieinander, ja scheinen oft ineinander überzugehen. Gott spricht unmittelbar mit seinen Helden, Roland wird
seinen Handschuh in den Himmel reichen. Der geistliche Bereich ist
nicht „jenseitig", sondern hat reale Präsenz; der geschichtliche Vorgang ist unmittelbar Strafe oder Lohn, Tapferkeit und Frömmigkeit sind fast dasselbe. Dennoch ist der Unterschied zwischen
dieser christlichen Welt, mit ihrer Spannung und Stufung der
Wirklichkeit und ihrem geschichtlichen Horizont, und der heidnisch-
germanischen Heroik scharf genug. In das heroische Zeitalter des
Frankenreichs fällt zugleich die Anverwandlung eines reifen Kultur-
erbes.

Damit ist freilich auch gesagt, daß eine solche christliche Heldendichtung, zumal für Deutschland, keine endgültige Lösung sein
konnte. Wenn es das große geistesgeschichtliche Thema des Mittelalters ist, wie sich germanisches und christliches bzw. christlich-
antikes Erbe auseinandersetzen und wie sich das Verhältnis der
irdischen zur himmlischen *civitas* in immer neuen Formen, Analogien, Synthesen und Gegensätzen zu etablieren sucht, so bedeutet
dies auch, daß andere Möglichkeiten offenbleiben, daß die Spannung zwischen mönchischem und kriegerischem Ideal nach andern
Lösungen ruft. Das bedeutendste Beispiel, ebenfalls alleinstehend

und doch von grundsätzlicher gattungsmäßiger Tragweite, ist der ›Waltharius‹. In dieser christlich-mönchischen (und zugleich antikischen) Fassung germanischer Heldensage ist nicht eine alttestamentarische Einheit erstrebt, sondern im Gegenteil die Spannung ausgespielt und die Lösung in einem ironischen oder humoristischen Gleichgewicht gesucht. Überhaupt muß ja wohl in den epischen oder romanhaften Großformen der Konflikt ausgeführt werden. Ein neuer Weg der Synthese bahnt sich — wenn Werner Braun recht hat [6] — im 10. Jahrhundert an; in der Hagiographie, bei Odo von Cluny zuerst, kann nun auch ein Ritter als solcher zum Heiligen werden, und darauf wird im ›Ruodlieb‹ die vorbildliche Laufbahn eines christlichen Edelmannes entworfen, als erster Vorbote des im freien Raum der bretonischen Märchenwelt sich entwickelnden Ritterromans.

Doch zunächst bleibt die Frage, warum es nach dem ›Ludwigslied‹, bis zur Übertragung der ›Chanson de Roland‹ und bis zu Wolframs ›Willehalm‹, keine deutsche Heldendichtung dieser Art gibt, keine deutsche ›Chanson de geste‹. Die mächtige Konkurrenz des einheimischen Heldenliedes, die im französischen Westen offenbar wegfiel, wurde schon erwähnt. Man könnte auch erwägen, ob der Kampf gegen die Heiden und Barbaren (Normannen, Sarazenen), der in Frankreich als geschichtliche Realität die Chanson prägt und die überzeugende Form eines christlichen Kriegertums darstellt, in Deutschland eine Entsprechung hatte. Die Sachsen, gegen die Karl der Große alttestamentarisch grausam vorging, wurden schließlich bekehrt und zum Reichsvolk; die Hunnenkämpfe waren noch keine Heidenkämpfe (und die Hunnen erscheinen ja auch in der germanischen Heldendichtung in nicht unfreundlichem Licht); der Ungarnsieg Ottos auf dem Lechfeld schließlich ist zwar im ›Modus Ottinc‹ lateinisch gefeiert worden, aber ganz säkular und ohne religiöses Pathos. Das deutsche ›Rolandslied‹ und der ›Willehalm‹ stehen dann bereits auf dem Hintergrund der Kreuzzüge, die den geheiligten Krieg auf neue Weise und in persönlicherem, ritterlichen Sinn aktuell machten.

Daß das ›Ludwigslied‹ zu seiner Zeit ganz allein stand, ist aller-

[6] Werner Braun, Studien zum Ruodlieb, Berlin 1962.

dings bei der meisterlichen Sicherheit seiner Form kaum anzunehmen. Die *barbara et antiquissima carmina*, die Karl der Große laut
Einhard aufzeichnen ließ und die von den *actus et bella veterum
regum* handelten, werden von der Forschung bekanntlich als germanische Heldenlieder gedeutet. Doch der Poeta Saxo sieht darin
carmina vulgaria über die direkten Väter und Vorväter Karls, also
entweder Preislieder oder dann bereits christlich-historische Lieder
unseres Typs [7]. Die Nachricht bleibt somit unbestimmt. Dagegen
scheint es möglich, die Linie vom ›Ludwigslied‹ zu den französischen
›Chansons‹ zu ziehen. Daß das ›Ludwigslied‹ am westfränkischen
Hof entstanden sein muß (wie immer dazu die rheinfränkische
Sprache des Verfassers oder Schreibers stehen mag) [8], scheint diesen
Gedanken zu stützen. Dazu kommt ja auch, daß dasselbe geschichtliche Ereignis, die Schlacht von Saucourt, auch in der Chanson de
geste von ›Isembart et Gormont‹ ihre Darstellung findet, kontami-
niert mit andern historischen Reminiszenzen, darunter wohl auch
dem Wissen um den frühen Tod Ludwigs. Die Normannen sind zu
Sarazenen geworden, und auf seiten der Feinde steht ein Abtrünni-
ger und Verräter, Isembart [9]. Diese beiden Züge und der Tod des
Helden bilden ihrerseits wieder eine Analogie zum ›Rolandslied‹.
Über die Vorgeschichte der Chanson de geste, deren Verhältnis zu
erschließbaren älteren Liedern (über Chlothar, über Roncevaux),
den Sinn der auch sonst gelegentlich erwähnten *cantilenae rusticae*
oder *carmina*, über die Ausscheidung deutscher und germanischer
Lieder — darüber kann hier begreiflicherweise nicht gehandelt wer-

[7] Georg Baesecke, Vor- und Frühgeschichte d. dt. Schrifttums I, Halle
1940, S. 366, 469; dazu die Stellungnahme von Friedrich von der Leyen,
Das Heldenliederbuch Karls des Großen, München 1954, S. 1 f. u. 115.

[8] Ruth Harvey, The Provenance of the Old High German Ludwigslied,
in: Medium Aevum XIV (1945), S. 1 ff.; R. Schützeichel, Das Ludwigslied und die Erforschung des Westfränkischen, in: Rheinische Vieteljahrs-
blätter 31 (1966/7), S. 291 ff.; Gerold Hilty, La séquence de Sainte Eula-
lie et les origines de la langue littéraire française, in: Vox romanica 27
(1968), S. 4 ff.

[9] Die Verräterfigur wird von Georges Zink, Chansons de geste et épopées allemandes, in: Etudes Germaniques XVII, S. 125 ff., aus der deutschen Sage (Sibiche) abgeleitet.

den. Von gattungsgeschichtlicher Erwägung aus ist man geneigt, die Tradition durchgehen zu lassen: christliches Kriegertum im Rahmen der Heilsgeschichte, alttestamentarische Einheit von religiösem und nationalem Bewußtsein, die enge Verbindung von irdischem und göttlichem Wirken, vielleicht auch das Nacheinander von Niederlage (Prüfung) und Sieg im Grundriß des Geschehens kennzeichnen doch wohl einen Gattungszusammenhang vom 9. bis 12. Jahrhundert. Der Weg wird im einzelnen lange und verwickelt sein: der Einfluß des alten Heldenlieds, das Hereinwirken der Legende, der Geschichtsschreibung und schließlich des antiken Epos, damit auch das Zurücktreten des aktuellen Fürstenpreises und seiner momentanen politischen Funktion, all das wird in Rechnung zu stellen sein. Es bleibt die unschätzbare literarhistorische Würde des ›Ludwigsliedes‹, daß es der einzige unmittelbare Vertreter einer christlichen Heldendichtung deutscher Sprache und zugleich der älteste Zeuge der Gattung auf französischem Boden ist. Ob man in ihm eine deutsche Liedtradition wiedererkennt oder den vereinzelten deutschen Niederschlag einer verlorenen romanischen Gattung (wie dies Hilty [10] vermutet), ist vielleicht für das 9. Jahrhundert schon zuviel gefragt. Die Frage scheint sich angesichts der vergleichbaren lateinischen Texte und des ausschließlich lateinisch-christlichen Gehalts zu erübrigen.

[10] Hilty, a. a. O., S. 18.

Anzeiger für deutsches Altertum 68 (1955/56), S. 7—20 (gekürzt).

FRÜHE EPIK WESTEUROPAS UND DIE VORGESCHICHTE DES ›NIBELUNGENLIEDES‹ *

Von Wolfgang Mohr

Man möchte dem Buch den Titel geben 'Die Nibelungensage — was nicht im Baedeker steht'. Es rüttelt denen, die sich mit der Vorgeschichte des Nibelungenliedes beschäftigt haben, gründlich am Gewissen. Die meisten Zeugnisse, die Wais heranzieht und aus denen er sein neues Bild der Sagengeschichte gewinnt, sind einem irgendwann einmal über den Weg gelaufen, die Sagenmotive, die Wais wichtig nimmt, hat man auch schon mehrfach erwogen, aber nicht viel damit anfangen können. Man merkt jetzt, wie sehr das Bild der Sagengeschichte, das Heusler entworfen hatte, und das in die Handbücher eingegangen ist, erst durch eine geniale und — wie sich zeigt — gefährliche Kunst des Weglassens seine einprägsame Gestalt gewonnen hat. Was Wais heranzieht, war auch Heusler und seinen mittel- und unmittelbaren Schülern zum guten Teil bekannt; man hatte es als rätselhaft und unauflösbar auf sich beruhen lassen, und so war es in Vergessenheit geraten, oder man hatte es auf ein Nebengleis der Sage abgeschoben, und auch da wurde es dann mehr und mehr übersehen.

Es handelt sich um folgende Sagenzeugnisse zum Burgundenuntergang: Die Ungarnchronik des Simon de Kéza (und mit ihr zusammenhängende Denkmäler), die uns seit W. Grimms ›Deutscher Heldensage‹ vor Augen liegt und die man bisher nur sehr am Rande beachtet hatte; die Spiegelung eines 'Burgundenuntergangs' in dem

---

* [Besprechung von:] Kurt Wais, Frühe Epik Westeuropas und die Vorgeschichte des Nibelungenliedes. I. Bd., mit einem Beitrag von Hugo Kuhn, Brunhild und das Krimhildlied (Beihefte zur Zeitschrift für Romanische Philologie, H. 95), Tübingen: Niemeyer 1953, 211 S. [Überschrift und Kürzungen vom Herausgeber.]

ae. ›Finnsburh-Lied‹ und in der Völsungengeschichte von Sigmund und Signy; westeuropäische Spiegelungen in dem kymrischen Mabinogi von Branwen und in der altspanischen Heldensage von den ›Infantes de Lara‹; außerdem bekommen die sogenannten 'Nebenquellen' der ›Thidrekssaga‹ und die nordischen Balladenzeugnisse neues Gewicht. Auf der Sigfrid-Brünhild-Seite erhalten die romanischen Parallelen, der prov. ›Daurel‹ und die frz. ›Girart‹-Gesten hohen Zeugniswert. — Und es handelt sich u. a. um folgende Sagenthemen: Die Rolle Bleda-Blödels, Nuodungs Fall, der Konflikt der Attilagattinnen Herkja und Gudrun (Gdr. III der Edda), der Tod der Etzelsöhne sowohl in der Kriemhild- wie in der Dietrichsage, die Stellung Hagens, Volkers, Gernots in der Sage, die Provokationen Attilas oder Krimhilds durch Hagen, die Rache des Hagensohnes und vieles mehr, was in den bisherigen Stammbaum nicht recht passen wollte.

Heusler hatte die Sagengeschichte auf eine kleine Zahl von erhaltenen oder erschlossenen *Dichtungen* gestellt. Auch wenn man das Bild verfeinerte und noch eine gute Menge von Liedvarianten mehr hineinnahm (wogegen Heusler sich sträubte, obwohl der knappe Bestand der nordischen Lieder einige davon wirklich überlieferte, andere indirekt bezeugte), und selbst wenn man *gegen* Heusler und seine Schule ein Wachstum der *Sagen* neben den Liedern mit in die Rechnung aufnahm, so konnten bisher doch die wichtigsten Glieder von Heuslers Stammbaum wenigstens als wissenschaftliche 'Symbole' für die Entwicklungsstufen der Sage im wesentlichen bestehen bleiben. Wais will nicht nur die Glieder des Stammbaums anders ordnen; es sieht anfangs so aus, als ob er überhaupt auf die Heuslerschen 'Symbole' verzichten möchte und sie durch etwas ersetzte, das der geschichtlichen Wirklichkeit besser entspricht: „eine Unterscheidung nach ungefähren Schichten und Stufen" der Sagenentwicklung (S. 59 Anm.). In sie können nun auch all die Züge eingehen, die Heusler um seiner Lieder willen vernachlässigte oder ausschied. Wohl lassen sich ältere und jüngere Schichten erkennen, aber sie sind in den Denkmälern neben- und ineinander geschoben; Fragen nach absoluter Chronologie oder relativer dichtungsgeschichtlicher Entwicklung bleiben vorläufig unbeantwortet.

Wais hätte meiner Meinung nach ein erlösendes Wort gesprochen, wenn er diesen Standpunkt beibehalten und folgerecht durchgeführt hätte. Aber er läßt sich weiterlocken, und man muß zugeben, verständlicherweise: die neuen, überraschenden Zusammenhänge, die ihm aufblitzten, lassen ihn nicht ruhen, bis er sie zu geschlossenen, vermeintlich folgerichtigen 'Lied'fabeln zusammengebracht hat. Auf S. 61 heißt es noch: „Ein Minimum, dem die Chance der frühesten Existenz zuzubilligen ist, gilt es zu finden. Nichts anderes ist das, was ich Stufe I zu nennen vorschlage". Auf S. 80 f. ist aus dem „Minimum" an Stoff und aus der „Stufe" der kompakte Inhalt eines konkreten Liedes geworden: "Krimhildlied Stufe I a und I x. Nach alledem rundet sich das Bild *eines selbständigen Liedes*". Und nicht genug damit, auf S. 127 f., 146 ff., 163, 184 f. wird noch mehr in dies Gefäß gefüllt. Hat man die vorausgehenden Nachweise halb zustimmend, halb bedenklich mitgemacht, so ist man bestürzt, zum Schluß als Inhalt des ältesten Liedes etwas anerkennen zu müssen, das fast wie die Fabel eines barocken Staatsromans aussieht. Und so bleibt es weiterhin. In der Zusammenfassung am Schluß spricht Wais von der „Rekonstruktion *eines Liedes*, das mit seinem Reichtum an Kampfszenen nur mit dem Nibelungenliede vergleichbar ist" (S. 206 f.), er spricht von „diesem frühesten, zweifellos gotischen *Lied* vom Untergang der Attila-Söhne" (S. 207), er spricht von „*dem Dichter* (!) der Mittelschicht (Krimhildlied Stufe III)" (S. 209).

Das ist wieder ganz Heusler, und zwar gerade dasjenige an Heusler, was manche inzwischen für überwunden hielten. Für Wais gibt es nur Lieder, ein paar mehr als bei Heusler, aber doch verhältnismäßig wenige, und sie haben *ihren* einen Dichter. Er hätte von seinen Beobachtungen her notwendigerweise vom Lied weg zur *Sage* kommen müssen. Dem Begriff 'Sage' ordnen sich die Begriffe 'Stufe', 'Schicht', 'Variante' sinnvoll zu. Statt dessen bleibt er beim 'Lied' (= Sage) und läßt nicht locker, bis er am Ende doch wieder einen geschlossenen Liederstammbaum aufgebaut hat.

Seinen Lesern macht er es damit schwer. Die meisten bringen ja ihre eigene, mit Heusler übereinstimmende oder von ihm abweichende Meinung mit. Wais bietet ihnen eine Menge unerwarteter Kombinationen, aber nicht unter der Devise 'Dies gehört dazu, überlegt euch, wie es in das Bild paßt'. Sondern er zwingt den

Lesern einen neuen, lückenlosen Zusammenhang auf. Das ist zum mindesten unbequem. Die einen werden sich beim Lesen an die Fragezeichen halten, die sie oft begründeterweise setzen müssen, und sich auch da nicht gern überzeugen lassen, wo sie es eigentlich sollten. Andere werden sich, wie Wais es verlangt, beim Lesen ganz ihrer eignen Meinung entäußern und abwechselnd leise nickend oder leise kopfschüttelnd das Spiel mitspielen; aber auch dann wird man der Sache nicht recht froh, wenn man sieht, wohin es mitunter führt und wie es so restlos aufgeht. Die 'finnische Schule' der Märchenforschung, auf deren Verfahren sich Wais beruft, gerät mit ihren Arbeiten oft in ein ähnliches Dilemma: Man kommt an einen Punkt, an dem man nicht mehr mitkann, und von da an stimmt einem das Ganze nicht mehr.

Wais' neue Entdeckungen machen es nicht nur didaktisch, sondern auch sachlich notwendig, die 'Sage' wieder aus ihrer Verbannung zurückzurufen. Was Wais den 'Liedern' zuschreibt, gilt zuvörderst von ihr: „Unzählige Male mußten ihre Wege sich kreuzen . . .; Umsetzer, Übersetzer, Fortsetzer, Zersinger" sind dauernd am Werk (S. 62). Sagen sind konservativ und neuerungssüchtig zugleich, sie sind vielschichtig, Varianten kommen einander ins Gehege. Wais richtet sich an vielen Stellen danach, und ihm gelingen dann vortreffliche Schlüsse oder Erwägungen, aber immer stellt sich ihm die Vorstellung 'Lied' und 'Liederstammbaum' in die Quere. Gibt man die Vielschichtigkeit und die Variantenmischung zu, dann schwindet die Aussicht, zu glatten Stammbäumen zu kommen. Gerade daß bei Wais alles so gut zusammenpaßt und keine Lücken und Unstimmigkeiten bleiben, macht mir die Sache verdächtig. Gelegentlich merkt Wais, wohin ihn sein Verfahren führt: „In den Schlußteilen des alten Liedes muß sein Überreichtum fast bedrückend werden" (S. 168); oder S. 185 f. sein Kopfzerbrechen, wie schwer sich die Sage vom Erbstreit der Attilasöhne mit der Sage von der verräterischen Einladung Attilas vereinigen lasse: Die Sache würde glaubhafter, wenn Wais sich entschlösse, von Sagen zu sprechen, und zugäbe, daß die Sagen in vielerlei Varianten lebten und in je verschiedener Auswahl hier oder dort erzählt wurden. Man müßte wohl von diesem freieren Standpunkt her die ganzen Funde von Wais noch einmal mustern und durchdenken. Ich glaube, viele seiner Parallelen überzeugten stärker, wenn man sie aus dem starren Verbande seiner Großlieder und ihrer Stammbäume befreite, und auf manches Fragwürdige ließe sich leichter verzichten, wenn es nicht mehr als notwendiges Zwischenstück im Stammbaum dienen muß.

Nun läßt sich freilich die Existenz von Dichtungen, von Liedern und Epen, im Bereich der Heldensage nicht wegleugnen, und sie spielen ihre bedeutende Rolle in der Geschichte der Sagen. Während es bei der Sage kaum möglich ist, über ihre individuelle Gestalt, über Epoche und Raum ihres Lebens ganz deutliche Antworten zu erpressen (S. 24 f.), ist es bei Dichtungen nicht sinn- und aussichtslos, danach zu fragen. Sage und Dichtung entspringen verschiedenartigen 'Geistesbeschäftigungen' (im Sinne von A. Jolles). Die *Sage* überliefert etwas Glaubwürdiges, woran eine Gemeinschaft Interesse hat entweder weil sie in geschichtlichem Zusammenhang damit zu stehen glaubt, oder weil die Sage ihr sonst um ihres Helden oder ihres Gegenstandes willen mitteilenswert erscheint. Sie kann die Überlieferung neuen Bedürfnissen anpassen, kann sich Ereignisse, einzelne Auftritte, Kernreden, eindrucksvolle Konstellationen, die wegen ihrer Bedeutsamkeit im Gedächtnis hafteten, neu zurechtlegen, kann Verdunkeltes ergänzen, Anleihen bei fremdem Gut machen, ja sie kann einer fremden Sage in Anlehnung an ein mageres Fabulat aus dem eignen Lebensbereich mit andern Namen Heimatrecht einräumen. Die *Dichtung* verfährt im Stoffbereich der Heldensage nicht anders als sonstwo: Sie *wählt* das ihr Dienliche und Wirksame *aus* unter dem Leitbild einer 'Idee' (die in der Regel nicht thesenhaft-begrifflich, sondern dichterisch-sinnbildlich ist). Bei der Auswahl verfährt sie zumeist nicht willkürlich, sondern sie bewahrt weitgehend die von der zugehörigen Gemeinschaft anerkannte 'Wahrheit' ihrer Sage. Da Dichtung der schlicht und oft nur bruchstückhaft weitererzählten Sage an Geschlossenheit und Prägnanz oft überlegen ist, kann sie gelegentlich bestimmen, was fürderhin als Sage gilt. Je freier sie allerdings verfährt, desto eher kann sie auch den Widerspruch der 'richtigen' Sage gegen ihr dichterisch wählendes Bild aufrufen und so indirekt zu ihrer Bewahrung beitragen (vgl. u. zur Thidrekssaga).

Wie Dichtung mit Sage verfährt, läßt sich an dem Beispiel der ›Atlakvida‹ verdeutlichen, und dabei kommen einem Beobachtungen, die Wais gemacht hat, zugute. Wais ist auf die ›Atlakvida‹ ziemlich schlecht zu sprechen, wie ich glaube deswegen, weil sie ihm eben zuwenig 'Sage' und zuviel 'Dichtung' bietet. — An der sagengeschichtlichen Schlüsselstellung, die Heusler ihr gab, hat Wais kräftig weitergerüttelt; er ist nicht der erste, der es tat. Ich nehme seine Mahnung an, „daß es sich die heutige Nibelungentheorie zu leicht macht, wenn sie die eddischen Lieder weiterhin als älteste, angeblich achthundert Jahre lang im wesentlichen unerschütterte Gestalt postuliert" (S. 186) [1]. Ich halte es auch für erwägenswert, die Zweiteiligkeit der Fabel sagengeschichtlich aufzuspalten, als Kern des ältesten Guntherliedes den Heldentod Gunthers mit der Hortverweigerung anzusehen (noch im ›Nibelungenlied‹ steht sie am Ende!) und die „Ildico-These Müllenhoffs" ein wenig beiseite zu schieben (S. 40, 131); *eine* Variante der Rache an Attila bleibt die Bruderrache der Gudrun-Kriemhild immerhin, und zwar diejenige mit der sichersten historischen Grundlage. Nicht folgen kann ich Wais, wenn er behauptet, „*in Skandinavien* wird die Rache durch das Atreus-Motiv brutalisiert" (S. 135), und wenn er die Medea- und Atreusmotivik des Liedes als Verballhornung und Stümperei wertet (S. 129). Der Griff eines Dichters in die antike Heroensage, um ein überkommenes Sagenmotiv, die Söhnetötung, dichterisch zu steigern (denn darum handelt es sich hier, wie ich glaube, und nicht um einen Sagen-Anflug), ist für mich keine Stümperei, und er ist in Mittelmeernähe wahrscheinlicher als am Nordatlantik. Außerdem wirken Sprachstil und Wortschatz der ›Atlakvida‹ südgermanisch und nicht skandinavisch, und ein Stück Wortlaut der 'Atreus'-Szene scheint sich sogar bis ins deutsche ›Nibelungenlied‹ gerettet zu haben, ein weiteres Stückchen 'Urgestein' neben den Trutzworten der Hortverweigerung [2].

---

[1] Ich finde freilich, daß Simon de Kézas trüber Chronikbericht diese Würde hoher Altertümlichkeit ebensowenig verdient.

[2] Hagen begleitet im ›Nibelungenlied‹ die Erschlagung des Etzelsohns mit dem mehrdeutigen Trutzwort: *nu trinken wir die minne und gelten's küneges win; der junge vogt der Hiunen, der muoz der aller erste sin* (1960). H. de Boor (Ausg. z. St.) hat den feierlich sakralen Klang von *gelten* herausgehört: 'Wir trinken Totengedächtnis und *bezahlen* (zugleich aber: wir *opfern*) des Königs Wein'. Das doppeldeutige **gelt*, das übrigens

Die ›Atlakvida‹ gründet auf eine Sagenform, in der dem Tode Gunthers um des Hortes willen die Rache der Schwester an Attila folgte. Die Dichtung bewahrt noch das verschiedene Ethos der beiden Fabeln und gewinnt gerade daraus und aus der Anleihe an die Atreussage ihre unheimliche Steigerung. Im ersten Teil verminderte der Dichter die Zahl der Burgundenbrüder, er verzichtete auf einen oder zwei, die in der Sage längst ihre Namen und ihre Rolle hatten („in bewußter künstlerischer Ökonomie", erwägt Wais S. 96, und gerade darauf will ich auch hinaus), um die Entscheidung ganz allein auf Gunther zu stellen, denn das ist die 'Idee' im ersten Teil des Liedes [3]. Einzig deswegen wird auch Hagen geopfert — die Sage hätte wohl genauer zu begründen gewußt, daß und weswegen man ihm mißtraute. Von den Sagenvarianten 'die Burgunder ziehen bewaffnet und mit Kriegsgefolge zu Attila' und 'sie kommen unbewaffnet' wählt dieser Dichter die zweite. Die Reise geht ohne Stationen und Aufenthalte vor sich. Bei welcher Gelegenheit Attila dem Gunther 'Eide geschworen hatte' (Str. 30), sagt das Lied nicht; Wais hat aufgedeckt, was als Sage dahinterstehen könnte (S. 110) [4].

---

auch im ›Nibelungenlied‹ von dieser Stelle aus ausgestrahlt hat, begleitet aber schon Gudruns Rache in der ›Atlakvida‹: Str. 33 *út gekk þá Guðrún Atla í gǫgn, með gyltom kálki, at reifa gigld rǫgnis.* Der Wortlaut *soll* dunkel sein, er deutet ineinander und gleichzeitig etwa dieses an: 'G. ging heraus, um zu veranstalten die 'Gilde' (das Opferfest, das Totenopfer, die Opferung, die Vergeltung) des Herrschers' (Totenopfer für Gunnar? Opferung und Vergeltung an Atli?). Der Wortlaut mag auch durch die Liedwanderung in den Norden noch mehr verdunkelt sein; trotzdem bleiben gerade an dieser Stelle mit *í gǫgn* = entgegen, *kálkr, gigld, rǫgnir* genügend sprachliche Leitfossile einer südgerm. Stufe stehen. Str. 41 wird das vieldeutige Leitwort noch einmal aufgenommen: *þau lét hon gigld brœþra:* 'solches Totenopfer (und: solche Vergeltung) für die Brüder ließ sie geschehen'.

[3] Fehlen einer Rolle im *Liede* beweist nicht, daß sie der *Sage* zur Zeit des Liedes gefehlt hat. So fehlt dem elegischen *þióðrek* von ›Gudrunarkvida‹ III Hildebrand als Mitüberlebender nach der Katastrophe der Gefolgsleute. Das braucht nicht aus einer Frühstufe zu stammen, die die Gestalt des Hildebrand noch nicht kannte, wie W. S. 72 folgert.

[4] Ich halte es darüber hinaus für möglich, daß die Eid-Motivik einer Sigfriddichtung hier eingewirkt hat.

Dieselbe Sagenfassung wußte vielleicht auch zu erzählen, daß Attila einen gewissen Anspruch auf den Hort hatte (S. 162). Alles das setzte die Dichtung als bekannt voraus. Bei der Einladung Atlis schimmert das Motiv der 'Abdankung und Landesteilung' durch, das die ›Thidrekssaga‹ kennt (S. 111 Anm.). Schließlich steckt, wie Wais halsbrecherisch, aber doch wohl überzeugend nachgewiesen hat, in dem 'achten' Hunnen, den Hagen ins Feuer stößt, der Attilasohn einer Sagenfassung, die u. a. dem Mabinogi von Branwen zugrunde lag, und die mit der Tötung des Attilasohns in der ›Thidrekssaga‹ einiges gemein hat (S. 167). An dieser Stelle ist das isl. Lied offensichtlich trümmerhaft; aber es wäre es wohl nicht in dem Maße geworden, wenn seine südgermanische Vorlage hier deutlicher gewesen wäre. Sie deutete wohl nur an, was die Sage ausführlicher zu erzählen wußte: Hagen, der den Verrat durchschaut, provoziert den Feind, indem er seinen Sohn ins Feuer stößt.

Auch der Racheteil beruht anscheinend auf Sagenschichtung. Dem Dichter und seiner Hörerschaft galt die Rache Gudruns an Atli als 'Sagenwahrheit', und doch kannte er offenbar auch schon die Sage von der brüder*feindlichen* Burgundenschwester. Aus dieser Sagenfassung wird doch wohl das Motiv des Goldsäens und des Hallenbrandes stammen, nur da hat es pragmatischen Sinn: Kriemhild wirbt mit Gold Helfer wider die Nibelungen, und sie räuchert sie mit Feuer aus ihrer Saalverschanzung [5]. In der 'Strategie' von Gudruns Rache in der ›Atlakvida‹ bleiben diese Züge sinnlos, aber sie bekommen im Liede ihren höchst eindrucksvollen, *dichterischen* Sinn als Symbole für das Ende eines Mächtigen der Erde, der der Rache einer Frau zum Opfer fällt.

Das Lied hat sich auch dichterischer Modelle bedient. Die Einladungsszene, die es eröffnet, ist so stark nach dem Vorbild der ›Hunnenschlacht‹ stilisiert, daß in den nord. Text sogar einige Wortlaute der Hunnenschlacht geraten sind. Vielleicht wirkt in der Eid-Strophe (30) das Muster eines Sigfridliedes nach. Es hat auch

---

[5] Für die *brenna* in der ›Atlakvida‹ hatte dies schon G. Neckel erschlossen (Beiträge zur Eddaforschung S. 189 f.). Er fand damit bei der Forschung nicht viel Gegenliebe, aber ich halte seine Folgerung doch für wahrscheinlich.

Prägungen gefunden, die bis ins mhd. ›Nibelungenlied‹ nachwirkten (die Hortverweigerung, die giǫld rǫgnis). Es ist vom ersten bis zum letzten Wort als Dichtung überzeugend. Wollte man aber die Sage nacherzählen, auf der es beruht, so ergäbe sich ein seltsames und oft nicht einmal folgerechtes Konglomerat aus vielerlei Schichten. Man würde der Sage nicht einmal gerecht, wenn man sie als Zusammenhang wiedergäbe, denn so hat sie als Sage wohl nie gelebt. Man müßte sie auflösen: Der Dichter wußte dies und jenes von Gunthers Ende und von der Rache seiner Schwester an Attila; er kannte außerdem noch diesen und jenen Zug aus andern Sagenvarianten und wählte daraus aus, was ihm zu seiner Dichtung diente. Keine Sage gab er vollständig wieder, und was er andeutete, ergänzten sich die Hörer aus ihrer Sagenkenntnis. — Ich will keineswegs behaupten, daß der Sagenhintergrund der ›Atlakvida‹ genau so und nicht anders gewesen sein müsse. Mir lag nur daran, an einem Beispiel zu veranschaulichen, wie ich mir das Verhältnis vom Liede zur Sage grundsätzlich denke.

Wais selbst hat den Eindruck, daß er ein Erdbeben in der Nibelungenforschung angerichtet habe. Er wird nicht erwarten, daß sich seine Mitforschenden gleich in dem veränderten Gelände häuslich einrichten werden; es ist noch schwierig, sich darin zurechtzufinden. Auch ich kann nur einige vorläufige Eindrücke von meinen ersten Streifzügen durch die neue Nibelungenlandschaft wiedergeben. Wahrscheinlich wird mein Gesamtbild einmal etwas anders aussehen als das von Wais, auf jeden Fall werden dessen Konturen nicht so scharf sein wie bei ihm. [. . .]

Am Anfang steht bei Wais nicht mehr die dichterische Verbindung von Burgundenuntergang und Tod Attilas. Er spaltet, wie schon R. C. Boer es tat, den Untergang Gunthers und der Seinen um des Hortes willen als selbstgenügsames Thema ab, und damit mag er recht haben. Hinter den Ereignissen der 'Rache' aber erkennt er eine ältere Schicht, in der es ursprünglich um die Machtkämpfe der Attilasöhne nach des Vaters Tode ging. Die Sage sah sie als Stiefgeschwister, Söhne einer byzantinischen (Kreka-Herkja-Helche) und einer germanischen Gattin Attilas (der späteren Kriemhild). Hunnische Vielweiberei und hunnisches Doppelkönigtum gaben den

Kulturhintergrund. Früh schon spielte Dietrich von Bern als Helfer der 'Germanenpartei' in der Sage eine Rolle; anscheinend war er auch mit dem Bruder Attilas, Bleda, in Konflikt geraten. Auch ein Proto-Hagen läßt sich erahnen. Wais geht bei der Rekonstruktion dieser Zusammenhänge von Simon de Kézas Chronikbericht aus und füttert dies magere Kälblein mit so vielen von der Burgunden- und der Dietrichsage mitgeschleppten Motiven, bis ein Prachtstück von Riesen-Sagenstier daraus erwachsen ist. Mir geht es mit dieser hypothetischen frühesten Kriemhild-Stufe von Wais ähnlich wie mit H. de Boors Hypothese einer frühesten Sagenstufe von Sigfrid am Burgundenhofe (Hat Siegfried gelebt?, in PB Beitr. 63 [1939], S. 250—271). Es läßt sich in der Tat da etwas erahnen, was hinter der später umgestalteten Sage liegt und in ihr noch weiterwirkt. Man wird in Zukunft mit dieser Sagensstufe rechnen müssen. Ob sie aber die Konturen und die Ausmaße hatte, die ihr Wais gibt, scheint mir fraglich zu sein. Gerade daß sich ihm die von weither zusammen- geholten Stücke so schön zu einem nicht sehr übersichtlichen, aber doch zusammenhängenden Romangeschehen fügen, stimmt mich be- denklich. Die Namen- und Sagenkombinationen, die Wais vorlegt, sind zum großen Teil fesselnd und erwägenswert: S. 65 Aladarius (Kéza) — Aldrian (ThS); S. 68 Chaba-'Kewe' (Kéza) — Geva longa (färöischer ›Högna þáttur‹); S. 74 der Riese Ecke — Ellak (?); S. 67 Werbulcho (Kéza) — Werbel (NL); S. 70 f. der Konflikt der beiden Frauen Attilas auch im 3. Gudrunlied der Edda; S. 74 ff. das ›Eckenlied‹ als Zeugnis für die Sage vom Fall eines Attilasohns; S. 76 f. die Blödel-Nuodung-Sage und ihre Spiegelung in der däni- schen Ballade ›Greve Genselins Bryllup‹. Aber müssen die Sagen, die dahinterstehen, unbedingt alle in die älteste Schicht zurück- geschoben werden, auf daß dort aus dem Vielerlei eine klare Einheit werde? Gehört nicht auch die ungarische Hunnensage zum größten Teil eher einer hochmittelalterlichen 'Mittelschicht' an? d. h. hat sich in ihr nicht ein schmaler Bestand an 'alter Kunde' aufgebessert mit Namen und Motiven der späteren deutschen Burgundensage, und stammen Kriemhild und Dietrich nicht eher aus diesem Zufluß? [6]

[6] Man müßte die Hunnensage Kézas auch einmal mit den Nachweisen von Parallelen zwischen ›Nibelungenlied‹ und ungarischer Geschichte des

Wais neigt dazu, seiner Frühstufe sehr viel zuzumuten, und ich gebe ihm zu, daß die Verlockung am Material liegt, das bisher eben keiner vor ihm so zusammengesehen hat. Aber mir fehlt etwas das Mit- und Durchdenken aller Eventualitäten, die z. T. auch die ältere Forschung schon erwogen hatte. Wais hat großen Mut, sich zu entscheiden; mitunter ist es aber ratsamer, die Dinge in der Schwebe zu lassen.

Erst auf der II. Stufe rückt bei W. die Sage von Gunther und Attila (die Hortfabel) an die Sage vom Erbstreit der Attilasöhne heran. Jetzt erst geht die Handlung zu Lebzeiten Attilas vor sich, Kriemhild wird eindeutig zur Burgundenschwester; ihre Rache an Attila spielt wahrscheinlich noch nicht hinein. Nun wandern die Helchesöhne aus der Kriemhildsage in die Dietrichsage ab (Stufe III). Dadurch entsteht im Schluß der Kriemhildsage ein gewisses Vakuum: „Durch das Ausscheiden ihrer Stiefsöhne verlor Kriemhild, bisher dank ihrem Mutter-Ehrgeiz im Thronstreit eine der Hauptpersonen, an dramatischem Daseinsrecht; bevor sie es durch die Sigfrid-Richtung neu erwarb, konnte sowohl ihr Dulderinnen-Dasein als ihre Rächung der Brüder ausgebaut werden" (S. 94). Jetzt erst stellt sich demnach die Rache an Attila ein, entweder in Anlehnung an die historischen Fakten von Attilas Tod als Kriemhilds eigenhändige Rache, oder in der Sagenform der 'Rache des Hagensohnes', oder schließlich: Attila bleibt ungeschoren, weil Kriemhild unter dem Einfluß der Sigfridsage Rache an den Brüdern nimmt (Stufe IV).

Wichtig ist hier die Vermutung, daß die Helchesöhne nicht geradesweges aus der Geschichte, sondern aus einer frühen Stufe der Kriemhildsage in die Dietrichsage gelangt seien, und daß sie, nachdem sie dort Heimatrecht gewannen, in ihrer alten Sage unmöglich wurden. Wais bringt bei dieser Gelegenheit wertvolle Gedanken zum frühen Wachstum der ›Rabenschlacht‹. Wir erkennen das Weiterwandern eindrucksvoller Kern-Szenen von Sage zu Sage oder in diesem Falle wohl schon von Lied zu Lied. Zu dem Topos der Dietrichsagen, der Klage des Helden über gefallene Freunde (ich

10. Jh.s konfrontieren, die Bálint Hóman gegeben hat: Geschichten im Nibelungenlied, in: Ungar. Jahrb. III (1923), S. 135—156, 195—219.

habe mich schon eine ganze Weile in dies Motiv verliebt, und ich bin gespannt, ob Wais es auch in der ›Chanson de geste‹ wiederfinden wird), hat er Treffendes beizutragen (S. 78, 85 ff.). Die Raben-schlacht-*Dichtung* (bei Wais Stufe III) hat anscheinend in der Dich-tungsgeschichte der mittleren Heldensage eine ähnliche Schlüssel-stellung wie das Lied von der Hunnenschlacht in der 'gotischen' Schicht. „Die Helchesöhne waren ein verwegenes Leihgut, aber der Erfolg von ›Rabenschlacht Stufe III‹, *der größte deutsche Literatur-erfolg bis zu Luthers Bibelübersetzung*, gab dem Wagstück recht" (S. 92 f.).

Wais gewinnt Zeugnisse für seine Sagenstufen aus einer Reihe von Denkmälern, die mit anderm Personal die Burgundensage nacherzählen: ›Finnsburh‹, Völsungensage, Mabinogi von Bran-wen, ›Infantes de Lara‹. Den nichtgermanischen Zeugen stehe ich vorläufig noch lernend gegenüber; über die ›Infantes‹ könnte ich erst dann zutreffend urteilen, wenn ich die Rekonstruktion der spanischen Sage und ihr Verhältnis zur heimischen Geschichte selber genau durchgeprüft habe. Bei der Völsungensage und dem ›Mabino-gi‹ bin ich überzeugt, daß die Burgundensage Modell gestanden hat, bei den ›Infantes‹ scheint es mir wahrscheinlich, bei ›Finnsburh‹ schwanke ich noch. In all diesen Fällen muß zuvor gefragt werden, wie die *genuine* Sage ausgesehen haben mag, die da in den Sog der Kriemhildsage geraten ist, und wo die Kontaktstellen gewesen sein mögen, die die Verfremdung der Sage möglich gemacht haben. Wais übergeht diese Frage nicht, aber er läßt der genuinen Sage be-denklich wenig Raum. Man muß mit folgenden Möglichkeiten rech-nen: Intakte Sagen übernehmen von fremden Sagen wirkungskräf-tige Einzelheiten oder Motivreihen. Verdunkelte Sagen hellen sich auf, indem sie Stücke oder ganze Verläufe fremder Sagen überneh-men. Schließlich der extreme, fast hochstaplerische Fall: Eine fremde Sage wird mit Haut und Haaren vereinnahmt, indem man sie mit andern Namen wiedererzählt. Im Umkreis der Sagen von Artus-helden hat man dies letzte Verfahren wohl tatsächlich geübt, und die späteren Artusromane treiben es munter weiter.

Bei den ›Infantes de Lara‹, die ja ihren eignen geschichtlichen Mutterboden haben, muß von der ersten oder allenfalls der zweiten Möglichkeit ausgegangen werden. Ich schaue nicht genügend durch, um die Kriemhild-Motive vom Selbstgewachsenen scheiden zu können. Mir fallen z. T. auch andere Parallelen ein: Der Frauenstreit, der die komplizierte Handlung in Gang bringt (Nr. 5 in Wais' Wiedergabe S. 140), gemahnt mich etwas an den Streit der Königinnen im Sigfrid-Teil der Nibelungensage. (Kannten die ›Infantes‹ schon beide Sagen in ihrem späteren Zusammenhang?) Wais denkt dabei vielmehr an die streitenden Attilagattinnen oder -witwen seiner (erschlossenen) Frühststufe (S. 146).

Beim Mabinogi von Branwen wird man auch der heimischen Schicht, die darunterliegt, etwas mehr zubilligen müssen als Wais es tut. Er sollte m. E. den Zauberkessel, die Wiederbelebung der Toten, den vergifteten Speer getrost als bodenständig keltisch preisgeben [7]. Übrigens scheinen neben Motiven der Burgundensage auch Kudrun-Züge in das Mabinogi geraten zu sein: Die Behandlung der Heldin als Küchenmagd, die Ohrfeigen, die sie bezieht, die Vogelbotschaft, die Heimholung Branwens. (Die Kudrunsage hat uns ja schon, ähnlich wie jetzt die Nibelungensage, durch ihre 'europäischen Ausstrahlungen' überrascht.)

[7] Ich gebe versuchsweise einen Kompromiß zu bedenken: Die Anstöße kommen von der Burgundensage her und werden keltisch umgefärbt. a) Die Quelle überlieferte das Wort Hagens: Wir haben so viele Hunnen erschlagen, und es kommen doch immer wieder neue (›Thidrekssaga‹). Ein nordwestlicher Erzähler (färöische Balladen, Mabinogi) machte daraus in Anlehnung an heimische Sage Wiederbelebung der Toten. b) Hagens Worte *nu brinn ek af mínum brynju ringum* (›Thidrekssaga‹, ›Grimhilds Hævn‹) wird von dem Kelten mit seinen heimischen Zauberkessel-motiven assoziiert (W. erwägt dies S. 169, aber gibt es dann wegen seiner wenig überzeugenden anderweitigen Parallelen zum Kessel-motiv preis). c) Zu 'Gunthers' Ende schlage ich mit Vorbehalt folgende Stufenfolge vor: Älteste Stufe: Der Schlangenhof ist Metapher für hartes Gefängnis, Gunther 'liegt so hart gefangen bei Nattern und bei Schlangen' (R. Petsch, in PBBeitr. 41, S. 171 ff.). Dann wurden die Schlangen wörtlich genommen, die Sage machte sich Gedanken darüber, wie Gunther sich ihrer erwehrt und wie er schließlich doch durch ihr Gift umkommt (›Atlamál‹, Proto-Völsungensage). Unter Einfluß der Kenning Kampf-Natter für 'Speer' könnte sich dann die Giftschlange in den (wieder gut keltischen) vergifteten Speer des ›Mabinogi‹ verwandelt haben.

Die Sigmundsage in der ›Völsungensage‹ hatte ich mir bisher so zurechtgelegt: Unter der unverkennbaren 'Kriemhild'-Schicht liegt eine 'echte' Völsungensage, der etwa diejenigen Züge angehörten, die O. Höfler in seinen ›Kultischen Geheimbünden‹ für seine Zwecke hatte gebrauchen können, nämlich das anekdotische Sagenbündel über ein Geschlecht von Weihekriegern, mit Initiationsriten, Werwolfdasein, Odinsheldentum, vielleicht auch Inzest. Diese wohl ziemlich zusammenhängende Familiensage hat dann Züge einer späten Fassung des Burgundenuntergangs vom Typ 'Rache des Hagensohns' angenommen und ist dadurch zu einer großartigen, freilich schon etwas übersteigerten und 'manieristischen' Rachesage geworden. Ich glaube, auch wenn ich meine Auffassung gegen Wais' neue Funde abgewogen habe, werde ich im wesentlichen bei ihr bleiben. Seltsam berührt mich, wie sehr meine ästhetische Wertung der Sage (die wohl nie zum Lied geworden ist) hier, wie bei der ›Atlakvida‹, von Wais abweicht.

Für das ›Finnsburh-Lied‹ scheint Wais anzunehmen, daß ihm so gut wie nichts an eigener Sage zugrunde liegt — ein neuer Vogel ganz aus fremden Federn. Anfangs haben mich hier die Parallelen am wenigsten überzeugt, aber man müßte vielleicht doch erwägen, ob das Lied nicht einen heimischen Sagenstoff nach dem Vorbild eines Liedes vom Burgundenuntergang stilisiert hat. Ich habe mich schließlich sogar zu einigen weiteren Beobachtungen in Waisscher Richtung hinreißen lassen, die ich wenigstens anhangsweise mitteilen möchte, wenn ich auch noch nicht recht daran glaube; sie mögen zeigen, welchen Verlockungen man bei der Lektüre von Wais' Buch erliegen kann [8].

[8] Eine Crux im ›Finnsburhlied‹ ist, daß die Friesen nach dem Leichenbrand Hnæfs in ihre Heimat zurückkehren: *Gewiton him da wigend wica neosan, freondum befeallen, Frysland geseon, hamas ond heaburh* (Beow. 1125). Fand also der Kampf um Finnsburg nicht im Friesenlande statt? (Siehe Hoops, Kommentar zum Beowulf, 1932, S. 132 ff.) — Die ›Atlakvida‹ hat einen ähnlichen sonderbaren Szenenwechsel nach Gunnars Tode: *Atli lét l a n z s i n s á v i t ió eyrskáan aptr frá morði* (32); er . . . *frá morði þ e i r a G u n n a r s komnir vóro ór myrkheimi* (42). Offenbar ist die Halle des Burgundenuntergangs (an der Grenze des Hunnenlands, nahe dem *Myrkviðr?*) nicht mit dem *bœr Buðlunga* (42) der Racheszene

Wie weit diese Zeugnisse hinreichen, um die Sagenschichtung, die Wais gefunden zu haben glaubt, zu stützen, wage ich noch nicht zu entscheiden; ich habe vorläufig den Eindruck, daß er seiner erschlossenen ältesten Schicht zuviel zutraut. Sie gruppieren sich mehr oder weniger dicht um die ›Thidrekssaga‹ und ihre Balladenverwandten (Wais, Kap. V). Allerdings gehören sie alle noch nicht zu der Sagenstufe, in der Kriemhild ihren Gatten an den Brüdern rächt, und das ist in der Tat bemerkenswert. Unter den germanischen Denkmälern bekommt die ›Thidrekssaga‹ wieder einen sehr hohen Rang als Sagenzeugnis. Das ist nicht verwunderlich. Sie ist dem ›Nibelungenlied‹ sagengeschichtlich überlegen, weil sie eben Sagen wiedergeben will und nicht Dichtung schafft. Vielleicht erzählt sie in der Tat, wie Panzer wiederum verfochten hat, streckenweise das hochmittelalterliche Nibelungenepos nach. Aber wo das Epos mit dichterischer Freiheit verfuhr, wo es auswählte und wandelte, da besinnen sich die Gewährsleute der ›Thidrekssaga‹ auf die alte, die 'richtige' und 'wahre' Sage zurück; sie wissen es eben besser als das Epos (z. B. wie es bei der Tötung des Etzelsohnes zuging), und sie wissen mehr als das Epos (z. B. Hagensohnrache). Man sollte einmal versuchen, das Verhältnis der ›Thidrekssaga‹ zum ›Nibelungenlied‹ unter diesem Blickwinkel zu sehen; vielleicht klärt sich dann die unbefriedigende Diskussion über die Priorität der Fassungen des einen oder des anderen Denkmals.

Der große Gewinn, den das Buch von Wais gebracht hat, ist der, daß wir jetzt der Ausstrahlung germanischer Heldensage bis ins Keltische und Romanische sicher sein können. Die Parallelen zwischen der ›Thidrekssaga‹-Gruppe und der Völsungensage einerseits, dem Mabinogi von Branwen andrerseits zeigen an, daß zwischen den nordischen Gattungen Fornaldarsaga und Ballade und ihren deutschen Entsprechungen und dem keltischen Sagengut ein Austausch bestand, und ich bin sicher, daß da noch eine ganze

identisch. — Im Mabinogi wird eigens eine Riesen-Halle gebaut, um die vielen Gäste unterbringen zu können (Wais S. 107). Dies wieder erinnert an den seltsamen 'Baumgarten' der ›Thidrekssaga‹, in dem die burgundischen Gäste untergebracht werden, weil kein genügend großer Saal da ist. — Zusammenhänge?

Menge mehr zutage kommt. Auch zwischen germanischer Heldensage und -dichtung und westlicher ›Chanson de geste‹ und ihren
Vorstufen gab es Zusammenhänge. Die Parallelen, die Wais gefunden
hat, sind im einzelnen mitunter kühn, manche wird man auch strei-
chen müssen, aber es bleibt genug übrig, was die Zusammenhänge
grundsätzlich sichert [9].

Wann die große Zeit dieses germanisch-westeuropäischen Sagen-
austausches war, bleibt noch dunkel, ebenso die Wege und die Formen. Wais legt sich berechtigterweise vorläufig noch nicht fest, aber

---

[9] Ein paar Anmerkungen zu Einzelheiten. — Die Parallelsetzung der
Bewaffneten in den Mehlsäcken (›Mabinogi‹) mit der Schlange im Mehl-
beutel (›Völsungasaga‹), dem Bierfässerversteck (ebd.) und den Ochsenhäuten (›Thidrekssaga‹) macht einen anfangs etwas schwindlig. Ich
gestehe allerdings ein, daß ich mir beim ersten Lesen von Wais'
Branwen-Kapitel, ohne schon zu wissen, was später kommen würde,
bei den Mehlsäcken 'Sinfjötli!' an den Rand schrieb. — Ich möchte
dazu noch eine andere Weise der Verknüpfung zur Erwägung stellen:
Die Bewaffneten, die ihre Harnische unter den Mänteln verborgen
haben ('zweiter' Donauübergang der ›Thidrekssaga‹) verwandeln sich
bei einem geschichtenkundigen Erzähler in das Ali-Baba-Motiv des
Verstecks Gewappneter in Ledersäcken. Der Zug müßte dann auf die
andere Front, von den Burgunden auf die Hunnen gewandert sein (hunnische Hinterlist!). Im ›Mabinogi‹ ist das Motiv noch intakt, nicht mehr
verstanden lebt es in den Ochsenhäuten der ›Thidrekssaga‹ nach. In der
Sigmundgeschichte wird es zur Mutprobe unter Einfluß der Initations-
proben-Motivik der ursprünglichen Sigmundsage. — In den ›Infantes‹
ist das Motiv der absichtlichen *Provokation des Gegners* ('Attila') interessant, das auch im ›Mabinogi‹ eine Rolle spielt. Es ist in der Tat ein
Begleitmotiv auch der Burgundensage, bis hin zu der Aventiure *Wie er
niht gen ir uf stuont* des ›Nibelungenlieds‹, der man m. E. zu
Unrecht ihre altertümliche Thematik abspricht. Nur die spezifischen
Weisen der Provokationen, die sich in den ›Infantes‹ und im ›Mabinogi‹ finden, sollte man nicht so unbedenklich in die Frühgeschichte der
Burgundensage schieben, wie es S. 164 geschieht. — Die ›Infantes‹ scheinen
übrigens so in das Thema 'Provokation' verliebt zu sein, daß die Szene
des Kleidertrocknens nach dem Flußübergang (S. 152) in ihnen 'volks-
etymologisch' umgedeutet wurde: die Königin fühlt sich durch das Vor-
zeigen der Unterkleider provoziert. Es sieht so aus, als ob die ›Infantes‹

er scheint ziemlich frühe Zeiten zu vermuten. So etwas wie eine 'innere Chronologie' der Denkmäler scheint sich mir jedoch abzuzeichnen. Wais' älteste Sagenschicht um Kriemhild wirkt noch sehr geschichtsnah; mir rundet sich das nicht zur Liedfabel — eher Fragmente einer völkerwanderungszeitlichen 'Hofüberlieferung', an der man noch lange weiterfabuliert hat. Die heldenhafte Auseinandersetzung Gunthers und Attilas um den Hort, in der Gunther gerade durch seinen Tod Sieger bleibt, scheint mir schon bei den Burgunden zu Anfang des 6. Jahrhunderts zum Heldenlied geworden zu sein, das im ersten Teil der ›Atlakvida‹ Spuren hinterlassen hat. Es verherrlichte germanisches Königtum; da werden die Männer noch miteinander fertig, und der geistige Sieg genügt. Der Gudrun-Schluß der ›Atlakvida‹ befriedigt schon Bedürfnisse und Wunschträume andrer Art; die poetische (oder anfangs die sagenhafte) Gerechtigkeit fordert Rache, und man erdenkt und erdichtet sich die dämonische Rache einer Frau an einem der Mächtigen der Erde. Die Sagenstufe aber, die am stärksten nach Westen ausgestrahlt hat, führt als ihren besonderen Zug die Rache des Hagensohns mit. Das Thema selbst (der nachgeborene Rächer, in höchster Not gezeugt, und gefährdet bis zu dem Augenblick, wo er seine Tat vollbringen kann) ist eines der weitest verbreiteten in der europäischen heroischen Sage und Dichtung. In dieser Sagenform herrscht der etwas gepfefferte Heroismus einer schwierigen und späten Rache. Das Einfache und Wahrscheinliche mundet nicht mehr, man erbaut sich an dem Sieg unter künstlich schwierig gemachten Bedingungen; eine

da eine Fassung des 'Kleidertrocknens' bezeugen, in der die Burgunden waffenlos zu den Hunnen kommen (in der ›Thidrekssaga‹ bewaffnet!). Die Varianten 'bewaffnet — unbewaffnet' ziehen sich anscheinend lange Zeit durch die Geschichte der Sage, und jeweils ist dabei das Ethos der Sage verschieden. — In dem Finnsburh-Abschnitt (S. 180) fällt beiläufig eine gute Beobachtung zum ›Nibelungenlied‹ ab, die auch dann ihren Wert behält, wenn man auf die Finnsburh-Parallele zur Burgundensage verzichtet: Die Volker-Szenen des ›Nibelungenliedes‹ sind auseinandergerissen und auf eine breitere epische Strecke verteilt; ursprünglich liegt wohl eine einheitliche Szene zugrunde. Wer der Volkergestalt beikommen will, wird überhaupt bei Wais allerlei Anregung finden.

äußerst gedehnte epische Zeit spielt oft als retardierendes Moment mit. Es ist der Sagentypus, dem auch die Völsungenrache (mit dem Leitthema 'noch sind nicht alle Völsungen tot') oder die Rache Amleths angehören. Er ist gewiß innerlich jünger als die adlige Heroik von ›Hunnenschlacht‹, 'Guntherlied' (im Sinne Wais' = 1. Teil der ›Atlakvida‹) ›Hildebrandlied‹. Aber vielleicht ist der soziologische Abstand von jenen Dichtungen wichtiger als der chronologische: Schon die Wielandsage und das Wielandlied erzählten ja die schwierige, fast aussichtslose und 'kalte Rache' eines sozial Gedrückten an einem Mächtigen.

[. . .]

Darin liegt das Bedeutsame an Wais' erstem Bande seiner Sagenforschungen: Jetzt schon läßt sich von ferne das Bild einer europäischen Sagengeschichte erahnen. Ob wohl die Beschränkung auf Westeuropa auf die Dauer genügt, oder ob sich nicht auch der Osten an diesem Sagenaustausch beteiligt hat? Wie steht es mit den Bylinen und mit den russischen 'Brünhild'-Märchen? Zu dem Austausch der heroischen Stoffe kommt dann außerdem noch die breite Schicht novellistischer, 'spielmännischer' Fabeln hinzu, auch sie vom östlichen Mittelmeer bis zum romanischen Westen reichend; ich meine das Gebiet, das Th. Frings zu erschließen begonnen hat. Das Mittelalter ist eben in mehr als einer Hinsicht 'europäisch':

„Man kann dieses Gesamteuropäische von der Idee des heiligen Reiches her sehen, von Caesar, vom Papsttum, von Cluny, vom Lateinertum und Bücherhumanismus. Man kann es aber auch . . . als ein sehr frühes doppelpoliges Widerspiel, als einen Austausch zwischen Altnordeuropa und der frühen mittelmeerischen Welt begreifen" (Wais, S. 27).

Wais hat dies Stück europäische Dichtungsgeschichte von den Sagenstoffen her aufgeschlossen; ich habe dazu empfohlen, von den Dichtungs-*Formen* vorläufig zu schweigen, damit der *Sagen*geschichte die allzu starren 'Lied'-Stammbäume erspart bleiben. Aber man wird auch einmal an den Formen- und Formelschatz der mittelalterlichen heroischen und novellistischen Überlieferung heranmüssen. Zu den Formen und Topoi aus der Antike im mittelalterlichen Abendland (E. R. Curtius) und den Formen und Symbolen der christlichen Überlieferung werden einmal die heroischen und spielmännischen Topoi hinzukommen; sie werden an Bestand und Wirkungskraft den antiken nicht unterlegen sein, und es wird sich erweisen, daß sie in gleichem Maß das Bild gemeineuropäischer Dichtung mitgeprägt haben. [. . .]

V. FRANZÖSISCHE HELDENDICHTUNG

V. FRANZÖSISCHE AUFKLÄRUNG

Germanisch-Romanische Monatsschrift 23 (1935), S. 283—298.

ÜBER URSPRUNG UND CHARAKTER
DES WESTROMANISCHEN HELDENEPOS

Von ALWIN KUHN

Wohl kaum ein Problem hat die romanistische und zugleich germanistische Forschung so anhaltend in seinen Bann gezogen, wie die Frage nach dem Ursprung des Heldenepos, und keines hat so verschiedene, einander entgegengesetzte Antworten gefunden. Ist es für die Germanistik heute wohl sicher, daß der Weg vom kurzen Heldenlied zum Epos geführt hat [1], so stehen wir in der Romania noch mitten im Kampf der Meinungen, noch scheiden sich streng die Geister, strenger wieder als vor zwei Jahrzehnten, wo es den Anschein hatte, als sei der Streit durch die Forschungen Bédiers endgültig entschieden.

Da nun in der Romania nur Nordfrankreich und Altkastilien selbständige schöpferische Leistungen im Heldenepos hervorgebracht haben, drängt sich auf die Frage nach dem Woher zunächst die Möglichkeit germanischen Ursprungs in den Gesichtskreis des Beurteilers, oder sagen wir: germanischer Anregung. Denn wir müssen bei unserer Untersuchung scheiden zwischen literarischer Gattung, Stoff- oder, strenger genommen, Motivkreis und äußerem Gewand, in dem der Stoff auftritt. Je nachdem, welchen der drei Gesichtspunkte man bei der Betrachtung in den Vordergrund gerückt und die beiden andern mehr oder minder dabei vernachlässigt hat, ist man zu den widersprechendsten Ansichten gekommen, die Betrachtung von andrer Seite her auszuschließen schienen.

Durch die Frage nach dem Anteil des germanischen Elements an der Entstehung der romanischen Epik, den die ersten französischen

---

[1] H. Schneider, Deutsche und französische Heldenepik, in: Zeitschr. f. dt. Phil. 51 (1926), S. 200 ff.; vgl. hier auch: Lebensgeschichte des altgermanischen Heldenliedes, in: Dt. Vierteljahresschr. f. Lit. u. Geistesgesch. 12 (1934), S. 1—21.

Forscher auf diesem Gebiet nicht gering anschlugen («L'Esprit germanique dans une forme romane» nannte G. Paris das afrz. Epos) und den Pio Rajna 1884 noch stärker betonte und erwies, berührte man gleichzeitig die Entstehung des Heldenepos überhaupt, also das Wie der literarischen Gattung. Und hier trennten sich sogar die Meinungen derjenigen, die sich über den germanischen Grundcharakter des afrz. Epos einig waren. Glaubten Fauriel 1824, angeregt durch die deutsche Romantik, Herder, Wolf, die Brüder Grimm, Lachmann, und nach Bekanntwerden des Oxforder Rolandstextes 1837 später Léon Gautier an kurze germ. Volkslieder lyrischer Form und epischen Inhalts, sog. Kantilenen, die in einfacher Aneinanderreihung durch einen Rhapsoden das Epos ergeben hätten, hielt Gaston Paris an dieser Vorstufe der Kantilenen fest, die gleichzeitig mit oder kurz nach den Ereignissen entstanden wären und die er seit Karl dem Großen auch auf frz. Boden vermutetete, so brachte Paul Meyer gleich danach (1865) den fortschrittlicheren Gesichtspunkt der bloßen Anregung durch solche Zeitlieder oder sogar den der Anregung *nur* durch die mündliche Überlieferung der Sage. Einen weiteren Schritt tat Pio Rajna, indem er auf die poetisch gefärbten Überlieferungen der die merowingischen und karolingischen Ereignisse behandelnden Chroniken und auf die Übereinstimmung einer Anzahl von Stoffen und Motiven, auf ähnliche oder gar gleiche Ausdrucksweise durch formelhafte Wendungen in der frz. und germ. Heldenepik hinwies. Aus allem zog er den Schluß auf eine gemeinsame germ. Wurzel; die Vermittler an Karolinger und Capetinger seien die Franken gewesen. Dabei postulierte er allerdings ein merowingisch-fränkisches Epos, ohne daß er es jedoch sichern konnte. Heut kennen wir das germ. Heldenlied wenigstens stofflich und seiner Stammeszugehörigkeit nach so weit, daß H. Schneider (1934, S. 16) die für uns ungemein wichtige Feststellung machen kann: „Die Franken halten die Spitze . . . Ungewöhnlich starken Eindruck hinterläßt in der Dichtung des 6. Jahrhunderts das Merowinger-Reich und seine Zustände; vor allem natürlich in der fränkischen."

Diese schon in alten Chroniken zutage tretende Stoff- und Motivgemeinschaft zeigt, daß die Annahme einer späteren, bloßen gegenseitigen Entlehnung aus den schon bestehenden germ. oder rom. Epen nicht unbedingt der einzige Weg zur Erklärung der verwandten Züge im Heldenepos der beiden Völker ist, und auch die Hypothese der Kantilenen wird entbehrlich. Vielmehr tritt nun der Gedanke der individuellen Schöpfung, bei Kristoffer Nyrop 1888 aus dem nationalen Volksgute der Heldensage noch in Form von Aneinanderreihen bestehender kurzer, nunmehr aber epischer Lieder durch einen berufsmäßigen Sänger, bei Ph. A. Becker dann 1907 durch die begnadete Inspiration des Dichters, immer beherrschender in das Zentrum der Forschung. Er bekommt durch J. Bédier 1912—13 in den geistvollen Analysen der ›Légendes épiques‹ seine klarste, aber daher auch rationalistischste Ausprägung; und diese muß dann ihre eigene Schwäche verraten durch den jusqu'auboutisme von Boissonnade, der sie 1923 in seinem anregenden und von tausend Gedanken schillernden Buch ›Du nouveau sur la Chanson de Roland‹ auf die Spitze treibt und dabei auf Konstruktionen verfällt, die ihrerseits den nach Bédiers Bildersturm eingeschüchterten Vertretern einer älteren Überlieferung den Mut zur Kritik an dieser Bédierschen Theorie geben und so die letzten Arbeiten zum frz. Heldenepos von Carl Voretzsch [2], und Friedrich Schürr [3], spez. zum ›Rolandslied‹ von Ferd. Lot [4], Robert Fawtier [5] und Edmond Faral [6], von Albert Pauphilet [7] und schließlich Michele Catalano [8] hervorrufen.

[2] Alter und Entstehung der französischen Heldendichtung, in: Arch. f. d. Stud. d. n. Spr. 134 (1916), S. 294—308, sowie: Spanische und französische Heldendichtung, in: Modern Philology 27 (1929—1930), S. 397—409. M. Wilmotte, Le français à la tête épique, Paris 1917, vertritt die Abhängigkeit vom *mittellateinischen Heiligenleben*; Salverda de Grave, Over het onstan van het genre der chanson de geste, Amsterdam 1915, hingegen nimmt *lat. epische Tradition* an, während W. Tavernier schon vorher in seinen Beiträgen zur Rolandforschung, in: ZfSL., Bde. 36—41 *antiken Einfluß* sieht.

[3] Das altfranzösische Epos, München 1926.

[4] La Chanson de Roland, à propos d'un livre récent, in: Romania 54 (1928), S. 357 ff.

[5] La Chanson de Roland, Etude historique, Paris 1933.

[6] La Chanson de Roland, Etude et Analyse, Paris 1933.

[7] Sur la Chanson de Roland, in: Romania 59 (1933), S. 161—198.

[8] La data della ›Chanson de Roland‹, in: Archivum Romanicum 18 (1934), S. 381—390.

Fragen wir nun die Epen selbst um Auskunft! Was ist vorhanden? In Frankreich in erster Linie das ›Rolandslied‹, entstanden wohl in der zweiten Hälfte des 11. Jahrhunderts und das Rückzugsgefecht Karls des Großen mit dem Tode Rolands und der zwölf Pairs in den Engpässen der westlichen Pyrenäen aus dem Jahre 778 schildernd. Weiterhin, an Alter kaum weniger ehrwürdig, das ›Wilhelmslied‹, das sich zu einem ganzen, fast organisch anmutenden Zyklus auswuchs: in der Reihenfolge der Geschehnisse ausgehend vom ›Couronnement Louis‹, das also zunächst wie das ebenfalls alte Epos von ›Gormunt und Isembert‹ ein Ludwigslied war, in dem aber schon Wilhelm den Königssohn in den Schatten stellt, zu den anschließenden, von andrer Hand stammenden Epen, ›Charroi de Nîmes‹ und ›Prise d'Orange‹, wo wir Wilhelm als den Vormund und Retter des jungen Königs finden; die Erinnerung an den karolingischen Grafen Wilhelm v. Toulouse, der am Ende seines kampfreichen Lebens das Kloster S. Guilhem-le-Désert im Hérault gründet und nach seinem Tode dort als Heiliger verehrt wird, spielt nun herein und macht aus dem Epenhelden den christlichen Streiter gegen die Ungläubigen, bis ihn nach unausgesetztem Kampf am Ende auch im Lied die Klostermauern umschließen: ›Le Moniage Guillaume‹ ist der dichterische Niederschlag. Mit seiner eigenen Geschichte eng verquickt ist die seines Neffen Vivian im ›Covenant Vivien‹ und im ›Aliscans‹, „der kunstvollsten und straffst gebauten aller Chansons de geste" [9], die beide wiederum ihr Urbild im Doppelepos des ›alten Wilhelmsliedes‹ (›Archamp- und Rainorat-Lied‹) haben. Andere Zyklen, wie um Karl den Großen, also die sogenannte Königsgeste, Vasallen- und Empörergesten runden den bunten Kranz der afrz. Epik.

Halten wir uns hier an das ›Rolandslied‹, da es mit das älteste und auch das schönste der uns erhaltenen afrz. Epen ist, und da infolgedessen bei ihm die Entstehungsverhältnisse wenn auch nicht klar, so doch am meisten durchforscht sind; und fragen wir zunächst nach dem Zeitpunkt, vielleicht daß wir wichtige Aufschlüsse über die Art der Entstehung bekommen! Eine erste Durchsicht seiner Nachdichtungen zeigt uns, daß es vor der deutschen Bearbeitung

[9] H. Schneider (1926), a. a. O., S. 209.

durch den Pfaffen Konrad (etwa 1131—35) entstanden sein muß; andererseits können wir die Verse 370 ff. « Merveilus hom est Charles ki cunquist Puille et trestute Calabre; vers Engletere passat-il la mer salse », da Karl d. Gr. weder Apulien noch Calabrien, noch England erobert hat, das Ganze, wie wir noch näher sehen werden, aus dem zeitgenössischen Geiste heraus verstehend, nur auf die Züge der frz. Normannen 1054—59 nach Sizilien und Unteritalien und 1066 nach England deuten. Nun ist unter diesen Eroberungen Karls (d. h. übertragen auf die des damaligen Frankreich) mit keinem Wort des Heiligen Landes erwähnt, woraus man also entnimmt, daß der erste Kreuzzug noch nicht vorüber ist, wir also nach diesem einen Kriterium auf die Zeit zwischen 1066 und 1096 kämen.

Und damit stehen wir schon mitten im Gewoge leidenschaftlicher Erörterung. In dem richtigen Gedanken nämlich, das Werk aus seiner Entstehungszeit heraus aufzufassen, ist Bédier zu der Ansicht gekommen, es sei ein Produkt der ritterlichen und religiösen Begeisterung der auf den ersten Kreuzzug folgenden Jahre, und sieht ihren Niederschlag im Zuge Karls, des Hauptes der abendländischen Christenheit, gegen den Erbfeind, den Islam; und da Karl in Spanien gewesen ist und die Kämpfe gegen den Halbmond in Spanien jetzt eben während des 11. Jahrhunderts von neuem entflammt sind und unter der Mithilfe zahlreicher frz. Ritter, also gleichsam Kreuzfahrer im Abendland, die schönsten Früchte getragen haben, verlege der Dichter diesen Entscheidungskampf des Glaubens in und südlich vor die Pyrenäen. Das ganze Gedicht atme die Begeisterung für die Sache der Christenheit und den glaubenskämpferischen Mut der abendländischen, besonders frz. Ritterschaft, verkörpert in Roland und seinen 12 Pairs, die zugleich die edelsten Vertreter altfrz. Vasallentreue und heldischen Opfermuts des 11. Jahrhunderts seien.

Bestechende Auslegung, die Bédiers Schüler Boissonnade zu weiterer Präzisierung vieler Einzelheiten hinriß: nach fleißiger und geschickter, mitunter aber schon gewaltsam scheinender Identifizierung der im Gedicht vorkommenden Völkernamen des Abend- und Morgenlandes vertritt der auf drei Fronten gegen den Unglauben kämpfende Karl das in Spanien, in Unteritalien und im

Morgenland siegreiche frz. Glaubensrittertum; nach Lokalisierung fast aller span. Ortsnamen auf das obere Aragon und Navarra, das der Dichter aus eigener Anschauung, vielleicht sogar als Mitkämpfer kennen sollte, ist Karls Belagerung von Córdoba die einer maurischen Festung Cordres nördlich des Ebro geworden; die Kämpfe mit Marsiles und Baligant das Sinnbild für die Einnahme Zaragozas durch Alfonso el Batallador von Aragon unter vorwiegender Mitwirkung der Franzosen im Jahre 1118; da noch kleinere Gefechte festgelegt werden können, kämen wir auf die Entstehungsjahre 1120—25 für das ›Rolandslied‹. Boissonnade läßt die Blüte der altfrz. Ritterschaft, durch dynastische Bande mit Aragon, Navarra, Kastilien vielfach verknüpft, vor uns Revue passieren, und teilt jedem (manchmal auch zwei zugleich) die Rolle eines der 12 Pairs, vielleicht sogar die Karls zu. Das ›Rolandslied‹ also eine grandiose Verherrlichung von Frankreichs Kampf gegen den Islam in Abend- und Morgenland, dabei ein wahrer Schlüsselroman!

Ce n'est pas la lointaine expédition de 778, dont on ne savait presque rien; ce ne sont pas des chants ou des légendes populaires, dont on n'a pas retrouvé trace; ce n'est pas un effort de reconstitution archaique, qui ont inspiré le trouvère. C'es le spectacle de l'effort héroique et continu accompli par le monde chrétien et surtout par la France, pour la défense de Dieu et pour le triomphe de la foi. La Chanson de Roland est inséparable des croisades, non seulement de celles d'Espagne . . ., mais encore de toutes les croisades de cette même période, quoique à un moindre degré. (Boiss. S. 237 f.).

Diese mit hinreißendem Pathos vorgetragene These ist aber nur zur Hälfte richtig und damit als Ganzes unzutreffend. Ihre Identifizierungen erscheinen dem vorsichtig und gewissenhaft nachprüfenden Ferd. Lot als Konstruktionen, und eine Reihe von Zeugnissen zwingen uns — wie es übrigens Bédier 1927 selbst tut — ins 11. Jahrhundert zurückzugehen. Gewiß spiegelt das Lied auch die religiöse Begeisterung der Glaubenskämpfe; aber die Hilfszüge der Franzosen gegen die Omajaden dauern schon das ganze 11. Jahrhundert an, nehmen besonders seit den ersten päpstlich propagierten Zügen von 1064 stark zu. Gewiß predigt der streitbare Turpin, der im Lied eine glückliche Vereinigung von germanisch-kriegerischem Geist und christlicher Frömmigkeit darstellt, den Kampf

gegen den Unglauben, aber so etwas geschah schon vor dem ersten
Kreuzzug, und es sind Zeugnisse, daß himmlische Belohnung für
den Tod im Glaubenskampf gegen den Islam versprochen werden,
schon weit früher zu belegen [10].

In seiner Erkenntnis nun, daß nach dem ganzen Charakter des
›Rolandsliedes‹ als einer Verherrlichung des Glaubenskampfes unmittelbar nach oder während dem ersten Kreuzzug — wir würden
wenigstens sagen: zur Zeit der spanischen Reconquista in der
2. Hälfte des 11. Jahrhunderts — das klerikale Element neben dem
volkstümlichen, heldischen einen gewichtigen Anteil an der Entstehung des Liedes haben mußte, hatte Bédier den Ursprung in der
Legendenbildung im Umkreis der Klöster gefunden, die irgendeine
Rolandstradition wahren konnten; und diese lagen für ihn längs
der frz. Zuführungswege zur Pilgerstraße nach dem Heiligtum von
Santiago, das 968 von den Normannen vergeblich bestürmt, 997
von Almanzor zerstört worden war. Nach seiner Wiedereroberung
und Aufrichtung ziehen immer von neuem große Scharen von
Rittern, von Klerikern, besonders den Cluniacensern aus Burgund,
die sofort alle wichtigen kirchlichen Posten in den zurückeroberten
Gebieten besetzen, und von Laien als Pilger diesen « camino
francés » und bevölkern ihre eigenen Viertel in nordspanischen
Städten. Doch auch längst vorher schon: bereits unter den Karolin-
gern, so in der Zeit von 793—827 sind mindestens 10 frz. Feldzüge
in Nordspanien nachgewiesen [11]. Die Pyrenäenpässe und -straßen
stellen schon seit Jahrhunderten militärische, bald auch religiöse
und kulturelle Verbindungslinien zwischen den beiden Seiten des Gebirges dar. An ihnen, d. h. in den dort gelegenen Klöstern und heiligen Stätten findet das geistige Leben der Zeit im Gewoge der Feldzüge und Fahrten einen Stütz- und Ruhepunkt. Wenn überhaupt,
so werden in ihnen Traditionen, auch lokaler Art, gepflegt, Erzählungen, Berichte, Legenden gesammelt und bewahrt « Avant la
chanson de geste, la légende, légende locale, légende d'église; au

---

[10] (1015); Fawtier, a. a. O. [s. o. Anm. 5], S. 85, Anm. 2 nennt Tavernier.

[11] A. Hämel, Frz. und span. Heldendichtung, in: Neue Jahrb. f.
Wissensch. und Jugendbildung 4 (1928), S. 39.

commencement était la route jallonnée de sanctuaires », sagt daher Bédier [12].

Schon vor ihm hatte Ph. A. Becker darauf aufmerksam gemacht, wie die Lokalsage an den Rolandsgedenkstätten zu Beginn des 12. Jahrhunderts „geschäftig waltete, genährt durch die eifersüchtige Rivalität zweier Städte" [13].

In der Tat tauchen zu dieser Zeit bei Ronceval Namen der Rolandsliedhelden auf: *Vallis Caroli*, die *Crux Caroli* auf der Paßhöhe von Cize, das Rolandshospiz usw. und scheinen die Heimat der Rolandslegende und damit des ›Rolandsliedes‹ auf die Santiago-Pilgerstraße zu verlegen. In Wahrheit aber treten diese Zeugnisse erst relativ spät auf, so die *Crux Caroli* zwischen 1098 und 1110, die Kirche der Mönche von Sainte Foy de Conques von Ronceval 1100—1114, die dortige Abtei nicht vor 1130; und das ungefähr seit der Jahrhundertwende (1071—1110) in Ibañeta 1 km nördlich von Ronceval bestehende *Monasterium S. Salvatoris* trägt seit 1127 plötzlich den Namen *Capella Caroli Magni*; erst seit 1150 wird das *Hospitale Rotolandi* erwähnt und das *Vallis Caroli*, durch das Karl d. Gr. nie gezogen ist und das dem ›Rolandslied‹ in der Topoymie seines Pyrenäenkampfes ebenso unbekannt ist wie die *Crux Caroli* und die *Capella Caroli*, gar erst im ›Pseudoturpin‹ 1160 [14].

Es scheint uns daher eher umgekehrt, als ob das ›Rolandslied‹ dazu beigetragen habe, daß Kirchen und Kultstätten sich diese durch das Lied berühmt gewordenen Namen zugelegt und zunutze gemacht hätten. Und die Konkurrenz der heiligen Stätten, von der schon Becker spricht, wird noch deutlicher, sobald es sich um die Rolandsreliquien handelt, um das Schwert Durandal und das Hifthorn Olifant. Die verschiedenen Versionen und Hss. des Liedes berichten ganz voneinander abweichend über beider Schicksale. Im Oxforder Manuskript legt Karl Rolands Horn in Saint Seurin zu Bordeaux nieder; diese Auszeichnung für St. Seurin hat aber den Ort, der nach einem Zeugnis von 1109 (Hugues de Fleury; nach Fawtier S. 132) und nach dem Oxf. Text Rolands Grab in seinen

---

[12] La Chanson de Roland comm. par J. Bédier, Paris 1927, S. 30.
[13] Grundriß der altfrz. Literatur, Heidelberg 1927, S. 33.
[14] Pauphilet, a. a. O., S. 164—67; Fawtier, a. a. O., S. 145.

Mauern barg, nämlich Blaye, nicht ruhen lassen, und in einer späteren erweiterten Version, die heut im Trinity College in Cambridge aufbewahrt wird, beeilen sich die geschäftigen Kleriker von Blaye, sowohl das Schwert wie das Horn als Kostbarkeiten für sich in Anspruch zu nehmen. Da aber die Autorität der ursprünglichen, besten und bekanntesten, eben der Oxford-Version wohl über das Schicksal Durandals nichts verlauten läßt, Olifant aber bereits der Abtei St. Seurin zugesprochen hatte, mußte man in Blaye sich notgedrungen zur Preisgabe Olifants entschließen und überführte es in der Cambridge-Version als « indigne » von Blaye nach St. Seurin, sich so immerhin Durandal und wenigstens den scheinbaren ersten Besitz von Olifant sichernd (Fawtier S. 126).

Alles dies spricht also eher dafür, daß der Ruhm des ›Rolandsliedes‹ die Usurpation von Namen der Rolands- und Karlslegende an Stätten der Pilgerstraße zur Folge gehabt hätte und nicht umgekehrt das Lied diesen ihm gänzlich unbekannten Heiligtümern seine Entstehung zu danken brauchte. Uns liegen die Wurzeln eines Heldenepos und zumal eines ›Rolandsliedes‹ tiefer als in einer frommen Spekulation mit der Klosterlegende. Sie bemächtigt sich vielmehr erst im Laufe der Entwicklung, nicht schon zur Geburt seiner und läßt dann im 12. Jahrhundert Werke wie das lat. Rolandslied, das ›Carmen de proditione Guenonis‹ als Reklamedichtung für das normannische Kloster Ronceval, oder den ›Pseudoturpin‹ als eine solche für Santiago de Compostela entstehen. Heldenlegenden und Heldenlieder gerieten zwar in die Mauern und damit den Schutz der Klöster, auch derjenigen an den berühmten Pilgerstraßen, aber doch erst nach längerer Wanderung mit dem Spielmann, der von Hof zu Hof, wohl auch mit seinem Herrn und Gönner ins Feld zog. Warum denn kennen alle Rolandslieder den *Pilgerweg nach Santiago* bis auf eine, das älteste, ursprüngliche, das der Oxf. Hs.? Warum denn kennen alle Epen des Wilhelms-Zyklus die *Voie Regordane über das Kloster Gellone* (S. Guilhem-le-Désert), Wilhelms eigene Gründung und Grabstätte, bis auf das älteste, die ›Chanson de Guillaume‹? Weil das Heldenlied erst im späteren 11. Jahrhundert unter klösterliche Vormundschaft geriet, weil es in seinen ältesten und ehrwürdigsten Vertretern und seinem Ursprung, im ›Haager Fragment‹, im mit ihm sich berührenden

›Wilhelmslied‹, davon relativ frei war; und doch nur deshalb sind uns die ältesten Zeugnisse, diese reinen echten Heldengesänge in so geringer Zahl überliefert, weil erst mit steigendem Einfluß durch klösterliche Bevormundung das Werk einer Aufnahme in die Klosterbücherei für würdig erachtet wurde, weil erst im 11. Jahrhundert mit der klerikal beeinflußten Unterstellung aller Helden unter den zentralen Gesichtspunkt: Karl als Schirmherr der Christenheit, als glänzende Vereinigung der beiden großen Mächte des Mittelalters: Reich und Kirche, weil erst mit Umdeutung aller Schlachten in Glaubenskämpfe (sind doch außer den Basken im ›Rolandslied‹ sogar die 881 bei Saucour besiegten Nordmänner im ›Gormont und Isembert‹ zu Sarazenen umgedeutet) dem Liede diese kirchliche, sozusagen offizielle Wertschätzung zukam, wohl auch weil infolge der nun unter der Klerikerhand machtvoll angeschwollenen Verszahl gegenüber dem kurzen Lied erst jetzt eine schriftliche Fixierung wirklich notwendig wurde.

So läßt sich zwar in einigen Epen das kirchliche, klösterliche Zwischenglied erweisen, sei es im Lied von ›Ogier dem Dänen‹ (demselben, der bei Ronceval die Vorhut führt) die Verehrung von Othgerius und Benedikt im Farokloster zu Meaux, sei es die Magdalenenlegende im ›Girard von Roussillon‹; oder es knüpft sich die Schlacht bei Saucour im ›Gormont und Isembert‹ vielleicht mit an die von den Normannen niedergebrannte Abtei Saint-Requier (Becker S. 34). Aber dabei schöpft der Dichter doch aus dem Reichtum der nationalen Vergangenheit, der Stoff fließt ihm aus mannigfachen Quellen der Überlieferung zu und wird unter seiner schöpferischen Tat zu neuem, selbständigem, individuellem Leben erweckt. Dabei mag er sich in manchem ändern, und je ferner die historischen Ereignisse liegen, in je längerer Kette von Spielleuten, von Sängern, von mündlicher Weitergabe der Stoff, das Motiv umgeformt worden ist, desto weiter wird es sich u. U. vom realen historischen Sachverhalt entfernt haben. Daher ist es falsch zu sagen, es handle sich in dem und jenem Epos um einen unwahren Bericht; nein, es handelt sich um eine Dichtung; denn dem Künstler kommt es bei seinem Stoff nicht sowohl auf historische Treue von Chroniken, ja letztlich überhaupt nicht so auf den äußeren Stoff als auf dessen epischen Kern an. Namen, Orte, Zeit, Reihenfolge der Geschehnisse können abgeändert, ersetzt, vertauscht, erweitert, unterdrückt werden, wenn nur der Kern, das Motiv bleibt, das dem Dichter aus Erzählungen, Legenden, geschichtlichen Aufzeichnungen zugeweht wurde, das des treuen Vasallen, des Empörers, des schwachen Königs, der schutzlosen Fürstin, des nachgeborenen Rächers. Deshalb geht es nicht an, wie es die Bédier-Schule tut, im Epos ein geographisch historisch getreues Spiegelbild, etwa im ›Rolandslied‹ das der Glaubenskämpfe des 11. und der ersten beiden Dezennien des 12. Jahrhunderts zu suchen und aus ihm herauszulesen. Das wäre einem Dichtwerk gegenüber zu realistisch gedacht. Sicher hat der Dichter des endgültigen, vor uns stehenden Epos an seinem Werk „gearbeitet", komponiert, gefeilt, geschliffen, radiert; das betrifft ja wohl die Konzeption des Ganzen, die äußere Formvollendung, die Komposition, die Straffung des Geschehens; das ist und bleibt die ungeschmälerte individuelle Leistung des Dichters, und daran müssen wir festhalten. Aber er steht nicht allein, nicht in einem seelisch-geistigen Vakuum; er ist Glied seines Volkes, tief in ihm verwurzelt, zieht seine besten Anregungen aus ihm. Und darauf kommt es an: auf diesen seelischen Nährboden, dieses Angefülltsein mit Erinnerungen und Traditionen der eigenen Geschichte, die sich in abgeschliffener, verkürzter Form mündlich durch die Generationen als kostbares Nationalgut forterben. Fällt in diesen aufnahmebereiten und an epischen Keimen schweren Boden der lebenspendende Strahl des Genies, so erleben wir den glücklichen Zufall oder sagen wir besser Zusammenfall, daß in schöpferischer Leistung das Werk entsteht.

So sind die ältesten Chansons letztlich nicht rein literarischen, vor allem nicht rein klerikalen Ursprungs, wurzeln vielmehr, und zwar ohne Vermittlung der episch-lyrischen Kantilenen, tief in der nationalen Vergangenheit; wobei wiederum die vermittelnde Legenden- oder Sagenbildung nicht gleichzeitig mit den geschichtlichen Ereignissen zu entstehen braucht, sondern sie lebt vielleicht erst einige Generationen nach dem Tod des Helden, etwa auf Grund von Erzählungen durch Zeitgenossen und Augenzeugen aus der Erinnerung im Volk wieder auf, wird als stolzes Erbteil weitergegeben und aus irgendeinem nationalen oder dynastischen Anlaß zu einem kurzen epischen Lied geformt.

Denn auch das Gewand, die vollendete Form, in der das altfr. Epos gleich mit Beginn seiner Überlieferung uns entgegentritt, ist nicht das Verdienst eines Dichters oder einer Dichtergeneration des wenn auch großen und hinreißenden 11. Jahrhunderts, so wenig wie das eben behandelte Moment der literarischen Gattung und der Motivkomplexe. Wir würden ja sonst gleich zu Beginn der Gattung des Heldenepos seine höchste Vollendung erleben und nur seine Fortentwicklung im Sinne einer Verbreiterung, Verflachung, seinen zunehmenden Hang zum Wunder, zur grotesken Übertreibung, vor uns ablaufen sehen. Das altfrz. Epos begänne den Abstieg im Augenblick seiner Geburt. Es muß wohl ein Aufstieg dagewesen sein, wenn auch nur ein kurzer, steiler, und zwar nicht von der kirchlichen Tradition der Hymnen und Litaneien wie im episch-lyrischen Heiligenleben (Alexius mit Assonanz!), sondern von der nationalen Tradition der Preis- und Heldenlieder her.

Und in der Tat zeigen uns hier das vorher liegende ›Haager Fragment‹ und das älteste ›Wilhelmslied‹, das alte ›Gormuntlied‹ und das von ›Girart de Roussillon‹ in allem einen großen Abstand zur ausgebildeten Chanson de geste. Das ›Haager Fragment‹ ist dabei, wenn auch in lat. Sprache, immerhin ein Stück altfrz. Epik und nicht eins der sogenannten Zeitgedichte. Aus ihm, das man für die lat. Prosaübung von Schülern hält, hat man das ursprünglich lat. Gedicht von Hexametern rekonstruieren können; und da es in seinem echt epischen Inhalt Anklänge an die Maurenkämpfe verrät und die Namen seiner Helden in späteren Chansons de geste wie ›Aymeri de Narbonne‹, ›Nerbonois‹ und ›Karlsreise‹ wiederkehren, hat man es tatsächlich in diesem Gedicht mit der spätestens in den Anfang des 11. Jahrhunderts fallenden lat. Übersetzung einer alten kurzen Chanson aus dieser Zeit oder noch früher zu tun. Und wieder haben wir es nur dem glücklichen Umstand, daß es sich um eine zu Schülerübungen für würdig erachtete Dichtung handelte, zu verdanken, wenn die Kunde von dem Lied überhaupt zu uns gelangt ist. Wie oft mag uns solch gütiger Zufall nicht so gewogen gewesen sein, uns den Stoff schon in der zweiten Stufe seiner Überlieferung, d. h. also bereits aus der Sage zum Lied geformt, aufzubewahren.

Noch weitere Zeugnisse liegen vor dafür, daß es einen altfrz. Heldensang lange vor dem Ende des 11. Jahrhunderts gab, wo uns das Epos zuerst und doch schon vollendet entgegentritt. So wird 1028—31 *in einer Chronik* Karls Reich entgegen den historischen Tatsachen (in einer Chronik!) bezeichnet als *de monte Gargano usque in Cordubam, civitatem Hispaniae.* Nur im ›Rolandslied‹, wohl in einer uns unbekannten früheren Fassung, oder in der Form der Rolandslegende konnte der Schreiber diese Angabe finden:

> Seignurs barons a Carlemagnes irez.
> Il est al siege a *Cordres la Citet* (V. 70—71).

So verweist weiterhin eine *Glosse zu einer Abschrift der* ›Vita Caroli‹ *des Eginhard* eher vor als nach 1050 die Leser wegen der bekannten, vom Volk besungenen Taten Karls auf Alkuin: *Reliquua actuum eius gesta seu ea quae in carminibus vulgo canuntur de eo, non hic pleniter descripta* (Fawtier S. 81, Anm. 1). Und so hat schließlich Guillaume de Malmesbury in seiner Chronik ›De gestis Regum Anglorum‹ 1125 geschildert, wie man im Beisein Wilhelms des Eroberers vor der Schlacht bei Hastings 1066 die Krieger durch ein Lied von Roland entflammt. Wace in seiner Normannenchronik ›Roman de Rou‹ von 1160 überträgt diese Rolle dem sonst auch beglaubigten Taillefer (zit. Fawtier S. 77). Da unter den Zuhörern G. de Malmesburys noch Augenzeugen der Zeit Wilhelms des Eroberers sein konnten (hatte doch sogar Waces Vater an der Schlacht teilgenommen), kann man diesen Zeugnissen wohl Glauben schenken, zumal Einzelheiten wie der Sang vor einer solch entscheidenden Schlacht in den ersten zwei bis drei folgenden Generationen der unmittelbar interessierten Kreise genau bekannt gewesen sein werden, etwa ebenso sicher und unverrückbar fest im Schatz der nationalen Tradition verankert wie der Kampfgesang der deutschen Freiwilligenregimenter vor Langemarck in der unseren.

Die urwüchsige Art der mit dem ›Rolandslied‹ gleichzeitigen ›Chanson de Guillaume‹, ›Gormont et Isembert‹, die direkte Erwähnung der Tatsache der *gesta . . . quae in carminibus vulgo canuntur* um 1050, die Anspielung auf die Rolandslegende um 1030, schließlich das ›Haager Fragment‹, genug der Zeugnisse für einen vor Beginn der erhaltenen Überlieferung gepflegten altfrz., unklerikalen, aus nationaler Tradition schöpfenden Heldensang, wahrscheinlich in Form des kürzeren epischen Liedes!

Die Parallele zum deutschen Heldensang, wo nach H. Schneider (1926, S. 201) „das Lied kein Postulat, sondern eine Wirklichkeit" ist, wo wir „die Brücke von ihm zum Epos schlagen" können, drängt sich wieder auf.

Wenden wir nun den Blick nach anderen westromanischen Ländern! Wir finden da die Provence ganz im Fahrwasser der nordfrz. Epik. Allerdings ist bemerkenswert, daß sie nach der Anregung durch Nordfrankreich zunächst etwas Neues wagt, indem sie im 12. Jahrhundert eigene Stoffe verarbeitet wie die Geste von ›Aigar et Maurin‹, sich aber nach diesem anfänglichen *effort* mit dem ›Daurel et Beton‹, dem ›prov. Fierabras‹ etc. im 13. Jahrhundert wieder eng an das frz. Vorbild anschließt.

Um so aufschlußreicher wird uns ein Blick über die Pyrenäen hinüber sein. Die Verhältnisse im altsp. Epos sind übersichtlicher. Denn mehr als 60 altfrz. Gesten steht nur etwa ein Dutzend erschlossener altspan. gegenüber. Sofort stellt sich hier bei der Frage nach der Herkunft die Alternative: bodenständig, kastilisch-national, auf alter, evtl. gotischer Tradition beruhend oder vom altfrz. Epos abhängig?

Da jahrzehntelang vom altsp. Epos nur das 1140, also nur 50 Jahre nach dem Tode seines Helden gedichtete ›Cantar de mio Cid‹ bekannt war und sich in ihm in Lehnwörtern, bes. Ausdrücken des Kriegs und der Bewaffnung, ferner in manchen Einzelheiten, wie der Sitte des Bartschwurs, in der Erzählungstechnik oder im Aufbau frz. Einfluß tatsächlich geltend macht, war man der Ansicht und ist es teils noch heute, das altsp. Epos lasse sich als ganzes aus dem altfrz. ableiten. Dabei machte aber schon die eigentümliche Handlung des Cidliedes Schwierigkeit, die ganze Mentalität des Helden, der nicht für hohe nationale Ideale, für Spaniens Größe gegen die Mauren kämpft, nicht für seinen Lehnsherrn zu Felde zieht, sondern als Verbannter, sich ganz auf seinen geraden, nüchternen Tatsachensinn und seine kräftige Faust verläßt, sich ein eignes Besitztum, sein Reich Valencia erstreitet, der für sich und seine Familie, seine Ehre, nicht für die Spaniens, sondern als der durch Neid und Ränkesucht aus der Gesellschaft der kastilischen Großen Ausgestoßene für seine ganz persönliche Ehre kämpft. Bei allem ist er nicht ruhmsüchtig, dabei fromm, nicht pathetisch fromm

wie mancher altfrz. Held, als Kämpfer und Führer nüchtern; ihn
reißt nicht jugendlicher Überschwang fort von Kampfesmut zu
selbstbewußtem Übermut, zur *legerie*, in der Roland den frühen
rettenden Hornruf verschmäht und damit die Vernichtung der
Nachhut auf sein Gewissen lädt. Im Gegensatz zu Karl und den
Rolandshelden ist der Cid tolerant gegenüber den Mauren; so tötet
er die Gefangenen auch nicht. Dieser nüchterne praktische Sinn des
Cid, allem heldischen Pathos fern, in Kampf und Not aber zuver-
lässig und unwiderstehlich, durchzieht das ganze Cantar; und die
Sorge für seine alten Kämpfer, die ihm, als er nichts hatte als seine
Faust und seine Kraft, die Treue hielten und mit ihm in die Verbannung gingen, kommt immer wieder zum Durchbruch: wie oft
wird die Beute gezählt, geteilt; von französischer Seite hat man
gerade diese kühle, nüchterne Rechnerei dem Lied zum Vorwurf gemacht. Und doch ist sie nur ein äußeres Zeichen für eine dem jugendlichen Heldenübermut Rolands, seiner *desmesure*, ganz entgegengesetzte innere Haltung, für den gänzlich anderen Grundcharakter
beider Dichtungen. Voßler sieht daher auch „keine Spur von seeli-
scher, dichterischer oder lyrischer Verwandtschaft mit der Chanson
de Roland. Der frz. Einfluß, wie übrigens das ganze romantische
Aussehen entblättert sich, wenn man den Kern erfaßt" [15].

Charakterisieren schon hier beim ›Cid‹ das Thema des großen
kastilischen Nationalheros, der ganze unpathetische volkstümliche
Ton und die völlige Vertrautheit des Dichters mit der spanischen
Topographie, mit der heimatlichen Scholle, das Epos als eine ur-
sprünglich echt spanische Schöpfung, so wird die Ansicht der ein-
fachen Abhängigkeit des spanischen Heldenepos vom französischen
vollends entkräftet, wenn wir uns denen zuwenden, die Milà y
Fontanals und Menéndez Pidal aus späteren Chroniken, der lat.
›Cronica Najerense‹ von 1160 sowie besonders der von Alfonso X.
Sabio veranlaßten ›Primera Crónica General‹ von 1289, rekonstru-
iert haben [16]. Die Chronikenschreiber benutzten als Vorlagen alte
Lieder, sagen sie doch in der ›Primera Crónica General‹ wiederholt,

---

[15] Spanischer Brief, Eranos, Festschrift für H. v. Hofmannsthal, S. 127.
[16] De la Poesia heroico-popular castellana (1874); La Legenda de los
Infantes de Lara (1896).

daß sie nach *cantares* und *gestas* der *juglares* arbeiten. Sie übernehmen dabei deren ursprünglichen Text oft wenig umgeändert in ihre Prosaberichte, und man kann ihn manchmal aus der Chronik ablösen oder wiederherstellen. So bei den bekannten ›Infantes de Lara‹: In der Familienfehde mit den Gustios läßt Ruy Velasquez auf Anstiften seiner Gemahlin die sieben Söhne seines Gegners Gonzalo Gustios von Almanzor in einen Hinterhalt locken, nach tapferer Gegenwehr, bis die Schwerter ihren Armen entsinken, gefangennehmen und töten. Ihre Schädel werden dem Vater Gonzalo Gustios vorgesetzt, der von jedem einzelnen Abschied nimmt, bis er ohnmächtig über ihnen zusammenbricht. Eine Maurin aus Almanzors Gefolge schenkt ihm schließlich einen Sohn, Mudarra, der die Rache an Ruy Velasquez und seiner Gemahlin einst vollstrecken wird. Wer denkt hier nicht an die Motivgemeinschaft mit den ›Haimonskindern‹, mit Szenen aus der ›Thidreksaga‹! Auch am Ende des ›Wilhelmszyklus‹ klingt es an: der junge Guy schlägt dem schwerverwundeten Deramed den Kopf ab, zieht sich dadurch Wilhelms Vorwurf der Unritterlichkeit zu und rechtfertigt sich mit dem Hinweis darauf, „daß Deramed sich sonst noch einen Erben und Rächer hätte zeugen können" (Schürr S. 123).

Der Ton dieses altspan. Infanten-Liedes ist so nüchtern realistisch, so unpoetisch berichtend, andererseits Schilderung und Auffassung von Almanzor so aus der Zeit heraus, daß man es sich unmittelbar oder bald nach den geschichtlichen Ereignissen entstanden denken muß, also im 10. Jahrhundert. Dabei sind die Szenen von so erschütternder Realistik und Brutalität, daß wir nicht nur zeitlich, sondern auch der ganzen Haltung nach weit von dem mit seinen Feinden großmütigen Cid oder gar den idealistisch-überschwenglichen Helden des frz. Epos entfernt sind. Vor uns haben wir vielmehr das echte, ursprüngliche spanische Nationalepos, das epische Lied. Denn die ›Infanten von Lara‹ waren gegenüber den altfrz. Chansons kurz, etwa 1300 Verse, andere aus den Chroniken zu erschließende nationale Epenstoffe sogar in Liedern von nur 500 bis 600 Versen gestaltet, und wir müssen in ihnen die Vorstufe des ausgebildeten Epos sehen, « el tipo arcáico de la épica, . . . análogo al de la vieja épica teutónica, representada en el fragmento de Hildebrando de hacia el año 800, o de la épica escandinava en los poemas Eddicos». [17] Und da Kastilien gegenüber dem beweglichen und fortschrittlichen Frankreich am alten hängt (wie ja auch der spanische Epenvers mit seiner gänzlich unregelmäßigen Silbenzahl die erhaltene primitive Vorstufe zum Vers des altfrz. Heldenepos darstellt), legt der Analogieschluß auch für das frz. Epos diese Vorstufe nahe, die wir oben schon durch verschiedene Zeugnisse angedeutet fanden.

Nennen wir an alten spanischen Epenstoffen noch den vom letzten Gotenkönig Rodrigo, dessen Abenteuer zum ersten Mal novellenhaft und poetisch in der ›Chronica Gothorum‹ des 11. Jahrhunderts, dem ›Pseudo-Isidor‹, auftauchen, und zwar mit so verwickelt geführter Handlung, solcher Zahl von Personen, solcher Genauigkeit in Ortsnamen, daß eine mündliche Prosaüberlieferung bis dahin ausgeschlossen ist; und sogar schon im 9. Jahrhundert finden sich ziemlich abweichende arabische Aufzeichnungen dieser Sage, die teils aus arabischer, teils aus gotisch-spanischer Quelle fließen. Die ›Chronik von Nájera‹ von 1160, schon halb unter dem Einfluß der Chansons de geste stehend, bringt den Stoff wieder. Ihm schließen sich an die epischen Erzählungen von ›Fernán González‹, der Kastilien im 10. Jahrhundert die Selbständigkeit von Leon errang (die Geschichte ist außerdem in einer späteren, geistlich beeinflußten Fassung von 1250 erhalten), von der ›Condesa traidora‹ und vom ›Infante Garcia‹, die in der ›Primera Crónica General‹ besonders erwähnt wird: « dize aqui en el castellano la estoria del Romanz dell Infant Garcia » [18].

Sehen wir uns den Stoffkreis dieser primitiven spanischen Epen oder epischen Berichte an: Familienrache im kastilischen Adel, Bruderkrieg, Verrat, Untreue, Ehre; kein großes nationales Thema der Reconquista; der Maurenfürst ist noch Freund, Bundesgenosse, Helfer in der Rache. Erst mit den großen Einfällen der Almoraviden, die nach Toledos Fall aus Afrika zu Hilfe gerufen worden waren und 1087—1110 die christlichen Staaten in arge Bedrängnis brachten, ist der Maure der Feind, dem Krieg und Untergang geschworen wird.

[17] R. Menéndez Pidal, Poesia Juglaresca y Juglares, Madrid 1924, S. 325.

[18] Ib., S. 320.

Ist also bei dieser ersten ursprünglichen Art frz. Einfluß stofflich und zeitlich wie aus dem ganzen Charakter der Dichtung heraus abzulehnen, so gilt ein gleiches für arabische Herkunft. Zwar läßt jahrhundertelanger Kulturaustausch arabische Anregungen einfließen in spanische Kunst, Wissenschaft, in span. Kriegswesen, span. Landbau, den span. Wortschatz; zwar kennt das arabische Andalusien (als einziges arab. Land) „epische Stoffe aus dem 8. und 9. Jahrhundert" [19] (Gotenstoffe, abenteuerliche Ritterfahrten, Vasallentreue); aber die ihnen folgenden ältesten kastilischen Epen, die doch deren Einfluß am ersten zeigen müßten, also die ›Infantes de Lara‹ usw., haben mit den „bereits feudalistisch raffiniert anmutenden und vom Zauber einer orientalischen Zivilisation durchwobenen andalusischen Epenmaterien . . ., ihr sprachlicher Zyklopenbau hat mit dem psalmodierenden, pseudoliturgischen Sängerstil der arabischen Chroniken nichts zu schaffen" [20].

Kommen wir aber ins 12. Jahrhundert, so ändert sich der span. Epencharakter. Seit Mitte des 11. Jahrhunderts hatte frz. Zustrom an Kreuzrittern, an hohen geistlichen Würdenträgern, vor allem Cluniacensern, an Pilgern ganz besonders stark zugenommen, und mit ihnen kommen frz. Spielleute, kommt das altfrz. Epos, kommt die frz. Schrift, kommt die Gotik nach Spanien. Schon den ›Cid‹ sahen wir trotz seines nationalen Kernes, trotz seiner bodenständigen Haltung technisch unter dem neuen Einfluß von Norden, gewissermaßen das zweite Stadium des span. Epos verkörpern. Jetzt folgt das dritte: *volles Einströmen frz. Vorbilder.* So wird in späteren Dichtungen der Cid zu jener Rebellen- und Salonheldenfigur, die wir aus den Romanzen, von Guillen de Castro und von Corneille her kennen. Jetzt werden die Spanier vor allem mit den Karolingerepen bekannt; Roland, Olivier, Turpin werden ihnen vertraut; es entstehen im 12. bis 13. Jahrhundert span. Nachdichtungen wie das erst 1917 wiederentdeckte ›Cantar de Roncesvalles‹, oder ›Mainete‹, die Jugendgeschichte Karls. Doch auch hiergegen reagiert das Ehrgefühl des Spaniers. Schon 1115 lehnt sich

---

[19] Arnald Steiger, Vom Ursprung des spanischen Epos, Gauchatfestschrift. Aarau 1926, S. 279.

[20] Ib., S. 280.

der Chronist von Silos gegen die Übertreibungen der frz. Chansons auf. Ja, sogar aus der unter frz. Vorbildern entstandenen spanischen Sagenfigur des Bernardo del Carpio, auch einem Neffen Karls, wird durch nationale Reaktion gegen die frz. Überfremdung in späteren Fassungen eine span. Kontrastfigur zu Roland, ein Neffe Alfonsos VI. und Sieger von Ronceval.

Umgekehrt wurden span. Epenstoffe in Frankreich bekannt: der ›Pseudo-Turpin‹ von 1160 brachte sie mit frz. zusammen, und um die gleiche Zeit ließ sich ein frz. Dichter durch die Umwelt der Pilgerstraße, die Erinnerung an Karl und Roland in den Pyrenäen und die span. Sage vom letzten Gotenkönig Rodrigo zu seiner Geste der ›Anseis de Cartage‹, König von Spanien und Karthago, anregen. Doch die Entstehung des frz. Epos auf Grund der jahrhundertelangen Berührung überhaupt dem span. Vorbild zuzusprechen [21], geht nach all dem Gesagten nicht an.

In klarem, dreigliedrigem Bau steht das altspan. Epos vor uns: Es war in seiner ersten Zeit primitiv-bodenständig; dann national mit frz. Einschlag in der Technik; schließlich geriet es in frz. Abhängigkeit. Dabei war es in seiner reinen originalen Art realistisch, nüchtern, von unpathetischer Frömmigkeit, volkstümlich, vor einem breiten Publikum vorgetragen; das frz. seinerseits in der nationalen Tradition verwurzelt, seit Beginn der Überlieferung seiner ausgereiften Form klerikal beeinflußt, heldisch, zum Phantastischen neigend, an eine ritterliche Zuhörerschaft gerichtet. Die Provenzalen geben den Versuch, wenigstens eigenen Stoff beizusteuern, wieder auf. Ihre originale Leistung liegt in der Lyrik, die sie mit den anderen echten Mittelmeerromanen, den Katalanen und Unteritalienern, *und* den Portugiesen zu höchster Vollendung bringen, während die romanisierten Nachfahren der Franken und der Goten uns das romanische Heldenlied geschenkt haben.

---

[21] Wie es A. Hämel, Frz. und span. Heldendichtung, in: Neue Jahrbücher 4 (1928), S. 37—48 tut, vgl. hierzu bes. auch die so treffende Kritik von Voretzsch, in: Modern Philology 27 (1929—1930), S. 397—409.

Ernst Robert Curtius, Gesammelte Aufsätze zur romanischen Philologie. Bern und München: Francke 1960, S. 119—132 und 148—152 (gekürzt). [Zuerst in: Zeitschrift für Romanische Philologie 64 (1944), S. 233—320].

LATEINISCHE UND ALTFRANZÖSISCHE EPIK

Von ERNST ROBERT CURTIUS

Edmond Faral suchte 1925 in seiner Antrittsvorlesung im Collège de France den Beweis zu führen, daß fast alle Hauptgattungen der afr. Literatur aus lateinischen Gattungen entstanden seien. Allein das Epos schien eine — vielleicht doch nur vorläufige — Ausnahme zu bilden (E. Faral, La littérature latine du moyen âge, 1925, S. 18 f.). Schon vor Faral haben manche Forscher versucht, die chansons de geste aus dem lateinischen Epos abzuleiten, zuerst in immer erneuten Ansätzen der Deutsche W. Tavernier [1]. Er wollte im ›Rolandslied‹ inhaltliche Entlehnungen aus Virgil und Lucan nachweisen. Da erschien 1915 die Abhandlung von J. J. Salverda de Grave: Over het ontstaan van het genre der chanson de geste (Akad. Abh. Amsterdam). Salverda hatte drei mlat. Zeitgedichte aus dem 8. bis 10. Jh. und das Epos des Ermoldus Nigellus untersucht. Das war natürlich zu wenig; war auch deshalb verfehlt, weil die kurzen markigen Zeitgedichte und das langatmige panegyrische Epos des Ermoldus nicht auf einen Nenner gebracht werden können. Aber Tavernier glaubte in seiner Besprechung von Salverda sagen zu dürfen: „Die afr. Epik ist die Fortentwicklung der klassischen und mittelalterlichen lateinischen Epik in französischer Sprache" (in ZfSL 44 [1917], II 194). Prüfen wir diese These.

Um die Problemstellung zu klären, erinnern wir uns an die Geschichte der europäischen Epik. Das homerische Epos ist buchmäßige Heldendichtung über eine ferne, heroisch verklärte Vergangenheit. Sie konnte nur in einem einzigartigen geschichtlichen Augenblick

---

[1] Seine zahlreichen Arbeiten verzeichnet Voretzsch, Einführung in das Studium der afr. Literatur, 1925, S. 180. — Zur Charakteristik seiner Forschungsweise vgl. ZfRPh 62 (1942), S. 493. Vgl. auch Ph. Aug. Becker, Die afr. Wilhelmsage, 1896, S. 15, A. 1.

entstehen [2]. Sie war die Selbstdarstellung des archaischen Griechentums, wie später die attische Tragödie die des klassischen. Seit dem 7. Jh. schafft die hellenische Dichtung neue Gattungen. Es entstehen die iambische und elegische Sprechdichtung, die zur Musik vorgetragene „Lyrik" — als Einzellied wie als Chorlied; endlich das attische Drama. Die klassische Kulturblüte Griechenlands — das perikleische Athen — kennt das Epos nicht mehr als produktive dichterische Form. Die Heldensage wurde von der logographischen Prosa seit etwa 500 chronologisch und rationalistisch systematisiert; für das mythologische Epos war also nur noch wenig Raum [3]. Die Epik hat dann versucht, sich durch Behandlung zeitnaher geschichtlicher Stoffe zu erneuern. So schrieb Choirilos von Samos (vor 400) Gedichte über die Perserkriege, angeregt durch Herodot, an den er zahlreiche Anklänge aufweist. Wir besitzen von ihm nur Fragmente.

Die von Choirilos eröffnete Bahn des geschichtlichen Epos hat in klassischer Zeit recht wenige gelockt . . . Antimachos [4. Jh.] kehrte wieder zu den alten Sagenstoffen zurück, die man nun durch neue Gesinnung, Verrückung der Akzente, gelehrte Zutaten von intellektualistischem Reiz, Umsetzung aus dem Fresko- in den Miniaturstil, aus dem Heroischen in das Genrehafte zu würzen suchte (Schmid-Stählin I 2 [1934], S. 546) [4].

Aber bei den Römern findet das geschichtliche Epos von Anfang an Pflege. Kaum hatte Livius Andronicus den Römern die ›Odyssee‹ übersetzt, da wagte sich Naevius († 201) an ein Epos über den Ersten Punischen Krieg. Das regte Ennius († 169) zu einem Epos über die Geschichte des römischen Volkes an (betitelt ›Annales‹). Das Geschichtsepos, das in Griechenland zwar erfunden wird, aber kein Glück macht, liegt dem sagenarmen, staatsgebundenen römischen Sinn. Von tiefem historischen Bewußtsein getragen ist die ›Aeneis‹

---

[2] W. Schadewaldt, Homer und sein Jahrhundert (in: H. Berve, Das neue Bild der Antike, 1942, I 51 ff.).

[3] Schmid-Stählin, Gesch. d. gr. Lit. I 1 (1929), S. 696 f.

[4] Eine Erneuerung des mythologischen Epos aus dem Geiste der spätantiken Frömmigkeit gelang noch im 5. Jh. dem griechisch schreibenden Ägypter Nonnos (›Dionysiaka‹). Aber das ist ein großartiger Ausklang, der keine Nachwirkung hatte.

(vgl. die schöne Studie von Fr. Klingner, Virgil und die geschichtliche Welt) [5]. Einen historischen Stoff wählte sich auch Lucan, nicht weil er eine „spanische" Neuerung bringt, wie Menéndez Pidal meint [6], sondern weil er römische Tradition fortsetzt. Statius kehrt dann mit seiner ›Thebais‹ zum heroisch-mythologischen Epos zurück, vielleicht von Antimachos' gleichnamigem Werk angeregt.

Aber um das antike Epos historisch richtig zu bewerten, muß man sich daran erinnern, daß es nicht nur ein Literaturzweig, sondern wichtigster Traditionswert war. Im klassischen Athen wurde das homerische Epos zum Schulbuch gemacht. Damit aber wurde es zum zeitlos gültigen Erb- und Lehrgut. Livius Andronicus war Schulmeister und hat die ›Odyssee‹ deshalb übersetzt, weil es „an Lehrmitteln für das Lateinische" fehlte (Schanz-Hosius I⁴ 1927, 46). In der — wie immer gebrochenen und umgedeuteten — Nachfolge Homers schuf Virgil das Epos der Romanität. Er wurde für das Abendland der zweite Gründer des Epos. Da Aristoteles in seiner Poetik das Epos nicht eingehend behandelte (er glich es an die Tragödie an, der sein Hauptinteresse galt), ruhte für die ganze römische und mittelalterlich-lateinische Weltzeit die epische Tradition allein auf Virgil und seinen Nachfolgern Lucan und Statius.

Virgil wurde für Spätantike und Mittelalter das Bildungsfundament, das Homer für Hellas gewesen war. Was von Homer ins Mittelalter mitgenommen wurde, ist wenig; und dies wenige ist entartet, vergröbert, verfratzt. Dennoch dürfen wir nicht daran vorbeigehen. Es handelt sich erstens um die ›Ilias latina‹ [7], zweitens um die lateinischen Prosaromane der späten Kaiserzeit, welche den Iliasstoff in rohe, roheste Form umgossen: Dictys und Dares. Nimmt man dazu noch die spätantiken lateinischen Kommentare zu Virgil, Lucan, Statius, so hat man alles beisammen, was die untergehende Heidenwelt als epische Schulung der Folgezeit übermachte. An der ›Aeneis‹ lernte der junge Augustin den verführerischen Zauber der Poesie kennen.

[5] In: Klingner, Römische Geisteswelt (Sammlung Dieterich) 1943.
[6] In: Introducción a la Historia de la España romana (Band II der ›Historia de España‹ des Verlages Espasa-Calpe 1935).
[7] Vgl. ZfRPh 58 (1938), S. 203.

Damals war das Christentum bereits zur Staatsreligion erhoben worden, und die Ausrottung des heidnischen Kultus (mit Tempelsturm) war in vollem Gange. Würde die neue Religion auch Virgil aus Schule, Bildung, Dichtung ausmerzen? Das erwies sich als unmöglich. Mochte auch die ›Aeneis‹ zum Schulbuch heruntergesunken sein, so war sie eben doch als solches unentbehrlich. Sodann: auch das christliche Imperium mußte Dichter haben, wenn es in Wettbewerb mit der heidnischen Tradition eintreten wollte. Das 4. und 5. Jh. brachte die ersten Proben einer christlichen Epik [8], die ihre Stoffe den Heilsurkunden entnahm: Juvencus (um 330) und Sedulius (um 450). Juvencus (Praef. 19) bestimmte sein Programm so: *mihi carmen erunt Christi vitalia gesta*. In diesem Vers war ein Anhaltspunkt für die ma. Auffassung des Epos gegeben: die Taten *(gesta)* eines Helden zu versifizieren. Der Begriff *gesta* (im afr. 'chanson de geste' wiederauftauchend) müßte untersucht werden. — Durch Juvencus und Sedulius war die virgilische Bibelepik fest begründet. Sie wurde fortgesetzt durch Avitus, Arator und viele andere bis auf Du Bartas, Milton und Klopstock. Sie behielt den Sprach- und Formenschatz Virgils bei. Virgil bot dem christlichen Sinn kaum Anstößiges. Sein Held war ein „frommer" Held — *pius Aeneas*. Zudem hatte Virgil, wie man glaubte, in der 4. Ekloge das Kommen des Heilands geweissagt. Kaiser Konstantin selbst hatte das bei feierlicher Gelegenheit bezeugt. Virgil war also durch den christlichen Staat, durch dessen Schulen und dessen Dichter gleichsam sanktioniert.

Aber die antike « heidnische » Epik hatte in der « theodosianischen Renaissance » noch ein neues Reis getrieben: das panegyrische Epos über das Staatsoberhaupt. Maßgebend ist hier das Wirken des genialen Claudianus (vgl. E. Bickel, Lehrbuch d. Gesch. d. röm. Lit. 1937, S. 441). In seinen Fußstapfen bewegte sich der manierierte, aber gerade deswegen schulbildende Christ Sidonius. Eine ganz neue Gattung repräsentiert in derselben Zeit Prudentius. Er ist mit seiner ›Psychomachia‹ der Begründer des allegorischen Epos, das im 12. (Alanus) und 13. Jh. (›Roman de la Rose‹) zu neuer Blüte gedieh. Wir sehen also, daß sich um 400 das virgilische Epos in ganz

[8] Vgl. darüber ZfRPh 58 (1938), S. 453—59.

verschiedene Gattungen spaltete (die freilich auch immer wieder zusammenfließen oder sich berühren konnten). Virgil aber blieb das formale Muster. So wird verständlich, daß und warum das Epos — begründet durch Homer, bewahrt und verwandelt durch Virgil, formal fortgesetzt durch die altchristlichen Dichter — als anerkannte Dichtungsform in das Mittelalter einging und mit dem mittelalterlichen Kultursystem verwachsen blieb. Nachdem Virgil einmal den Bruch der Zeiten überdauert hatte, war das Epos gerettet. Und als das Heidentum versunken war, brauchte das lateinische Epos sich nicht mehr auf kirchliche Stoffe einzuschränken. Es konnte, unter christlichen Herrschern — mochten sie in Byzanz oder in Aachen residieren — wieder staatliche Dichtung werden, also das, was es unter Augustus gewesen war. Diese neue Wendung stellt für das Ostreich der Afrikaner Corippus dar, der den unter Justinian geführten Libyschen Krieg — also einen Gegenstand der Zeitgeschichte — behandelte.

Das Patronat Virgils verlieh der alten Form nun neue Lebenskraft. Sie mußte den verschiedensten Zwecken dienen und verlor dadurch den festen Umriß. Sie konnte Bibeldichtung, Heiligendichtung, Kaiserpanegyrik, aber auch Erzählung zeitgeschichtlicher Begebenheiten sein. Alle diese verschiedenen Gattungen finden wir von 600 bis ins 13. Jh. hinein in fast ununterbrochener Folge vertreten, alle benutzten dieselbe Technik. Und diese Technik geht auf Virgil zurück.

Weil nun aber die Literaturwissenschaft der ausgehenden Antike nichts anderes mehr zu lehren wußte als zusammengeschrumpfte, öde Reminiszenzen (vgl. ZfRPh 58 (1938), S. 433—479); und weil die epische Form zu einem Schema geworden war, in das die verschiedensten Inhalte gegossen wurden — konnte das MA. keine klare feste Anschauung vom Wesen des Epos haben. Es kannte zwar — in Isidors Aufzählung — *poetae lyrici, tragici, comici, satirici, theologici* [9], aber keine *poetae epici* (die Quintilian X 1, 51 an erster Stelle nennt). Auch das Wort *epos*, schon in der alten Literatur selten (Hor. Sat. I 10, 43; Mart. XII 94, 1; Aus. V 5, 10), im

---

[9] Et. VIII 7, 4—9. — Zum Begriff des *poeta theologus* vgl. ZfRPh 60 (1940), S. 2 f. und 7 f.

5. Jh. bereits mißverstanden (*epos tragoediarum* bei Sidonius Ep. VIII 11, 3), scheint im MA. nur als Glossenwort vorzukommen. Papias hat *aepos: versus heroicus, quod ipso dicuntur gesta heroum.* In der spätantiken Theorie bereits wird, wie anderwärts gezeigt [10], für Epos entweder *poesis*, d. h. „ langes Gedicht" im Gegensatz zu *poema* gesagt, oder aber *genus commune (koinon vel mikton).* Im Gegensatz zum *genus activum* nämlich, das nur dramatische Wechselrede der auftretenden Personen *sine poetae interlocutione* bringt, und zum *genus enarrativum*, das nur aus eigener Rede des Dichters besteht, wechselt im Epos Rede der Personen mit Rede des Dichters ab. Das trifft freilich auch auf sieben Eklogen Virgils und auf viele Gedichte des Horaz zu, so daß die Grenzen wieder verschwimmen, falls man nicht wie Diomedes aus dem *genus commune* eine *heroica species* absondert. Während der Unterscheidung der drei *genera* [11] das äußerlichste Merkmal zugrunde liegt, ist die Bezeichnung *heroica species* nach dem Gegenstande der Dichtung gewählt. So unterscheidet auch Isidor (Et. I 39, 9) heroisches, elegisches und bukolisches Versmaß *a rebus quae scribuntur* und erläutert: *heroicum enim carmen dictum, quod eo virorum fortium res et facta narrantur. Nam heroes appellantur viri quasi aerii et caelo digni propter sapientiam et fortitudinem* [12]. Aber auch er kennt die von Diomedes überlieferte, auf Platon zurückgehende Unterscheidung der drei *poematos genera*, bezeichnet sie jedoch als *tres characteres dicendi.* Die ›Aeneis‹ wird als Beispiel für den *character mixtus* angeführt (Et. VIII 7, 11). Vgl. dazu Leo, in: Hermes 24, S. 72.

Der *character mixtus (genus koinon vel micton)* wird also dem MA. durch Isidor als Charakteristikum des Epos überliefert. Aber

---

[10] ZfRPh 58 (1938), S. 445.

[11] Bei Fortunatian ed. Halm 125 f. heißen sie: *dramaticon, diegematicon, micton.*

[12] *heros* und „Held" decken sich nicht ganz. *heros* bezeichnet sowohl den „in eine Mittelstellung zwischen Menschheit und Gottheit aufgerückten Toten" wie „die Träger der griechischen Heldensage, die Vertreter einer weit zurückliegenden märchenhaften Vergangenheit" (Karl Robert, Die griech. Heldensage, 1920). — Antike Hauptstelle: Hesiod, Erga 158 ff. Vgl. Wilamowitz, Glaube der Hellenen II 8 und Dornseiff, in: Philologus 1934, S. 414.

schon Servius hatte zu Virg. Ecl. VI 1 bemerkt: *character mixtus; nam et poeta praefatur et cantare Silenus inducitur*. Spuren dieser Terminologie begegnen in den Denkmälern. In der geistlichen Ekloge des Paschasius Radbertus auf den Tod (826) des Adalhard von Corvei finden wir *micton* als Marginalglosse zu folgenden Versen (Poetae III 49, 113 f.):

> *„A mater“, subnixa deo tum filia dixit,*
> *„Quid tantos renovare velis narrando dolores . . .?“*

Die Glosse hat hier nur den Zweck, den Leser daran zu erinnern, daß die Worte *subnixa deo tum filia dixit* als Artikulation der Erzählung vom Dichter eingeschaltet sind. Ähnliches ästhetisch-grammatisches Wissen brachte Ermenrich von Ellwangen 854 in einem Gebet an die Heilige Dreifaltigkeit an, das er seiner Gallusvita vorausschickte (MGH Epp. V 573, 37):

> *Est genus hic dispar micton coenon praece iunctum.*

Das sind Grammatikermätzchen.

Nun müssen wir uns in aller Kürze einen Überblick über die Arten mlat. Epik verschaffen. Zwei Gesichtspunkte bieten sich dar: der historische (nach Jahrhunderten) und der gattungsmäßige. Wir müssen beide zu verbinden suchen.

Entscheidend ist das 5. Jh. Wir haben in dieser Zeit die epischen Kaiserpanegyrici des Claudianus und des Sidonius; zugleich das allegorische Epos des Prudentius; endlich aber auch die erste metrische Heiligenvita [13]. Um 470 überträgt nämlich Paulinus von Périgueux die (um 400?) von Sulpicius Severus verfaßte Prosabiogra-

---

[13] Die Entstehung der Heiligenvita als neuer Gattung der Prosa hat uns hier nicht zu beschäftigen. Ich verweise auf Traube, Ges. Schriften II 148—51; K. Holl, Ges. Aufsätze II; Schreiber, Kultwanderungen im Mittelalter (in: Archiv f, Kulturgeschichte 1942). — Über Hagiographie und den spätantiken Philosophenroman: Priessnig, in: Byz. Zs. 30 (1929/30), S. 23 ff. — Nach Fr. Wilhelm (in: PBB 33, S. 304) fließen im 5. und 6. Jh. in der Heiligenvita die Apostellegende, die Märtyrerlegende, die Mönchslegende zusammen. — Zur Umarbeitung von Heiligenviten: Poetae IV 1096; H. Delehaye, Les passions des martyrs, 1921, S. 368 ff. — Sammlung von Heiligenviten: B. Mombritius (1424—1482), Sanctuarium,

phie des hl. Martin in Hexameter. Ein für die Literaturgeschichte folgenreicher Vorgang! Neben das Bibelepos, das seiner Natur nach wenig erneuerungsfähig war [14], trat nun als zweite Form christlicher Epik die metrische Heiligenvita und verdrängte jenes (das letzte altchristliche Bibelepos ist Arators metrifizierte Apostelgeschichte 544). Hier floß der Stoff überreichlich. Die Lebensläufe der Heiligen wiesen nach Zeit, Umwelt, Charakter die größte Mannigfaltigkeit auf. Außerdem wollte jedes Zeitalter sie in einer Bearbeitung lesen, die dem herrschenden Geschmack entsprach. So hat Fortunatus etwa 120 Jahre nach Paulinus ein neues Martinsepos verfaßt [15], das er Gregor dem Großen widmete. In dessen Anfang (I 1—25; Leo, S. 295 f.) gibt er den ersten Überblick über die christliche Epik, den wir besitzen. Ihm, dem gebildeten Literaturkenner und Rhetor, schien es angemessen, die neue Gattung zu rubrizieren und sich in ihre Tradition einzufügen. Von der ungeheuren Masse der ma. metrischen Heiligenvita kann ich hier natürlich nichts sagen. Nur auf einige Verbindungslinien zur profanen Epik möchte ich aufmerksam machen. Epik ist Heroendichtung. Die oben (S. 257) angeführte Definition des Wortes *heros* durch Isidor war aber so gefaßt, daß sie auch für Märtyrer und Heilige vollen Raum ließ. Es ist deshalb durchaus gewöhnlich, daß biblische Persönlichkeiten und Heilige *heros* genannt werden [16]. Diese Angleichung von Helden und Heiligen ist uns durch das ganze MA. hindurch bezeugt. Nur wenige Beispiele! Der merowingische König Chilperich eröffnet seinen Hymnus auf den hl. Bischof Medardus mit dem Vers (Poetae IV 455):

> *Deus mirande, virtus alma in sanctis proceribus!*

Neudr. von Fr. A. Brunet, Paris 1910. — Baudot, Dictionnaire d'Hagiographie.

[14] Dracontius (um 500) erneuerte es in seinen ›Laudes dei‹, indem er theologische Lehrdichtung mit Nacherzählung des Schöpfungsberichtes, des Sündenfalls, der Sintflut usw. verband.

[15] Und zwar in Erfüllung eines Gelübdes: der Heilige hatte ihn von einem Augenleiden befreit.

[16] Christus als *maximus heros* bei Godescalc (A. H. XIX 11, 15). — Poetae III 442, 128 und IV 78 und Index 1173. — Hrotsvit, Maria 64.

Winterfeld bringt zu dieser Stelle einen Hinweis auf den ›Heliand‹, wo die Heiligen ganz ebenso mit Gottesstreitern verglichen würden. In karolingischer Zeit nennt Theodulf die Heiligen *proceres,* was ältere Forscher fälschlich auf die Großen des Reiches gedeutet haben (vgl. Ph. A.Becker, Der südfr. Sagenkreis, S. 49 und J.Bédier, Les Légendes épiques I 226, Anm. 1). Im 12. Jh. führt uns die afr. nationale Epik Helden vor, die zugleich als Heilige verehrt wurden. Eine andere Wendung der Gleichsetzung von Helden und Heiligen liegt vor, wenn ein Dichter des 13. Jh., Heinrich von Avranches, die Heiligenvita als Fortsetzung der antiken Epik einstellt:

> *Sic apud antiquos erat assuetudo, virorum*
> *Scribere virtutes et perpetuare triumphos,*
> *Ut memorata magis virtus imitabilis esset* [17].

Die hagiographische Epik lag dem MA. nicht nur in ihren Stoffen näher als die Taten des Achill, des Aeneas, des Alexander; sie hatte auch den Vorzug, heilsdienlich zu sein. Auf französischem Boden ist sie dem nationalen Heldenepos um etwa ein Jahrhundert vorausgeeilt (›Leodegarsleben‹ um 1000, ›Alexius‹ um 1050).

Vom Tode Fortunats (um 600) bis zu den kirchlichen und kulturellen Reformen Karls des Großen versiegt die lateinische Dichtung in Frankreich fast völlig, um dann unter der Fürsorge und Anteilnahme des Kaisers reich aufzublühen. Aber Epik im eigentlichen Sinne ist selten. Was man sich und dem Leser an erzählender Dichtung zumutete, zeigt Alcuins annalenartige Kirchengeschichte von York in 1600 Hexametern. Das einzige — fragmentarisch überlieferte — Epos aus der Zeit Karls des Großen ist das Gedicht ›Karolus Magnus et Leo papa‹ (früher dem Angilbert zugeschrieben, dessen Autorschaft aber Schumann in Stammlers Verfasserlexikon I 83 f. ablehnt). Es gehört in die Gattung des panegyrischen zeitgeschichtlichen Epos über den lebenden Herrscher [18].

In der ersten Hälfte des 9. Jh. haben wir zwei metrische Mär-

[17] Russell und Heironimus 119, 10 (Prolog pur ›Vita et passio S. Oswaldi‹.

[18] Noch 1867 und 1870 verfaßte der Buchhändler Gustav Schwetschke in Halle die Epen ›Bismarckias‹ und ›Varzinias‹.

tyrerleben von Walahfrid Strabo und, wichtiger, das Epos des Aquitaners Ermoldus Nigellus über die Taten Ludwigs des Frommen [19]. Es umfaßt 2650 Verse (Distichen) [20] in vier Büchern und trägt den Titel ›In honorem Hludowici‹. Man hat dieses Werk bisweilen stofflich und formal als Vorläufer der chansons de geste angesehen [21]. Das läßt sich aber nicht aufrechterhalten. Ermold ist ein unselbständiger Literat, dessen Stil in bewußter *imitatio* der gelesensten Dichter besteht. In den ersten 500 Versen hat Dümmler etwa 210 Reminiszenzen aus Virgil, 45 aus Ovid, 18 aus Fortunat, je 5 aus Juvencus und Sedulius gezählt. Der „Dichter" arbeitet also vorwiegend mit angelernten Klischees, wozu auch die „epischen Vergleiche" gehören. Eine gewisse Selbständigkeit zeigt sich in einigen komischen Einlagen, wie sie zum epischen Stil des MA.s gehören (RF 53 (1939), S. 17 ff.). Auch Ermolds Werk ist ein zeitgeschichtliches, panegyrisches Epos. Er hoffte den Kaiser dadurch zu versöhnen, der ihn nach Straßburg verbannt hatte.

Das Schreibstubenprodukt Ermolds ist völlig frei von dichterischer wie von geschichtlicher Ergriffenheit, die etwa in dem Zeitgedicht über die Schlacht von Fontanetum (841) so stark zu uns spricht [22]. Schon darum konnte es den Funken der nationalen Heldenepik nicht entfachen. Aber auch sein künstlich imitierender Stil machte es dazu ungeeignet.

Am Ende des 9. Jh. begegnen uns drei Werke, die das mlat. Epos auf sehr verschiedenen Wegen zeigen: Heirics kunstvoll gefeilte

---

[19] Vgl. Ph Aug. Becker, Die afr. Wilhelmsage, a. a. O., S. 10—15.

[20] Daher in der Hs. als *carmen elegiacum* bezeichnet.

[21] Vgl. die Ausg. von Faral Classiques de l'Histoire de France au moyen âge (Nr. 14), Paris 1932, S. XXIX f.

[22] Vgl. darüber zuletzt Ph. A. Becker, Vom Kurzlied zum Epos, S. 21. — A. Heusler (Die altgermanische Dichtung, S. 138; 2. Aufl. S. 144) sagt von diesen 15 Strophen, ein paarmal erinnerten sie an „Schlachtenbilder nordischer Skalden (Strophe 9 f. 14)". Ich hatte in: ZfRPh 58 (1938), S. 205, 1 erwogen, der Vers *fortes ceciderunt proelio doctissimi* könne auf germanischen Stil zurückgehen. Aber er entstammt biblischen Reminiszenzen. 1 Reg. 1, 25: *Quomodo ceciderunt fortes in proelio?* Ps. 17, 35: *qui docet manus meas ad proelium* (ebenso Ps. 143, 1). Cant. 3, 8: *ad bella doctissimi.* 1 Mach. 4, 7 *docti ad proelium.*

Germanusvita (ZfRPh 59 (1939), S. 154), das Karlsepos des unbekannten Poeta Saxo und die ›Bella parisiacae urbis‹ des Abbo (ebd., S. 155). Als Vorstufe zur französischen Epik scheidet Heirics Gedicht nach Stoff und Form aus. Der Poeta Saxo ist eine Enttäuschung für diejenigen, die bei ihm eine sagenhaft-epische Umgestaltung der Geschichte Karls des Großen zu finden hoffen. Was er bietet, ist nur metrische Paraphrase von Annalen und Einhards ›Vita‹. Sein Werk zählt 2700 Verse, weist aber nur wenige epische Reminiszenzen auf (31 aus Virgil, 6 aus Ovid, je 3 aus Fortunat und Sedulius, 2 aus Statius, 1 aus Juvencus). Für die Vorgeschichte des ›Rolandsliedes‹ aber ist das Werk interessant, weil es die Niederlage von 778 zwar erwähnt, aber weder Roland noch einen andern der dort Gefallenen nennt, sondern nüchtern mitteilt:

> *Namque palatini quidam cecidere ministri,*
> *Commendata quibus regalis copia gazae.*

Das beweist wohl hinlänglich, daß es hundert Jahre nach Ronceval noch keine Rolandsage gab. Der Schluß ist um so zwingender, als derselbe Dichter an einer andern Stelle sagt (Poetae IV 58, 117 ff.):

> *Est quoque iam notum: vulgaria carmina magnis*
> *Laudibus eius avos et proavos celebrant:*
> *Pippinos, Carolos, Hludovicos et Theodricos*
> *Et Carlomannos Hlotariosque canunt.*

Diese Stelle führt Voretzsch [s. o. Anm. 1] S. 76 als Zeugnis für alten Heldensang an, der aber deutsch gewesen sein müßte. Der Poeta Saxo hatte also für Heldensage Interesse; und doch weiß er zur Niederlage von 778 nichts mitzuteilen, weiß auch nichts von Roland.

Eigenartig ist Abbos 897 abgeschlossenes Gedicht über die Belagerung von Paris durch die Normannen (885/7). Man kennt die Bedeutung dieses Ereignisses, das ein französischer Historiker noch neuerdings als « l'épisode le plus retentissant des invasions normandes » bezeichnet hat [23]. Paris wurde durch Bischof Gozlin, durch

---

[23] J. Calmette, Le Monde féodal, 1937, S. 28. — Vgl. dess.: L'effondrement d'un empire et la naissance d'une Europe, 1941, S. 110 u. S. 188.

seinen Neffen, den streitbaren Abt Ebolus von St.-Germain-des-Près, und durch den Grafen Odo verteidigt. Aber Kaiser Karl der Dicke erkaufte den Abzug der Belagerer durch ein Lösegeld und durch die Verpfändung von Burgund, was ihn seinen Thron kostete. Diese Vorgänge bedeuten einerseits eine weitere Etappe in dem Verfall des karolingischen Staatengebildes, anderseits den Ansatz zu einem um Paris und die Ile-de-France kristallisierten Patriotismus. Der Robertiner Odo († 898) wird 888 zum König von Frankreich gewählt.

Que le siège de Paris ait été à la fois la condamnation du dernier empereur carolingien qui ait régné sur la France et l'apothéose du premier roi de la future dynastie capétienne, c'est bien la preuve éclatante des prodigieuses conséquences qu'ont eues sur les destinées de l'Empire et de la France elle-même les invasions normandes (J. Calmette, L'Effondrement . . . [s. u. Anm. 23], S. 111).

Die Normannen wirkten als Scheidewasser innerhalb des fränkischen Reiches. Sie nötigten den Westen zur Selbsthilfe, während der östliche Reichsteil die Schutzwehr gegen Ungarn und Slawen und die Ordnung der italienischen Verhältnisse zu übernehmen hatte. Arnold Toynbee [24] hat überzeugend dargelegt, daß die seit Karl dem Großen ständig wachsende Bedrohung Westeuropas durch die Wikinger als Gegenwirkung die Entstehung der Königreiche Frankreich und England und die Verlegung ihrer politischen Schwerpunkte nach den neuen Hauptstädten Paris und London (vorher Laon und Winchester) hervorgerufen hat. Erst in der Abwehr gegen die Normannen, dann durch ihre 912 erfolgte Eingliederung ist Francien zu „Frankreich" geworden.

In diesen großen Zusammenhang muß man Abbos Gedicht einordnen. Seinem Stoffe nach ist es zwar wie das Ermolds ein zeitgeschichtliches Epos. Aber es ist kein höfischer Panegyricus. Zwar werden Odo, Gozlin, Ebolus nach Verdienst gepriesen, aber was den Dichter am stärksten bewegt, ist die Liebe zur Stadt Paris (mit deren Lob das Werk beginnt); zu Neustrien, das personifiziert und redend eingeführt wird (I 624 ff,); endlich, und nicht zum wenig-

[24] A Study of History II (1934), S. 198 f.

sten, die Verehrung für den Stadtpatron, den hl. Germanus. Nicht nur verrichtet er zahlreiche Wunder, sondern er greift persönlich in die Schlacht ein (II 279 ff.). Durch ihn und durch die Kraft des heiligen Kreuzes (II 308 ff.) erringen die Pariser den Abwehrsieg. Wir haben hier also den Fall, daß Vaterlandsliebe und frommer Glaube als epische Motive zusammenwirken; geschichtliche Ergriffenheit des Mitlebenden und Heiligenverehrung (I 477 f. *Mi Germane sacer . . . cuius miracula canto*) [25]. In der Prosavorrede (deren Adressat, der Mönch Gozlin, von dem gleichnamigen Bischof zu scheiden ist) gibt der Verfasser außerdem zwei Gründe an, die ihn zum Schreiben veranlaßt haben: das Bedürfnis, sich im Versemachen zu üben, und den Wunsch, künftigen Verteidigern von Städten ein Muster (*exemplum*) zu hinterlassen. Er lehnt ausdrücklich ab, ein Dichter zu sein. Man werde in seinem Werk keine der Fiktionen finden, wie sie die großen Dichter ersönnen (vgl. ZfRPh 62 (1942), S. 446). Das wird dann noch weiter ausgeführt. Man sieht: Abbo hatte auf der Schule eine „Dichtungstheorie" erlernt, mit der er nichts anzufangen wußte. Deswegen gibt er an, er habe nur Nützlichkeitszwecke verfolgen wollen. Die Bezeichnungen *vates* und *positor* (Poetae IV 77, 18; 78, 1) lehnt er ab; er will nur *metricus* sein (78, 18 und Glosse 97, 624). Metrik aber ist ein Teil der Grammatik (Teil III 444). Und diese Wissenschaft schätzt Abbo hoch. [. . .]

Abbo wollte — zur Erbauung der Gelehrten und derer, die es werden wollten — in möglichst dunklem Latein schreiben „im nur halb verständlichen *mysticum genus dicendi* des Grammatikers Virgilius" (Gröber, Grundriß II 1, 177), und hat darum seinen Text selbst mit erklärenden Glossen versehen. Im 2. Buch ist er allerdings ermattet und hat normaler geschrieben. Er entschädigt sich dafür im 3. Buch, das mit den Kämpfen um Paris nichts mehr zu tun hat, sondern nur angehängt ist, um die heilige Dreizahl vollzumachen. Es bietet eine Kombination von Morallehre und Glossenphilologie, geht uns daher nichts an.

---

[25] Abbo nennt als Themen seines Gedichts *tam prelia Parisiace urbis, Odonis quoque regis, quam profecto almi ec heroys presertim mei Germani . . . miracula* (Poetae IV 78, 3 ff.).

Abbo hat also eine ganz andere Vorstellung von der Aufgabe des metrischen Schriftstellers als Ermold. Dieser befliß sich der *imitatio*, Abbo weist davon nur ganz geringe Spuren auf. Im 1. Buch hat man 13 Reminiszenzen an Virgil, 2 an Ovid, 2 an Sedulius ermittelt. Man vergleiche diese Zahlen mit den entsprechenden bei Ermold! Zwischen 825 und 895 hatte sich offenbar ein Stilwandel vollzogen. Abbo gehört einer Richtung an, die nicht mehr virgilianisch dichten, sondern „modern" sein will: modern im Sinne der Iro-Schotten. Sein Stil bezeugt eine bewußte Abkehr vom karolingischen Klassizismus. Wenn er metrische Kunststücke anwendet, so sind es spätantike wie die *versus rapportati* [26]. Ich muß daher dem neuesten Herausgeber Abbos, Henri Waquet [27], widersprechen, wenn er sagt: « il appartient à la tradition virgilienne ». Nein, die Eigenart Abbos

[26] Vgl. ZfRPh 62 (1942), S. 504. — Zu den dort angegebenen spätantiken Beispielen füge hinzu: Agathias (2. Hälfte des 6. Jh.s) in der A. P. VI 59. — Anth. Lat. I, 2, 276 (*Pastor arator eques . . .*) — Puristen perhorreszieren das (Rev. ét. lat. 1932, S. 250). — Später sehr beliebt bei Hildebert (P. L. 171, 1281/2 B, § XIII) und Matthaeus von Vendôme (Cohen, La « comédie » latine . . . I 175). — Bei Shakespeare: Hamlet 3, 1, 159; Lucrece 615 f. — Im spanischen 17. Jh. findet sich das Schema nicht selten. Ein Beispiel aus Lope bietet Menéndez Pelayo, Las cien mejores Poesías . . ., S. 106. — Im deutschen Barock:

Die Sonn, der Pfeil, der Wind verbrennt, verwundt, weht hin
Mit Feuer, Schärfe, Sturm mein Augen, Herze, Sinn.

Günther Müller zitiert diese Verse als Beispiel einer Erfindung von Opitz. Aber Opitz hat das Schema bei den Dichtern der französischen Renaissance vorgefunden. Sie übernahmen es von den Mittellateinern, wie diese von Sidonius (5. Jh.) und von den späten Beiträgern der griechischen Anthologie. Die *versus rapportati* sind also eine formale Künstelei, die zuerst in der Spätantike, zuletzt im 17. Jh. auftaucht. Die Erscheinung bildet eine Parallele zu dem von mir sog. Summationsschema und stützt meine Behauptung, daß der literarische Manierismus des 16./17. Jh.s auf den des 12., dieser aber auf den der Spätantike zurückgehe. Vgl. dazu Mod. Philology 38 (1941), S. 325—333 (Summationsschema) und RF 56 (1942), S. 256. — Auch die persische Poesie kennt *versus rapportati*. Ein Beispiel führt an: J. Rypka, in: Orient. Lit. Ztg. 31 (1928), S. 948 A. 1.

[27] Abbon, Le siège de Paris par les Normands, ed. H. Waquet, Classiques de l'histoire de France au moyen âge Nr. 20, Paris 1942, S. IX.

liegt formal darin, daß er sich von dem virgilischen Schema fast
ganz freihält; daß er vielmehr Neuerungen einführt, die das Verständnis absichtlich erschweren und die auf jene Wissensschätze
zielen *quae gramma ministrat.* Sollen wir nun mit Waquet (S. IX)
sagen: « Abbon fait la chaîne entre les poètes épiques de l'antiquité
latine et les auteurs des chansons de geste? » Mit der afr. Epik verbindet ihn die vaterländische Gesinnung, der faustdicke Heiligen-
und Wunderglaube, endlich die Überzeugung, daß die im Kampf
gegen die Ungläubigen sterbenden Helden Märtyrer sind [28]:

Martirii palmans sumunt caramque coronam (I 564).

Aber dem steht entgegen, daß Abbos Werk 1. ein philologisches
Prunkstück, 2. ein zeitgeschichtliches Epos ist. Die afr. Heldenepik
dagegen ist 1. in schlichtem, volkstümlichem Stil abgefaßt [29], 2. sie
verherrlicht und verklärt eine fern zurückliegende Vergangenheit,
was schon zum Wesen des homerischen Epos gehört. So ungeklärt
der Begriff der Sage ist, so darf und muß man doch von einer
„Karlssage" reden, die im ›Rolandslied‹ zutage tritt. Abbo aber
gibt — mit Ausnahme der hagiographischen Elemente — einen
nüchternen Tatsachenbericht, der sich aus zeitgenössischen Quellen
bestätigen läßt. Dennoch bedeutet sein Gedicht, wie sich dies aus der
persönlichen Anteilnahme an einem folgenreichen geschichtlichen
Ereignis ergibt, eine Verlagerung des epischen Kraftfeldes um 890.
Leider ist Abbo dafür unser einziger Zeuge. [. . .]

Gibt es denn aus karolingischer Zeit kein einziges Epos, das in
echter Heldensage wurzelt? Es gibt eines, wenn die neue Datierung [30] recht behält, nämlich den ›Waltharius‹ eines uns nunmehr
unbekannten Dichters. Aber für die Vorgeschichte der afr. Epik
scheidet dieses kostbare Denkmal aus. Denn die Walthersage führt
uns, wie alle altgermanische Heldendichtung, in die Jahrhunderte
der Völkerwanderung zurück — während die afr. Epik ihre ältesten
Wurzeln in der Karlslegende hat [31].

[28] Davon weiß Ermold nichts.
[29] Was die Einwirkung gelehrter Dichtung nicht auszuschließen braucht,
s. unten S. 141 ff. [hier nicht abgedr. — Anm. d. Red.].
[30] Siehe oben S. 115 [hier nicht abgedr. — Anm. d. Red.].
[31] Die französischen „Merowinger-Epen" sind, wie ich hier nicht be-

Aus dem 10. Jh. müssen für unsere Übersicht wenigstens erwähnt
werden die ›Gesta Berengarii imperatoris‹, ein Epos über den 915
zum Kaiser gekrönten Berengar, verfaßt von einem italienischen
Schulmann zwischen 915 und 924. Aber dieses Werk bringt nichts
Neuartiges. Es ist panegyrisches Herrscherlob und reine Philologen-
arbeit. Sowohl seiner Herkunft und Umwelt nach wie stofflich und
stilistisch hat es mit der afr. Epik nichts zu tun. Aus dem 10. Jh.
haben wir außer der Romanusvita des Gerhard von Soissons kein
einziges episches Gedicht in Frankreich. Auch im 11. Jh. bietet
Frankreich nichts bis auf das zeitgeschichtliche Epos ›De Hastingae
proelio‹ des Wido von Amiens († 1076). Es bedurfte also der nor-
mannischen Expansion, um das lateinische Epos wieder zu beleben.
Der Chronist Ordericus Vitalis († nach 1142) sah in dem Werk
Widos die Erneuerung altrömischer Epik [32], was nur aus der „ma.
Antike" zu verstehen ist. Da es zwischen 1066 und 1076 entstand,
dürfte es nicht viel älter sein als das ›Rolandslied‹. Es ist aber auch
wieder ein zeitgeschichtliches Epos, und es weist keinerlei künstlerische Verwandtschaft mit dem ›Rolandslied‹ auf. Das einzige lateinische Epos des MA.s, mit dem man die chanson de geste vielleicht
in Beziehung setzen kann, bleibt also das Gedicht Abbos. In Beziehung setzen — aber vielleicht ist mit diesem Ausdruck schon zuviel
gesagt. Weder in der Kunstform noch im Stil läßt sich das ›Rolandslied‹ mit Abbos Werk vergleichen.

Nach dem Ersten Weltkrieg wies Bédier auf „Angilbert", Ermold
und Abbo als mögliche „Prototypen" der chansons de geste hin (in:
Hanotaux, Histoire de la Nation Française, 1920, XII 212). Ihm
folgte Pauphilet (in: Romania 59, S. 197 f.). [. . .] Auf Pauphilet
berief sich Giuseppe Chiri in seinem Versuch, das ›Rolandslied‹ aus
der mlat. Epik abzuleiten [33]. Die Absicht war der Nachweis (S. 359),
daß « l'arte gloriosa di Romana, non spenta attraverso i secoli del
Medio Ero, si fusa con uno spirito nuovo » usw.; anders gesagt (S.

gründen kann, Spätprodukte historisch und genealogisch interessierter
Dichter. Vgl. dazu Hofer, in: ZfRPh 1940, S. 66.

[32] Der interessante Wortlaut bei Manitius III 656 oben.

[33] G. Chiri, L'epica latina medioevale e la Chanson de Roland, Genua
o. J. (aber 1936).

353): « possiamo quindi inserire la Chanson de Roland nella tradizione epica latina ». Leider ist das alles zu unbestimmt. Gewiß weist das ›Rolandslied‹ unverkennbare Spuren lateinischer Schulung auf. Aber welcher? Wir haben gesehen, daß die mlat. Epik ein sehr komplexes, vielfältiges Gebilde ist; daß man Ermold, Abbo, den Walthariusdichter nicht über einen Kamm scheren darf, sondern sie differenzieren muß. Der Hauptfehler von Chiri liegt aber darin, daß er von den Poetiken des 12./13. Jh. ausging. Deren Theorien wollte er als « specchio quasi sempre fedele della tecnica poetica medioevale, anche dell'epoca Carolingia », erweisen (S. 57). Deswegen hat er es unterlassen, von einer stilistischen Analyse auszugehen, wie ich sie für das ›Carmen de prodicione Guenonis‹ (ZfRPh 62 (1942), S. 492—509) versucht habe und im folgenden für das ›Rolandslied‹ und die Wilhelmsepik versuche. Außerdem ist Chiri der immer verführenden Versuchung erlegen, das ›Rolandslied‹ mit dem gesamten Komplex der afr. Epik gleichzusetzen.

Ich komme zu dem Ergebnis: will man die Beziehungen zwischen lateinischer und französischer Epik klären, so muß man das Problem anders anpacken, als es bisher geschehen ist.

[. . .]

Der Rolanddichter hat eine ganze Menge lateinische epische Kunstgriffe erlernt und verwendet, aber sie decken sich nur zum geringsten Teil mit der Technik der mlat. Epik. Wir sind also genötigt, hier einen Kontinuitätsbruch festzustellen. Das ›Rolandslied‹ ist keine Fortsetzung jener. Es ist Neuanfang. Die stilistischen Latinismen des Turold verraten gewiß eine Schule und Schulung. Aber es ist nicht diejenige, in der Ermold, Abbo, das Haager Fragment stehen.

Dann kann es aber nur die Schule Virgils sein. Turold hat Virgil schulmäßig gelesen, aber er konnte von ihm auch den Funken empfangen, der seine Dichtergabe entzündete und ihn zur Konzeption eines Großepos befähigte. „Daß Virgil bei der Geburt des Epos Helfer war, steht für mich außer Zweifel", schrieb Becker schon 1911 (in: ZfSL 38, II 32).

[. . .]

Bis 1925 (in diesem Jahr erschien die letzte Auflage von Voretzschs Einführung in das Studium der afr. Literatur) hat sich

die Forschung — immer mit Ausnahme von Ph. A. Becker und
J. Bédier — hauptsächlich damit beschäftigt, das ›Rolandslied‹ aus
der fränkischen Niederlage vom 15. August 778 zu erklären. Man
berief sich dabei auf den Bericht Einhards (Vita Karoli c. 9). Da
werden *Eggihardus, regiae mensae praepositus, Anshelmus comes
palatii* und *Hruodlandus Britannici limitis praefectus* als Gefallene
genannt. Dazu kam der von Dümmler (Poetae I 109, Nr. VI) veröffentlichte metrische Nekrolog auf Eggihardus oder Aggiardus —
eine Versifikation, die sich über inhaltlose Gemeinplätze nirgends
erhebt. Es hätte schon auffallen müssen, daß von den drei bei Einhard genannten nur Roland im afr. Epos auftritt, neben ihm aber
als Hauptperson Olivier und Ganelon, die Einhard nicht nennt und
nicht kennt. [. . .]

Jedes Epos ist zunächst eine Gesamtkonzeption, in der ein Held
die Hauptrolle spielt. Um die Handlung in Gang zu bringen, muß
dem Helden ein Widersacher entgegentreten, der ihm grollt. So
grollt Achill dem Agamemnon, Hagen dem Siegfried, Ganelon dem
Roland [34]. Warum? Das braucht der Hörer oder Leser nicht immer
genau zu wissen. Warum haßt Ganelon Roland? Darum wird heute
noch gestritten, obwohl es gänzlich gleichgültig ist [35]. Hauptsache ist
das Vorhandensein des Grolls. Er ist Requisit der epischen Handlung. Denn er motiviert Ganelons Verrat. Roland aber ist der toll-
kühne Held, den seine Hybris zu maßlosen, unvernünftigen Taten
treibt: er weigert sich, Hilfe herbeizurufen und liefert dadurch die
ganze ihm anvertraute Mannschaft dem Untergang aus. Um diese
Hybris klarer zu beleuchten, muß dem Helden ein Kampfgenosse
beigegeben werden, der ebenso tapfer, aber zugleich besonnen ist.
So steht Olivier neben Roland, Odysseus neben Achill. Wohl kannte Turold die ›Ilias‹ nicht, aber den Namen Homers erwähnt er.
Wahrscheinlich hat er auch des Dictys Roman über den troiani-
schen Krieg gekannt. Dort konnte er lesen, daß Achill an *inconsulta
temeritas* zugrunde ging (Meister [Teubn.-Ausg.] 77, 18). Der Gegensatz zwischen *inconsulta temeritas* und weisem Heldentum ist in

---

[34] Auch im Cid-Epos ist der Groll episches Motiv, s. ZfRPh 58 (1938),
S. 171.
[35] Vgl. Knudson, in: Romania 63 (1937), S. 55.

Roland und Olivier (einer unhistorischen [36] Persönlichkeit) gespiegelt.

Es ist der Gegensatz zwischen *sapientia* und *fortitudo*, wie ich
früher gezeigt habe: eine Antinomie, die wir von Homer und der
Bibel bis in das Mittelalter und darüber hinaus verfolgen konnten
(ZfRPh 58 (1938), S. 199—215). [. . .]
Der Gegensatz zwischen besonnenem (weisem) und tollkühnem
Kriegertum ist ein Urphänomen der heroischen Menschheit. Aber
während sich bei Homer Achill und Odysseus kühl, mitunter kritisch, gegenüberstehen, sind Roland und Olivier durch engste Bande
(Freundschaft, Kameradschaft, Verschwägerung) verbunden. Diese
brüderliche Freundschaft ist stärker als Oliviers Bedenken, läßt sie
nur gedämpft und spät laut werden. Roland sagt ja zu seinem
Todesschicksal (1935) und Olivier wird davon mitgerissen (1938).
Ganelons Groll setzte die Handlung in Bewegung. Der Gegensatz
der Freunde Olivier und Roland führt sie auf ihren tragischen Gipfel. Ich vermag deshalb nicht mit Th. Frings im „Stehen des jugendlichen Helden gegen das feindliche Südvolk" die „einfache Kernfabel" des ›Rolandsliedes‹ zu sehen [37]. Das ist nicht genug für eine
„epische Fabel". Auch wird bei solcher Betrachtung übersehen, daß
nicht Rolands heldenmütiges Ausharren in aussichtslosem Nachhutkampf tragisch bewegt ist, sondern die Tatsache, daß er untergeht, weil er Rat und Bitte seines Freundes Olivier hochmütig
mißachtet. Und nicht nur er selbst geht unter, sondern er zieht auch
seinen Freund und alle Genossen ins Verderben. Er muß sich von
Olivier sagen lassen:

1726   Franceis sunt morz par vostre legerie.

Olivier streitet deshalb mit Roland und muß von Turpin mit ihm
ausgesöhnt werden. Roland selbst muß seine Schuld zugeben:

1863   Barons franceis, pur mei vos vei murir.

Der moralische Konflikt zwischen Roland und Olivier hatte also
im Endergebnis zum nutzlosen Hinopfern der ganzen Nachhut
geführt.

[36] Pauphilet, in: Romania 1933, S. 176 ff.
[37] Th. Frings, Europäische Heldendichtung, Groningen 1938, S. 16.

Aber ein französisches Heldengedicht, das unter den Eindrücken der Spanienzüge gegen die Sarazenen und des entstehenden Kreuzzugsgedanken gedichtet wurde, kann nicht tragisch — nicht mit einer Niederlage — enden. Der greise (wiederum ein der Geschichte widersprechendes Element!) Kaiser Karl kann Rolands Tod nicht ungesühnt lassen. Er muß die verräterischen Heiden und den Verräter Ganelon vernichten, zum Heil der nationalen und christlichen Sache. Aus dieser *inneren Notwendigkeit* — die also zur epischen Fabel gehört — ergibt sich zwingend der Teil des Gedichtes, den die Kritik früher als „Baligantepisode" bezeichnete. Dabei ist diese „Episode" vom Dichter sorgsam mit der Handlung verklammert. Die Heiden sehen voraus, daß Karl zurückkommen und den Verrat rächen wird (2127 und 2145). Roland hatte ja in höchster Not zuletzt noch darein eingewilligt, in sein Horn zu stoßen (2104). Karl antwortet (2110, 2132, 2156). Er wird dann von Naimes, ja sogar von einem Engel zur Rache aufgefordert (2428, 2456) [38].

Die „Baligantepisode" ist also ein notwendiges Glied der epischen Handlung. Man hat sie unter dem Einfluß der früher beliebten und heute überholten Homerzerschneidung als Einschub angesehen. Das ließ sich freilich weder durch sprachliche noch durch andere Argumente erhärten (wie auch Hoepffner, in: Studi medievali N. S. 1935, S. 13 zugibt). Aber man hatte das ›Carmen de prodicione Guenonis‹! Das kennt sie nicht, und da man über dessen Abfassungszeit nichts auszumachen wußte (Voretzsch, in seinem Altfr. Lesebuch, ²1932, S. 41 datiert es noch „erste Hälfte des 12. Jh.s"), schien der Zweifel gerechtfertigt. Ich glaube aber — in: ZfRPh 62 (1942), S. 492 bis 509 — den Nachweis geführt zu haben, daß dieses öde Machwerk dem 13. Jh. angehört und eine gegen Schluß zu immer eilfertigere Kurzbearbeitung des uns bekannten ›Rolandsliedes‹ ist. Als Zeugnis für einen Ur-Roland ohne „Baligantepisode" scheidet es also aus.

---

[38] Die Unentbehrlichkeit des Baligant-Teils haben Pauphilet in: Romania 59 (1933), S. 183 ff., und Knudson in: Romania 63 (1937), S. 53 ff. fein herausgearbeitet.

Romanistisches Jahrbuch 8 (1957), S. 246—250.

DER MÜNDLICHE CHARAKTER
DER CHANSON DE GESTE *

Von ERICH KÖHLER

Es scheint, als nähere sich die Epenforschung unserer Tage nach
langen Umwegen wieder der Ansicht Goethes, „daß man die Natur
des Epos vollständig aus dem Begriff und den Circumstantien des
Rhapsoden und seines Publikums deducieren könne" [1]. Für Hegel
waren diese „Circumstantien" die „Bedingungen" eines bestimmten
historischen „Weltzustandes", der sich — und das war für Hegel
zugleich die wesentliche Grundbestimmung der reinen und großen
Epik — in seiner „Totalität" im spezifisch epischen Verhältnis zwischen Sänger und Publikum und in der diese Partnerschaft einschlie-
ßenden „unmittelbaren Einheit von Empfindung und Handlung"
zum Ausdruck bringt [2].

Der Verf. des vorliegenden Buches ging offenbar von ähnlichen
Grundanschauungen aus, hat sich aber im wesentlichen darauf beschränkt, von der gesicherten Gegebenheit der konkreten und hier
zum ersten Mal ganz ernst genommenen organischen Dreieinheit
« jongleur — récit — public » her Stil und Aufbau der Chanson de
geste zu erklären und somit schließlich die Gesetzlichkeit der ganzen Gattung zu bestimmen.

Die Chanson de geste ist in einem viel engeren Sinne als jede
andere literarische Gattung von der sozialen Wirklichkeit bedingt.

* [Besprechung von:] Jean Rychner, La chanson de geste. Essai sur l'art
épique des jongleurs (Société de publications romanes et françaises, LIII),
Genf: Droz; Lille: Giard 1955, 174 S. [Überschrift vom Herausgeber.]

[1] Mit diesen Worten gibt Schiller die von ihm gebilligte Auffassung
Goethes wieder in seinem Brief an Humboldt vom 27. Juli 1798. Vgl.
Goethes Aufsatz ›Über epische und dramatische Dichtung‹ (Hamburger
Ausg. Bd. XII, S. 250 ff.).

[2] Ästhetik, Berlin 1955, S. 940 ff.

Der Jongleur war professioneller Volksunterhalter, der für den Vortrag seines Liedes ebenso über eine Technik verfügen mußte wie für die Darbietung seiner anderen Künste. Wie diese letzteren war auch die Chanson de geste ein « article de foire ». Ein Vergleich mit der noch lebendigen epischen Tradition vor allem der Serben bestätigt diesen Sachverhalt. Der bewegliche, in keiner Weise fixierte Bau der Chanson de geste, den der Vergleich sich entsprechender Stellen aus verschiedenen Handschriften evident macht, beweist den rein oralen Charakter dieser Epik. Dem rezitativen Gesangsvortrag haftete immer etwas Improvisiertes an; je nach Gelegenheit sang der Jongleur eine längere oder kürzere, einfachere oder ausgeschmücktere Version des gleichen Liedes. Verf. erklärt so z. B. den Unterschied zwischen ›Moniage I‹ und ›Moniage II‹. Bei jedem Vortrag wurde das Lied gleichsam wiedergeschaffen. Die überlieferten Texte, die für uns die „Werke" selbst darstellen, sind vermutlich nur Einzelversionen, anfangs wohl als Gedächtnishilfe von Jongleurs für Jongleurs niedergeschrieben. Rychner stellte hier mit Recht die Frage, wieweit eine solche Niederschrift die sehr verschiedenartigen Teile (Vortragseinheiten, verschiedene Versionen) erst zu einer gewissen kompositorischen Einheit gebracht hat. Fiel ein solcher Akt beim ›Rolandslied‹ mit dem Glücksfall einer genialen dichterischen Tat zusammen, kraft deren das Wesen der Chanson de geste, sonst überall nur in Ansätzen greifbar, ihre reinste und offenbarste Verwirklichung gefunden hätte, ohne daß es darum weniger aus seinen konkreten Entstehungsbedingungen erklärt werden könnte? Jedenfalls würde so die künstlerische Einmaligkeit des ›Roland‹, der auffallend große Wertunterschied zu sämtlichen anderen Erzeugnissen der Gattung einleuchtend erklärt.

R. untersucht dann (Kap. III) die Komposition der neun Epen, auf die er sich für seine Beweisführung beschränkt — sicherlich mit Recht, da seine Auswahl die wohl wertvollsten und trotzdem in Aufbau und Handlung sehr unterschiedlichen Chansons einschließt: ›Roland‹, ›Gormont et Isembart‹, ›Wilhelmslied‹, ›Karlsreise‹, ›Ludwigskrönung‹, ›Charroi de Nîmes‹, ›Prise d'Orange‹›Moniage Guillaume‹, ›Raoul de Cambrai‹. Die Einheit der Handlung und der innere Zusammenhang der Episoden sind, wie sich an diesen Chansons erweist, von deren Länge völlig unabhängig.

Der ›Roland‹ hat nach R.s Schema einen einzigartig geschlossenen, dreiteilig-„dramatischen" Aufbau (Prélude à Roncevaux — Roncevaux — [Baligant] — Jugement de Ganelon), der ohne die umstrittene Baligant-Episode — die R. als Zutat zum ursprünglichen Lied ansieht — noch viel deutlicher seine innere Notwendigkeit (Verf. spricht von « composition nécessaire ») zeigen würde. Dreiteilung und thematische Einheit sind auch am ›Wilhelmslied‹ zu erkennen, ohne daß hier die Komposition sich auch ganz notwendig aus dem Inhalt ergäbe. Noch lockerer ist die Komposition der übrigen Chansons, welche die Einheit der Handlung wahren (›Prise d'Orange‹, ›Raoul de Cambrai‹ 1. Teil, ›Charroi‹). Wo letztere nicht vorhanden ist (in den « chansons à épisodes » ›Couronnement‹, ›Moniage II‹) kann von einer Komposition kaum mehr gesprochen werden. Die Aneinanderreihung von inkohärenten Episoden läßt Verf. zufolge deutlich erkennen, daß sie ganz unabhängig voneinander von den Jongleurs gesungen wurden und daß ihre Zahl wie ihre Anordnung mehr eine Frage der zu praktischen Zwecken erfolgten Niederschrift als der bewußten Komposition ist. Das Problem der Gesamtkomposition tritt naturgemäß überhaupt zurück, wenn ein längeres Epos ohnehin nicht auf einmal vorgetragen werden konnte. Außerdem war die Inkohärenz der Episoden für ein Publikum, das kein Epos als „Buch" kannte, in keiner Weise ein Mangel.

Die erschließbare Normaldauer von rund zwei Stunden für eine „Sitzung" entsprach dem Vortrag von 1000 bis 2000 Versen. Mit Ausnahme des ›Roland‹ lassen sich bei allen Epen größeren Umfangs entsprechende Einschnitte, meist gefolgt von einem Neueinsatz mit « rappel de situation », erkennen. Aus den Bedingungen, unter denen der Jongleur vortrug (begrenzte Sitzungsdauer auf Jahrmarkt oder Burg, jederzeit mögliche Unterbrechung, neu hinzukommendes Publikum usw.) ergeben sich ganz zwanglos eine Reihe von stilistischen Eigentümlichkeiten wie antizipierende Ankündigung des Inhalts, zusammenfassende Erinnerung an das in der vorhergehenden Sitzung oder vor einer Unterbrechung Dargebotene, und „epische Wiederholung", wobei die Variation zunächst einfach Folge des auswendigen Vortrags und erst sekundär bewußtes Stilmittel wäre. R. zeigt dies überzeugend an zahlreichen Beispielen. Durch diese neue Interpretation wird allerdings die Bedeutung der

Curtiusschen Konzeption einer bloß durch Buchtradition vermittelten rhetorischen Topik für die Chanson de geste auf ein Minimum eingeschränkt [3]. Was u. a. Menéndez Pidal im einzelnen gegen Curtius geltend gemacht hat, daß nämlich die Gefahr bestehe, für Topoi zu halten, was sich spontan aus der Sache selbst ergebe [4], das steht für R. außer Frage. Das Topische gehört für ihn zu dem « jeu » der « artifices professionnels » der Jongleurs.

Nach den Einheiten der Erzählung untersucht der Verf. die Einheiten des Gesangs, die Laissen (Kap. IV). Auch hier erscheint die Entstehung aus dem weitgehend improvisierten Jongleurvortrag evident. Die Verswiederholungen, wiederum natürliche Produkte der oralen Verbreitung, erhalten, wie R. zeigt, als Laissenverknüpfungen eine strukturbildende Funktion. Bei der Verknüpfung oder Verkettung (« enchaînement ») der Laissen unterscheidet R. folgende Arten: 1. Wiederaufnahme eines oder mehrerer Schlußverse einer Laisse am Anfang der folgenden (geradliniger, „vertikaler" Erzählverlauf); 2. Wiederaufnahme eines Teils aus dem Innern der vorangehenden Laisse (« reprise bifurquée »); 3. Wiederaufnahme des Anfangs der voraufgehenden Laisse (« reprise similaire », „horizontaler" Verlauf). Dieses Verfahren der Jongleurs geht bis zum häufigen, oft mehrere Laissen umfassenden Parallelismus, der, je nachdem er ein vollständiger und damit die Erzählung aufhaltender oder ein nur partieller ist, der Chanson einen mehr lyrischen oder mehr narrativen Charakter verleiht. Weil dieser Erzählverlauf mit der musikalisch-strophischen Abfolge der Laissen übereinstimmt, ist hier ein Formprinzip gewonnen, das aus der Betrachtung der Gesamtwerke nicht erschlossen werden kann. Es leuchtet ein, daß etwa ein „lyrisches" Retardieren des Erzählungsablaufs durch Laissenparallelismen auf „dramatischen" Höhepunkten dieses genetische Formprinzip der Chanson de geste zu größten poetischen Wirkungen gedeihen lassen kann. R. hat dieses Prinzip nicht nur aufge-

---

[3] Verf. hat auf jede Auseinandersetzung mit Curtius wie überhaupt mit der „klassischen" Theorie, von einer knappen Zurückweisung ihrer Erklärungsansprüche (S. 156 f.) abgesehen, verzichtet.

[4] Vgl. La épica española y la „Literarästhetik des Mittelalters" de E. R. Curtius, in: ZRPh. LIX (1939), S. 1 ff.

deckt, sondern auch gesehen, daß die Kunst des ›Roland‹-Dichters gerade auf ihm beruht. Was am ›Roland‹ als Ausnahmefall erschien, seine sonst an allen anderen Epen nicht aufweisbare, ja scheinbar von jenen negierte künstlerische Gesamtkomposition, enthüllt sich überraschend als ein sich gleichsam von selbst bietendes Ergebnis einer alle Möglichkeiten des aufgewiesenen strophischen Formprinzips ausschöpfenden künstlerischen Tat.

Die Chanson de geste wird also, wie Verf. an vielen Beispielen zeigt, von der Laissenstrophe als der « unité structurelle par excellence » aus aufgebaut. Die Strukturanalyse der zentralen Episode des ›Roland‹, der Schlacht von Roncevaux, die R. auf der Grundlage seiner neuen Einsichten vornimmt, ist überzeugend, weil sie erstmals die Formkunst des ›Roland‹-Dichters nicht bloß nachempfindend beschreibt, sondern aus ihren Voraussetzungen nachprüfbar — um nicht zu sagen: nachmeßbar — erklärt. « Ce qui est fonctionnel est beau! » sagt Verf. in diesem Zusammenhang mit Recht; und die Funktion der Laisse ist, wie man nun sieht, in zweifacher, auf Gehalt und Gestalt bezogener Weise, ziemlich genau bestimmbar. Die strukturellen Momente des „Horizontal-Lyrischen" und „Vertikal-Narrativen", die sich an jedem Epos aufweisen lassen, entsprechen der « double nature d'un chant et d'un récit » der Epopöe. Daß sich bei der durchaus möglichen Bestimmung des „richtigen" Verhältnisses beider Elemente zueinander im Hinblick auf die jeweilige Fabel solide Kriterien für die ästhetische Wertung ergeben, hat R. selbst im Verlauf seiner Untersuchungen an allen neun herangezogenen Epen praktisch unter Beweis gestellt [5].

Kap. V behandelt « Les moyens d'expression: motifs et formules ». Der Jongleur, der — was ausgeschlossen erscheint — genügend Muße für die Erarbeitung origineller Stilmittel hätte, würde das Fassungsvermögen seines Publikums und sein eigenes Gedächtnis

---

[5] Fraglich erscheint allerdings, ob die echte epische Kunst nur dem betont lyrisch-horizontalen Typ zugänglich ist, wie R. (S. 125) annimmt. Gerade die von ihm herausgestellte Doppelnatur müßte, bei entsprechendem Charakter der Fabel, künstlerische Vollendung in beiden Fällen möglich machen. Die Ausnahmestellung des Rolandsliedes mag allerdings zu jener Vermutung führen.

überfordern. Daher bringt er immer wieder, seine Originalität nur in der Variation bekundend, die gleichen Motive und die gleichen Formeln, in die jene Motive sich kleiden. Die Formeln geben « une idée simple dans les mots qui conviennent à certaines conditions métriques » wieder. Motive und Formeln — von beiden zählt R. eine lange Reihe auf — sind Konstanten, die zum unabdinglichen Handwerkszeug des Jongleurs gehören und sich aus den realen Voraussetzungen seines Vortrags erklären [6].

Das Genie des ›Roland‹-Dichters hat sich innerhalb dieser Möglichkeiten bewegt, sie aber einzigartig ausgenutzt. Wenn nun das ›Rolandslied‹ mit den übrigen ältesten Chansons eine bereits traditionelle epische Sprache gemein hat, dann können die ältesten erhaltenen Chansons nur für uns, nicht aber in der historischen Wirklichkeit die ältesten sein. Mit dieser Überlegung leitet Verf. zu seiner « Conclusion » über. Die Chansons de geste bilden keine rein „literarische" Gattung. Die meisten sind eilig entworfen, und, mit der großen Ausnahme des ›Roland‹ vor Augen, ihre Einheitlichkeit behaupten zu wollen ist illusorisch, wenn diese „Einheitlichkeit" des Textes doch nur das fast zufällige Ergebnis einer zufällig niedergeschriebenen, auch in anderer Gestalt möglichen Episodenreihung ist. Die Handschriften bieten uns nicht die Chanson selbst, sondern nur Reflexe von ihr [7]. Mit Nachdruck warnt R. davor, an die Chansons de geste mit Maßstäben heranzutreten, die nur einer wohlreflektierten, geschriebenen Literatur zukommen. Die Agglomeration, die sich an den Epen des 12. Jahrhunderts beobachten läßt, eröffnet Ausblicke auf ihre Vorgeschichte. Das Schweigen der Literaturgeschichte vor dem letzten Drittel des 11. Jahrhunderts nimmt nicht

[6] Vgl. S. 151: « Comme la chanson de geste est absolument inséparable des conditions de sa diffusion, qu'elle est faite pour cette diffusion-là, le métier explique seul, mais explique complètement, la forme stéréotypée de nos chansons. »

[7] Was bedeuten würde — und dies ist nur konsequent — daß die „wahre" Gestalt eines Liedes eigentlich nie existiert hätte. Die ästhetische Wertung hätte demnach, wie dies ja die strukturelle Bedeutung der Laisse bekräftigt, nie vom Ganzen des Textes auszugehen, sondern höchstens von der Einheit, die ein Jongleur für eine „Sitzung" konzipieren konnte.

wunder. Warum auch sollten diese älteren und wahrscheinlich kürzeren Chansons, diese nicht fixierten Jahrmarktsartikel, als „Buch"
aufgeschrieben worden sein? Vielmehr erscheint das, was aus dem
12. Jahrhundert, und oft nur in einer einzigen Handschrift, erhalten ist, wie ein großes Wunder.

Es wäre zu wünschen, daß die wertvollen Ergebnisse R.s recht
bald mit den Resultaten der Epenforschung der letzten Jahre konfrontiert werden [8]. Dann könnte vielleicht eine so vieldiskutierte
Frage wie die der Baligant-Episode einer Lösung beträchtlich näher
gebracht werden. Durch R.s Untersuchungen erfährt auch die von
Dámaso Alonso im Anschluß an seine Entdeckung der ›Nota emilianense‹ vorgetragene, inzwischen in ihrer Tragweite wie in ihrem
Inhalt mehrfach angezweifelte Feststellung, daß um 1065—1075
eine romanische Fassung des ›Roland‹, ohne die Figur Ganelons,
existierte, die zweifellos die Grundlage für den Oxford-›Roland‹
gewesen sei [9], eine Stütze, weil R.s Darlegungen die Existenz von
Vorformen, kürzeren Jongleurversionen einer sich naturgemäß
immer weiter von der Historie entfernenden Legende konkret vorstellbar und damit überaus wahrscheinlich machen.

Gewiß scheint uns in jedem Falle zu sein, daß R.s Arbeit wegen
ihrer grundsätzlichen Fragestellung zu einer Überprüfung aller Positionen zwingt. Sein Ausgangspunkt und damit bereits auch eine
ganze Reihe seiner Folgerungen dürften unangreifbar sein, weil sie
auf den realen Schaffens- und Vortragsbedingungen der Epik beruhen. Die Beziehung von Dichter, Werk und Publikum ist nirgends
so eng wie bei der oralen Darbietung, bei der die Unmittelbarkeit

[8] Eine sehr nützliche Übersicht bieten A. Junker, Stand der Forschung
zum Rolandslied, in: GRM 37 (6956) S. 97—144, und H.-W. Klein, Der
Kreuzzugsgedanke im Rolandslied und die neuere Rolandforschung, in:
NS VI (1956) S. 265—285.

[9] La primitiva épica francesa a la luz de una nota emilianense, Madrid
1954. Die Datierung wird angezweifelt von R. N. Walpole, in: RP X
(1956) S. 1 ff., während F. Lecoy, in: R 76 (1955) S. 254—269, die Datierung Dámaso Alonsos wie auch die Existenz einer Dichtung zu jenem Zeitpunkt annimmt, aber jede Schlußfolgerung auf das Aussehen jener Dichtung, besonders im Hinblick auf das Fehlen Ganelons und des Verrats in
der ›Nota‹ ablehnt.

der Wirkung alles bedeuten mußte. Die Epik ist undenkbar ohne die spontane Öffentlichkeit, ohne ein homogenes Publikum, mit dem sich der Dichter identifiziert [10], ohne sich darum in der „Legion" aufzulösen [11]. Große Kunst entsteht unter solchen Bedingungen dann dort, wo sich die professionellen „Kniffe" des Jongleurs zu echten Stilmitteln verwandeln, ohne ihre „primitive" Funktion aufzugeben, d. h. dort, wo Jongleur und Dichter sich finden.

Nach der „romantischen" Verflüchtigung des epischen Dichters im anonymen Volksgeist hatte das Gefühl für die individuelle dichterische Tat durch die extreme Konzeption eines einsamen Schöpfers gerettet werden müssen. Heute findet man sich wieder mehr und mehr auf dem Weg der Mitte, der etwa derjenige Menéndez Pidals ist, und der u. E. auch der einzige ist, welcher dem Charakter des Epos, seinem historischen Anspruch, seiner totalen Intention, den Voraussetzungen seiner Entstehung und den Bedingungen seiner Verbreitung gerecht wird. Es ist auch bei der Epopöe immer ein einzelner Sänger bzw. Dichter, durch den das ungeschiedene geschichtliche Bewußtsein der Gesamtheit, das die „epischen" Zeitalter bestimmt, sich artikuliert. So hatte es bereits Hegel verstanden, als er, vom antiken Epos ausgehend, schrieb: „Um der Objektivität des Ganzen willen muß [. . .] der Dichter als *Subjekt* gegen seinen *Gegenstand* zurücktreten und in demselben verschwinden." Aber es „dichtet doch ein Volk als Gesamtheit nicht, sondern nur einzelne". „Die Sache, die objektive Anschauungsweise des Volkes allein stellt sich dar. Doch selbst der Volksgesang bedarf eines Mundes, [. . .] und mehr noch macht ein in sich *einiges* Kunstwerk den in sich einigen Geist *eines* Individuums notwendig" [12]. Rychners Buch zeigt

[10] Vgl. Rychner S. 158: « [. . .] ce sont les sentiments mêmes de ce peuple que les chansons de geste expriment presque nécessairement [. . .] ».

[11] Es war die Konsequenz einer richtigen Einsicht in die geschichtliche Gesetzlichkeit der Gattung, wenn Goethe dem epischen Dichter einen Platz hinter dem Vorhang anweisen wollte: „Der Rhapsode sollte als ein höheres Wesen in seinem Gedicht nicht selbst erscheinen, er läse hinter einem Vorhang am allerbesten . . ." (Über epische und dramatische Dichtung, a. a. O., S. 251).

[12] A. a. O., S. 944—46.

eindrucksvoll, unter welchen objektiven Voraussetzungen eine —
freilich entmythisierte — Volksdichtung zugleich individuelle
Schöpfung sein kann [13].

[13] Ob es jedoch angebracht wäre, den „romantisch" vorbelasteten Begriff « littérature populaire » durch « littérature orale et professionnelle »
zu ersetzen, wie R. S. 158 vorschlägt, erscheint fraglich, obwohl letztere
Bezeichnung auf alle Fälle weniger mißverständlich wäre.

Speculum 37 (1962), pp. 390—400.

THE SECULAR INSPIRATION
OF THE ›CHANSON DE ROLAND‹

By D. D. R. Owen

In a recent number of ›Speculum‹ [1] Alain Renoir studied the structure and moral theme of the first part of the ›Chanson de Roland‹, with particular reference to Laisse CXL. Interesting as the discussion was, I find it difficult to accept the main conclusions which may be summarized as follows: Roland's early actions are governed by his reckless pride, his *desmesure*; but at the climax of the battle, following Oliver's reproofs in Laisse CXXXI, his outlook changes. There comes upon him the realization that the frightful losses to the rearguard are the consequence of his *desmesure*; and, conscious now that he has failed in his duty to his men, he shows by a new and profound humility that he has cleansed himself of the sin of pride and thus merits his reception into Paradise at his death.

Renoir claims that "this interpretation adds some supporting evidence to Pierre Le Gentil's perhaps overstated but challenging conviction that Roland is a saint and a martyr," [2] and he further suggests that it may contribute "some circumstantial evidence to the theory that the ›Chanson‹ was composed by a monk rather than a layman" (p. 582). His whole case is, of course, built on a belief that the poet of the first part of the Oxford ›Roland‹ was an artist of great technical skills intent on illustrating a particular ideal through the heroic events of Roncevaux. This I believe to be true.

---

[1] Alain Renoir, Roland's Lament: its Meaning and Function in the ›Chanson de Roland‹, in: Speculum XXXV (1960), pp. 572—583.

[2] P. Le Gentil, La Chanson de Roland, Paris 1955, pp. 109 ff. A similar view is expressed by Ronald N. Walpole, The ›Nota Emilianense‹, in: Romance Philology X, p. 15.

I think the poet did impose on his narrative material a particular ideological pattern; but the pattern which I see is very different from that proposed by Le Gentil and Renoir. In particular I consider it to be basically secular rather than religious; and the question is of considerable importance, since it bears not only on the interpretation of the first part of the ›Roland‹, but also on the unity of the whole and so on the problem of the poem's authorship and origins.

Considering first the ›Chanson‹ up to Roland's death, we find that the religious conflict of Christian versus pagan provides a rich backcloth throughout. But against this, the principal events of the story hold no particular religious significance: it is a tale of personal grudge and feud leading to treachery and national disaster; and such grim morals is may be drawn essentially concern warriors in their relationships to one another and to their overlord. The religious setting may charge the emotional atmosphere, but it is otherwise irrelevant to the actual plot. The key to the poet's ideological intentions is surely the character of Roland himself. Is he the devout and single-minded Christian fighter brought by events to martyrdom in the holy cause? Where, then, are his Christian virtues? Our first impression, as Renoir so clearly shows, is of a man motivated by reckless and outrageous pride. He totally lacks the Christian grace of *mesure*; on the contrary, he invites divine retribution for his display of *desmesure*, which conventional mediaeval morality regarded as a social and spiritual sin. [3] It is nevertheless possible that the poet might yet endow Roland's role with positive Christian significance if he showed the hero undergoing some profound spiritual conversion. This, in the view of Le Gentil and Renoir, he has done. At the height of the battle, they claim, Roland becomes aware of his sin and, devoutly repenting his previous attitude, becomes at last worthy of his final salvation. Let us re-examine the text to see if this view of the hero's spiritual development is justifiable.

[3] Cf. Renoir, op. cit., pp. 575 ff. Cf. also Ganelon's sentiments in ll. 1773—74 (I quote throughout from Bédier's edition, Paris 1921): « Asez savez le grant orgoill Rollant; / Ço est merveille que Deus le soefret tant. »

Initially the emphasis is on Roland's vanity and apparently self-centered arrogance, but already we glimpse a tenacious and more laudable regard for the maintenance of feudal honor. In Charlemagne's first council he boasts gratuitously of his own previous deeds of arms, but argues that the war should be continued to final victory in order that the Christian emissaries whom Marsile had earlier put treacherously to death might be avenged (Laisse XIV). He does not, we notice, consider the religious aspect of the struggle. Then, when Ganelon's counter-proposal is adopted, Roland's nomination of his stepfather for the perilous embassy would seem an act of pique, or perhaps of petty vengeance in the context of some earlier quarrel. [4] There can be no more favorable explanation, in view of Ganelon's violent reaction. At the pagan court and on his way there, Ganelon gives what seems an accurate description of Roland's character. While admitting his qualities as a warrior (ll. 545, 558), he stresses his insufferable arrogance (*orgueil*, e. g., ll. 389, 474, or later ll. 1773—74); and it is not difficult for us to be in sympathy with Ganelon.

The treachery is accomplished, and with Roland in command of the rearguard the battle will soon be joined. What now is uppermost in his mind as he prepares to grapple with the infidel? Again it is not the religious aspect of the fight, if we can judge from his own statements:

> « Ben devuns ci estre pur nostre rei.
> Pur sun seignor deit hom susfrir destreiz
> E endurer e granz chalz e granz freiz,
> Sin deit hom perdre e del quir e del peil.
> Or guart chascuns que granz colps i empleit,
> Que malvaise cançun de nus chantet ne seit » (ll. 1009—14) [5]

To be sure, he adds: « Paien unt tort e chrestiens unt dreit » (l. 1015), but this much-quoted line bears no particular ideological emphasis. Indeed, in the later echo line the distinction has become that beween Frank and non-Frank rather than that between Christian and pagan:

---

[4] For evidence of previous rivalry between the two men see l. 3758.
[5] Cf. ll. 1117—19.

« Oi n'en perdrat France dulce sun los.
Ferez i, Francs, nostre est li premers colps!
Nos avum dreit, mais cist glutun unt tort. » (ll. 1210—12) [6]

If Roland's only thought were the triumph of the Christian cause,
he might well have reconsidered his foolhardy refusal to take ade-
quate forces when they were offered by Charles, an offer which he
had brushed aside with a cocksure

« Jo n'en ferai nient.
Deus me cunfunde, se la geste en desment! » (ll. 787—788)

For it is this reckless self-assurance which will come near to wrecking
the cause of the true religion.

If we now weigh the words spoken by Roland before and during
the battle, we must conclude that he is less conscious of his duty
towards his faith than of that towards his king and country, towards his family, [7] and (most insistently of all) towards himself:

« Malvaise essample n'en serat ja de mei. (l. 1016)
En dulce France en perdreie mun los. » (l. 1054)
« Ne placet Damedeu
Que mi parent pur mei seient blasmet
Ne France dulce ja cheet en viltet! » (ll. 1062—64)
« Ne placet Deu, » ço li respunt Rollant,
« Que ço seit dit de nul hume vivant,
Ne pur paien, que ja seie cornant!
Ja n'en avrunt reproece mi parent. » (l. 1073—76)
« Ne placet Damnedeu ne ses angles
Que ja pur mei perdet sa valur France!
Melz voeill murir que huntage me venget.
Pur ben ferir l'emperere plus nos aimet. » (ll. 1089—92)

If is left to Archbishop Turpin to cry the Christian cause, and even
he puts the king's first:

---

[6] Cf. e. g. ll. 1080—81: « Franceis sunt bon, si ferrunt vassalment; / Ja
cil d'Espaigne n'avrunt de mort guarant. »

[7] Loyalty to his family even leads him to reprove Oliver for blaming
Ganelon (ll. 1025—27), though he himself later admits Ganelon's culpa-
bility (ll. 1146—48).

> « Seignurs baruns, Carles nus laissat ci;
> Pur nostre rei devum nus ben murir
> Chrestientet aidez a sustenir! »   (ll. 1127—29)

As the poem progresses we see more clearly the source and function of Roland's pride. It is bred of his almost fanatical regard for the feudal ideals of personal and public honor; and although it renders him incapable of prudent and rational calculation, when he is committed with his men to perilous action it sustains his own valor and has an exemplary effect on his followers and companions.

For all his faults, Roland is shown to be an inspiring leader, beloved by the whole Frankish army (cf., e. g., ll. 325, 396—397, 1812—15, 1834—39). Immediately before the battle another aspect of his character is revealed which surely goes far to explain this affection:

> Vers Sarrazins reguardet fierement
> E vers Franceis humeles e dulcement,
> Si lur ad dit un mot curteisement . . .   (ll. 1162—64)

Here we see the true military commander's respect for and spiritual humility towards the men who are committed to his charge; and in Roland's case this amounts to a love and affection reciprocal to their own, as is seen most clearly in Laisse CXL:

> Rollant reguardet es munz e es lariz;
> De cels de France i veit tanz morz gesir,
> E il les pluret cum chevaler gentill:
> « Seignors barons, de vos ait Deus mercit!
> Tutes voz anmes otreit il pareïs!
> En saintes flurs il les facet gesir!
> Meillors vassals de vos unkes ne vi.
> Si lungement tuz tens m'avez servit,
> A oes Carlon si granz païs cunquis!
> Li empereres tant mare vos nurrit!
> Tere de France, mult estes dulz païs,
> Oi desertet [a tant rubostl exill].
> Barons franceis, pur mei vos vei murir:
> Jo ne vos pois tenser ne guarantir;
> Aït vos Deus, ki unkes ne mentit!

> Oliver, frere, vos ne dei jo faillir.
> De doel murra, s'altre ne m'i ocit.
> Sire cumpainz, alum i referir! »   (ll. 1851—68)

In this laisse, therefore, Roland's attitude is consistent with the portrait we have already been given of him, and furthermore it is psychologically sound. There is no basic change in his character at this point: it is rather that the tragedy of the situation allows the poet to display that other side of Roland's nature, which he had already indicated in ll. 1162—64. So here we are face to face with the crucial problem in the interpretation of this part of the poem: does Roland recognize his previous fault, and does he devoutly repent of it? Let us return to Laisse CXXVIII.

Roland sees the extent of the losses to the rearguard and expresses his sorrow at the death of so many gallant knights. This brings him to reflect for the first time on the damage done not explicitly to the Christian cause but to « France dulce, la bele » (l. 1695). The shock of realization makes him think of summoning Charles. This dramatic reversal of his previous attitude gives to Oliver, who apparently despairs of any mitigation of the disaster, [8] the opportunity to taunt Roland with his own previous objections, namely that by such an act he will forfeit his own personal honor and that of his family (ll. 1701 and 1705—07). Although Oliver's retorts are touched with irony, we may wonder if he would have been shown opposing the sounding of the horn in this way if the poet conceived Roland's decision as the most spiritually significant of his career. Be that as it may, Roland's part in the ensuing dialogue does not convey even a flicker of contrition; indeed his reply in l. 1712 to Oliver's taunts suggests that his pride is still with him: « Respont li quens: 'Colps i ai fait mult genz!' » At first sight this appears a rather feeble retort; but in reality I believe it to have a deeper significance, to appreciate which we must recall the parallel scene of Laisses LXXXIII—LXXXV. Three times there Roland has refused to sound the horn:

---

[8] « Vos i murrez e France en ert hunie. / Oi nus defalt la leial cumpaignie: / Einz le vespre mult ert gref la departie » (ll. 1734—36).

« Jo fereie que fols!
En dulce France en perdreie mun los.
Sempres ferrai de Durendal granz colps;
Sanglant en ert li branz entresqu'a l'or. »   (ll. 1053—56)

« Ne placet Damnedeu
Que mi parent pur mei seient blasmet
Ne France dulce ja cheet en viltet!
Einz i ferrai de Durendal asez,
Ma bone espee que ai ceint al costet:
Tut en verrez le brant ensanglentet. »   (ll. 1062—67)

« Ne placet Deu, » ço li respunt Rollant,
« Que ço seit dit de nul hume vivant,
Ne pur paien, que ja seie cornant!
Ja n'en avrunt reproece mi parent.
Quant jo serai en la bataille grant
E jo ferrai e mil colps e .vii. cenz,
De Durendal verrez l'acer sanglent. »   (ll. 1073—79)

And now this thrice-repeated vow is accomplished. « Ja avez vos ambsdous les braz sanglanz! » says Oliver (l. 1711); « Respont li quens: 'Colps i ai fait mult genz!' » He has struck the blows he would not forgo, his sword runs with pagan blood as he had promised, and at last he believes his own and his family's honor to be secure. So foremost in his mind now is the renown of France, which is still in the balance and which can only be recued, he sees, by the Emperor himself. With his duty towards himself and his family truly done, he will perform that towards his country — not at all in a spirit of repentance or faltering courage, but with such determination that the act of blowing the horn will burst his temples and cost him his life. There is here no recantation of an earlier purpose, but a logical pursuance by Roland of his constant ideal, the means simply being adapted to the changed circumstances. There has been no change of heart, no sudden contrition, but a steadfast adherence to a triple sense of duty. [9] And though Roland will not live to see Charles triumph, that victory will come, and we shall know the third of his obligations, like the other two, to have been well and faithfully performed.

[9] This lack of penitence is early seen by E. Faral, La Chanson de Roland, Paris 1934, pp. 231—234.

We can understand and sympathize with the attitude of the prudent and practical Oliver. Unrestrained idealism is indeed *desmesure*, and when, as here, it refuses to compromise with reality, common sense may well label it *estultie*. Oliver sees France's defeat as irredeemable, so why now call for help which must come too late? But while every bit as brave a warrior as his companion, Oliver by his reproof shows his own heroism to be on a lower epic plane than that of Roland. His is a practical as opposed to an idealistic heroism. Of course, he is quite right when he claims that « . . . vasselage par sens nen est folie; / Mielz valt mesure que ne fait estultie » (ll. 1724—25), and « Vostre proecce, Rollant, mar la veïmes » (l. 1731); but this is the truth of the world, whereas in Roland's pursuit of his ideal there lies poetic truth. « Rollant est proz e Oliver est sage »: the poet has made his distinction in l. 1093, and here it is poignantly illustrated.

This, as I see it, is the context in which Laisse CXL should be studied. For a dozen laisses the poet has paused in his description of the fighting in order to focus attention on the mental and emotional reactions and stresses of the Christian leaders. First he reveals Roland's unexpected but logically motivated decision to summon help from Charlemagne. The ensuing tension caused by Oliver's outburst is broken by Turpin's advice and the actual blowing of the horn. Immediately we are shown the reaction of the emperor and his army and their anguished ride to the relief of Roland, who is continually at the center of our attention just as the thought of his plight dominates the minds of Charles and his barons. Now the poet wishes to lead us back into the events of the battle, and this he does in Laisse CXL with typical regard for balance and symmetry: by way of transition he recapitulates Roland's expression of grief at the death of his men and at the consequent loss to France; and the hero passes from reflection to action just as he had earlier paused from action to reflect on the situation.

Renoir analyses the laisse thus: "In the first section, Roland perceives the extent of the tragedy before him; in the second, he realizes his own responsibility and his utter helplessness; in the third, he turns to desperate action" (p. 573). But surely it was his perception of the extent of the tragedy which had already prompted him to blow the horn. His "utter helplessness" is confined to his inability to give further protection to those of his men who are already dead and are now in God's keeping. As for realizing his own responsibility for the disaster, this interpretation turns on the meaning of *pur mei* (l. 1863). Renoir rejects Bédier's reading, *pour moi* "for my sake" in favor of Jenkins' "thru my fault" (p. 574), and it is on this meaning that he bases his case for Roland's repentance of his *desmesure*. He might perhaps have made more of Oliver's accusation in l. 1726: « Franceis sunt morz par vostre legerie » of which, given his interpretation of *pur mei*, Roland's words here would be an acknowledgment. However, I think the reading "for my sake" is preferable for several reasons. The dead men were directly in the service of Roland as Charlemagne's representative: he was their *garant* (l. 1161), and they fought and, as it turned out, died on his behalf. [10] Roland himself had already stated this feudal conception of the man's duty to his lord in ll. 1010—12, quoted above, and in ll. 1117—19; and the *pur sun seignor* of ll. 1010 and 1117 has in the present context become *pur mei*. This is certainly the force of *pur mei* in a passage strikingly parallel to that under discussion, where Charlemagne, regretting the loss of Roland, exclaims:

> « Ami Rollant, de tei ait Deus mercit!
> L'anme de tei seit mise en pareïs!
> Ki tei ad mort France ad mis en exill.
> Si grant dol ai que ne voldreie vivre
> De ma maisnee, ki pur mei est ocise! »   (ll. 2933—37)

Renoir further maintains that, in directly addressing not the sixty surviving Frenchmen but his companion: « Oliver, frere, vos ne dei jo faillir » (l. 1866), he is acknowledging that "he has relinquished his formal position as commander of the rearguard, and his only remaining duty is now toward comradeship" (p. 575). But this cannot be the intention of the poet, who has just exclaimed: « Deus! quels seisante humes i ad en sa cumpaigne! » (l. 1849). Furthermore,

[10] Cf. the words addressed by the French nobles to Oliver: Dient Franceis: « Dehet ait ki s'en fuit! / Ja pur murir ne vus en faldrat uns » (ll. 1047—48).

Roland's statement: « Jo ne vos pois tenser ne guarantir » (l. 1864), which Renoir likens to "a compulsory and humiliating relinquishing of his command" (p. 574), is addressed not to the survivors but to the slain. His words to Oliver, then, do not represent the abandonment of the remnant of the rearguard, but serve to express his devotion to yet another aspect of his feudal duty, namely his duty towards his *compagnon*. They serve also to show that the bond between the two warriors has survived the temporary strain caused by Oliver's harsh words; and the whole situation is repeated symbolically nine laisses later when the blinded Oliver physically attacks Roland and is once more forgiven by him.

Throughout the battle Roland never wavers from the pursuit of his feudal ideals; and from the time when he blows the horn his eyes are set on the great task which remains for him to accomplish: the salvation of France. Though he continues to express pride in his personal valor and achievements (and this again runs counter to the idea of contrition), [11] we glimpse no more pettiness in his character, and the stress is on his own services to his emperor and country, his grief at France's present plight (ll. 1861—62, 1885—86), and his determination that she shall not be put to shame (ll. 1925—31, 2337).

Eventually, bereft of companions and his strength ebbing away, he prepares for death. The famous scene has been called by Le Gentil « la béatification de Roland », and in it we witness « la plus belle et la plus sainte des morts » as we see the hero « mourir en croisé, en vrai soldat du Christ. » [12] The scene is one of tragic force and great beauty, and to this the Christian coloring certainly contributes. But once again we must ask ourselves whether it is in fact the religious ideal which is basic to the episode.

When he has slain the last enemy remaining on the field, Roland turns his thoughts first to his sword, Durendal, which must on no account fall into pagan hands. In his apostrophe (Laisses CLXXI—CLXXIII) the main theme is the dreat deeds performed and the many lands conquered by him in the service of Charles and of

[11] E.g. ll. 2053, 2143, 2304—11, 2316—34, 2352—54.
[12] Op. cit., pp. 109 and 110.

France, and it is perhaps worth noting that most of the conquered lands were in fact Christian both in Carolingian times and in the eleventh century. Then it has often been pointed out that the attitude adopted by the dying hero is consonant with Christian symbolism. [13] This may be so, but in the narrative there is no hint that the poet had this in mind, rather:

> Pur ço l'at fait que il voelt veirement
> Que Carles diet e trestute sa gent,
> Li gentilz quens, qu'il fut mort cunquerant. (ll. 2361—63)

Thus the text suggests that this was, on Roland's part, a final act of self-justification, prompted by thoughts of his posthumous reputation.

The climax of the scene, and the passage which most justifies Le Gentil's descriptions, is Roland's dying prayer and his reception into Paradise (Laisses CLXXV and CXXVI). The prayer takes the form of a double request for forgiveness of all past sins, couched in general and quite conventional terms; [14] and there is even now no suggestion of specific repentance for *desmesure*, or anything which carries us beyond the orthodox end to a Christian life. Less commonplace are the lines preceding Roland's final words:

> De plusurs choses a remembrer li prist,
> De tantes teres cum li bers conquist,
> De dulce France, des humes de sun lign,
> De Carlemagne, sun seignor, kil nurrit;
> Ne poet muer n'en plurt e ne suspirt.
> Mais lui meïsme ne volt mettre en ubli,
> Cleimet sa culpe, si priet Deu mercit. (ll. 2377—83)

There is no mention here among his last thoughts of the holy cause in which he has been fighting, but instead we find them directed once more towards his king and country, his family, and himself.

---

[13] See, for instance, the note on l. 2248 in Bédier's Commentaires (p. 307), contested by M. Roques, in: L'attitude du héros mourant dans la ›Chanson de Roland‹, Romania LXVI (1940—41), pp. 355—366.

[14] This fact was recognised by Bédier (Commentaires, pp. 311—312).

To the moment of death he has retained his sense of this triple obligation.

So Roland is received into Paradise, but not, as we now see, in token of divine approval of an act of repentance; for there has been no such act but merely the conventional *mea culpa* of the dying Christian. He is received into Paradise just as were all those slain in battle against the pagans: and Roland's destiny is different only in the emphasis placed upon it in our text. We remember the promise of Archbishop Turpin:

> « Clamez voz culpes, si preiez Deu mercit;
> Asoldrai vos pur voz anmes guarir.
> Se vos murez, esterez seinz martirs,
> Sieges avrez el greignor pareïs. »   (ll. 1132—35)

And if we remember too that the Council of Clermont in 1095 established as an article of faith that those undertaking the Crusade would gain remission of their sins, we also remember that they were to undertake it in a spirit of piety, and that pride and self-seeking were specifically condemned. [15] Roland gained the prize, but many of his actions would not have been approved even by this militant council. The Christian *mise en scène* is here, but yet again the religious motivation is incomplete.

In view of all this, it is impossible for me to see Roland as the embodiment of a Christian ideal. On the contrary, my analysis has shown that his conduct is primarily governed by motives which, while not lacking in nobility, are strictly nonreligious. These I have described as a triple sense of duty: to king and country, to family, and to self. [16] The harm which befalls France through his apparent recklessness is in no way intended or envisaged by Roland, and in fact occurs despite his conscientious pursuit of the first ideal. In a sense, his course of action is justified by the later events, since total victory is finally achieved. There is a link, of course, between his first duty and his obligations towards the family group, for he is

[15] See C. J. Hefele, Histoire des Conciles, trans. H. Leclercq. V, i. (Paris 1912), p. 401.

[16] To this we might add his sense of duty towards his companion, but this is of less importance in motivating his main course of action.

the nephew of the Emperor himself. And above all, these first two duties are linked to the third, in so far as the achievement of the personal ideal redounds to the credit of both country and family, a consideration which Roland always has in mind. This duty of the knight to himself involves the maintenance of his personal honor through deeds of valor eagerly accomplished. Moreover, the ideal of personal valor implies that the more difficult and dangerous the tasks performed, the greater the honor thereby achieved. In Roland's case we see this ideal pursued to the limit, with the hero deliberately increasing the danger of his situation to the point at which that situation allows the maximum exercise of his valor, i. e., to the point where the ideal claims the ultimate sacrifice of his life. And we see the hero's prowess and the difficulty of the situation he has created so perfectly matched that he dies not in defeat but in victory. He is slain by no pagan, but by his own effort in blowing the horn. Nor do the enemy triumph: they are all killed or put to flight. Roland's valor in the service of his ideal has triumphed over circumstances, although that ideal is finally attained only in death.

This, as I understand it, is the real theme of the ›Chanson de Roland‹: the illustration in concrete terms of a triple sense of duty which is not in any way dependent on a particular religious attitude. In theory a Saracen might equally well have accomplished it, although of course the poet's sympathies lie with the Christians. As it is, we actually see the pagans failing in these duties — fleeing in battle, indulging in dishonorable subterfuge, and quite prepared to sacrifice their own kith and kin in the process. [17] So, though it is a Christian who achieves the ideal, the ideal itself is not a Christian one. It represents the needs and aspirations of a warrior feudal society encouraging, as it does, the bravery of the individual knight, the strengthening of the family unit and the unwavering loyalty of the vassal to his overlord. Roland is the embodiment and the first half of the epic is essentially the illustration of the feudal ideal, and all else is of subsidiary importance.

But at the death of Roland the Oxford poem has run little over half its course. What, then, remains to be told? First, Roland's

[17] See, e.g., ll. 40—46.

idealism must find its justification in the triumph of the national cause. Second, his betrayal must be avenged on the personal level by the punishment of the traitor who, for his own ends, engineered Roland's death, and in doing so broke his feudal contract with his lord. Already the events are moving towards these natural conclusions: Ganelon is held captive, the pagans are in flight, and their leader Marsilie (the supreme foe announced in Laisse I) has suffered a fate more dishonorable than death itself, for he has fled the field with his right hand cut off — the same penalty that a common felon would have paid. It remains for the Emperor to annihilate the public enemy and then, in his dual capacity as feudal lord and uncle to Roland, to punish Ganelon and restore both domestic order and family honor. The remnants of the pagan army are soon slain or drowned to a man in the Ebro before Saragossa, and all is ready for Ganelon to be tried and put to death. But before this happens we are to learn of the unheralded arrival of a new pagan army under the mighty Baligant, which, in its turn, has to be overthrown by Charles.

This is no place to recapitulate all the arguments concerning the authenticity of the Baligant episode. [18] Bédier was uncompromising in his defence of « la cohérence, l'harmonie, l'unité » of the poem, [19] and support for his view continues to be provided by, among others, P. Aebischer [20] and Le Gentil. In the main their arguments are designed to show that the author of the ›Roland‹ remains constant to one ideal throughout the poem; and it is the Christian ideal, allied

---

[18] J. Horrent, La Chanson de Roland, Paris 1951, pp. 242—243 n., lists discussions of the question and himself discusses fully the authenticity of the episode on pp. 242 ff. See also R. Menéndez Pidal, La Chanson de Roland y el neotradicionalismo, Madrid 1959, pp. 114—122, and in the French edition (1960), pp. 121—129.

[19] Les légendes épiques III, 3rd ed. Paris 1929, p. 409. His full analysis of the poem, however, stops short of the Baligant episode.

[20] A. Aebischer, Pour la défense et l'illustration de l'épisode de Baligant, in: Mélanges Hoepffner, Paris 1949, pp. 173—182. Aebischer maintains that the poet was chiefly preoccupied with the working of certain feudal relationships, but he considers the Baligant episode necessary to their full illustration.

to the national, which is most often proposed. Thus Faral, summing up the results of the entire action, could say: « La loi chrétienne est triomphante » and « L'empereur chrétien a bien servi son Dieu. » [21] Le Gentil goes further and sees the struggle with Baligant as a necessary sequel to Roncevaux, since the section of the poem ending with Roland's death is not an isolated drama but part of a larger spiritual conflict:

Après le martyre de Roland, Dieu se doit donc de parler aussi haut sur la terre qu'il l'a fait dans le ciel. C'est à l'Islam tout entier qu'en son nom la Chrétienté doit donner la preuve de sa puissance. Quant à Charles, n'a-t-il pas besoin d'une revanche à la mesure de la douleur qu'il ressent et de la perte qu'il vient de subir? Un seul adversaire est digne de lui, l'émir Baligant. Qui a compris que la mort de Roland est tout le contraire d'un événement local et épisodique, doit comprendre l'ampleur du double épilogue par lequel s'achève la ›Chanson de Roland‹. [22]

If one accepted Le Gentil's interpretation of the first part of the poem, then one might admit that the Baligant episode, with its militant Christian idealism, forms a legitimate sequel to the events at Roncevaux. An ideological unity would have been achieved, though at some cost to the unity of action. Without Baligant, as we have seen, the narrative structure of the poem is logical and satisfying. Moreover the figure of Roland dominates the action from his first appearance. But with the Oxford version, about a quarter of which is taken up by the Baligant episode, we are left in some doubt as to whether Roland or Charlemagne is the central character. Pauphilet, for instance, asserted:

Que le relief extraordinaire du caractère de Roland, que la force dramatique de ses aventures aient attiré sur lui toute l'attention des érudits, il n'en est pas moins vrai que le véritable héros du poème, aux yeux du poète, c'était Charlemagne. C'est autour de lui que tournent tous les événements, c'est à lui que sont dévolus les épisodes les plus essentiels ou les plus sublimes. L'humanité imparfaite, énergique et finalement purifiée par la douleur, de Roland touche plus? Soit, mais Charlemagne est le prince de ce conte. [23]

[21] Faral, op. cit., p. 176.
[22] Op. cit., pp. 110—111.
[23] A. Pauphilet, Sur la ›Chanson de Roland‹, in: Romania LIX (1933),

I would prefer to say, with J. Horrent, that our interest in Roland is dissipated in favor of Charlemagne in the second half of the epic. [24] To counteract such structural weakness, a strong ideological unity is essential; but in fact the presentation of the Christian ideal is not so clear-cut that different interpretations cannot be made, even by scholars who have no wish to question the unity of the whole. Faral himself suggests that the religious theme is not all-important. Considering Roland's death-scene, he says: « L'idéal que l'auteur représente comme le plus beau, c'est celui du devoir sous les armes ... Ainsi l'élément religieux, en cette partie même de l'œuvre où il tient une place si importante, n'absorbe pas à lui seul tout l'intérêt. » [25] And later, justifying Roland as the pivotal character, he claims: « Le poème a été composé à la gloire de la chevalerie. » [26]

In brief, I submit that the greater part of the poem as we have it, while strongly colored by the Christian outlook and practices of its age, was nevertheless composed to the glory of the secular, feudal ideal. I believe that the unknown poet was too fine and sensitive a craftsman to compromise the unity of the whole by gratuitously diverting attention to a second ideal which at times comes near to conflicting with the first. The prominence given to the militant Christian ideal in the Oxford version is therefore likely to be due to the work of some skilful redactor building on to a more compact but already admirably developed original. One may suspect that the redactor's name was Turoldus, and that he was working from a secular poem where already the opposing forces were Christian and Saracen, but where the dominant spirit was that of the lay aristocracy, seeking self-expression in the face of the cultural monopoly claimed by the clerical world. Turoldus may have appropriated secular property and camouflaged it with uncommon skill, but the old shapes continue to show through.

p. 191. E. Hoepffner inclined towards the same view, which ist contested by Aebischer, op. cit., pp. 179—180.

[24] Op cit., p. 259.

[25] Op. cit., p. 240.

[26] Ibid., p. 250.

Hans-Wilhelm Klein, Der Kreuzzugsgedanke im Rolandslied und die neuere Roland-
forschung, in: Die Neueren Sprachen 1956, S. 265—285. [Wiederabgedruckt in: H.
Krauß (Hrsg.), Altfranzösische Epik. Darmstadt 1978 . . . (Wege der Forschung,
Bd. CCCLIV), S. 195—224. (Der vorliegende Auszug bringt S. 278—284 = §§ 24—30.)]

DAS ›ROLANDSLIED‹ ALS KREUZZUGSDICHTUNG

Von Hans-Wilhelm Klein

Das Rolandslied als Kreuzzugsdichtung

Dem Kreuzzugsgeist [. . .] hat die Rolandforschung seit Bédier
mehr und mehr die entscheidende Rolle bei der Entstehung
des altfranzösischen Epos überhaupt zugeschrieben. „Das altfranzösische 'Heldenepos' erweist sich als eng verbunden mit
der Entstehung des christlichen Ritterideals seit 1050. Es er-
wächst mit und in dem teils volkstümlichen, teils hierarchi-
schen Kreuzzugsgedanken", sagt E. R. Curtius (in: Archiv 169,
1936, S. 56). Wenn dem so ist — und wir können nicht mehr daran
zweifeln —, so muß sowohl die Entstehungsgeschichte des ›Rolandsliedes‹ (und der altfranzösischen Epik überhaupt) als auch die dichterische Gesamtkonzeption des Epos von diesem Aspekt aus gesehen
werden. Wir können hier davon absehen, die zahllosen älteren
„Epentheorien" von Gaston Paris bis Carl Voretzsch nochmals darzustellen [1] und wenden uns sofort den bedeutenden Ergebnissen der
jüngeren Forschung zu [2]. Folgendes darf heute als gesichert gelten:

---

[1] „Die altfr. Epenforschung ist dahin gekommen, daß sich manche Forscher nur noch über 'Epentheorien' äußern, ohne aus den Texten selbst
Neues erarbeitet zu haben. Aber eine einzige einwandfreie ('positive') Erkenntnis über einen einzigen Text ist wichtiger als das Theoretisieren über
Methoden" (E. R. Curtius, in: ZfRPh 64, 1944 [zit. = Epik I], S. 241,
Anm. 1'). Ähnlich äußert sich Dámaso Alonso: «. . . en torno a los orígenes
de la épica francesa los teorizadores se están rehogando incansablemente
en la misma salsa (o en dos fundamentales: tipo Gaston Paris; tipo Bédier)
con mera variación de condimentos. Mientras tanto, la investigación de
los hechos apenas si progresa . . .» (in: Rev. de Fil. Esp. 37, 1953, S. 3).

[2] Über den heutigen Stand der Rolandforschung orientiert klar und
besonnen A. Knudson: The Problem of the Chanson de Roland, in: Ro-

Turoldus, der sich in Vers 4002 nennt, uns aber nicht näher bekannt
ist, sicher aber Kleriker war, ist der Dichter des ›Rolandsliedes‹, wie
wir es in der Oxforder Handschrift besitzen. Diese Niederschrift in
anglonormannischer Mundart aus der Zeit um 1150 ist, abgesehen
von kleineren Kopistenirrtümern, die einzige treue Wiedergabe der
Dichtung des Turoldus. Wir dürfen das ›Rolandslied‹ als das älteste
uns erhaltene altfranzösische Epos betrachten (Curtius). Es ist aber
auf jeden Fall jünger als das um 1050 entstandene ›Alexiusleben‹.
Die alten evolutionistischen Kantilenentheorien oder die Herleitung
dieses ersten Epos aus mündlicher Epentradition (Legenden, Sagen
etc.) sind aufgegeben. Bis zum 11. Jahrhundert kennen wir keine
altfranzösischen Epen, auch keine sogenannten „Vorstufen" [3]. Auch
Einfluß germanischer Epik ist unwahrscheinlich [4]. Das altfranzösische Epos ist aus dem religiösen und nationalen Geist des 11. Jahrhunderts durch einen genialen Dichter ins Leben gerufen worden:
„Es spiegelt die germanischen Wanderungen sowenig, wie es den
'Geist der Gotik' spiegelt. Es ist nicht Heldendichtung, sondern
Ritterdichtung. Womit durchaus nicht gesagt ist, daß es nicht viel-
gestaltige Trümmer germanischer Gesittung bewahrte" (Curtius,
Epik I, S. 56).

Um die Datierung des ›Rolandsliedes‹ ist lange gestritten worden.
C. Erdmann (Die Entstehung des Kreuzzugsgedankens, Stuttgart
1935, S. 264, Anm. 66) neigt auf Grund seiner historischen Untersuchungen dazu, es *vor* dem ersten Kreuzzug anzusetzen. Andere

mance Philology 4 (1950), S. 1—15. Eine gute Zusammenstellung der
neuesten Literatur bringt außerdem Silvio Pellegrini in der Einleitung zu
seiner Rolandübersetzung (La Canzone di Rolando, traduzione, introdu-
zione e note, Torino 1953). Ferner: A. Junker: Der Stand der Forschung
zum Rolandslied, in: GRM N. F. VI, 2 (erst nach Drucklegung dieser
Arbeit erschienen).

[3] Das ›Haager Fragment‹ und das ›Carmen de prodicione Guenonis‹
liegen, wie Curtius nachgewiesen hat, *nach* dem ›Rolandslied‹. Das ›Haager Fragment‹ ist eine schülerhafte Stilübung nach einem unbekannten
mittellateinischen Epos (Epik I, S. 262 ff.), das Carmen „ein ödes Machwerk des 13. Jahrhunderts" (ebd. S. 285), eine Kurzbearbeitung des uns
bekannten ›Rolandsliedes‹.

[4] Vgl. Curtius, Epik I, S. 307 ff.

Forscher vor ihm hatten aber, ebenso auf Grund historischer Forschungen, das ›Rolandslied‹ *nach* dem ersten Kreuzzug angesetzt,
so Bédier und Tavernier (der das Jahr 1106 annahm). Boissonnade
nahm in seinem umfangreichen und grundgelehrten Buch ›Du Nouveau sur la Chanson de Roland‹ (1923) neben Einflüssen der Spa-
nienkreuzzüge auch solche aus den Orientzügen bei der Entstehung
des Epos an und meinte außerdem, es könne nicht vor der Eroberung von Saragossa (1118), wahrscheinlich erst im Jahre 1120 entstanden sein. Aber dieser angenommene Parallelismus zwischen
Zeitgeschichte nach 1100 und dem Epos ist nach Ph. A. Becker
„mehr Schein als Wirklichkeit" [5]. Mit Erdmann nahmen F. Lot und
R. Fawtier die Entstehung des Epos *vor* dem ersten Kreuzzug an,
zuletzt noch André Burger in seinem Aufsatz: ›Sur la géographie du
Roland et sa date‹ [6]. Aus der genauen Spanienkenntnis des Turoldus
schloß er auf den bedeutenden Spanienkreuzzug von 1087 als den
Hauptanlaß zu der Dichtung und verlegt die Entstehung des ›Rolandsliedes‹ in das letzte Jahrzehnt des 11. Jahrhunderts. Dieser
Ansicht ist auch Knudson [in dem in Anm. 2 zitierten Aufsatz].
Nach allem, was wir gesehen haben, ist das ›Rolandslied‹ in der Tat
vor dem ersten Kreuzzug (1096—99) möglich, aber es muß nicht vor
ihm entstanden sein. Der allgemeine Kreuzzugsgeist, der aus ihm
spricht, läßt keine genaue Datierung zu, und alle Konstruktionen, die
sich auf Einzelheiten im Epos gründen, setzen voraus, daß Turol-

---

[5] Ph. A. Becker, Das Rolandslied, in: ZFSL 61 (1938), S. 154. Ähnlich ist
die Ansicht von Henri Grégoire zu beurteilen (Henri Grégoire: La base historique de l'épopée médiévale, Editions Art et Science, Baden 1951). Nach
ihm ist das ›Rolandslied‹ *vor* dem Kreuzzug entstanden (« La chanson de
Roland est une chanson de précroisade », S. 8), es spiegelt einen Griechen-
landfeldzug Rober Guiscards der Jahre 1081 bis 1085 wider: « Notre des-
sein était de présenter la fameuse Iliade française sous son vrai jour: une
oeuvre de propagande en faveur, non point de la guerre sainte, mais d'une
expédition très peu sainte — celle d'un dictateur normanno-italien contre
l'Empire grec » (S. 19). Der Aufsatz ist nicht ernst zu nehmen. Allenfalls
könnte dieser Feldzug Robert Guiscards die Vertrautheit Turolds mit
Namen wie Butentrot, Jericho, Chaneleus (Canina?) u. a. erklären, die
Grégoire genau lokalisieren will.
[6] In: Romania 74 (1953), S. 148—171.

dus es mit Geschichte und Geographie so genau nahm, wie es die heutigen Kritiker tun. Wir dürfen aber nicht vergessen, daß er zunächst ein Dichter war, dem bunte, ja erfundene Namen orientalischer Herkunft oft nur dazu dienten, eine gewisse *couleur locale* zu schaffen. Fest steht andererseits, daß die Existenz des ›Rolandsliedes‹ seit 1109 glaubhaft bezeugt ist [7]. So kommt Ph. A. Becker zu einer elastischen Datierung, die auch für uns die größte Wahrscheinlichkeit besitzt. Ihm erscheint das ›Rolandslied‹ „als ein Werk der neunziger Jahre des 11. Jahrhunderts, vor dem ersten Kreuzzug begonnen und unter dessen Eindruck vollendet" [8].

Konnte die Entstehungs*zeit* des Turoldschen ›Rolandsliedes‹ also annähernd bestimmt werden, so kam die Erforschung der Entstehungs*geschichte* des Epos seit Bédier lange Zeit nicht mehr vorwärts. Einen neuen Impuls erhielt sie erst im Jahre 1928 durch eine wichtige Entdeckung von Ferdinand Lot (in: Romania 54, 1928, S. 372 ff.), der urkundlich belegte, daß sich gegen Ende des 11. Jahrhunderts Brüderpaare mit dem Namen *Rollandus* und *Olivarius* finden. R. Fawtier ging dieser Spur nach und fand Urkunden über Brüderpaare gleicher Namen um 1050 (›La Chanson de Roland, Etude historique‹, Paris 1933, S. 74—75). Schließlich konnte Rita Lejeune Brüderpaare mit solchen Namen sogar vor 1031 belegen [9] und gleichzeitig nachweisen (was sehr wichtig ist), daß solche Namen von Brüderpaaren im Laufe des 11. Jahrhunderts langsam von der Provence nach Norden wandern. Da nun aber der Name Olivier vor dem 11. Jahrhundert nicht auftaucht und der unhistorische Olivier des ›Rolandsliedes‹ mit Sicherheit als der Vertreter der *sapientia* nach dem Symbol der Weisheit, dem Ölbaum, benannt ist, kann das epische Binom Roland-Olivier (*fortitudo-sapientia*) nur aus einer Dichtung stammen, und diese Dichtung muß, nach den

---

[7] Zeugnisse dazu Ph. A. Becker, in: ZFSL 61 (1938), S. 1—13.

[8] Das bestätigt auch die neueste, ausgezeichnete Arbeit von Maurice Delbouille (Sur la genèse de la Chanson de Roland, Brüssel 1954): Das ›Rolandslied‹ des Turoldus ist um 1100 entstanden.

[9] Rita Lejeune: La naissance du couple littéraire 'Roland et Olivier', in: Annuaire de l'Institut de Philologie et d'Histoire Orientales et Slaves 10 (1950), S. 371—401.

frühen Belegen für Brüder mit den Namen Roland und Olivier, *vor dem uns erhaltenen Rolandslied schon zu Beginn des 11. Jahrhunderts bestanden haben*. Die Forschung konnte sich nach diesen Entdeckungen der Erkenntnis nicht mehr verschließen, daß es ein Proto-Rolandslied gegeben haben muß [10], das für den Anfang des 11. Jahrhunderts anzusetzen ist. Auch in der neuesten Veröffentlichung über die Entstehungsgeschichte des ›Rolandsliedes‹ von Maurice Delbouille (vgl. Anm. 8) wird an der Existenz einer älteren (lateinischen oder gar volkssprachlichen?) Fassung des Rolandstoffes nicht mehr gezweifelt [11]. Es könnte dies die *anciene geste* sein, auf die sich Turoldus (Roland 3742) beruft und aus der Taillefer nach dem Zeugnis von Wace in der Schlacht bei Hastings sang. Nach Delbouille war der Inhalt dieser primitiven Dichtung, die durch das Meisterwerk des Turoldus in Vergessenheit geriet, folgender: *Quant au sujet du poème, cette geste qu'il déclinait en décasyllabes bien frappés, il (Turoldus) ne l'avait pas inventé, mais il le tenait d'une tradition plus ancienne qui lui avait fourni Charlemagne, Roland, Olivier, et sans doute aussi Ganelon et Aude, en même temps que le décor et les éléments principaux du drame de Roncevaux, conçu comme un épisode fort ancien des guerres religieuses d'Espagne* (a. a. O., S. 153). Damit hatte nach Delbouille der Proto-Roland die wesentlichen Gestalten und Elemente des Turoldschen ›Rolandsliedes‹ bereits besessen: Karl, Roland und Olivier und höchstwahrscheinlich auch den Verräter Ganelon und Aude, die Verlobte Rolands. Die Schlacht bei Roncevaux wäre darin als eine weit zurückliegende Episode religiöser Kämpfe geschildert worden. Alles das war reine Vermutung — wir wissen inzwischen mehr!

[10] „Roland und Olivier heißen zwei Brüderpaare, die urkundlich zwischen 1090 und 1100 auftreten. Als sie geboren wurden (zwischen 1050 und 1070?), muß es also schon ein Rolandslied gegeben haben. Es kann nicht das uns erhaltene gewesen sein, weil dessen Sprachform viel jünger ist als die des Alexiusliedes" (E. R. Curtius, Europ. Lit., S. 387). Auch André Burger (La légende de Roncevaux avant la Chanson de Roland, in: Romania 70, 1948, S. 433—473) nimmt einen (lateinischen) Proto-Roland an.

[11] Vgl. die eingehende Besprechung von H. Lausberg, in: Archiv 191 (1954), S. 112—116.

Im Jahre 1953 veröffentlichte der spanische Romanist Dámaso Alonso in der ›Revista de Filología Española‹ (37, 1953, S. 1—94) einen aufsehenerregenden Fund, der die Rolandforschung entscheidend weiterbringt und auch für unser Thema wichtigste Schlüsse zuläßt. Dámaso Alonso fand in dem Codex Emilianensis 39 der Real Academia de la Historia zu Madrid eine Lückenbüßereintragung aus der zweiten Hälfte des 11. Jahrhunderts über Karls Spanienfeldzug und Rolands Tod. Der Text, der in barbarischem Latein verfaßt ist, lautet nach Auflösung der Kürzel folgendermaßen:

In era DCCCXVI uenit carlus rex ad cesaragusta. In his diebus habuit duodecim neptis, unusquisque habebat tria milia equitum cum loricis suis. Nomina ex his rodlane, bertlane, oggero spata curta, ghigelmo alcorbitanas, olibero, et episcopo domini torpini. Et unusquisque singulos menses serbiebat ad regem cum scolicis suis. Contigit ut regem cum suis ostis pausabit in cesaragusta. Post aliquantulum temporis, suis dederunt consilium ut munera acciperet multa, ne a ffamis periret exercitum, sed ad propriam rediret. Quod factum est. Deinde placuit ad regem pro salutem hominum exercituum, ut rodlane belligerator fortis cum suis posterum ueniret. At ubi exercitum portum de sicera transiret, in rozaballes a gentibus sarrazenorum fuit rodlane occiso.

Die folgende Übersetzung mag gleichzeitig als kurze Kommentierung dienen:

Im Jahre 778 [12] kam König Karl nach Saragossa. Er hatte in jenen Tagen zwölf Neffen, und ein jeder von diesen hatte dreitausend gepanzerte Ritter. Einige Namen darunter: Roland, Bertran, Ogier mit dem kurzen Schwert, Wilhelm mit der krummen Nase [13], Olivier und Turpin, der Bischof des Herrn. Und jeder von ihnen diente je einen Monat dem König mit seinen Gefolgsleuten [14]. Es geschah nun, daß der König mit seinem Heer sich vor (in?) Saragossa aufhielt. Nach einer Weile gaben die Seinen ihm den Rat, viele Geschenke anzunehmen, damit das Heer nicht an Hunger zugrunde ginge, sondern in die Heimat zurückkehrte [15]. Dies geschah.

---

[12] Umrechnung der spanischen *era* DCCCXVI.

[13] Also schon epische Epitheta.

[14] Die *scolici* „Gefolgsleute" entsprechen den *escuellas* des span. Cidepos. *Scolici* stellt mit *loricae* (> span. *lorigas*) einen Hispanismus dar.

[15] *Ad propriam redire*: zu ergänzen ist *patriam*.

Darauf gefiel es dem König, um des Wohles der Männer seiner Heere willen, daß der tapfere Krieger Roland [16] mit den Seinen die Nachhut bildete. Als aber das Heer den Sizerpaß überschritt, wurde Roland in Roncevaux von den sarazenischen Völkerschaften erschlagen.

Die große Bedeutung dieses Textes ist unverkennbar. „Es liegt hier nicht mehr und nicht weniger als die Epitomierung eines vulgärsprachlichen Proto-Rolandsliedes vor, das von der Forschung... als immer fester umrissenes Phänomen anerkannt werden muß [17]."

Eine eingehende philologische Interpretation des Textes hat Dámaso Alonso selbst gegeben. Diejenigen Ergebnisse, die unser Thema nur indirekt berühren, sollen hier nur angedeutet werden: Die Barbarismen und Soloecismen der Epitomierung deuten auf *volkssprachliche* Form des Proto-Roland, und zwar auf eine Fassung in provenzalischer Sprache, was schon Rita Lejeune auf Grund des Wanderns des Binoms Roland-Olivier von Süden nach Norden vermutet hatte [18]. — Die zwölf „Neffen" (*neptis*) entsprechen der Zwölfzahl der *pers* des ›Rolandsliedes‹ [19]. — Im Proto-Roland fehlen Gestalt und Verratsmotiv des Ganelon und damit die gesamte psychologische Motivierung des Ablaufs der Ereignisse. Hätte Ganelon eine Rolle gespielt, so hätte eine auch noch so kurze Epitomierung seinen Namen und Verrat erwähnen müssen [20]. — Schon im Proto-Roland überfallen *Sarazenen*, nicht Basken (wie bei Einhart) die Nachhut.

Das sind die wesentlichen Züge, die Dámaso Alonso für den Proto-Roland erschließt. Für uns aber ergeben sich weitere, wichtigste Erkenntnisse. Hatte noch Delbouille dem Dichter Turoldus nur

[16] *Belligerator fortis*: auch hier bereits das für Roland typische Epitheton.

[17] H. Lausberg in seiner Besprechung im Archiv 191 (1955), S. 366.

[18] Demnach läge auch der Ursprung des altfranzösischen Epos in der Provence.

[19] Auf den wahrscheinlich germanischen Ursprung des Onkel-Neffen-Verhältnisses (z. B. Karl-Roland) hat früher schon E. R. Curtius hingewiesen [in diesem Band S. 252 ff.].

[20] Der gleiche Schluß ist für die Gestalt der Aude nicht statthaft. Sie ist selbst im ›Rolandslied‹ des Turoldus eine Nebenfigur, die in einer Epitomierung übergangen werden konnte.

geringfügige stoffliche Neuerungen zugebilligt (vgl. oben S. 301, im wesentlichen nur die Baligantepisode), so sind wir jetzt in der Lage (immer vorausgesetzt, daß Turoldus auf diesem Proto-Roland fußte), die Leistung dieses Dichters voller zu würdigen. Der Proto-Roland scheint eine nüchterne Schilderung ohne psychologische Vertiefung gewesen zu sein, allerdings schon mit der epischen Auswertung des *fortitudo-sapientia*-Verhältnisses von Roland und Olivier. Aber Turoldus ist es, der seine Vorlage mit dem christlichen Geiste der Kreuzzugszeit erfüllt. Bei ihm werden die Sarazenen erst zu „Heiden", wird Karls Spanienfeldzug aus einem reinen Eroberungskrieg zum Glaubenskrieg. Im Proto-Roland war die Zahl der *pers* rein äußerlich durch den Turnusdienst entsprechend der Zahl der zwölf Monate bestimmt [21], aber eine wichtige Erkenntnis, die wir Heinrich Lausberg verdanken, besagt jetzt, daß es Turoldus war, der diese Zwölfzahl mit der Zahl der Apostel identifizierte. Und erst aus dieser Aposteltypologie der *Pers* entstand bei Turoldus die Gestalt Ganelon-Judas. Die Zeile 178 des ›Rolandsliedes‹ *Guenes i vint, ki la traïsun fist* entspricht dem Schluß des Apostelkatalogs bei Matthaeus 10, 2 ff.: *. . . et Judas Iscariotes, qui et tradidit eum* [22]. Durch die Einführung Ganelons und des Verratsmotives wird der gesamte Ablauf des Geschehens dramatisiert und psychologisch begründet, wird die Auseinandersetzung Karls mit den heidnischen Sarazenen auf eine höhere Ebene gehoben, wird der Tod Rolands und seiner Gefährten symbolhaft zum Märtyrertod für die christliche Sache. So kann der Turoldsche Roland auch nicht mehr mit der Totenklage Karls bei Roncevaux schließen, wie es wahrscheinlich beim Proto-Roland der Fall war. Verrat und Märtyrertod verlangten Sühne und den eklatanten Sieg des Glaubens über den Unglauben.

[21] Werner Ross macht mich darauf aufmerksam, daß hier vielleicht der alte Volksbrauch des Reigens der Monate zu Ehren des Jahres zugrunde liegt.

[22] Vgl. dazu H. Lausberg: Zur altfrz. Metrik, in: Archiv für das Studium der neueren Sprachen und Literaturen 191 (1955), S. 215. — Es wird jetzt äußerst wahrscheinlich, daß Turoldus den Namen *Ganelon* (im Rectus *Guenes*) in bewußter Imitatio dem des Gefängniswärters *Guenes* im ›Leodegarlied‹ (175) entnommen hat.

Wir können also mit einem hohen Grad von Wahrscheinlichkeit folgendes annehmen: Unter dem Eindruck der im Jahre 1087 neu und gewaltig aufflammenden Kreuzzugsbewegung in Spanien, wahrscheinlich auch unter dem Eindruck des beginnenden ersten Kreuzzuges, schuf Turoldus, auf einer primitiveren und uns jetzt andeutungsweise bekannten Vorlage fußend, ein geniales Werk, das für seine Zeit unerhört modern war, das alle die religiösen und nationalen Ideen verkörperte, die ihn und seine Zeitgenossen so mächtig bewegten. Sollte aber dieses Werk den Kreuzzugsgedanken spiegeln und fördern, so genügte auch der Stoff von Ganelons Verrat, Rolands Tod und Karls Rache nicht mehr. Es mußte auf noch höherer Ebene die grandiose Auseinandersetzung zwischen Christen- und Heidentum dargestellt werden. Rolands Gegenspieler war Marsilie gewesen. Wenn aber Karl der gottberufene Vertreter des Christentums war, so mußte auch er einen großen heidnischen Gegenspieler erhalten, der seiner würdig war — und dieser Gegenspieler ist der Sarazenenfürst Baligant, der dem Proto-Roland unbekannt ist.

VI. SPANISCHE HELDENDICHTUNG

Germanisch-Romanische Monatsschrift 42 (1961), S. 129—153 (gekürzt).

ALTSPANISCHE EPIK

Ein Forschungsbericht

Von WALTER METTMANN

[. . .]

Von den drei Haupttheorien über die Herkunft und die Entstehung des altspanischen Epos kann eine, die arabische, von vorneherein unberücksichtigt bleiben. Sie wurde 1915 von dem Arabisten Julián Ribera aufgestellt, der in einer untergegangenen arabisch-andalusischen epischen Dichtung die Wurzeln der späteren spanischen vermutete. Diese Hypothese, für die sich keine überzeugenden inhaltlichen oder formalen Belege beibringen lassen, hat sich als unhaltbar erwiesen. — Daß die Einwirkung der französischen Epik auf die spanische sehr stark war, beweisen allein schon die aus Frankreich übernommenen Epenthemen, die Vorbildern des Karolingerzyklus folgenden Gedichte über ›Mainete‹, ›Bernardo del Carpio‹, ›Roncesvalles‹, und auch beim ›Poema de Mio Cid‹ können [. . .] französische Einflüsse nicht in Zweifel gezogen werden. Viel schwieriger ist es hingegen, bei der Frage nach einem eventuellen Fortleben germanischer Epenstoffe oder -motive zu sicheren Ergebnissen zu gelangen.

Der Hauptverfechter der These des germanischen Ursprungs der altspanischen Epik ist Menéndez Pidal, der sie zum ersten Mal ausführlich 1910 in ›L'Epopée castillane à travers la littérature espagnole‹ [1] dargelegt hat. Ähnlich wie Pio Rajna, der die Vorstufen der altfranzösischen Chansons de geste in germanischen Gesängen der Merowinger- und Karolingerzeit suchte, postuliert der spanische Gelehrte eine westgotische Epik. Nun wissen wir zwar durch Jordanes, daß die Goten in Liedern Ereignisse ihrer Geschichte und die

---

[1] S. jetzt: La epopeya castellana a través de la literatura española, 2. Aufl. Buenos Aires 1959.

Heldentaten ihrer Führer feierten, aber wir besitzen keine Nachrichten, aus denen sich entnehmen ließe, daß die Westgoten auf ihren langen Wanderzügen durch Europa derartige Überlieferungen bewahrt hätten. Menéndez Pidal vermutet, daß die Rodrigo-Legende (›La hija del conde don Julián‹), deren älteste Spuren wir bei arabischen Autoren des 9. und 10. Jh.s finden, zu einem guten Teil auf Gedichte zurückgehen könnte, die unmittelbar nach den Ereignissen in Umlauf kamen. Eine Hauptstütze für seine These, daß das germanische Epos bei den Westgoten in Spanien fortgelebt habe, findet Pidal in der Gestalt des Walther von Spanien (oder von Aquitanien), die in der germanischen Überlieferung einen bedeutenden Platz einnimmt. Bereits Jacob Grimm hatte die Walther-Legende als westgotischen Beitrag zur germanischen Epik angesehen. Die Erinnerung an Walther von Aquitanien hat in der spanischen Tradition weitergelebt. In einer späten Spielmannsromanze, die uns zum ersten Mal in Drucken des 16. Jh.s begegnet, heißt er Gaiferos, und die Schilderung der Flucht des Helden mit seiner Gattin Melisenda und des Kampfes mit den die Fliehenden verfolgenden Mauren weist überraschende Parallelen auf mit Episoden der Flucht Walthers und Hildegundes vom Hofe des Hunnenkönigs [2]. Dem hält Guerrieri Crocetti entgegen, daß die Romanze und die germanische Legende sich nach ihrer Inspiration und im Ton von Grund auf unterschieden und daß die Übereinstimmungen zu allgemein und nicht ausreichend seien, um die Grundlage für eine Theorie zu bilden. Ein weiteres Argument Menéndez Pidals sind die Spuren, die germanische Überlieferungen und Bräuche, vor allem solche der Rechtspflege, im spanischen Heldenepos möglicherweise hinterlassen haben, und schließlich kann die Sitte selbst, die Erinnerung an historische Ereignisse in Gestalt von epischen Liedern zu bewahren, als für die germanischen Völker besonders charakteristisch angesehen werden.

In einer 1955 erschienenen Broschüre ›Los godos y el origen de la epopeya española‹ [3] legt Menéndez Pidal neues Beweismaterial für

---

[2] Zu dem komplizierten Problem der Gaiferos-Überlieferung s. jetzt Menéndez Pidal, Romancero Hispánico, Madrid 1953, Bd. I, Kap. VII, §§ 15—19.

[3] Madrid (als Privatdruck), und in Col. Austral, 1275.

seine These vor, daß das spanische Epos ein Nachkomme des germanischen, genauer des weltgotischen sei, das in Spanien in latentem Zustand weitergelebt habe. Einen Hinweis darauf für die frühe Zeit findet er in einer Stelle bei Isidor von Sevilla, wo die jungen Edelleute aufgefordert werden, sich durch den Gesang der *carmina maiorum* anzuspornen. An thematischen Übereinstimmungen führt er neben den bereits bekannten (der König, der sein Reich verliert, weil er der Frau oder Tochter seines Vertrauten Gewalt antut, Walther von Aquitanien/Gaiferos) noch eine dritte an, der er entscheidende Bedeutung beimißt. Der Geschichtsschreiber der Goten Jordanes (6. Jh.) berichtet von einer Sage, wonach sein Volk einmal in alter Zeit um den Preis eines Pferdes (*unius caballi praetio*) aus der Knechtschaft befreit wurde. Pidal findet die Legende im ›Poema de Fernán González‹ wieder, wo der Graf von Kastilien dem König ein Pferd und einen Jagdfalken verkauft mit der Bedingung, daß bei nicht fristgemäßer Entrichtung des Kaufpreises dieser von Tag zu Tag in geometrischer Progression (« al gallarín doblado ») wachsen soll. Der König sieht sich später nicht imstande, die astronomische Summe zu bezahlen und bietet die Grafschaft als Preis an, die so ihre Selbständigkeit erlangt.

Die Schrift Menéndez Pidals hat den Rechtshistoriker A. García Gallo auf den Plan gerufen, der in einer langen und reichdokumentierten Abhandlung die These Pidals zu widerlegen versucht [4]. Auf Einzelheiten der Beweisführung kann hier nicht eingegangen werden. García Gallo glaubt, daß es sich bei der Erzählung im ›Fernán González‹ um eine späte Erfindung oder Übernahme des 12. oder 13. Jh.s handelt, nicht um das Fortleben eines alten gotischen Sagenmotivs. Im Hauptteil der Arbeit wendet er sich gegen die von den meisten Rechtshistorikern — denen Menéndez Pidal folgt — vertretene Auffassung, daß germanisches Gewohnheitsrecht neben dem geschriebenen römisch-westgotischen ›Fuero Juzgo‹ bis ins 13. Jh. weitergelebt habe. Pidal vergleicht diese angenommene Latenz mit der der Epik. Einen originellen Beitrag zur Ur-

---

[4] El carácter germánico de la épica y del derecho en la edad media española, in: Anuario de historia del derecho espanol XXV (1955), S. 583—679.

sprungsfrage leistet García Gallo, indem er vor dem Exklusivismus der alternativen Problemstellung: entweder lateinisch oder germanisch, warnt und eine Reihe von Zeugnissen dafür beibringt, daß schon die Völker des vorrömischen Spaniens, die Iberer und Keltiberer, Gesänge ganz offenbar epischen Charakters besessen haben.

Den Beziehungen zwischen germanischen und spanischen Sagenstoffen ist auch E. von Richthofen in einigen Kapiteln seiner ›Studien zur romanischen Heldensage des Mittelalters‹ nachgegangen[5]. Er glaubt, den Einfluß germanischer Heldenlegenden in drei Fällen feststellen zu können: Bei dem ›Cantar über Sancho II.‹ (doch sind die motivischen Anklänge an die Siegfried-Sage — die Umstände der Ermordung des Königs — nicht so konkret, daß sie allein schon beweiskräftig wären), bei der ›Rodrigo-Sage‹ und bei den ›Siete Infantes de Lara‹. Menéndez Pidal hatte bereits im Anschluß an A. H. Krappe auf bemerkenswerte Übereinstimmungen zwischen der altnordischen ›Thidrekssaga‹ aus dem 13. Jh. (einer späten Version der gotischen ›Ermanrichsage‹) und der jüngeren Fassung der ›Rodrigo-Legende‹ hingewiesen[6]. Die frühe Entwicklung der beiden Legenden ist aber eine verschiedene, und die Übereinstimmungen treten erst im 13. Jh. auf. Pidal schließt die Möglichkeit nicht aus, daß in diesem späten Stadium eine Beeinflussung in der einen oder der anderen Richtung stattgefunden hat. Von Richthofen entdeckt auch bei den ›Siete Infantes de Lara‹ Parallelen zur ›Ermanrichsage‹. Er versucht zu zeigen, daß die nordische Legende auf die spanischen eingewirkt hat und daß im Falle des ›Rodrigo‹ ein ursprünglich bereits gotisches Motiv in späterer Zeit von einer anderen germanischen Fassung beeinflußt worden ist. Die Beweisführung vermag nicht zu überzeugen; die Hauptschwierigkeit bereitet der Nachweis, auf welchem Wege die räumlich soweit auseinanderliegenden Legenden miteinander in Berührung treten konnten. Eine solche Möglichkeit, so glaubt von Richthofen, habe sich ergeben, als 1256/57 eine

---

[5] Halle 1944; jetzt spanisch in: Estudios épicos medievales, Madrid 1954.

[6] Floresta de leyendas heroicas españolas. Rodrigo, el último Godo. Madrid 1925 (Clas. Cast.) I, S. LXI—LXVI.

norwegische Königstochter mit ihrem Gefolge nach Spanien kam, um einen Bruder Alfons' X. zu heiraten [7].

Guerrieri Crocetti möchte das Problem der Ursprünge des altspanischen Epos von einer anderen Seite angehen. Man könne nicht alle Epen oder epischen Legenden auf eine gemeinsame Inspirationsquelle zurückführen und sie damit als Früchte des gleichen Baumes betrachten. Jedes Gedicht weise seine eigene Geschichte auf (Il Cid e i cantari di Spagna. A cura di C. Guerrieri Crocetti, Florenz 1957, S. XLVIII ff.). Die Cantares seien entstanden aus dem Geist der Reconquista, so wie das ›Rolandslied‹ und die französischen Chanson de geste unter dem Eindruck des Kreuzzugsgedankens. Durch dieses besondere geistige und religiöse Klima hätten die alten Legenden eine neue Prägung erfahren, und ihre Helden seien als Vorbilder und Ansporn im Kampf gegen den Glaubensfeind gefeiert worden. In der heroischen Begeisterung, die auch die Verse des lateinischen Gedichts über die Eroberung von Almería durchpulst, findet er die Erklärung für das Aufblühen der spanischen Epik. Es gelingt ihm jedoch nicht, ein entscheidendes Gegenargument zu entkräften: Der Kampf gegen die Mauren, die Feindschaft zwischen Christen und Musulmanen, spielt zwar in Legenden wie die von den ›Siete Infantes‹, der Maurin ›Zaida‹ oder dem Grafen ›Garci Fernández‹ hinein — da diese Stoffe einen historischen Kern einschließen, wäre das Gegenteil verwunderlich —, aber dieses Thema nimmt keineswegs die zentrale Stellung ein, die man, schlösse man sich der Meinung Guerrieri Crocettis an, erwarten müßte. Im Vordergrund stehen vielmehr ganz andere Motive, blutige Familienfehden, Fälle von Liebe und Haß und grausamer Rache. Wenn der italienische Forscher hierzu bemerkt, in den Chroniken seien ja nur die Legenden aus einer fernen Vergangenheit überliefert, und wir wüßten nicht, welchen Wert und welche Färbung diese während der Reconquista angenommen hätten, dann bliebe immer noch zu erklären (selbst wenn man die Berichte der Chroniken nicht als prosifizierte Cantares oder als auf solche unmittelbar zurückgehend ansieht), wes-

---

[7] Über germanische Sagenmotive in den ›Siete Infantes de Lara‹ s. a. K. Wais, Frühe Epik Westeuropas und die Vorgeschichte des Nibelungenliedes, Tübingen 1953.

halb nicht auch in den Chroniken diese Entwicklung ihren Niederschlag gefunden hat. Die Bewahrung und die Weitergabe einiger der
Legenden glaubt Guerrieri Crocetti (nach dem Vorbild Bédiers) aus
der Verbindung mit bestimmten Klöstern erklären zu können: Oña
und San Pedro de Cardeña im Falle von ›Garci Fernández‹ (›La
condesa traidora‹), San Pedro de Arlanza und San Millán de la
Cogolla bei den ›Siete Infantes de Sales‹.

[. . .]

Zwei Begriffe sind es, denen in der Konzeption Menéndez Pidals
nicht nur bei der Lösung der Probleme des Ursprungs und der Entwicklung literarischer Gattungen wie der Epik und der Lyrik, sondern auch bei der Erklärung sprachlicher Veränderungen eine
fundamentale Bedeutung zukommt und die sein Lebenswerk als
rote Fäden durchziehen: *tradicionalidad* und *estado latente*. Er hat
sie nach und nach zu einer geschlossenen Theorie ausgebaut, die eine
Beantwortung der immer neu gestellten Fragen nach den Anfängen
und dem Ablauf der Entwicklung ermöglichen soll. Wegen ihrer
weit über den Rahmen der spanischen Literaturgeschichte hinaus-
reichenden grundsätzlichen Bedeutung für die Epenforschung (die
anderen Probleme, die Ursprünge der Lyrik, die sprachlichen Veränderungen [8] dürfen hier ausgeklammert werden) muß etwas näher
auf sie eingegangen werden. Im Laufe der letzten zehn Jahre hat
Menéndez Pidal die Grundlagen des von ihm entwickelten 'Traditionalismus' bei drei Gelegenheiten ausführlich dargelegt und erläutert: 1953, im ersten Band des ›Romancero Hispánico‹ [9], 1957,
in der sechsten Auflage von ›Poesía juglaresca‹ [10], und schließlich in
programmatischer Form in ›La Chanson de Roland y el Neotradicionalismo. Orígenes de la épica románica‹ [11]. Eine grundsätzliche

---

[8] Vgl. D. Catalán Menéndez Pidal, La escuela lingüística española y
su concepción del lenguaje, Madrid 1955.

[9] S. insb. Kap. II, Poesía popular y poesía tradicional, und Kap. III,
El estilo tradicional.

[10] Parte Cuarta (Cap. 13—15): Invención y tradición juglaresca. Die
Bedeutung dieses Abschnitts kommt auch in dem neuen Untertitel des
Buches zum Ausdruck: Orígenes de las literaturas románicas.

[11] Vor allem die Kap. 1, 2 und 11 (Bases del Neotradicionalismo).

Stellungnahme zur traditionalistischen Doktrin bringt ein ausgezeichneter Aufsatz von P. Le Gentil: ›Le traditionalisme de D. Ramón Menéndez Pidal‹ [12].

Der Traditionalismus Menéndez Pidals in der Epenforschung macht Front gegen die individualistische Theorie Bédiers und seiner Anhänger, die seit 1913, seit dem Erscheinen der ›Légendes épiques‹, das Feld zu behaupten schien. Er stellt eine klare Rückwendung zu den Anschauungen dar, die Gaston Paris vertreten hatte, bevor er Rajna folgte. Dem Bédierschen Dogma, daß am Anfang jeder Literatur ein Meisterwerk stehe und daß dieses keine Vergangenheit habe, sondern mit seinem Autor beginne und mit ihm ende, hält Pidal seine Devise von dem « ilusorio poeta único » entgegen. Wenn die Vertreter des Individualismus bereit sind, die Existenz vorangegangener, doch verlorener Werke einzuräumen, dann nur mit der Einschränkung, daß es sich um rohe und künstlerisch wenig wertvolle Vorstufen gehandelt habe. In der Traditionalisierung, in den Veränderungen, denen ein Werk bei seiner Weitergabe ausgesetzt ist, sehen sie einen kollektiven und im wesentlichen mechanischen Vorgang, der entscheidende, schöpferische Änderungen durch den einzelnen ausschließt. Die spanische Schule hingegen unterscheidet streng zwischen der individualistischen Kunst (*arte individualista*), deren Produkte das Siegel einer Persönlichkeit tragen, die als 'Autor' anerkannt sein will, und der 'traditionalen', deren Schöpfungen anonym sind, und zwar nicht zufällig, sekundär, sondern ihrem Wesen nach (« con voluntad de anonimia »). Das traditionale Kunstwerk ist anonym und kollektiv, seine 'Autoren' sind der Volksdichter und die sein Werk übernehmende Schar der Bearbeiter (*refundidores*).

Ohne Einschränkung zustimmend äußert sich M. Sandmann, Traditionsgebundene Epik, in GRM 10 (1960), S. 361—69.

[12] Bull. Hisp. LXI (1959), S. 183—214 (aus Anlaß des Erscheinens der 6. Auflage von ›Poesía juglaresca‹). Vorausgegangen waren zum gleichen Thema: La notion d'etat latent' et les derniers travaux de M. Menéndez Pidal, in: Bull. Hisp. LV (1953), S. 113—48 und als Beitrag zu den 'Coloquios de Roncesvalles' (1955): A propos de l'origine des Chansons de geste: le problème de l'auteur. Col. d. R., Zaragoza 1956, S. 113—21.

Einer der Pfeiler der Pidalschen Ursprungstheorie ist der Begriff des Latenzzustandes (*estado latente*): Wir haben bei der Erklärung der Anfänge von der Voraussetzung auszugehen, daß den ersten erhaltenen literarischen Werken andere vorausgegangen sind und daß diese keineswegs alle unbedeutend waren, wie die Individualisten glauben. Die Annahme einer langen Latenzperiode ist, nach Menéndez Pidal, nicht nur eine Hypothese von hohem Wahrscheinlichkeitsgrad; sie läßt sich vielmehr durch Parallelen beweisen: auch das Vulgärlateinische hat kaum dokumentarische Spuren hinterlassen, und trotzdem kann an seiner Realität nicht gezweifelt werden. Das überzeugendste Beispiel für eine latente literarische Entwicklung liefern die Romanzen, deren Existenz in weiten Gebieten Spaniens über einen langen Zeitraum hinweg verborgen geblieben ist. Das Phänomen der Latenz gilt ferner nicht nur für die mündliche Überlieferung, wie im Falle der Romanzen, sondern auch für die schriftliche, denn eine nicht abzuschätzende Zahl von Denkmälern sind im Laufe der Jahrhunderte durch Zufälle und Unachtsamkeit verlorengegangen. Die für uns latente Literatur, die den ältesten erhaltenen schriftlichen Zeugnissen vorangegangen sein muß, hat bei genauem Zusehen trotzdem hier und da unverkennbare Spuren hinterlassen. Auf ihnen gilt es, in das über den Anfängen liegende Dunkel einzudringen.

Auch ein 'traditionales' Werk entsteht als individuelle Schöpfung, aber der Autor betrachtet es nicht als ein unveräußerliches Eigentum, das er mit seinem Signum versieht, sondern er überläßt es der Gemeinschaft, als deren Sprecher er sich betrachtet, deren Gefühle und Gesinnung er ausdrückt und künstlerisch gestaltet. In dieser Übereinstimmung mit seinem Publikum, in dem Erfolg des Augenblicks findet er seine Befriedigung; er bleibt anonym, ein 'Volks'-dichter (*poeta pueblo*). In der Anfangsphase der romanischen Literaturen war der Begriff der Autorschaft nur bei den gebildeten Dichtern, den *clérigos*, lebendig, die lateinischen Vorbildern nachstrebten, aber nicht bei den *juglares*. Das Werk des Spielmanns lebt weiter als Eigentum der Gemeinschaft, jeder, der es in Besitz nimmt, fühlt sich berechtigt, es zu modifizieren und zu variieren. So entstehen die zahllosen Varianten, die vielen hundert verschiedenen Versionen einer Romanze, und die weniger zahlreichen eines Cantar de gesta. Im Stadium der Anonymität lebt das Kunstwerk in seinen Varianten und ständigen Umarbeitungen, es ist nicht mehr die Schöpfung eines einzigen Dichters; statt des 'poeta único' haben wir den 'autor legión' (G. Paris: « l'auteur de la Chanson de Roland s'appelle légion »).

Die Varianten — und das ist einer der Leitsätze des Traditionalismus — stellen keineswegs grundsätzlich Verschlechterungen dar. Menéndez Pidal unterscheidet bei der traditionalen Poesie zwischen einer Blüte- und einer Verfallsperiode (período aédico und p. rapsódico). Die Epen wurden erst in dem späten Stadium in der Form niedergeschrieben, in der wir sie heute besitzen, und so erklärt es sich, daß in diesen Fällen die Varianten den Text im allgemeinen nicht verbessern. Bei dem Prozeß der Überlieferung bestehen, je nach deren Objekt, beträchtliche Unterschiede hinsichtlich der Quantität der Varianten und der Qualität. Qualität (= Grad der Abweichung und Lebenskraft, nicht als ästhetische Wertung) und Quantität verhalten sich umgekehrt proportional zueinander. Am zahlreichsten sind die Varianten bei der Sprache (denn strenggenommen stellt ja bereits jeder einzelne Sprechakt ein Verlassen der Norm, eine Variante, dar), aber auf der anderen Seite hat wegen der großen Zahl der Angehörigen einer Sprachgemeinschaft eine spontane Abweichung vom allgemeinen Sprachgebrauch wenig Chancen, sich durchzusetzen. Anders bei dem Kurzgedicht, der Ballade, wo die Abweichungen von der Vorlage viel weniger häufig sind, dafür aber der Spielraum des einzelnen bei Neuschöpfungen größer ist. Auf der dritten Stufe steht das Epos. Während die Ballade wegen ihrer relativen Kürze häufig und von einem größeren Personenkreis aufgenommen und wiedergegeben werden kann, ist die Zahl der an der Überlieferung aktiv Beteiligten bei einem Epos schon allein wegen dessen Umfang sehr begrenzt. Aber andererseits ist dem Epenrezitator bei der Umarbeitung größere Freiheit gegeben, denn im Vergleich zur Ballade ist die Zahl derjenigen, die den Text beherrschen und damit eine korrektive und normierende Gegenwirkung ausüben können, geringer. Bei den Epen sind die Neubearbeitungen und Varianten seltener, dafür aber tiefergehend als bei den Romanzen. Ihrem Wesen nach aber ist die Überlieferung bei den Cantares und den Kurzgedichten die gleiche, und Menéndez

Pidal unterstreicht, daß wir somit durchaus berechtigt sind, Rückschlüsse von diesen auf jene zu ziehen.

Dem Evangelium der Individualisten: «Au commercement était
la route» (Bédier) oder «Au commencement était le poète» (Pauphilet) stellt Menéndez Pidal ein neues gegenüber: «En el principio
era la historia». Er sieht den Ursprung der romanischen Epik in
dem bei den Germanen vielfach bezeugten Brauch, die Erinnerung
an historische Ereignisse oder Gestalten in Gesängen zu bewahren.
Das Epos ist seinem Wesen nach ein historiographisches Gedicht, es
entsteht aus der «apetencia historial» eines Volkes, die eine innere
Notwendigkeit ist, aus dem Drang, die für die Gemeinschaft bedeutenden Ereignisse kennenzulernen und die Erinnerung an sie wach-
zuhalten. Die Chansons de geste sind nicht erst im 11. Jahrhundert
entstanden; zu dieser Zeit hört nur der Latenzzustand auf, weil sich
die *clercs* für die Gattung zu interessieren beginnen. Ihre Anfänge
reichen vielmehr bis in die Zeit der geschilderten historischen Begebenheiten zurück. Mehr oder weniger gleichzeitig mit den Ereignissen entstehen Lieder, die von ihnen künden (*cantos noticieros*).
Diese *cantos noticieros* [13], in denen Menéndez Pidal ein Charakteristikum jedes heroischen Zeitalters sieht, waren ihrem Wesen nach
erzählend (zum Unterschied von den lyrischen Kantilenen Gaston
Paris'). Der *canto noticiero* kann weiterüberliefert werden (den
Grund dafür darf man im Stoff selbst suchen, in dem politischen
Interesse, das er erweckt, oder in einer glücklichen dichterischen
oder musikalischen Gestaltung), er wird zu einem *canto tradicional*. Durch ständige Umarbeitungen gewinnt er nicht nur an Umfang, sondern auch an poetischem Gehalt, er schwillt zu einem
cantar an [14]. Die dritte Stufe, die wir nur in Spanien, nicht jedoch
in Frankreich antreffen, stellen die Romanzen dar, die z. T. unmittelbar aus den *cantares* hervorgegangen sind und die neben anderen
auch deren historiographische Funktion übernommen haben (*ro-*

---

[13] Menéndez Pidal schreibt (Rol., a. a. O., S. 439)? «El canto contem-
poráneo nunca puede ser, un poema, sino una noticia poética; insisto
mucho en eso.»

[14] Es wird eingeräumt, daß nicht alle frühen Epen auf *cantos noticieros*
zurückzugehen brauchen.

mances noticiosos). Ist das heroische Zeitalter (das nach Menéndez
Pidal in Spanien länger gedauert hat als in Frankreich, bis ins
11. Jahrhundert), in dessen Klima die Epen entstehen, vorüber,
dann leben nur noch wenige, die berühmtesten, Gesänge in der Überlieferung fort.

Die Entwicklung in Spanien ist langsamer verlaufen als in dem
weniger traditionalistischen Frankreich. Die Zeugnisse der spanischen Epik sind jünger, aber sie sind archaischer ihrem Wesen nach,
ihr historischer Charakter ist ausgeprägter. Deshalb kann das spanische Epos als Musterbeispiel für die Erörterung der Ursprungs-
fragen dienen [15]. Durch die Kenntnis der altspanischen Epik werden
wir in den Stand gesetzt, Rückschlüsse auf die älteste, nicht erhaltene, französische zu ziehen.

Le Gentil, in seinem oben zitierten Aufsatz, unternimmt mit Erfolg den Versuch, zwischen den beiden extremen Positionen, der
Bédiers und der Menéndez Pidals, zu vermitteln. Er ist bereit, letzterem bei dessen Anschauungen über die Entstehung der Epen weitgehend zu folgen. So ist er ebenfalls überzeugt, daß sich das dichterische Schaffen in einem frühen Stadium latent und anonym
vollzogen hat, und er akzeptiert auch grundsätzlich die traditiona-
listische Auffassung von dem langsamen und stufenweisen Werden
der Cantares. Aber er legt den Finger auf einen wunden Punkt der
Theorie Pidals, wenn er bemerkt, daß es nicht genüge zu zeigen, auf
welchem Wege, über welche Etappen ein Epos entstanden ist, sondern daß es vor allem auch gelte herauszustellen und zu bestimmen,
wodurch dieses zu einem literarischen Kunstwerk geworden ist. Er
verdeutlicht seine eigene Auffassung von der Entstehung der Chansons de geste durch einen glücklichen Vergleich: « Ainsi, par de
brusques mutations bien plus que par une longue métamorphose,
s'expliquerait, à partir de formes plus frustes et plus brèves . . . la
naissance du grand *genre littéraire* qu'est l'épopée. » [16] Diese plötz-
lichen Mutationen sind das Werk der genialen Umarbeiter, die sich

---

[15] Hierin findet Menéndez Pidal auch die Zustimmung des Germanisten
Th. Frings. Vgl. Europäische Heldendichtung, in: Neophilologus 24 (1939),
S. 7.

[16] Le traditionalisme, a. a. O. [s. o. Anm. 12], S. 207.

durch ihr Talent aus der Schar der Vorgänger und Nachfolger her-
ausheben. Ohne ihr Eingreifen hätten, wie Le Gentil mit Recht bemerkt, die Ergebnisse viel einförmiger sein müssen. Man kann
demnach eine Chanson de geste, in der Form, wie sie uns erhalten
ist, einmal als Glied einer langen Kette ansehen, die in eine ferne
Vergangenheit zurückreicht, zum anderen aber auch, vom individualistischen Standpunkt aus, als das, was ein ein oder mehrere begabte
Künstler aus dem ihnen Überkommenen geformt haben.

[. . .]

Deutsches Archiv für Geschichte des Mittelalters 3 (1939), S. 57—114 (stark gekürzt).

ZUR GESCHICHTE DES CID

Von WALTHER KIENAST

Die Ehrensäule des Cid, des großen spanischen Nationalhelden, an dem sich sein Volk Jahrhunderte hindurch, zuletzt im Romancero begeisterte, wurde von einer überkritischen Geschichtswissenschaft zertrümmert, herabgestürzt vom Fußgestell des Ruhms. Der aufklärerische Jesuit Masdeu (1805) ging so weit, die Existenz des Cid zu leugnen [1]; der holländische Arabist E. Dozy (1849) zeichnete mit großer, aber voreingenommener Gelehrsamkeit sein Bild [2]: ein grausamer, meineidiger Tyrann, ein ungetreuer Vasall seines Königs, ein Condottiere muselmanischer Fürsten, der seine eigenen Glaubensgenossen bekämpfte. Die Autorität Dozys hat die ganze spätere Forschung beherrscht; sein düsteres Gemälde wurde nur in wenigen Einzelheiten berichtigt.

Den Ehrenschild des Roderich Diaz von Vivar, genannt der Cid [3] oder der Campeador *(bellator)*, von den Flecken zu reinigen, seinen Landsleuten den Volkshelden wiederzugeben, durch den Anblick seiner Größe die Spanier zur nationalen Einigkeit und Tatenfreude fortzureißen, das sind die Ziele, die sich Ramón Menéndez Pidal mit seinem großen Werke ›La España del Cid‹ [4] gesteckt hat. Me-

---

[1] Historia critica de España S. 20. Vgl. EdC. (s. Anm. 4), S. 19 ff. 32 ff.

[2] Recherches sur l'hist. pol. et litt. de l'Espagne pendant le Moyen-Age, zuerst 1 (einz.), Leyden 1849. 3. Aufl. in 2 Bdn. ebd. 1881. Vgl. EdC., S. 26 ff. 32 ff. 708 f.

[3] Von arab. Sidi „mein Herr".

[4] 2 Bde., Madrid 1929, 1006 S. mit Textabb., 8 Karten u. geneal. Tafel (im folg. zit.: EdC.). Die deutsche Übers.: Das Spanien des Cid, 2 Bde., München 1936—37, 347 u. 405 S., ist für wissenschaftliche Zwecke kaum benutzbar, bleibt aber unentbehrlich wegen der Zusätze und Änderungen des Verfassers, die dem deutschen Text den Wert einer 2. Aufl. geben. Sie

néndez Pidal, der führende Romanist seines Landes, der das ganze
weite Feld der spanischen Literatur und Sprache in einer Weise
umspannt, wie es bei den anderen europäischen Hauptvölkern nur
in den Frühzeiten der Philologie möglich war — und die spanische
Philologie steht noch in ihrer Frühzeit —, Menéndez Pidal hat sich
nicht von ungefähr dem Stoff zugewandt. Auf den Wegen Milá und
Fontanals und Menéndez y Pelayos fortwandelnd, hat er der spanischen Heldendichtung ihren historischen Ort zugewiesen: sie ist
kein Ableger des ›Rolandliedes‹ und der Chansons de geste, wie sich
die Franzosen schmeichelten, sondern selbständig aus germanischer
Wurzel, aus westgotischen Heldenliedern erwachsen. Die früheste
Veröffentlichung des Verfassers ist den ›Infanten von Lara‹ gewidmet, einem Cantar de gesta, das er aus einer viel jüngeren Chronik
dem Inhalt, z. T. sogar dem Wortlaut nach, wiederherstellte. [5] Eine
größere Zahl von Ausgaben, Handschriftenbeschreibungen, Untersuchungen, Darstellungen schlossen sich an, welche die spanische
Epik des Mittelalters, die Chroniken, die diese Gedichte in Prosaauflösung bewahrt haben, zumal den Mittelpunkt des Kreises, das
›Poema de mio Cid‹, behandeln. Den vorläufigen Endpunkt bildet
das Buch über Spanien unter dem Cid, ein glänzendes historisches
Werk, geschrieben von einem Philologen. Es führt einen gewaltigen
Schritt über den bisherigen Stand der Forschung hinaus, und das
hohe Lob, das ihm die allgemeine Kritik gespendet hat, ist gewiß-
lich verdient. Aber ich glaube, in seinem Bestreben, den Namen des
Campeador in altem Glanze erstrahlen zu lassen, ist Menéndez

muß also ständig neben dem Original eingesehen werden. Vgl. meine aus-
führl. Besprechung der Übers. in: Hist. Zs. 159 (1938), S. 157—161. Wo
ich die EdC. deutsch anführe, habe ich vielfach den Wortlaut der Übersetzung mehr oder weniger übernommen. [Zusatz des Vf.s: Die Benutzung
der dtsch. Übersetzung ist nun entbehrlich geworden, M. P. hat sein Werk
neu bearb. und erweitert, 4. ed., 2 Bde., Madrid 1947. — Vgl. jetzt die
zweisprachige Ausgabe ›El Cantar de Mio Cid‹, übs. u. eingel. v. H. J.
Neuschäfer, München (Eidos Verlag) 1964.]

[5] La leyenda de los infantes de Lara, Madrid 1896. Man vgl. dazu den
schönen Aufsatz von H. Morf, Die sieben Infanten von Lara, in: Dt.
Rundschau 103 (1900), S. 373 ff., wiederabgedruckt in seiner Sammlung:
Aus Dichtung und Sprache der Romanen 1, Straßburg 1903.

über das Ziel hinausgeschossen. Ich glaube ferner, die Quellenver-
wertung des Philologen, wie er voneinander abweichende Berichte
verkoppelt, wie er geschichtliche und poetische Überlieferung zu-
sammenarbeitet, wie er den Worten des Spielmanns auch ohne chronikalische Stütze weitgehend Glauben schenkt, wird nicht den
ungeteilten Beifall der Historiker finden.

Auf folgenden Blättern sei der Versuch gemacht zu sagen, wo ich
von Urteilen und Ergebnissen Menéndez Pidals abweiche, und in
Kürze meinen eigenen Standpunkt zu begründen.

Überblick der wichtigsten Quellen

1. Das lateinische ›Carmen‹ [6] in rhythmischen sapphischen Strophen, wahrscheinlicher von einem Kleriker der Grafschaft Barcelona als einem Kastilianer verfaßt, ein Gedicht von jetzt 129 Versen
zur Verherrlichung Roderichs von Vivar, ist nur als Bruchstück erhalten. Es deutet kurz die Ereignisse bis zur ersten Verbannung des
Cid an; ausführlicher sollte anscheinend der Kampf mit dem Grafen
von Barcelona erzählt werden, doch bricht es ab mitten in der
Schilderung, wie der Held die Rüstung anlegt. Der reine Tatsachen-
stoff, den es bringt, ist an Umfang gering. Menéndez meint, das
›Carmen‹, von dem er einen kritischen Text im Anhang bringt, sei
noch bei Lebzeiten des Helden abgefaßt, und datiert es auf „vor
1093“. Die Zeitbestimmung hängt an v. 97 f.:

> Caesarauguste obsidebant castrum,
> quod adhuc Mauri vocant Almenarum.

Almenar wurde von den Aragonesen 1093 erobert. [7] Da die Christen die Burg nie anders genannt haben, glaubt Menéndez, nach

---

[6] EdC., S. 6 f. 609 f. 886 ff., wo die ältere Literatur angegeben ist.
S. 889 ff. der Text.

[7] Historia de la Corona de Aragon . . . conocida generalmente con el
nombre de Crónica de San Juan de la Peña [publ. por T. Ximenez de Em-
bun], Zaragoza 1876, S. 53, cap. 17. EdC., S. 886 n. 2 ist in dem Zitat
MCIII Druckfehler für MXCIII.

1093 geschrieben hätten die Verse bedeutet, daß nur die Mauren die Burg so nannten, und das sei eben falsch. Zwingend scheint mir die Schlußfolgerung nicht. Das ›Carmen‹ ist, auch nach seiner Meinung, ein gelehrtes Erzeugnis der Schulstube. Aber in dem v. 18, der Anrede des Dichters an die Hörer *hoc carmen audite!* erblickt er eine Nachahmung der spielmännischen Formel '*Oit varones una razón!*' und leitet aus ihm den wichtigen Schluß ab, schon zu Lebzeiten Roderichs hätten die Juglares, die *Juglatores* in der Volkssprache seine Taten besungen. Diese Folgerung scheint mir übereilt, denn der Cantar, der das Vorbild für die *audite*-Wendung hergab, braucht doch nicht den Cidstoff behandelt zu haben.

Gegen Menéndez, wie er das ›Carmen‹ bewertet und zeitlich ansetzt, hat sich E. R. Curtius jüngst sehr entschieden gewendet. [8] Mit einer bewundernswerten Belesenheit arbeitet er die gelehrte Tradition heraus, die antike Topik, die Stilkonventionen, die in dieser Schuldichtung stecken. [. . .]

Curtius meint, auf Grund seiner Darlegungen müsse die Epentheorie Menéndez' berichtigt werden. Das scheint mir viel zu weit zu gehen. Man kann Curtius ruhig zugeben: „Nichts erlaubt uns, aus dem Rhythmus die Existenz anderer verlorener Cid-Gedichte zu erschließen. Am Anfang der 'poetischen Cid-Tradition' steht vielmehr die gelehrte Komposition eines Lateindichters", eines Klerikers — aber dieses Schulstubenprodukt hat mit Spielmannsdichtung nichts zu schaffen, es ist von ihm durch eine tiefe Kluft getrennt. Im ›Poema de mio Cid‹ wie in der Prosaauflösung anderer Cantares de gesta, anderer „Sippenlieder" (lat. *gesta* = Familie), glauben wir in Stil und Stimmung und innerer Form noch etwas vom Pulsschlag germanischer Heldendichtung zu spüren. Curtius freilich sieht auch da antike Einflüsse, wenn er z. B. die sog. Laisses similaires im ›Rolandliede‹ nicht auf die germanische „Variation", sondern auf antike Muster zurückführt. [9] [. . .]

---

[8] E. R. Curtius, Zur Literaturästhetik des MA.s 2, Kap. 5: Der Cid-Rhythmus, in: Zs. f. roman. Philol. 58 (1938), S. 162—172. Ich verdanke C. Erdmann den freundlichen Hinweis.

[9] Für die entsprechenden Probleme in den Chansons de geste vgl. den erhellenden Aufsatz von Fr. Panzer, Die nationale Epik Deutschlands und

2. Die Hauptquelle für die Geschichte des Cid ist die ›Historia Roderici‹ [10], von einem nichtkastilianischen Kleriker aus dem Gefolge des Cid verfaßt. Sie beschränkt sich ganz auf die Waffentaten ihres Helden; die anderen Seiten seines Lebens treten ganz zurück. Auch die Kriegsereignisse werden nicht vollständig erzählt, aber wir erhalten doch einen zuverlässigen, leidlich ausführlichen Bericht, der uns zeitlich einen Leitfaden liefert. [. . .] Einige Dokumente hat der Kleriker, der offenbar über Urkunden aus dem Besitz des Cid verfügte, seinem Werke eingereiht. Man hielt sie früher für erfunden, aber Menéndez ist zweifellos im Recht, wenn er für ihre Echtheit eintritt. Seinen Gründen könnte man diesen hinzufügen: Da, wo das Bündnis Roderichs mit dem König von Aragon erzählt wird, schimmert noch das in solchen Verträgen damals übliche Formular durch (*super omnes homines contra inimicos suos . . . bono et sincero animo*). [11] Zu betonen ist: Die ›Historia Roderici‹ enthält noch keine Elemente der Cidsage [12], wie sie das um 1160 geschriebene ›Chronicon Najerense‹ aufweist. [13] Terminus post quem ist der Tod des Roderich Diaz (1099) und die am Schluß noch erzählte Räumung Valencias durch seine Witwe im Jahre 1102. Ich würde Menéndez zugeben, daß die Abfassungszeit

Frankreichs in ihrem geschichtlichen Zusammenhang in: Zs. f. dt.Bildung 14 (1938), bes. S. 260 ff., und den (mir erst nach Drucklegung der vorliegenden Arbeit zugänglich gewordenen) Vortrag von Th. Frings, Europäische Heldendichtung, in: Neophilologus 24 (1938). Ganz anders Curtius a. a. O., S. 215 ff. Kap. 10: Rolandslied und epischer Stil.

[10] EdC., S. 901 ff. 915—967 der Text, nach dem ich im folg. zitiere (Hist. Rod. und Seitenzahl).

[11] Hist. Rod. 959.

[12] Nur mit allem Vorbehalt möchte ich fragen, ob nicht die ›Hist. Rod.‹ in Einzelzügen von spielmännischer Poesie beeinflußt ist, z. B. wenn der Cid, als er sich im Fichtenhain von Tevar im Rücken angegriffen sieht, *dentibus suis cepit fremere* (Hist. Rod. 943).

[13] Unter dem Titel « Une Chronique léonaise inédite » veröffentlicht von G. Cirot, in: Bull. hisp. 11 (1909) u. 13 (1911); vgl. ebd. 21 (1919), S. 93 ff.). Allerdings bringt die Chronik sagenhafte Züge vom Cid nur aus dem Stoffkreis des Cantar von Zamora, also zu Ereignissen, welche die Hist. Rod. 917 nur ganz beiläufig berührt.

wahrscheinlich näher an den Anfangstermin zu rücken ist als an die Schlußgrenze (um 1160). Aber seine nähere Datierung „vor Juli 1110" [14] scheint mir zwar möglich, jedoch keineswegs beweisbar. [. . .]

3. Zeitlich stehen den Ereignissen noch etwas näher zwei arabische Historiker: Der valencianische Maure Ben Alcama (gest. 1116) verfaßte gegen 1110 einen Bericht über die Einnahme und Belagerung Valencias durch den Cid. [15] Das Werk selber ist uns nicht erhalten, doch können wir es zum großen Teil wiedergewinnen aus den Stellen, welche die chronistischen Sammelwerke (s. u. Nr. 5) daraus entlehnten. Um dieselbe Zeit, im Jahre 1109, schrieb der portugiesische Maure Ben Bassam den einschlägigen Teil seines ›Dajira‹ oder ›Schatzkästleins‹, in dem er die muselmanischen Schriftsteller seiner Zeit gegen klingenden Lohn lobte und pries. [16] [. . .]

4. Das ›Poema‹ oder ›Cantar de mio Cid‹ [17], das Gegenstück zum französischen ›Rolandlied‹, ist das älteste und fast einzige im Wortlaut erhaltene Denkmal der spanischen Heldendichtung, also für die Literaturgeschichte ein Werk von allerhöchster Bedeutung. Aber welchen Rang kann diese Schöpfung eines wahrhaft großen Dichters als historische Quelle beanspruchen? Menéndez spricht ihm „einen realistischen, wahrhaft historischen Charakter" zu und hat es in großem Umfang herangezogen. Unleugbar enthält es zahlreiche geschichtliche Elemente: eine Reihe von Grundtatsachen, die es bringt, entsprechen der Wirklichkeit; die meisten Personen auf spanischer Seite sind aus Urkunden nachweisbar, während die ›Historia Roderici‹ keinen einzigen der Gefolgsleute des Cid erwähnt; nur wenige Gestalten sind frei erfunden oder tragen, wie die Töchter des Cid, andere Namen. Aber ebensowenig unterliegt

---

[14] EdC., S. 913.

[15] EdC., S. 3 f. 896 ff.; Menéndez Pidal, Estudios litt., Madrid 1924, S. 214 f.

[16] EdC., S. 4 f. 894 ff.

[17] EdC., S. 7 f. 54 ff. 968. Menéndez Pidal, Épopée cast., Paris 1910, cap. 3; Ders., Poesia juglar., Madrid 1924, S. 329. Alles Wesentliche ist zusammengefaßt in der Einl. der kl. Ausg.: Poema de mio Cid, Madrid 1913.

es einem Zweifel: das ›Cantar‹ ist zunächst und vor allem Dichtung, der Spielmann springt mit dem historischen Stoff vollkommen frei um. Zwei von den drei Gesängen behandeln rein erdichtete Vorgänge: Wie die Töchter Roderichs, des Hidalgo, des Mannes von niederem Adel, sich vermählen mit den Infanten (d. h. den Junkern) von Carrión, die den Ricos Hombres, der hohen Aristokratie angehören; wie die unwürdigen Gatten ihre Frauen schimpflich mißhandeln und verstoßen; wie der Cid Sühne für die Untat fordert und erhält. [18] Auch sonst legt der Juglar auf geschichtliche Treue wenig Wert. Um die poetische Wirkung zu erhöhen, zieht er sich wiederholende Begebenheiten zu einer zusammen oder verdoppelt ein einziges Ereignis. So wird der Graf von Barcelona nur einmal gefangengenommen; die Streitfälle mit García Ordoñez, dem Günstling Alfons VI. und Hauptgegner des Helden, sind zu einem verschmolzen; nur einmal wird der Cid von seinem König verbannt, und der mehrfache Wechsel von Gunst und Abneigung, wie ihn die Geschichte kennt, ist umgedichtet in eine fortschreitende Abnahme der königlichen Ungnade, bis der Campeador die volle Huld seines Herrn wiedergewonnen hat. Umgekehrt wird die Schlacht von Cuarte, der große Sieg Roderichs über die Almoraviden, in zwei zerlegt [19], eine Aufschwellung, wie wir sie aus der deutschen Heldendichtung, man denke an die Dietrichsepik, zur Genüge kennen. Die chronologische Ordnung ist ganz umgestürzt, die Schlacht im Fichtenhain von Tevar, um nur ein Beispiel zu nennen, die erst 1090 geschlagen wurde, ist im ›Poema‹ ziemlich an den Beginn der Exilszeit geschoben. [20] Mit einem Wort: die historische Zuverlässigkeit des Gedichts schätzen wir viel niedriger ein. Der

[18] Menéndez Pidal versucht auch hier einen geschichtlichen Kern zu retten, darüber unten S. 72 [hier nicht abgedr. — Anm. d. Red.].

[19] Mio Cid v. 1710 ff. 2311 ff.

[20] Daß endlich Episoden begegnen, die rein der dichterischen Einbildungskraft entsprungen sind, darauf brauchen wir nach dem Gesagten kein sonderliches Gewicht mehr zu legen. Von einem wörtlichen Anklang des Epos an die ›Historia Roderici‹, den Menéndez für eine Stelle behauptet, vermag ich, so wenig er übrigens zu bedeuten hätte, nichts zu entdecken (EdC., S. 409),

Spielmann hat den wirklichen Verlauf der Dinge den Erfordernissen
seiner poetischen Gattung, er hat die historische Kausalität der epischen Psychologie [21] geopfert. Wo wir im folgenden dem Verfasser
der ›España del Cid‹ werden widersprechen müssen, beruht das zum
guten Teil auf dieser verschiedenen Einschätzung des ›Poema‹. Er
will es schon „gegen 1140" ansetzen, also nur 40 Jahre nach dem
Tode des besungenen Helden. [22] Ich kann zu der Datierungsfrage
nicht Stellung nehmen, da dabei auch rein lautgeschichtliche Dinge
eine Rolle spielen. Aber auch wenn der Spielmann schon 1140 sein
Werk verfaßte, braucht man ihn doch nicht als halben Chronisten
zu betrachten. Bei dem kurzen Gedächtnis des Mittelalters waren
die wirklichen Vorgänge sehr schnell vergessen, konnten die Hörer
zwischen Geschichte und Dichtung nicht mehr unterscheiden.
[. . .]
5. Neben der ›Historia Roderici‹ brauchen wir auf andere lateinische Quellen des 12. und 13. Jahrhunderts, die mehr oder weniger
knapp vom Campeador sprechen, nicht einzugehen. Dagegen müssen
erwähnt werden die großen spanischen Chroniken vom 13. Jahrhundert ab, deren älteste auf Veranlassung Kaiser Alfons X. von
Kastilien entstanden ist: Die ›Primera Crónica general‹, unter ihm
begonnen; die späteren Teile, darunter auch die Cidgeschichte, verfaßt unter seinem Nachfolger Sancho IV. (gest. 1295); die ›Crónica
de veinte [urspr.: once] reyes‹, deren erster Teil, von Fruela II. bis
Alfons VI. einschließlich, eine Vorstufe der ›Primera Crónica general‹ darstellt; die ›Segunda oder Crónica de 1344‹, die ›Crónica
particular del Cid‹ und die ›Tercera Crónica general‹, sämtlich dem
14. und 15. Jahrhundert angehörend. Alles dies sind große Compi-

---

[21] Vgl. Curtius, a. a. O., S. 171 über den „Groll" als treibendes episches
Motiv.

[22] Ausführliche Begründung: Cantar de mio Cid, 3 Bde. Madrid 1908—
11. Bd. 1, S. 20—28. Die Gründe sind nicht alle von gleichem Gewicht,
manches leuchtet nicht recht ein, z. B. daß das lat. Gedicht über die Eroberung von Almeria (geschrieben zwischen 1147 und 1157) bereits das Cid-
epos voraussetze (S. 23). Kann die Bezeichnung „mio Cid" nur daher
stammen, nicht aus der Wirklichkeit? Über den lautgeschichtlichen Grund
S. 28.

lationen, die mehr oder minder wörtlich ihre Quellen ausschreiben und zusammenarbeiten. Für die spanische Literaturgeschichte sind sie sehr bedeutsam, sie haben uns die Inhalte etlicher sonst verlorener Cantares de gesta überliefert, so daß H. Morf die ›Primera‹ das Herbar der epischen Blumen des alten Kastiliens genannt hat. [23] Wie schon erwähnt, kennen wir Ben Alcama nur durch diese Chroniken; die Lücken der ›Historia Roderici‹ und des ›Poema‹ können wir aus ihnen ergänzen. Die jüngeren sind nicht einfach aus der ›Primera‹ abgeleitet, sondern alle gehen auf einen verlorenen Entwurf zurück. Die späteren können also gelegentlich ihre lateinische oder arabische Vorlage besser wiedergeben als die ›Primera‹.

[. . .]

Fassen wir zum Schluß dieser Übersicht zusammen. Wir haben: 1. Die Überlieferung, die aus dem Lager des Cid stammt oder ganz von seinem Standpunkt aus geschrieben ist, die ›Historia‹, das ›Poema‹ und das ›Carmen‹. 2. Die arabischen Schriftsteller, die dem Ritter von Vivar feindlich sind und nur für einen begrenzten Abschnitt seiner Geschichte in Betracht kommen. Die ›Crónicas generales‹ sind ganz vom Urteil ihrer jeweiligen Vorlage abhängig, und auch von den Urkunden können wir in diesem Zusammenhang absehen. Damit springt eine ganz wesentliche Ungunst der Quellenlage ins Auge: der andere große Gegner, der König und sein Hof, haben in diesem Chor keine Stimme [. . .]. Daraus erhellt schon, wie schwierig, fast unmöglich es sein wird, das gegenseitige Verhältnis von König und Vasallen in das richtige Licht zu setzen und beiden Teilen gerecht zu werden.

[. . .]

Alfons VI. und der Cid

[. . .] Eine Kernfrage aus der Geschichte des Helden ist diese: Weshalb konnte er mit seinem Herren nicht in Frieden leben, warum hat Alfons VI. ihn zweimal verbannt? Das Urteil über beide Persönlichkeiten wird wesentlich davon abhängen, wie wir diese Frage erwidern.

[23] Morf (oben Anm. 5), S. 393.

Menéndez gibt eine einfache, allzu einfache Antwort: Alfonsens Motiv war Neid. [...]

Mag der Monarch im Herzen Roderich Diaz gegrollt haben, fest steht jedenfalls: obgleich das Amt des Bannerträgers in andere Hände kam [24], hatte der Cid am Hofe einen ehrenvollen Platz, im Königsgericht zeigte er seine ungewöhnliche Rechtskenntnis als Richter und für seine Güter erhielt er ein „Coto"-Privileg, das ungefähr der fränkischen Immunität entspricht. [25] Vor allem: Alfons verschaffte ihm eine höchst vornehme Heirat, er vermählte ihn mit einer Frau königlichen Blutes, der Urenkelin Alfons' V. aus der ehemaligen Dynastie von León und Base Alfons' VI., Jimena Diaz, Gräfin von Oviedo. [26] Zweifellos war der König ehrlich bemüht, den Cid für sich zu gewinnen; das gebot ihm schon sein eigener Vorteil, er konnte so am ehesten hoffen, die kastilische Opposition, die zu der leonesischen Herrschaft scheel blickte, zum Schweigen zu bringen.

Alles spricht also dafür: Alfons hatte schwerwiegende Gründe, als er mit dem Cid brach. [...]

Dem verbannten Adligen sprachen die Gesetze ausdrücklich die Befugnis zu, seinen König zu bekriegen [27], ein Ausfluß des germa-

[24] Kurze Zeit wurde García Ordóñez, der Hauptwidersacher des Cid am Hofe, königlicher Alfierez. Fr. Callcott, The Cid as history records him, in: Hispania 17 (1934), S. 44 f. behauptet, G. O. habe das Amt schon vor Entthronung Alfonsens in Léon innegehabt und sei dem König während seines Exils treu geblieben, so daß er nach dessen abermaligem Regierungsantritt natürlich in seiner Stellung bleiben mußte. C. gibt in seinem kurzen Aufsatz keine Belege. Das Material, das EdC., S. 739 ff. über die Familie des G. O. und seine Person ausbreitet, bestätigt diese Aufstellung nicht.

[25] EdC., S. 862. 246. Vgl. über span. Immunität im allgemeinen: Cl. Sanchez Albornoz, La Potestad real y los señorios en Asturias, León y Castilla, siglos VIII al XIII, in: Revista de Archivos . . . 3. época 31 (1914), S. 264 ff.).

[26] EdC., S. 235 und die genealog. Tafel zu S. 719.

[27] El fuero viejo de Castiella I, IV, 1—2, in: Los codigos españoles 1, Madrid 1847, S, 258 f.); Alfonso el Sabio, Las siete partidas IV, XXV, 10. 11, Ausg. d. R. Acad. de la historia 3, Madrid 1807, S. 137 f.; Fuero de Navarra, I. 1, 4, ed. Ilarregui, Pamplona 1869, 4 b. (In Deutschland nur

nischen Widerstandsrechts. Menéndez rechnet es dem Helden von Vivar sehr hoch an, daß er davon keinen Gebrauch gemacht habe, daß er sogar im Elend Alfons die Treue wahrte, die er ihm nach dem Rechte der Zeit nicht schuldete. Das vor allem begründe den Anspruch des Cid, ein spanischer Nationalheld zu sein; er handelte nicht aus rein persönlichen Antrieben, er demütigte aus Liebe zur Heimat, zur « Castilla la gentil », das eigne stolze Herz. [28] Wie ein Leitmotiv zieht sich der Vers durch das Buch: « Con Alfons mio señor non querría lidiar », mit Alfons meinem Herrn möchte ich nicht kämpfen. [29] Hat Roderich Diaz das Lob verdient, das ihm sein Biograph so reichlich spendet? Einmal hat er, das ist unbestritten, einen Feldzug gegen Kastilien unternommen: 1092, als Alkadir von Valencia sich dem Cid zwar unterstellt, aber die Stadt noch in seiner Gewalt hatte, versuchte der König mit Hilfe einer genuesisch-pisanischen Flotte, Valencia zu nehmen. Er wollte also das Einfluß-gebiet des Cid an sich reißen. Der nahm nun keineswegs die Absicht ergeben hin, sondern « fué correr la tierra del rey don Alfonso », wie die ›Crónica de 1344‹ sagt; er fiel in die Gegend von Calahorra und Nájera ein, *qui erant in regno regis Aldefonsi et sub eiusdem imperio*, um auch die lateinische ›Historia‹ anzuführen. Erbarmungs-los ward alles verwüstet und ausgeplündert, alle Habe der Bewoh-ner an Vieh und Vorräten vernichtet, Alberite und Logroño im Sturm genommen und niedergebrannt. So gründliche Arbeit tat der Campeador, daß Logroño einige Jahre danach neu besiedelt werden mußte! [30] Darf man diesen Feldzug nicht als Krieg gegen den Kö-nig betrachten, weil das Land seinem alten Widersacher García Ordoñez gehörte, weil er nicht den König, sondern nur dessen Günstling angegriffen habe? [31] Aber die Fueros unterscheiden nicht zwischen dem Königreich im allgemeinen und der Krondomäne,

vorhanden im Jurist. Seminar d. Univ. Würzburg; ich konnte das Exem-plar durch die Güte von Herrn Prof. Nottarp einsehen. [Es ist 1945 ver-brannt.]) Menéndez gibt z. T. die Stellen im Wortlaut, EdC., S. 296 n. 2. 318. 442, dazu chronikalische Parallelen.

[28] EdC., S. 634.
[29] Mio Cid v. 538; EdC. dtsch. 1, 199; 2, 262 u. ö.
[30] Hist. Rod. 951; EdC., S. 793 (« Crón. de 1344 »), dtsch. 2, 76.
[31] EdC. dtsch. 2, 78. Vgl. auch Menéndez' Verteidigung gegen Jeanroy,

dem Eigengut des Herrschers. Indem Roderich in Kastilien einfiel, bekämpfte er seinen König, gleichgültig, wem das betroffene Territorium unterstand.

Nur eines vermied der Cid: Gegen die Person seines Herrschers zu fechten, — was auch der Fuero verbot. Deshalb wohl wehrte er den Angriff auf Valencia nicht unmittelbar ab, sondern suchte Alfons durch jenen Streifzug abzulenken. [...] Persönliche Züge, die der Spielmann zeichnet, legt Menéndez unbedenklich dem Cid der Geschichte bei: seine Milde gegen die besiegten Mauren, seine innige Familienliebe, die sich in zarten und rührenden Einzelheiten äußert. Aber wieweit deckte sich das Urbild mit der poetischen Spiegelung? Wir wissen darüber schlechterdings nichts. Gegen die gewißlich übertriebenen Vorwürfe Dozys nimmt der Biograph seinen Helden gar zu weitgehend in Schutz. Bei der Belagerung von Valencia ließ Roderich, um die Flucht der verhungernden Einwohner zu verhindern und so die Übergabe zu beschleunigen, eines Tages 17 dieser Unglücklichen, die aus der Stadt zu entkommen versucht hatten, an einem für die Eingeschlossenen sichtbaren Ort verbrennen. Viele der kraftlosen Flüchtlinge wurden von den Hunden der Wächter bei lebendigem Leibe zerrissen. Läßt sich dieses grausame Schreckmittel, das auch die damalige Zeit entsetzte, mit dem „internationalen Recht" entschuldigen, das heute noch dem Belagerer gestatte, die „unnützen Mäuler" mit Gewalt zur Flucht hinter die Mauern zu zwingen? [32]

Als der Cid den Kadi von Valencia, Ben Jehaf, zum Tode verurteilte, wollte er mit ihm zusammen nach Ben Bassam (der durch einen Augenzeugen unterrichtet war) auch Frau und Töchter des Kadi, nach der ›Crónica de 1344‹ und der ›Crónica particular‹ (die auf Ben Alcama oder einen anderen Araber zurückgehen) dagegen dessen auch sonst bekannten Sohn hinrichten lassen. [...]

in: Boletín Acad. hist. 104 (1934), S. 453: er gibt zwar zu, daß der Cid seine Interessensphäre, die ihm der König urkundlich bestätigt hatte, nicht aufgeben wollte, aber er fügt als weitere Begründung hinzu: « y sabía que Alfonso no podía someterla, como los sucesos demostraron en seguida. »(!)

[32] EdC., S. 510. 40.

Der Kadi hatte nach dem Zeugnis der besten arabischen Quellen Alkadir ermorden lassen, um sich in den Besitz seiner Schätze zu setzen [33], er hatte also den Tod verdient. Aber die eigentlichen Anklagepunkte im Prozeß wurden keineswegs bewiesen: Ben Jehaf, der sich zum Herrn von Valencia aufgeschwungen hatte, leistete nach der Übergabe der Stadt einen Eid, er habe die Kleinodien Alkadirs, die er auf der Flucht mit sich genommen hatte, nicht zurückbehalten. [34] [. . .] Prozeß und Hinrichtung sind, wie mich dünkt, eher eine Gewalttat des Cid, der auf diese Art einen listigen und hartnäckigen Gegner beseitigte und sich dessen Reichtümer aneignete. [. . .]

Worin bestand das Werk des historischen Cid? „Ein Roderich hat die Halbinsel zugrunde gerichtet, ein anderer Roderich wird sie retten", soll der Cid gesagt haben. [35] Er unterfing sich, heißt es, alle Herren Andalusiens zu unterwerfen und über sie als König zu gebieten. [36] Diese überkühnen Worte, wenn er sie sprach, hat er nicht wahr gemacht. Trotzdem ist seine Leistung gewaltig gewesen: Ganz auf sich und die kleine Schar seiner Vasallen gestellt, aus dem Vaterland vertrieben, seiner heimatlichen Hilfsquellen beraubt, hat er ein eigenes Reich in der spanischen Levante errichtet. Sein Leben liest sich wie ein Heldenroman, er kündet von Arglist und Grausamkeit, noch mehr von Todesmut und Führertum, er zeigt einen unbesieglichen Feldherrn und vorausschauenden Staatsmann, der sein Land klug zu verwalten weiß und die Gesetze seines Volkes kennt. Während der mächtige Alfons VI., der *imperator totius Hispaniae*, alle maurischen Vasallenstaaten im Süden einbüßte, stand Valencia wie der Fels im afrikanischen Meer, geschirmt allein vom Cid und seinen Panzerreitern. Zur Zeit, als die Almoravidengefahr ihren Höhepunkt erreicht hatte, hielt dieser Vorposten aus und entmutigte den Feind. Aber der heldischen Tat war keine Dauer beschieden. Drei Jahre nach seinem Tode mußte Jimena die Stadt räumen (1102). Valencia fiel in die Hände der Almoraviden. Erst

---

[33] EdC., S. 459 n. 1.
[34] EdC., S. 519 nach Ben Bassam.
[35] Nach Ben Bassam, EdC., S. 437.
[36] Nach Ben Alcama, EdC., S. 614.

150 Jahre später haben es die Christen, die Aragonier, endgültig erobert. Der Campeador habe, sagt Menéndez, den Afrikanern den Weg nach Zaragossa und Lérida verlegt, den äußersten Grenzen der damaligen muselmanischen Welt [37], — aber 10 Jahre nach seinem Tode gewannen sie Zaragossa (1110), um es bald danach wieder zu verlieren (1118). Man denke sich den Cid weg aus der Geschichte des 11. Jahrhunderts, — der Gang der Reconquista wäre dadurch schwerlich ein anderer geworden.

Der Cid ist wie ein Meteor: am Himmel Spaniens zieht er leuchtend seine Bahn, dann verlischt er, und wieder ist es Nacht, als wäre er nicht gewesen. „Doch eines weiß ich, das ewig lebt, der Toten Tatenruhm", sagt die Edda. Roderichs Tatenruhm lebt auf immerdar in seinem Volke. Er wurde der spanische Nationalheld, die volkstümliche Gestalt in Sage und Dichtung; er, dessen Gebeine sich in der Gruft rührten am Vorabend der Schlacht von Navas de Tolosa [38], begeisterte als das große Vorbild die Streiter der Reconquista. Mehr als der wirkliche Cid bedeutete für die Geschichte Spaniens sein Mythus.

[...]

Ziehen wir die Summe. Dies ist, dünkt mich, der Haupteindruck der vorangehenden Seiten: wie wenig wir von diesen Menschen im Grunde wissen. Es ist hier wie auf anderen weiten Strecken der mittelalterlichen Geschichte: ein paar äußere Begebenheiten, ein Tatsachengerüst, mehr oder weniger vollständig, einige persönliche „Eigenschaften", mit einem breiten Pinsel grob hingekleckst, das ist alles. Es wäre schon überheblich zu meinen, wir kennten wenigstens die Umrisse der Charaktere. Das Gemälde, das Menéndez von seinem Helden entwirft, mag in den Hauptsachen mit der Überlieferung vereinbar sein. Daß seine Farbengebung die wahrscheinlichste, daß sie gar, bei strengster Wort- und Sachkritik, die einzig mögliche sei, — wer wagte das zu behaupten? Seine begeisterte Liebe wird dem Cid sicherlich gerechter als die verbissene Voreingenommenheit Dozys, aber wird seine Auffassung nun die endgül-

---

[37] EdC., S. 650 im Anschluß an Ben Bassam und die ›Hist. Rod.‹

[38] Menéndez Pidal, Der Cid i. d. Gesch., in: Iberica 5 (1926), S. 23 (ohne Beleg).

tige sein? Heißt es nicht mehr wissen, als wir nach dem Stande der Quellen wissen können? Ein treuer Vasall, der sein Vaterland liebt, oder ein hochfahrender und eigenmächtiger Adliger? Ein milder Herr von strenger Rechtlichkeit oder ein geldgieriger grausamer Tyrann? Diener der gesamtspanischen Idee oder seines persönlichen Ehrgeizes? So lauten etwa die Gegenpole der Urteile. Manch schwarze Schatten sind ohne Zweifel aus dem Bilde gelöscht, gewisse Extreme in den angedeuteten Fragen erledigt. Aber darüber hinaus? Auch nach der ›España del Cid‹ sind wir, fürchte ich, nicht imstande, hier das subjektive Meinen hinter uns zu lassen. Aber um nur das letzte Gegensatzpaar ins Auge zu fassen: ist nicht die Frage nach dem Entweder-Oder überhaupt falsch gestellt? Können wir uns einen mittelalterlichen Großen vorstellen, in Deutschland, Frankreich, England oder sonstwo, der die Interessen seines Herrschaftsgebietes hinter denen des größeren Ganzen zurückstellte? Wer dies dennoch verlangt, überträgt moderne Ideen in eine zurückliegende Zeit. Indem der Cid für sich selbst Macht, Ruhm und Reichtum errang, baute er mit an der großen Veste der Reconquista, obgleich die vorgeschobene Bastion, die er errichtet hatte, nach seinem Tode wieder zusammenstürzte. Welche Triebfedern in seinem Innern die mächtigsten waren, wird uns immer verschlossen bleiben. Der Dichter, nicht der Geschichtsschreiber, schaut den Menschen ins Herz.

[. . .]

Philological Quarterly 21 (1942), pp. 17—22.

THE ›POEM OF THE CID‹ VIEWED AS A NOVEL

By George Tyler Northup

That the mediaeval epic of Spain differs radically from that of any other nations has often been stated. It is far more historic and realistic, for it is almost contemporaneous with the events described instead of having been written centuries later, as in the case of other national epics. Perhaps the *cantar de gesta*, better than any other form of the epic, permits us to glimpse what all epic poetry was like in its lost beginnings, before romance and tradition had distorted historic fact to the benefit of romantic fiction.

Aristotle stated that if a poet were to turn the ›History‹ of Herodotus into hexameters the result would not be an epic; an epic must have a hero, unity, drama, an element of fiction. The imaginary Greek poet would have achieved, not an epic but an example of that very inferior genre, the rhymed chronicle. The ›Poem of the Cid‹ is no rhymed chronicle, but a true epic with its outstanding hero, its dramatic and well-ordered plot, with only enough of the element of fiction to serve the purposes of art.

It is, therefore, an epic, but an epic with a difference; and this difference is due not merely to the fact that it was written by one of the Cid's contemporaries, at a time when the true picture of the hero had not yet been blurred by legend, but also to the fact that it embodies the realism and humor so characteristic of Spanish literature. No other epic has such well developed characters, or, if we except other lost Spanish epics, presents so true a picture of contemporary life. The ›Poem of the Cid‹ is not only an epic but Spain's first novel. It may therefore be helpful to reread it for the picture it presents of mediaeval life in Spain, just as one might read a Balzacian novel for a view of 19th century France.

The ›Poem of the Cid‹ has the most perfect structural unity. What is the theme? Modern literature offers numerous examples of 'success' stories, as for example the rise of a captain of industry from humble beginnings. The ›Poem of the Cid‹ is a 'success' story of an eleventh century business man who holds honor dearer than gold. The hero is presented at the lowest ebb of his fortunes. A member of the lesser nobility, before the story opens, he has a-chieved conspicuous military success; but through the machinations of his archenemy García Ordóñez he has lost the royal favor. We meet him first under sentence of exile, impoverished, ruined. His task is first to secure financial, military, and political independence, and then the restoration of royal favor. We take leave of him when all these things have been accomplished. The poem's theme is the rehabilitation of a personality.

History tells us that the climax of the Cid's career was the cap-ture of Valencia. Influenced by later tradition, we are accustomed to regard him as the champion of the cross against the crescent and one who enlarged the frontiers of Christian Spain. All such ideas must be dismissed if we are to understand the poem. Our poet is blind to the political and religious significance of his hero's career. The capture of Valencia is a mere episode, the significance of which is chiefly financial. The loot is the all important matter:

> Los que foron de pie cavalleros se fazen;
> el oro e la plata ¿ quien vos lo podrie contar?
> Todos eran ricos quantos que alli ha.
> Mio Cid Don Rodrigo la quinta mando tomar,
> en el auer monedado treynta mill marcos de caen,
> e los otros aueres ¿ quien los podrie contar?

Much more space is devoted to the little skirmish of Alcocer. The patriotic note is scarcely sounded. If the once-used phrase « Casti-ella la gentil » recalls « la douce France » of the ›Roland‹, it means little in an age when loyalty to a feudal lord came before devotion to one's native soil. And the religious motive is equally weak in an age of tolerance, when Moors were admired, not hated. The climax comes with the great trial scene and the subsequent victory of the Cid's champions over the Infantes de Carrión. We take leave of the Cid at the moment of his personal vindication, when with wealth and honor recovered and restored to royal favor, his daughters are wedded to princes. Clearly, then, the artistic unity of the poem is concerned with the Cid's personal honor problem. The theme, to repeat, is the loss and subsequent recovery of a loyal vassal's honor. Great events are only incidentally treated.

After the initial disgrace the Cid's fortunes mount in an unchecked ascending curve. His first victories are petty. Their increasing importance is indicated by the greater and greater booty gained and the ever richer presents sent the king.

> A todos los menores cayeron cient marcos de plata.

> entre oro e plata fallaron tres mill marcos,
> de las otras ganancias non auie recabdo.

These and many such allusions prove that the Cid is presented as he really was, a freebooter who fought for profit. In the eleventh century the only road to wealth for the Castilian was to gain it in warfare with the more highly civilized Moors. But the important fact, on which the poet insists, is that the Cid gained all this as a 'self-made man,' not as one favored but as one handicapped by the opposition of king and nobles:

> Tantos cavallos en diestro, gruessos e corredores,
> Mio Cid se los ganara, que non ge los dieron en don.

In the end he can proudly boast of himself:

> Antes fu minguado agora rico es.

Important as wealth was to the poet-chronicler, honor was much more so. The battle for honor is waged in the Cortes de Toledo. In many a modern play and novel we have striking court scenes, but the author of the ›Poem of the Cid‹ is perhaps the first in literary history to sense the drama which may lie in court proceedings. The debates of the parties, the Cid's three climactic demands, the judicial combat, provide thrills far exceeding those of the battle scenes. It is the most strikingly original feature of this epic that the climax occurs in court and not upon the battlefield.

The ›Poem of the Cid‹ is like a modern novel by reason of its good characterization. Some personages are little developed, but the important ones are drawn with realistic fidelity and sometimes with humor.

In the Cid himself we see the ideal feudal chieftain of a time when the better aristocrats were no mere parasites but rendered important social service. It may be no accident that this hero sprang from the lesser nobility, for those who stemmed from the high nobility, like the Infantes der Carrión, were often degenerate. The Cid is brave in battle, sagacious, wily even, and possessed of a practical spirit. Yet having gained wealth he makes use of it with much sense of social responsibility. He is devoted to his family, generous in his benefactions to the church, and never fails to share his booty fairly with the least of his dependents. A noble, dignified, stately creation, we see him in his prime, a realistic, not a romantic, figure. Rodrigo has none of the traits of a Rodrigue. The one blemish in his character is his treatment of the Jews, but the sly trick played upon them caused him many twinges of conscience. The fact that the victims are left unreimbursed, in spite of Minaya Alber Fáñez's assurance late in the poem that they are to be rewarded, is doubtless due to the author's oversight or to a lacuna in the manuscript.

In presenting the figure of King Alfons VI the poet required much circumspection. A great king cannot be represented as a villain. That he was a harsh feudal lord to a faithful vassal is sufficiently indicated, but the blame is laid upon García Ordóñez and the other « malos mestureros ». Here we may see the germ of the idea of cabinet responsibility and the doctrine that the king can do no wrong. Evil councillors are alone to blame. As the Cid grows in prosperity and sends richer and richer presents to him, Alfonso gradually relents, until in the end relations between the two grow cordial. For reasons of state the two men had to patch up their differences. The Cid's hold upon Valencia was too precarious without the support of Castile. Alfonso, for his part, could not run the risk that his powerful vassal should set up as an independent monarch in Valencia. In the trial scene Alfonso enacts the attractive rôle of a judge zealous for fair play and justice.

In contrast to the Cid, who stands for the self-made leader with a sense of *noblesse oblige*, the poet heaps his scorn upon the older, degenerate feudal houses. The Infantes de Carrión, born with silver spoons in their mouths, are snobbish parasites, cruel to their wives, cowards in battle. These treacherous weaklings are victims of low comedy in the episode of the lion. Like master, like man. Their retainers are of the same sort. Their father and head of the clan is likewise treated with contempt:

> Ansuor Gonçálvez que era bullidor,
> que es largo de lengua, mas en lo al non es tan, no.

This talkative, comic personage is foil to the Cid's tongue-tied but brave Per Vermúdoz. In his snobbery he ridicules the Cid as the owner of gristmills. His dress is effeminate and his chief concern is for the creature comforts:

> Manto armiño e un brial rastrando,
> vermejo viene, ca era almorzado.

And Muño Gustioz twits him:

> Antez almuerzas que vayas a oracion,
> a los que das paz, fartaslos aderredor.

The Cid's archenemy, García Ordóñez, also plays an undignified rôle. In the missing first pages of the *cantar* the Cid plucked his beard after defeating him in the battle of Cabra, an incident which he fails not to recall in the trial scene. The contemptuous nickname Crespo, Curly, clings to him.

The Cid's kinsmen and vassals are all that can be desired as to loyalty and bravery. They share their leader's fortunes in good times and bad, and in return are richly rewarded. Minaya Albar Fánez, the crafty Martín Antolínez, Martín Múñoz, Félez Muñoz are all of a sort and lack individuality. On the contrary, Pero Vermúdoz, nicknamed Pero Mudo, is a well characterized personage. He is the man of deeds not words. Brave but undisciplined, he almost loses his life in the battle of Alcover by disobeying the Cid's orders, but is nevertheless rescued by his lord and uncle after disarranging the order of battle. He is first to plant the banner of Castile on the walls of Valencia. He carries his loyalty to the point os seeking to cover the shame of Don Ferrando de Carrión by letting him pose as the conqueror of the Moor Aladraf, whom he himself had slain. He goes on many an embassy but lets the others talk. This stammerer remains laconic or silent until the great trial scene for which the poet with artistic anticipation has been saving him. That Dumb Peter should make the longest and most effective plea in court is the chief comic incident in the poem:

> Detienesele la lengua, non puede delibrar,
> mas quando enpieça, sabed, nol da vagar.

The speech is 51 lines in length. Dumb Peter is a comic character, but one not wanting in dignity. He commands respect.

Feminine characters are unimportant in a true epic. In the ›Poem of the Cid‹ all element of romance is quite properly lacking. Ximena is a statuesque figure. She kneels before the Cid, kisses his hand, is loyal and subservient. The daughters, Elvira and Sol, are sketchily drawn. The attitude of all three toward husband and father is similar to that of the vassals to their lord. In return they receive affection and devotion. Their femininity appears when they show terror at the sound of the Moorish kettledrums. Like one of the Germanic chieftains described by Tacitus, the Cid likes to 'show off' before his women. He puts Babieca through his paces and performs various feats of arms. When Ximena is alarmed by the Moorish attacks on Valencia soon after her arrival, the Cid smilingly tells her that the Moors are obligingly providing dowries for the daughters. He wants her to witness the battle, for she has power to inspire:

> Crecem el coraçon por que estades delant.

He thinks the ladies should be eye-witnesses to the process of earning a livelihood:

> Veran por los ojos commo se gana el pan.

This is another passage representing war is a practical pursuit, not a crusade.

Three foreign characters are portrayed with a remarkable lack of racial prejudice. The Moor Avengalbón, the Cid's ally (« Amigo de paz »), possesses every knightly virtue. The relations between him and the Cid are true to the spirit of the times, when differences of creed were no bar to political and social intercourse. The Jews, Rachel and Vidas, are presented in a ridiculous light. Racial traits are smilingly hit off:

> Non se faze assi el mercado,
> sinon primero prendiendo e despues dando.

Their avarice causes them to overreach themselves in the comic incident of the chests filled with sand, but the element of pity is not wanting. The poet feels that the Jews have been ill used, and should not only be repaid but recompensed as well.

The ›Poem of the Cid‹ is throughout modern in its realistic and grimly humorous depiction of life. It affords a true and unexaggerated picture of eleventh century Spanish customs. Other Spanish epics such as ›El Cantar de Zamora‹ and the ›Infantes de Lara‹ are alike in this respect. The Spanish epic is above all else interesting for its social documentation.

Hispanic Review 21 (1953), pp. 183—192 (gekürzt).

THE KING-VASSAL RELATIONSHIP
IN ›EL POEMA DE MIO CID‹

By Edmund de Chasca

We are indebted to Gustavo Correa for a penetrating analysis, recently published in this journal, of the honor theme in the ›Poema de Mio Cid‹. [1] Only with respect to one point, a rather important one, do I find myself not in complete agreement. Our difference may be reduced to the following questions: Is Alfonso a perfect king? Is the Cid a model vassal? Correa answers both questions in the affirmative. [2] Only to the second do I give an unequivocal yes.

The correct solution of this problem is all important for an understanding of the ›Poema‹ as a work of art because, as Correa himself has so well shown, the king-vassal relationship is the basis of its structure.

The fact that the epithet « bueno » is used seven times and « ondrado » five to characterize the king is not enough to establish his

---

[1] Gustavo Correa, El tema de la honra en el ›Poema del Cid‹, in: HR XX (1952), pp. 185—199. Correa's study was preceded by Pedro Salinas' fine essay ›El Cantar de Mio Cid‹, Poema de la honra, in: Universidad Nacional de Colombia IV (1945), pp. 9—24. Correa does not mention this contribution. The method of Salinas is entirely formal since he bases his aesthetic judgments on the poem exclusively; Correa's judgments are based on formal and extraformal considerations. In looking at the work as a product of its age he pays more attention to the European *patria grande* than to the Spanish *patria chica*.

[2] Correa, p. 189: « En nuestro Poema hay más que vasallo y señor. Hay la idea de vasallaje en grado sumo perfecto encarnada en la persona del Cid, y la idea de soberanía con sus atributos de perfección encarnada en la persona del rey Alfonso. El rey del Poema es muy otro en su categoría de ejemplaridad al rey que conocemos por la historia. »

perfection.[3] Neither can a subtle dialectic eliminate from that pregnant verse, « ¡Dios, que buen vasallo si oviesse buen señore! » (whether we accept Amado Alonso's[4] or Leo Spitzer's[5] gloss), its unmistakable anti-Alfonsine and pro-Cidian sentiment, a sentiment resulting from the unfavorable opinion which the citizens of Burgos have of the king's conduct.

It is true that Rodrigo himself does not hold Alfonso responsible for his personal disaster (« Esto me an buolto mios enemigos malos » [9]; neither does his wife, Jimena « Por malos mestureos de tierra sodes echado » [267]); but it is not proper for the perfect knight nor for any of his followers or relatives to blame the king even if he is not blameless. Neither is it fitting for the people to give open expressions to their disapproval, although their censure does not fail to make itself felt indirectly. The King can do no wrong, but what a pity that he should not be as perfect as his vassal!

Certain characteristics of the ideal, generic, king of the medieval *patria grande* can undoubtedly be seen in the complex personality of Alfonso. But we must not close our eyes to his local side, to the Alfonso of this particular epic and of the *patria chica*, to the Leonese-Castilian king (perhaps more Leonese than Castilian), to the idiosyncratic human being. If we see his individual as well as his generic aspect it is not difficult to reconcile the apparent contradiction between the clause « si oviesse buen señore, »[6] suggesting

---

[3] Correa, p. 189: « . . . las referencias que de él [el rey] hace el juglar son suficientes para colocarlo en un grado de perfección que corresponde a su estado. Los adjectivos "ondralo" y "bueno" (el primero repetido 5 veces y 7 el segundo) son los empleados para referirse al rey. »

[4] Amado Alonso, « ¡Dios, qué buen vasallo! ¡Si oviesse buen señore! », in RFH VI (1944), pp. 187—191.

[5] Leo Spitzer, « ¡Dios, qué buen vasallo si oviesse buen señor! », in: RFH VIII (1946), pp. 132—136. See also Martín de Riquer's contribution to the discussion, in: Revista bibliográfica y documental III (1949), p. 249. The most authorititive discussion of the line in the light of its poetic and historical context is Menéndez Pidal's in his 1940 University of Valencia lecture printed in: « Castilla, la tradición y el idioma, » Buenos Aires, pp. 162—164.

[6] Spitzer takes this clause to be the protasis in a contrary to fact con-

that Alfonso was not exactly a model king, and the almost idola-
trous cult of which he is the object as the representative of kingship,
a cult implicit in the tone of the ›Poema‹ as a whole but definitely
evident in the ritualistic gesture of abject submission with which the
Cid, grovelling before Alfonso, bites the grass when they meet for
the pardoning scene on the banks of the Tagus (2021—2024). But
even if we fail to see individual characteristics in the king as an
agent in the poem and insist on considering him a representative
type of his exalted state, his initial ill will toward the Cid can be
considered as the symptom of a disease which at that time afflicted
the Spanish monarchy as an institution. [7]

It is not fitting to the epic form, the typical effect of which is to
awaken admiration for the hero, to set up a more admirable person
as a model for the protagonist. Above all is it not fitting to the
›Poema de Mio Cid‹, whose protagonist is the model hero par excellence — he has even been called a saintly hero — for the king to be
portrayed as a paragon to whose level of excellence the vassal must
rise, as Correa suggests when he affirms that the Cid « ha llegado
a la misma altura de la de su señor. » [8]

The achievement of such equality is not evident in the poem.
Right or wrong, the king is always the master of his subjects' fate,
never a sharer of honor on equal terms, rather the arbiter who con-
fers it or takes it away. If his arbitrary acts are right, his personal
merit rises to the level of his radiant kingship; if not, his kingship
becomes tarnished but never seriously impaired. As king, Alfonso
dwells in a sphere which is inaccessible to the vassal; as a human
being Rodrigo rises above him.

dition and glosses: "What a wonderful vassal the Cid would be [every-
thing would be perfect] if he had a good lord." According to Amado
Alonso it is a main optative clause with the *si* equivalent to *así* with the
meaning of *ojalá*: « ¡Dios, qué buen vasallo! ¡Sí oviesse buen señore! » In
either case the implied comparison is in the Cid's favor: absolutely so in
Alonso's version, indicating that the vassal is perfect but that the king is
not; relatively so in Spitzer's version, suggesting that the vassal is not perfect because his lord is not, nothing being perfect in this imperfect world.

[7] Ramón Menéndez Pidal, La España del Cid, Madrid 1929, p. 295.

[8] Correa, p. 196.

This complicated situation is brought out by the text of the *Cantar*. Alfonso's injustice imposes an awed respect, and especially when he demands the unwilling cooperation of the people in order to enforce his decree. When the exiled Cid departs from Burgos under the black cloud of the royal interdict, however much the citizens of the city may love and admire him (« grande duelo avien las yentes cristianas » [29]), they do not dare help him:

> Conbidar le ien de grado, mas ninguno non osava:
> el rey don Alfonsso tanto avie le grand saña.   (21—22)

We may suppose that when the *juglar* recited these lines he communicated through the inflection of his voice the collective regret that the kind should be so severe toward a blameless subject. One feels throughout the entire fourth *tirada* a humble and resigned popular censure together with the general attitude of unquestioning acceptance of the royal will. The prestige of the king is so great that even his unjust decrees are taken as the whims of fate, as those mysterious irregularities of an imperfect world.

The honor of the Cid never reaches nor can it ever reach « la misma altura de la de su señor, » not even when the second marriage of his daughters makes him the relative of the kings of Spain, because a king-emperor, [9] like a star, dwells apart in awesome loneliness, as may be seen by the words which Correa himself quotes from don Juan Manuel's ›Libro de los estados‹. [10]

Even in a negative sense the king exists on a superior level, since if a vassal is affronted on his account the king's affront is greater— greater, because any dishonorable act becomes magnified if it

---

[9] Alfonso with justification claimed the title of emperor, already borne by his father, Fernando I. See La España del Cid, 1929 ed., pp. 239, 262, 332, 369, 750.

[10] «. .. et pues vos fablé fasta agora en el estado de los emperadores, que es el más honrado estado et mayor que puede ser en los legos, comenzarvoshe luego à fablar en el estado de los reys, que es el mayor que puede ser en pos el estado de los emperadores. » Both titles were used in the case of Alfonso but that of king more than that of emperor (cf. La España del Cid, p. 712). However, Alfonso's imperial claims were more explicit than those of his father (cf. loc. cit., p. 262).

touches the royal person. When after the Corpes incident the Cid sends Muño Gustioz to the king to demand justice, the former says to the latter:

tienes [i. e., the Cid] por desondrado, mas la vuestra es mayor.   (2950)

and the king agrees with him:

> e verded dizes en esto, tú Muño Gustioz,
> ca yo casé sus fijas con ifantes de Carrión;
> fizlo por bien, que fosse a su pro.
> ¡Si quier el casamiento fecho non fosse oy!   (2955—58)

Later the Cid himself says,

> desto que nos abino que vos pese, señor,   (3041)

and

> por mis fijas quem dexaron yo non he desonor,
> ca vos las casastes, rey, sabredes qué fer oy.   (3149—50)

Under the circumstances it behooves the king to be the instrument of justice. Only through a trial at law which he himself and no one else can launch may the matter be adjudicated — unless he should choose to act arbitrarily, which he does not choose to do, having by now grown in moral stature. An affront indirectly affecting the king on the part of persons « de natura tan alta » as are the Infantes of Carrión is a national issue justifying the summoning of the grandees of Spain. Rodrigo is vindicated at the *Cortes* of Toledo as is also the king, because if the latter shared the dishonor of the affront he also shares the honor of the victory which the suer's champions win in the judicial duel. In this sense king and vassal are co-participators in honor and dishonor, but on an unequal plane, since the Cid can theoretically be ruined by a legal defeat while the king remains fundamentally immune. It is true that the Cid's defeat would have been a blow to Alfonso, but not a serious one. In any event such a defeat is impossible to conceive. The right is clearly on the side of Rodrigo. Moreover, the defendants are so inferior physically and morally that we know quite well beforehand who the victors are going to be. The chief purpose of the fictitious trial is to bring into bold relief in a grand climax the human dignity, the moral greatness and the juridical virtuosity of the Cid. [11] As the action of the Cortes unfolds we also learn to admire the acquired greatness of a now just-minded king, so different from the grudging tyrant of the first *Cantar*.

In a sense it is the Cid who honors the king because Alfonso honors himself by honoring him. If the standard by which we determine honor is intrinsic human merit and not birth, Rodrigo is the true object of homage. In this deceivingly simple but deeply ambivalent poem the fundamental complication arises from the clash between two sets of standards, the personal and the political. The citizens of Burgos sympathize with the Cid, who is right according to every human standard; but they must do violence to their feelings when their mores oblige them to comply with a royal act which cannot be questioned regardless to its justice or injustice. Hence the king's pardon, which is indispensable for the restitution of the hero, may be seen as a formidable technicality which cannot be denied the petitioner without lessening the human worth of the bestower.

An analysis of the structural significance of the king-vassal relationship would tend I believe, to confirm what I have said.

The dividing line between the two main parts of the Poem comes at the moment when the relative position between the king and the Cid subtly changes. This happens when Rodrigo no longer is a petitioner and Alfonso finds himself in a defensive position. The change occurs precisely in the middle of the poem (line 1892), twenty seven lines from the mathematical center, when king Alfonso says in a soliloquy:

> Del casamiento non sé sis [el Cid] abrá sabor.

The king, then, once bound to destroy Rodrigo, and until recently the recipient of propitiatory gifts, *now* finds himself having qualms

---

[11] The Cid's *Cortes* speech is, in Robert Southey's words, "perfect eloquence of its kind." (See Erasmo Buceta, Opinones de Southey y de Coleridge acerca del ›Poema del Cid‹, in: RFE IX [1922], pp. 52—57.) Equally masterful is his legal strategy, which consists of lulling the Infan-

lest he should displease his vassal. And rightly so. For henceforth the Cid will never fail, whenever the occasion arises, to show his displeasure with the projected marriage before it takes place, and after it is solemnized he disclaims all responsibility for its evil consequences and blames the king for them.

What is the step by step process through which Alfonso one day finds himself in an inferior position with respect to his vassal, a position graphically defined by the line « la conpaña del Çid crece, e la del rey mengó » (2165) ? The first step in this transition was the king's change of heart toward the exile, a change which makes the pardon possible. The pardon, however, is not the result of a magnanimous benevolence. The Cid's character and abilities have won for him a success so imposing that Alfonso cannot help but recognize it.

The progression of the moral action takes place on two planes, that of the Cid, active and volitional, in the foreground; that of the king, passive and responsive, in the background. The Cid *acts* and the king *reacts*. And this system of actions and reactions progresses in three stages which correspond to the three warlike actions of the first two *Cantares:* the action at Castejón, the action at Alcocer, and the action at Valencia. After each victory the Cid sends a present to Alfonso and the importance of the victory may be gauged by the worth and size of the gift: first thirty horses, then a hundred, and finally two hundred, topped by a bonus of thirty palfreys and thirty high-spirited war horses. The degree of increasing benevolence (with a corresponding decrease of ill will) on the

tes into a false sense of security with a minor demand only to pounce upon them with his major claim. In this scene the Cid shows a talent of which his contemporaries (among whom we many include the juglar's listeners) were quite aware: his expertness in the law. « El Cid, » writes Menéndez Pidal, « . . . era sabidor en derecho. Le vemos actuar como abogado del monasterio de Cardeña, y como juez en Oviedo, capaz de citar las leyes góticas y de examinar la autenticidad de una escritura; le vemos sutilizar casuísticamente en la cuádruple redacción de una fórmula de juramento legal. Y el Cid de la poesía coincide con el de la realidad, alegando metódicamente sus derechos ante la corte de Toledo » (La España del Cid, pp. 638—639).

king's part may also be gauged by the worth of the presents, not
only with respect to their material value (in this case Alfonso
would be no more than a comic king of spades), but even more,
because they are concrete signs of the honor which the hero, « ganán-
dose el pan, » is winning for himself. With the defeat of the invad-
ing Almoravidian hosts after the capture of Valencia, the Cid has
done all he can for himself, and this is more than what it needed to
bring about the king's pardon. The royal prize that goes with the
pardon, namely the marriage of the hero's daughters to the high-
born Infantes of Carrión, brings with it dire consequences which
Alfonso desplores and on account of which he finds himself, as
noted, in a defensive position. Again the monarch is the instrument,
if not the cause, of Rodrigo's disgrace, but with the difference that
on the first occasion, bearing him ill will, he was only too ready to
listen to the slanders of the « mestureros » and perhaps not unhap-
py to see his subject in deep trouble; while now, being kindly dis-
posed, he sincerely regrets the unfortunate results of which he was
the unwitting cause. There is a more significant difference: the
Alfonso who decreed the exile identified himself with the forces of
evil as represented by the envious slanderers, forces which he abets
with all the arbitrary power of his office at its worst; but the Alfonso who arranged the match with good though illfated intentions,
rejects these forces and brings them to justice with all the majesty
of his office at its best. The difference in the king's moral position
makes a great difference also in the way he is able to repair the
damage he has done. The honor of the Cid no longer depends only
on his master's arbitrary will. An authority superior to that of the
king, the Law, rules on the matter of the vassal's second disgrace.
It is true that the machinery of the law must be set in motion and
administered by the monarch, since he is the only one who can summon or fail to summon the *Cortes* and since he is also the chief
judge who during the trial may grant or fail to grant the pleas of
the contending parties. The Cid could conceivably be still at the
mercy of a prejudiced king who might maladminister justice. Under
the changed circumstances that possibility does not, of course, exist.
The tyrant who listened to the Cid's enemies has been replaced by
the just representative of exalted kingship. He who decreed the

exile was prompted by an ugly passion. He who presides over the *Cortes* is motivated by a high sense of duty. The *rey invidente* becomes the *rey justiciero*.

It would be a mistake to assign to the Alfonso of the first phase the part of an opponent, and to the Alfonso of the second that of a champion of the Cid. The king is traditionally above the contending parties. His is the rôle of Fate, first frowning and then smiling on his subject. This abstract agent, however, functions through a human being who for human reasons favors at first the forces of evil as a result of a generic weakness of the kings of those semi-barbarous times, the weakness of being acutely susceptible to the insinuations of intriguing courtiers. Did the citizens of Burgos have this institutional rather than individual weakness in mind when they expressed their regret that the perfect vassal should not have had a model lord? If so there is justification for Spitzer's subtle statement to the effect that « el vasallo es bueno, el rey es bueno . . . ; lo que falta es la adecuada relación de buen vasallo a buen señor, por imperfección de la vida humana, que no es precisamente vida paradisíaca. » [12] Perhaps something may be added to these words: the goodness of the king is relative, that of the Cid absolute. The former exemplifies the norm of his class; the latter transcends the norm of his. Alfonso's position, is, therefore, morally inferior to that of his vassal. Nevertheless, his royal authority makes it possible for him arbitrarily to determine the fate of the Cid and of his people. Herein lies the dramatic power, the psychological tension of the ›Poema‹, in the opposition of the arbitrary power of the monarchy to the moral greatness of an individual, the former imposing itself through an unjust decree; the latter triumphing over it by means of a phenomenal material success and of an unexampled integrity.

[12] Spitzer, in: NRFH II (1948), p. 110.

VII. SERBOKROATISCHE HELDENDICHTUNG

Euphorion 34 (1933), S. 340—356.

DIE SERBOKROATISCHE VOLKSEPIK

Von Maximilian Braun

I

Die Kunst des epischen Gesanges bei den Serben und Kroaten kann als sehr alt bezeichnet werden. Die ersten Erwähnungen begegnen bereits im 13. Jahrhundert, doch sind natürlich gerade diese ältesten Zeugnisse noch recht spärlich und unbestimmt. Seit dem 14. Jahrhundert wird die Überlieferung reichhaltiger, und im Jahre 1568 erscheinen in einem Werke des dalmatinischen Dichters Hektorović die ersten Textveröffentlichungen. Aus dem 18. Jahrhundert liegen schon verschiedene handschriftliche Sammlungen sowie Nachahmungen vor, und 1774 veröffentlicht der italienische Abbate Alberto Fortis in seiner dalmatinischen Reisebeschreibung Original und Übersetzung des berühmten Liedes von der ›edlen Frau des Hasanaga‹ (die ›Hasanaginica‹). Diese Veröffentlichung ist von besonderer Bedeutung, denn durch die Vermittlung des Fortisschen Werkes kam das Gedicht — das dem Deutschen in der erstaunlich gefühlsechten Übersetzung von Goethe zugänglich ist — in die Volksliedersammlung Herders und brachte so der literarischen Öffentlichkeit Europas zum ersten Male Kunde von der dichterischen Kunst des serbokroatischen Volkes.

Aber erst im Anfang des 19. Jahrhunderts kam die serbokroatische Volksepik zur vollen literarischen Geltung. Zwei führende Geister des slavischen Südens teilen sich in das Verdienst: der Slovene Kopitar, der Wiener Slavist, und der aus der Herzegowina stammende geniale serbische Autodidakt Vuk Stepanović Karadžić. Jener brachte sein schon durch frühere Nachrichten geweektes wissenschaftliches und national-romantisches Interesse sowie seine gründliche philologische Schulung hinzu, dieser seine unübertreffliche Kenntnis der Sprache, des Volkes und des Landes der Serbokroaten. Unter der klugen Anleitung von Kopitar wird Vuk bald nahezu zum Begründer der modernen serbokroatischen Sprache, er reformiert Rechtschreibung und Grammatik auf volkstümlicher Grundlage, und er widmet sich schließlich mit Feuereifer, mit größter Liebe und Ausdauer dem Sammeln von volksdichterischen Erzeugnissen, und in erster Linie natürlich von epischen Gesängen. So entsteht seine monumentale Sammlung, die in der letzten staatlichen Ausgabe neun starke Bände umfaßt und die trotz vieler späterer Veröffentlichungen immer noch die Grundlage allen Studiums der serbokroatischen Volksdichtung bildet. Diese Sammlung war es auch, die dann — vor allem durch die Übersetzungen von Talvj — einen tiefen Eindruck auf Jacob Grimm und Goethe gemacht hat und durch die die serbokroatischen Heldenlieder in die Weltliteratur eingeführt wurden.

Noch unendlich viel tiefer war natürlich die Wirkung dieses Werkes auf das geistige Leben der Serbokroaten selber. Ganze Generationen haben ihre nationalen, ethischen und künstlerischen Ideale bewußt oder unbewußt an diesen Liedern gebildet und geschult, und in der Blütezeit der romantisch-nationalen Begeisterung wurde die Verherrlichung dieser Dichtungen nachgerade zu einem etwas lächerlichen Mystifizismus gesteigert. Es wäre nicht zuviel gesagt, wollte man die Vuksche Sammlung als eine Art nationaler Bibel der Serbokroaten bezeichnen.

Die Wirksamkeit von Vuk und Kopitar hat aber gerade noch die letzte Blütezeit der serbokroatischen Epik erfaßt — sofern der Ausdruck „Blütezeit" nicht schon etwas übertrieben ist. Die schöpferische Kraft der epischen Dichtung hatte bereits zu Vuks Zeiten bedeutend nachgelassen, und seitdem geht auch die Kraft der erhaltenden Tradition langsam, aber unaufhaltsam zurück. Über die Gründe dieses Niederganges wird noch einiges zu sagen sein, jedenfalls kann man aber schon heute feststellen, daß wir von dem Zeitpunkt des völligen Erlöschens dieser alten Kunst nicht mehr allzuweit entfernt sind. Doch ist die epische Volkskunst noch keineswegs tot. Abgesehen schon von der bewußten Pflege durch kulturelle Organisationen ist sie auch im Volke selber noch durchaus lebendig. Ihr Ausbreitungsgebiet ist freilich stark eingeschränkt. Im eigentlichen Serbien, in den ehemals ungarischen Gebieten nördlich der

Donau, in Slavonien und im ehemals österreichisch-ungarischen Kroatien ist die epische Sangeskunst so gut wie ausgestorben. Sie hält sich dagegen noch in Bosnien und Herzegowina, in Montenegro, in einigen abgelegenen Bezirken des dalmatinischen Randgebirges, im Sandžak Novi Pazar und im südwestlichen Randgebiet des eigentlichen Serbiens — alles Gebirgsgegenden, deren Bevölkerung die alten patriarchalisch-dinarischen Züge noch verhältnismäßig frisch bewahrt hat [1]. In diesen Gebieten kann man auch heute noch überall dem Heldenlied begegnen. Es wird bei geselligen Zusammenkünften im Privatkreis und im Kaffeehaus gesungen — bei den Moslims vor allem in den Nächten des Fastenmonats Ramadan; es findet dankbare und begeisterte Zuhörer bei Hochzeiten und anderen Festlichkeiten, so wie es früher z. B. eine wichtige Ausschmückung der populären Pferderennen bildete; und unter den letzten Vertretern der alten patriarchalischen Aristokratie — vor allem in dem moslimischen Adel — finden sich immer noch passionierte Kenner

---

[1] Seit Vuks Zeiten hat es sich eingebürgert, einfach von „serbischen Heldenliedern" zu sprechen, da Vuk die Bezeichnung „Serben" ziemlich auf das gesamte serbokroatische Volk ausdehnte. Diese Bezeichnung trifft aber nicht zu. Die oben gegebene Zusammenstellung zeigt, daß die Lieder *heute* jedenfalls gerade in Serbien ausgestorben sind und sich vor allem in Gebieten halten, die sich selber als „kroatisch" bezeichnen; eine Ausnahme bildet hier eigentlich nur Montenegro. Aber auch im Hinblick auf die *Entstehung* der Lieder ist die Bezeichnung „serbisch" zu eng. Die meisten und größten Zyklen sind allerdings mit der spezifisch serbischen Geschichte verbunden (›Kosovo‹, ›Königssohn Marko‹, die Zyklen über das mittelalterliche Serbien). Dagegen weisen z. B. die Uskokenlieder nach Dalmatien und der südwestlichen Militärgrenze, wo die Kroaten wohl den Ton angaben. Schließlich darf man nicht — wie es meistens geschieht — die moslimischen Lieder ganz außer acht lassen, die Moslims aber haben sich wenn auch nicht unbedingt als Kroaten — ihre Kroatisierung ist jüngeren Datums —, so doch auch nie und nimmer als Serben gefühlt. Auch in der Sammlung von Vuk sind viele Lieder — bei den Frauenliedern die Mehrzahl — in kroatischen Gegenden aufgezeichnet. Diese Berichtigung ist deshalb nicht unwesentlich, weil die Verhältnisse serbischerseits immer wieder ganz einseitig dargestellt werden. Ich habe sogar feststellen können, daß in serbischen Schulen gelegentlich „jede Beteiligung der Kroaten an dieser Dichtung" ausdrücklich geleugnet wird.

und Förderer dieser alten Kunst[2]. Ereignisse der neuesten Zeit, bis
in den Weltkrieg hinein, haben hin und wieder Anlaß zu epischen
Dichtungen gegeben, die allerdings an künstlerischer Qualität weit
hinter denjenigen der älteren Zeit zurückstehen. Und schließlich
mag als Kuriosum die Tatsache erwähnt werden, daß nach dem
Zeugnis von Murko sogar Programme politischer Parteien gelegentlich in Form von stilechten Heldenliedern abgefaßt worden sind[3].

So haben wir noch immer die Möglichkeit, hier auf südslavischem
Gebiet eine volkstümliche epische Kunst sozusagen am lebenden
Objekt zu beobachten — und in dieser Möglichkeit liegt zweifellos
die eigentliche Bedeutung der serbokroatischen Volksdichtung für
die allgemeine literarische Forschung. Es würde hier zu weit führen,
alle die Verbindungslinien aufzudecken, die von hier aus zu den
epischen Dichtungen anderer Völker — zu Homer etwa oder zum
germanischen Heldengesang — gezogen werden können. Ich werde
mich daher im folgenden darauf beschränken, einige der in dieser
Beziehung besonders wichtigen Fragen vom rein serbokroatischen
Standpunkt aus zu betrachten; auch bei einer solchen Darstellungsweise sind die südslavischen Tatsachen von hohem Allgemeininter-
esse.

Es handelt sich dabei vor allem um drei Fragen: erstens die Frage
nach der *Entstehung* solcher Heldenlieder. Zweitens die Frage, wie
sie von Sänger und Zuhörer aufgefaßt werden, also etwa die Frage
nach dem *Sinn und Zweck* epischer Liederkunst. Drittens die Frage
nach der Beschaffenheit der *erhaltenden Tradition*.

II

Heldenlieder entstehen auf serbokroatischem Gebiet, wie gesagt,
auch heute noch. Wir können es überall direkt beobachten, in einzel-

---

[2] M. Murko, Bericht übere eine Bereisung von Nordwestbosnien und
der angrenzenden Gebiete von Kroatien und Dalmatien behufs Erforschung der Volksepik der bosnischen Mohammedaner, in: Wiener Sitzungsberichte 173, 3, Wien 1913 (im folg.: Bericht), S. 25—27.

[3] M. Murko, La poésie populaire épique en Yugoslavie au début du
XXe siècle, Paris 1929 (im folg.: Poésie), S. 27.

nen Fällen lassen sich solche Feststellungen dank günstiger Überlieferung auch in Vuks Zeiten, bis zum Anfang des 19. Jahrhunderts, zurückverfolgen. So wissen wir — um nur einige der sicheren Beispiele anzuführen —, daß einzelne Ereignisse des Weltkrieges zu Liederdichtungen Anlaß gegeben haben. Gesemann erzählt in seinen ›Studien zur südslavischen Volksepik‹ von einem Sänger, der in einem serbischen Lazarett ein Lied über den Kriegstod des Sohnes des Lazarettarztes improvisierte [4]. In der Sammlung von Vuk steht ein Lied, das der Sänger Angjelko Vuković über ein Erlebnis aus seinem eigenen Leben dichtete, welches wir gleichzeitig aus seiner eigenen prosaischen Wiedergabe kennen — ein besonders interessanter Fall, auf den ebenfalls Gesemann als erster hingewiesen hat [5]. Als im Jahre 1840 der berühmte herzegowinische Feudalherr Smajlaga Čengić einem montenegrinischen Überfall zum Opfer fiel, dichtete sein Fahnenträger gleich auf dem Rückweg vom Schlachtfeld ein diesbezügliches Lied [6]. Im alten montenegrinischen Heere wurden mit Vorliebe Lieder über die soeben bestandenen Kämpfe und Zusammenstöße gesungen [7]. Ja, es gibt Sänger, die sich direkt der Fähigkeit rühmen, jeden Augenblick ein Lied über jedes beliebige Ereignis improvisieren zu können. Ein Sänger aus der Gegend von Gacko hat z. B. Murko ein Lied über seine, des Sängers, Begegnung mit dem letzteren vorgesungen [8]. Solche Beispiele lassen sich nach Belieben vermehren.

In allen diesen Fällen bildet also ein bestimmtes *äußeres Ereignis* den Ausgangspunkt. Der dichtende Sänger braucht ein konkretes Erlebnis für seine Improvisation, möge es auch an und für sich unbedeutend und nur für ihn selber von Interesse sein. Fälle, in denen ein Sänger ein Lied aus reiner Fabulierlust direkt erfunden hätte, sind meines Wissens nicht nachgewiesen. Die tiefe Verbundenheit des Heldenliedes mit dem Leben kommt darin überzeugend zum Ausdruck.

[4] G. Gesemann, Studien zur südslavischen Volksepik, Reichenberg 1926 (im folg.: Studien), S. 65—66.
[5] Ebd., S. 85 ff.
[6] Poésie, S. 25—26.
[7] Ebd., S. 26.
[8] Ebd., S. 25.

Aber diese Lebensnähe bezieht sich natürlich nur auf die Tatsache selber der Entstehung eines Liedes, nicht auf dessen nähere Beschaffenheit. Das geschilderte Ereignis wird vielmehr gleich von vornherein gewaltig umstilisiert, und zwar in doppelter Hinsicht.

Zunächst wird es *dichterisch* einem ganz bestimmten, feststehenden, ja geheiligten Formzwang unterworfen. Gesemann, der als erster diese Eigentümlichkeit mit allem Nachdruck hervorgehoben hat, bezeichnet die Darstellungsart der serbokroatischen Heldenlieder als „expressionistisch", und diese Bezeichnung trifft wohl auch das Wesen der Sache. Die serbokroatische Heldendichtung hat eine ganze Reihe ganz bestimmter Kunstgriffe ausgearbeitet, nach denen ein Lied aufgebaut wird — eine Reihe von außerhalb aller Realistik stehenden „Kompositionsschemata", um wiederum einen von Gesemann geprägten Ausdruck zu gebrauchen [9]. So wird z. B. die Schilderung des Ereignisses gern in die Form einer *Rabenbotschaft* gekleidet. Ein Lied etwa über die Ermordung des soeben genannten Smajl-aga Čengić [10] beginnt mit folgenden Sätzen:

Es stiegen auf zum Fluge zwei Vögel, zwei unheilverkündende Raben, die Duga überflogen sie und die Golija, bis sie dann herabflogen in das weite Gacko-Feld. Lange flogen sie herum, bis sie sich schließlich herabließen, geradeswegs auf die Burg des Čengić Smajl-aga. Und wie sie sich herabgelassen hatten, so fingen sie an zu krächzen, und es hörte sie das Weib des Smajl-aga . . .

Und nun folgt die Schilderung des Ereignisses durch die beiden geflügelten Boten. Ein anderes überaus beliebtes Thema ist der *Feenruf*: die „Vila", dieses weibliche Fabelwesen, das in der serbokroatischen Volksdichtung eine überaus große Rolle spielt, kündet dem Helden das bevorstehende Ereignis an, das dann natürlich prompt einzutreten pflegt. So etwa der folgende Liedanfang [11]:

Noch dämmerte nicht der helle Morgen, noch zeigte sich nicht die Morgenröte — da ruft schon die Vila vom Javorgebirge herab, sie ruft in die Stadt Sjenica, sie ruft beim Namen den Mustaj-beg Čavić, den Beg von

[9] Studien, S. 65—96.
[10] Vuk, IV, Nr. 59.
[11] Vuk, IV, Nr. 38.

Morava und von Šumadija. „Wo bist du heute, Čavić Mustaj-beg? Wo bist du heute, nirgends warst du zu finden; Hörst du denn nicht, oder scherst du dich nicht drum, o Beg? Da zieht gegen dich ein mächtiges Heer, und vor dem Heere Gjorgje der Petrovići . . ."

Sehr gern wird ferner der *prophetische Traum* dazu benutzt, ein kommendes Unheil stimmungsvoll anzukünden und einzuleiten, wobei das Ereignis selbst entweder in einem anschließenden erzählenden Bericht, oder noch konsequenter in Form einer Deutung des Traumes durch einen Kundigen geschildert wird. Weniger durchgreifend sind die Schemata der *brieflichen Nachricht* und des *Trinkgelages*, die mit Vorliebe zur Einleitung der Handlung verwendet werden [12]. Zugleich wird natürlich auch von allen sonstigen Mitteln dichterischer Stilisierung ausgiebigst Gebrauch gemacht: übermenschliche, oft märchenhaft-phantastische Kraftleistungen erhöhen die Wirkung der Heldengestalten; Kleidung und Rüstung, Schätze und Heerhaufen geben Anlaß zu überschwenglichen Beschreibungen,

[12] Als Beispiel für die Briefnachricht: „Einen Brief schreibt Kuna Hasan-aga in Udbinja, der leuchtend-weißen Stadt, und er schickt ihn in das breite Küstenland, zu Händen des Vojevoden Dragić: ‚Gegrüßt seist du, Vojewode Dragić! Dich preist dein ganzes Land, daß du ein tüchtiger Held bist im Zweikampf, und auch mich schilt nicht untüchtig meine Gefolgschar. Also komme, daß wir uns messen, bei Udbinja auf dem weiten Felde, und führe mit deine Tochter Angjelija, ich aber will mitführen meine Schwester Jesmijana: wer dann fällt, von dem soll nicht weiter die Rede sein, wer übrigbleibt, möge die beiden wegführen.' Es kam der Brief zum Vojevoden Dragić, es liest den Brief der Vojevode Dragić, er liest ihn, und bittere Tränen vergießt er: ‚Wehe mir, bei meinem Gott! Ich Held bin schon alt geworden, verlassen habe ich das heldische Kampffeld, ich kann nicht mehr in den Zweikampf ziehen!' . . ." (Vuk, III, Nr. 55.) — Als Beispiel für das einleitende Trinkgelage: „Es trinken Wein zwei junge Kurtićen, zwei Kurtićen, zwei leibliche Brüder, mit ihnen trinkt der Alil Boičić, und der Alil rühmt sich vor den beiden Kurtićen: ‚Hört ihr's, ihr beiden jungen Kurtićen! Soweit Bosnien reicht und das Giaurische Land, gibt es heute keinen größeren Helden als mich, weder unter den Moslims noch unter den Giauren.' Und es sprechen zu ihm die beiden jungen Kurtićen: ‚Rühme dich nicht, Alil Boičić! Einen richtigen Helden hast du nicht einmal gehört, geschweige denn mit eigenen Augen gesehen.' . . ." (Vuk, III, Nr. 35.)

wie sie auch aus der epischen Heldendichtung anderer Völker bekannt sind. Alles das steigert die Schilderung ins übermenschlich
Erhabene, verleiht ihr einen überwirklichen, geheimnisvollen Klang.
Und andererseits ist diese stilisierte Phantastik reichlich untermischt
mit lebenswahren, frisch-realistischen Zügen und läßt auch die psychologische Wirklichkeit, die seelische Echtheit, ausgiebig zu ihrem
Recht kommen. Die Feinheit der psychologischen Beobachtung, die
Wucht der seelischen Konflikte ist oft ganz erstaunlich, und ebenso
überraschend ist die Fähigkeit der Sänger, mit wenigen plastischen
Worten eine seelische Situation überzeugend aufleben zu lassen. So
etwa, wenn in einem moslimischen Liede zwei verkleidete Helden
dem Gastmahl der Feinde beiwohnen und von deren grausamen
Plänen vernehmen. Da heißt es dann in drei kurzen Zeilen: „Und
als das hörten die beiden Wahlbrüder, da blickten sie einander an,
ganz wie zwei Wölfe im Monat Dezember." Oder das schöne Lied
von der Mutter der Jugovićen, die den Mann und alle ihre neun
Söhne auf dem Schlachtfelde von Kosovo verloren hat: um sie herum jammern die neun verwitweten Schwiegertöchter, weinen die
neun verwaisten Enkelkinder, das Roß des jüngsten, liebsten Sohnes
wiehert um Mitternacht und trauert seinem Herrn nach — aber die
Mutter bleibt fest und tapfer: „Doch da blieb die Mutter festen
Herzens und keine Träne entfiel ihrem Herzen" — so heißt es nach
all diesen seelischen Prüfungen. Doch am nächsten Morgen kommen
zwei Raben angeflogen und bringen eine blutige Hand, die Hand
eben des jüngsten Sohnes Damjan. Und da schließt das Lied mit den
folgenden Versen:

Es nahm die Mutter die Hand Damjans, sie hielt sie und drehte sie nach
allen Seiten, und leise sprach sie zu der Hand: „O du meine Hand, mein
grüner Apfel! Wo bist du aufgewachsen, wo bist du gepflückt worden!
Aufgewachsen bist du auf meinem Schoß, und gepflückt bist du worden
auf dem ebenen Kosovo-Felde!" Und da konnte die Mutter nicht mehr
widerstehen, es barst ihr Herz vor Kummer um ihre neun Jugovićen und
um den zehnten, den alten Jug-Bogdan! . . .

In dieser eigenartigen Mischung von Phantastik und Lebensnähe,
von Überwirklichkeit und Realismus liegt der eigentliche Reiz
dieser Lieder.

Diese Stilisierung ergreift auch die modernsten Stoffe, auch die Schilderungen der unmittelbaren Gegenwart. Das Lied von der Begegnung des Sängers von Gacko mit Murko fing z. B. ganz stilecht mit den Versen an: „Es flogen auf zwei graue Falken . . .", womit, wie Murko bemerkt, die beiden Gendarmen gemeint waren, die der Bezirksvorsteher nach dem Sänger ausgeschickt hatte [13]. Auch ein Lied über das Attentat von Sarajevo, das ich von einem ausgezeichneten Sänger in Bosnien habe vortragen hören, wurde traditionsgemäß durch ein Gespräch zweier Raben eingeleitet. In ähnlicher Weise stilisierte auch der schon erwähnte Sänger sein Lied über den Tod des Arztsohnes. Am krassesten ist aber in dieser Beziehung das ebenfalls schon erwähnte Lied von Angjelko Vuković. Es behandelt die schlichte Tatsache, daß der Sänger einst in Notwehr einen Türken erschlug und deshalb über die serbische Grenze fliehen mußte. Daraus wurde in dem Lied eine ganze Heldenmär: der erschlagene Türke wird hier zu einem berüchtigten Strauchritter, der die Gegend in Schrecken hält und gegen den der verzweifelte Pascha vergebens einen Helden aufzutreiben sucht, bis sich dann der Recke Angjelko findet, der den starken Räuber in einem nach allen Regeln des alten Heldentums aufgezogenen Zweikampf niederringt — genau so, wie es der Königssohn Marko oder sonst ein Held der alten Lieder getan hätte.

Hier verlassen wir aber bereits das Gebiet der rein dichterischen Stilisierung und berühren die zweite Richtung der künstlerischen Umgestaltung: die *ideologische Steigerung*. Dieser Angjelko beschränkt sich nicht darauf, seine bescheidene Persönlichkeit zu einer gewaltigen Heldengestalt emporzudichten. Er führt gleichzeitig in dieses sein selbstgeformtes Erlebnis ein starkes ethisches Element ein, indem er seine Tat zu einem bewußten Eintreten für Recht und Gemeinwohl, zu einer moralischen Pflicht umgestaltet [14]. Und dieser Fall ist typisch. Der Gedanke an höhere Interessen des Glaubens oder der Nation durchzieht in verschiedener Intensität und Ausprägung sehr viele, die meisten dieser Lieder. Es gibt sogar Lieder, in denen die nationale Bedeutung der Gusle, des den Gesang symboli-

---

[13] Poésie, S. 28.
[14] Vgl. Studien, S. 92.

sierenden Begleitinstrumentes, direkt als solche verherrlicht wird. „Eure Klänge haben Minarette zum Einsturz gebracht, das Land geschützt und befreit" — solche Worte erinnere ich mich in einem derartigen Liede gehört zu haben. Diese ganz scharfe national-politische Zuspitzung des Heldengesangs mag zwar in vielem schon ein etwas künstliches Produkt des 19. Jahrhunderts sein, die Einstellung als solche können wir aber ohne weiteres auch den älteren Perioden zusprechen. Und ganz entschieden können wir dies in bezug auf die allgemeineren ethischen Werte der Stilisierung tun. Denn selbst da, wo eine strikt nationale Idee nicht zum Ausdruck kommt, bleibt der Dienst an der Idee des Heldentums überhaupt ein deutlich zu erkennendes Ziel der Heldenlieder. Auch die vorhin angeführten dichterischen Übersteigerungen schließen sich ja vielfach ganz deutlich dieser Gesamttendenz an.

Der äußere Anlaß, ein sich dem Sänger einprägendes Ereignis, und die doppelte stilistische Steigerung — diese beiden Elemente gehören also zur Entstehung eines Heldenliedes. Soweit unsere unmittelbare Beobachtung reicht, vollzieht sich diese Steigerung des Ereignisses ohne jede vermittelnde Zwischenstufe. Die Schilderung wird gleich bei der ersten Improvisation auf die geforderte epische Höhe gehoben, das Ereignis wird gleich von vornherein umgedichtet. Wieweit wir nun diese Art der „direkten Entstehung" in die älteren Entwicklungsperioden des Heldenliedes zurückverlegen können — diese Frage läßt sich nicht einfach beantworten. Jedenfalls können wir mindestens schon für das 17. Jahrhundert die Ausbildung des entsprechenden Stilwillens als abgeschlossen annehmen, denn Lieder, die Ereignisse des beginnenden 18. Jahrhunderts schildern und die wir gelegentlich aus nahezu zeitgenössischen Aufzeichnungen kennen, zeigen die umbauende Stilisierung bereits in voller Ausprägung, manchmal sogar schon in etwas degenerierter Form. Für die älteren Perioden aber werden wir wohl auch eine „indirekte" Entstehung mit voraussetzen müssen, bei der sich die stilisierte Endstufe allmählich aus einer mehr nüchtern-erzählenden Vorstufe heraus entwickelt haben mag. Wie solche „Vorstufen" ausgesehen haben können, zeigt uns ein Vergleich mit einer besonderen Gattung der sogenannten Frauenlieder. Diese zerfallen in zwei deutlich geschiedene Abarten: die eine umfaßt das eigentlich lyrische Repertoire — vor allem die Liebeslieder — und alle kurzen Tanz- und Brauchlieder, die andere können wir in unserer Terminologie etwa als die Gruppe der „Balladen" bezeichnen. Diese letzteren schließen sich in Versmaß und Stil eng an die eigentlichen Heldenlieder an, sind aber durchweg kürzer, erzählender, sie beschränken sich mehr auf rein menschliche Schilderungen und Motivierungen und lassen die feierlichen Klänge des Heldenliedes vielfach vermissen. Vor allem fehlt ihnen meistens auch der geschilderte ideologische Hintergrund [15]. Doch haben diese „Balladen" fast alle einen epischen Keim in sich; vielfach lassen sie sich kaum noch von den „Heldenliedern" im eigentlichen Sinne abgrenzen, und es ist sehr gut möglich, daß manches Heldenlied gerade von diesem Sondergebiet ausgegangen ist. Vorläufig sind wir allerdings noch nicht in der Lage, das historische Verhältnis der beiden Liedgattungen vollständig zu durchschauen.

[15] Als Beispiel etwa das folgende Lied (Vuk, I, Nr. 635): „Es liegt der weiße Weizen von Kopčić bis zum Hofe des Begs, es mäht ihn die Sklavin des Kopčić mit dem rechten Arm, mit einer silbernen Sichel. Da kommt vorbei der Husein Biglić und er wünscht ihr Gottes Hilfe zum Gruße: ‚Gottes Hilfe sei dir, du Sklavin des Kopčić! Ist gut geraten der weiße Weizen? Und wie ist des Kopčićen Weib?' Es antwortet die Sklavin des Kopčić: ‚Schön ist der weiße Weizen, noch schöner ist aber des Kopčićen Weib; sähest du sie, so würdest du krank werden, das Fieber würde dich packen, sie zu lieben, und wenn du sie geliebt haben wirst, so wirst du wieder gesund werden.' Und es spricht der Husein Biglić: ‚Mach es, mach es, du Sklavin des Kopčić, daß ich lieben kann des Kopčićen Weib, wunderbar werde ich dich dafür beschenken.' Als das hörte die Sklavin des Kopčić, warf sie hin, die Junge, die silberne Sichel, und sie ging zum weißen Hofe und rief des Kopčićen Weib: ‚Hättest du es gesehen, o meine Herrin; Wunderbar schön ist der Biglić Husein; Sähest du ihn, krank würdest du werden, wenn du ihn aber lieben würdest, würde es dir besser werden.' Als das hörte des Kopčićen Weib, da sprach es also zu der Sklavin: ‚Mach es, mach es, o meine liebe Sklavin, daß mich liebe der Husein Biglić! Meine Sklavin warst du bis jetzt, von nun an sollst du meine Schwester in Gott sein!' Als das hörte die Sklavin des Kopčić, da ruft sie den Husein Biglić, bestechen läßt sie sich vom Biglić, und doppelt soviel nimmt sie von der eigenen Herrin."

III

Wenn wir uns nun der zweiten Frage zuwenden und uns über den *Sinn und Zweck* der Heldenlieder klarwerden wollen, so ist die Antwort auf diese Frage in den vorhergehenden Ausführungen eigentlich schon vorgezeichnet. Zv·ei Elemente haben wir vorhin ins Feld führen müssen: das *Berichten* über eine Tat oder ein Geschehen, und deren *heroische Steigerung*. Leben und Ideal verknüpfen sich darin zu einer künstlerisch-ethischen Einheit. Beide Elemente sind nicht nur theoretische Konstruktionen. Sie lassen sich auch in concreto aus den Liedern selber und durch Zeugnisse aus dem Munde des Volkes belegen.

Daß die systematische Verherrlichung der heroischen Weltanschauung und Lebensführung als eine der wichtigsten Aufgaben des Heldenliedes angesprochen werden kann, ergibt sich schon aus der Auswahl der Themata der aufgezeichneten Lieder. Diese gruppieren sich heute in einigen großen Zyklen um einzelne Gestalten, Ereignisse und Interessengebiete der serbokroatischen Vergangenheit. So z. B. der große ›Kosovo-Zyklus‹ — die Lieder um die berühmte Niederlage der Serben in der Türkenschlacht von 1389. Dann die Lieder vom Königssohn Marko, dem beliebtesten Nationalhelden der Serbokroaten. Ferner ältere Lieder über die großen Herrscher des mittelalterlichen Serbiens, Lieder über die Türkenkämpfe der Montenegriner, über die Partisanenkrieger, die unter dem Namen Haiducken und Uskoken im Innern des Landes und von der Grenze her die türkische Gewalt befehdeten. Dann Lieder über die serbischen Befreiungskämpfe des 19. Jahrhunderts, bei den moslimischen Serbokroaten wiederum eine umfangreiche Liederdichtung zur Verherrlichung der Kämpfe islamischer Helden gegen die Ungläubigen. Alles das sind Stoffe, die der Verherrlichung heldischer, vor allem natürlich kriegerischer Taten dienen. Nur eine verhältnismäßig geringe Anzahl Lieder behandelt hauptthematisch christliche Legendenstoffe und ältere mythologische und Sagenmotive, so etwa das Bauopfermotiv in dem schönen Liede von der ›Erbauung Skadars‹. Man hat aber bemerkt, daß gerade diese Lieder im allgemeinen nicht zu dem beliebtesten Repertoire, sozusagen nicht zu den Schlagern des Heldengesangs gehören.

Aber wir können noch mehr sagen. Nicht nur die Tat überhaupt
— die *Einzeltat der Einzelpersönlichkeit* ist es, worauf sich die
Idealisierung zuspitzt. Man hat schon längst festgestellt, daß die
serbokroatischen Heldenlieder eine auffallend individualistische
Färbung aufweisen. Sie haben eine deutliche Abneigung gegen alle
Massenschilderung, gegen alles überpersönliche Summieren. Meistens
beschränken sie sich schon rein inhaltlich auf Einzeltaten: Zweikämpfe, Entführungen, Gefangennahmen usw. Aber auch dort, wo
ein an und für sich überpersönliches Ereignis geschildert wird, löst
es der Sänger mit Vorliebe in heldisches Einzelgeschehen auf. So besonders deutlich bei dem Kosovo-Zyklus. Diese gewaltige Schlacht,
die sich als Symbol des tragischen Unterganges des serbischen Reiches
dem Bewußtsein des Volkes unauslöschlich eingeprägt hat, wird
nirgends direkt beschrieben. Der Zyklus besteht aus Episoden, die
wir einer „Rahmenhandlung" zuweisen würden und die immer nur
einzelne Akteure in ihren Taten und in ihrer Gesinnung hervorheben. Und wo innerhalb einer solchen Rahmenepisode über die
Schlacht selber berichtet wird — in dem Liede vom ›Mädchen von
Kosovo‹ —, da beschränkt sich der Dichter darauf, einzelne serbische Ritter, Teilnehmer der Schlacht, zu benennen und von ihren
Taten zu erzählen. Mit diesen individualistischen Neigungen kann
es vielleicht zusammenhängen, daß das serbokroatische Volk es nie
zu einem großen einheitlichen Heldenepos gebracht hat — obwohl
es an dankbaren Stoffen dazu keineswegs gefehlt hätte.

Alles das weist ganz klar auf das *Preislied* zu Ehren einer bestimmten Einzelpersönlichkeit als auf einen wesentlichen Kern des
Heldengesanges hin — was ja auch sehr gut zu dem feudal-patriarchalischen Leben des alten Balkans stimmen würde. Diese Vermutung wird aber auch durch direkte Beobachtungen bestätigt. So wissen
wir, daß es Haiducken gegeben hat, die ihre eigenen Taten in epischen Liedern besangen [16] —wenn auch die Besingung durch einen
Freund oder Gefolgsmann das bei weitem Üblichere ist. Vor nicht zu
langer Zeit war es noch möglich, seine Kriegstaten durch berufs-
mäßige Sänger gegen Entgelt verherrlichen und in die Öffentlichkeit
tragen zu lassen. In dem montenegrinischen Heer galt es als beson-

---

[16] Z. B. Jusuf Mehonjić — s. Poésie, S. 28.

dere Auszeichnung, als eine Art moralischen Ordens, nach dem Kampfe in einem darüber verfaßten Liede genannt zu werden. Einzelne politische Führer — z. B. Stjepan Radić — sind auf diese Weise besungen worden [17] — u. a. m.

Auch für das Moment der *Berichterstattung* haben wir zahlreiche Belege. Noch heute werden die in den Liedern geschilderten Ereignisse von Sänger und Zuhörer vollkommen ernst genommen und — wenigstens für die älteren Lieder — restlos geglaubt. Bei Liedern, die Ereignisse der neuesten Zeit besingen, muß der Sänger darauf achten, nicht zu sehr gegen die Wirklichkeit zu verstoßen, da er sonst mit Widerspruch seitens etwaiger Augenzeugen und sonstiger Kenner unter den Zuhörern rechnen muß. Und schließlich sei die von Murko aufgezeichnete, überaus aufschlußreiche Äußerung eines Sängers erwähnt, daß es sich heutzutage nicht mehr lohne, eigene Taten zu besingen, da dieses jetzt eine Aufgabe der gelehrten Journalisten geworden sei [18].

Aus alledem kann man folgern: die Heldenlieder sind mehr als bloße Unterhaltung, mehr als bloße Prahlerei oder phantastisches Fabulieren. Was sie in ihrer charakteristischen Verknüpfung von Realität und Phantasie anstreben, ist vielmehr eine Art ethische Steigerung des Lebens, eine Art Sinngebung der eigenen Existenz. Die gewaltige Übersteigerung der Wirklichkeit hat einen, wenn man so sagen darf, erzieherischen Zweck: in ihr hält sich das Volk ein Idealbild vor, das zu erreichen es sich zum Ziele gesetzt hat.

Und das wird indirekt durch den heutigen *Untergang des Heldenliedes* bestätigt. Die kulturelle Entwicklung hat das Volk aus der feudal-patriarchalischen, ritterlich-individualistischen Lebensart herausgerissen. Der technische Fortschritt, vor allem aber die staatliche und wirtschaftliche *Organisation* haben die alten Ideale entwurzelt. „Die kleinen Scharmützel", sagt Murko [19], „sind nicht mehr an der Tagesordnung, der Handžar oder Jatagan hat dem Repetier- und dem Maschinengewehr — beides nicht allzu epische

[17] Ebd., S. 26, 27.
[18] Ebd., S. 27.
[19] Ebd., S. 29.

Waffen — weichen müssen; man kann den Gegner im Kriege nicht mehr zu einem Zweikampf auffordern; was heute herrscht, ist nicht der Heroismus, sondern, wie meine Sänger zu sagen pflegten: die Disziplin." In einer solchen Welt haben natürlich die ethischen Ideale, deren Pflege und Entfachung das Heldenlied dienen will, keinen Platz mehr. Sie werden sinnlos und überflüssig, ja schlimmer noch: sie werden lächerlich — und damit ist das Todesurteil des Heldengesanges gesprochen.

IV

In bezug auf die dritte Frage — die nach dem Wesen der *erhaltenden Tradition* — können wir zunächst feststellen, daß diese Tradition in hohem Maße eine Angelegenheit des gesamten Volkes ist. Nicht nur, daß das Heldenlied in allen Schichten des Volkes aufrichtig verehrt und gepflegt wird; auch unter den aktiven Trägern der Tradition, unter den Sängern, sind buchstäblich alle sozialen Schichten vertreten: vom Bettler bis zum regierenden Fürsten, vom armseligen Gebirgshirten bis zum hohen kirchlichen Würdenträger[20]. Auch die Religion bildet keine Grenze: Katholiken, Orthodoxe und Moslims sind gleichermaßen an der Pflege des Heldenliedes beteiligt[21]. In diesem Sinne kann man hier tatsächlich von einer wirklichen *Volkskunst* reden.

Der eigentliche richtunggebende Führer dieser Volkstradition ist aber der *einzelne Sänger*. Er wird auch vom Volke selbst stets als eine durch besondere Begabung ausgezeichnete Ausnahmepersönlichkeit angesehen und dementsprechend hoch geachtet. Daher ist auch die ganze Frage nach dem Fortleben und der Entwicklung der Liederkunst in der Hauptsache eine Frage nach dem Sängertum, seinen Erscheinungsformen und seinem Wesen.

Der epische Sänger kann Berufskünstler und Liebhaber sein, und zwar sind die berufsmäßigen Sänger eher in der Minderzahl. Oft

---

[20] M. Murko, Bericht über eine Reise zum Studium der Volksepik in Bosnien und Herzegovina im Jahre 1913, in: Wiener Sitzungsberichte 176, 2, Wien 1915 (im folg.: Bericht 1913), S. 10—11.

[21] Poésie, S. 7.

bildet die Gesangskunst einen Nebenerwerb. Im Gegensatz zu einer weit verbreiteten populären Anschauung kommen blinde Sänger nur ganz selten vor, und dann sind es gewöhnlich recht minderwertige Vertreter ihres Fachs.

Wie gesagt, ist der Sänger immer ein hochangesehener „begnadeter Künstler" und ist sich dessen meistens auch selber sehr wohl bewußt. Eifersucht und Konkurrenzneid sind typische Eigenschaften namentlich der guten Sänger, keiner will gern einen anderen neben sich, geschweige denn über sich anerkennen. Wie Luka Marjanović in der Einleitung zu Band III der Sammlung der ›Matica Hrvatska‹ [22] bemerkt, lassen die Sänger höchstens noch die verstorbenen Meister des Heldengesanges als solche gelten. Murko erzählt von einem Sänger in Sarajevo, der sich weigerte, das ihm angebotene Honorar anzunehmen, und zwar nicht etwa aus Bescheidenheit, sondern weil er dasselbe erhalten sollte wie einige andere Sänger — und er war eben der Meinung, mehr zu können und mehr wert zu sein.

Die *Erlernung der Lieder* erfolgte früher stets und erfolgt auch heute noch sehr oft durch mündliche Überlieferung. In der neueren Zeit beginnen die gedruckten Sammlungen eine immer größere Rolle zu spielen, teilweise direkt, teilweise als Ausgangspunkt einer neuen mündlichen Tradition. Ich glaube sogar, daß heute kaum noch Lieder gesungen werden, die nicht irgendwie auf eine gedruckte Vorlage zurückgehen [23]. Es gibt aber Hinweise darauf, daß wir auch schon für verhältnismäßig frühe Zeiten mit dem Einfluß schriftlicher Unterlagen rechnen müssen. Die moslimischen Sänger der ›Matica Hrvatska‹ gaben z. B. verschiedentlich an, daß die Texte ihrer Lieder zum Teil auf ältere handschriftliche Sammlungen zurückgehen. Ja, es soll sogar vor zwei, drei Generationen eine — allerdings reichlich mysteriöse — schriftkundige Frau in Bosnien gelebt haben, die speziell zu diesem Zwecke Berichte über allerlei bemerkenswerte Ereignisse gesammelt hätte. Auch Liedersammlungen in arabischer Schrift sollen in den moslimischen Gegenden exi-

---

[22] Junačke pjesme muhamedovske, 3 Bde., eingel. von Luka Marjanović, Zagreb 1898, S. XXXI.

[23] Poésie, S. 24—25; Bericht, S. 39.

stiert haben [24]. Leider sind diese interessanten Andeutungen noch nie systematisch nachgeprüft worden.

Bezeichnenderweise ist sowohl das Sängertum als solches, als auch die Erlernung der einzelnen Texte sehr oft *Familientradition*. Immer wieder begegnet man der Angabe, der Vater, Bruder, Onkel, Großvater des Sängers sei bereits selber Sänger gewesen, oder es werden solche Verwandte in aufsteigender Linie als Quelle der einzelnen Lieder angegeben. Daneben kann die Übertragung auch außerhalb des Familienverbandes erfolgen, namentlich sind besonders bekannte Künstler als Lehrer sehr gesucht. Es sind z. B. Fälle belegt, daß ein angehender Sänger sich einem anerkannten Meister als Knecht verdingt und ihm obendrauf noch ein Honorar in natura zahlt, bloß um von ihm lernen zu können. Überraschenderweise beginnt die „Ausbildung" oft sehr spät: mit 20, 25 Jahren — die Norm liegt allerdings etwa bei 15—25. Die Sänger sind fast ausschließlich Männer. Frauen treten, zum Unterschied etwa von der großrussischen Epik, nur überaus selten als epische Gesangskünstler auf und werden dann auch stets als Ausnahmeerscheinungen angesehen.

[24] „Immer wieder stößt man auf Nachrichten, daß auch moslimische Sänger schon in früheren Zeiten Liederbücher hatten. So sang vor 40 Jahren in Jablanica ein Redifsoldat aus der Krajina aus einem in türkischer Schrift geschriebenen und auch mit Noten (tufula) versehenen Buch" (Bericht 1913, S. 14). Bei Marjanović, a. a. O., heißt es z. B. (S. XIV): „Bećir Jusić kannte an die 300 Lieder, die er von einem Osmić aus Bihać (Bišćanin) gelernt hatte, dieser aber soll irgendein Liederbuch gehabt haben." Der Sänger Alija Prošić gab an, „daß in der Lika irgendeine ,blaßgesichtige' Ajka gelebt hätte, die alle Streitigkeiten, Kriege und Bandenkämpfe (četovanja) aufschrieb; zu ihr mußte jeder kommen und die Wahrheit sagen, und so wären diese Lieder nach Bosnien gekommen" (ebd., S. XXVII). Der Sänger Bećir Islamović gab an, daß seine Lehrer „von Čerim Čaić Lieder übernahmen; dieser schöpfte aus einem Buche des Murat-kapetan Beširevič, welcher seinerseits dieses Buch, wie die Leute berichten, von einem moslimischen Mädchen in der Lika erhalten hätte" (ebd., S. XXX). Insgesamt ist diese „blaßgesichtige Ajka" von vier Sängern angeführt worden (ebd., S. XXXVI). Das obenerwähnte Buch des Kapetan Muradbeg Beširević soll noch von seinem Enkel gesehen worden sein (ebd., Anm.).

Überwältigend geradezu sind die Gedächtnisleistungen, die bei der Erlernung und dem Vortrag dieser Lieder vollbracht werden. Lieder von 500—600 Versen sind keineswegs selten; bei den Moslims, die sich durch besondere Vorliebe für ausgedehnte Dichtungen auszeichnen, liegt die Norm sogar bei etwa 1000 Versen, einzelne Lieder bringen es auf 5000 und 6000 — und es gibt Sänger, deren Repertoire 200—300 Lieder umfaßt![25] Dabei sind die meisten Sänger imstande, ein neues Lied nach einmaligem Abhören zu behalten. Allerdings gilt diese Angabe bezeichnenderweise nur für die mündliche Überlieferung. Beim Lernen aus dem Buch ist nach übereinstimmender Aussage vieler Sänger immer mehrmaliges Studium erforderlich.

Diese geistige Leistung genügt allein schon, die hohe Einschätzung des epischen Künstlers verständlich zu machen. Aber auch sonst ist der Vortrag eines epischen Liedes keineswegs eine primitive Kunst, er stellt vielmehr Ansprüche, denen auch unter den geschulten europäischen Sängern nicht viele gewachsen wären.

Die Heldenlieder werden in der Regel gesungen, nicht rezitiert. Der Gesang ist eine Art komplizierten Rezitativs mit ziemlich fest ausgebildeter Melodie, der gemeinhin als monoton und langweilig bezeichnet wird, der aber im Munde eines guten Sängers eine hinreißende dramatische Spannung entwickeln kann. Ein guter Sänger ist stolz darauf, daß er bei gewissen tragischen Liedern der Tränen seiner Zuhörer sicher sein kann. Der Gesang wird meist instrumental begleitet, in der Regel auf der Gusle, einem geigenähnlichen

---

[25] Von manchen wird sogar behauptet, sie wüßten für jeden Tag des Jahres ein anderes Lied (Bericht 1913, S. 19; Marjanović, S. XXVII; Bericht, S. 20), doch sind diese Angaben nicht nachgeprüft worden. Im Jahre 1887 diktierte der moslimische Sänger Salko Vojniković-Pezić in Zagreb 102 Lieder mit insgesamt etwa 80 000 Versen. Nicht viel geringer war auch das Repertoire von Mehmed Kolaković. — Allerdings muß man berücksichtigen, daß der epische Vers der Serbokroaten — ein Zehnsilber von annähernd trochäischem Bau — verhältnismäßig kurz ist. Unter Berücksichtigung dieses Umstandes berechnet Murko (Poésie, S. 15) das Repertoire von Salko Vojniković auf etwa das Doppelte von ›Ilias‹ und ›Odyssee‹ zusammengenommen — immerhin eine ganz ansehnliche Leistung.

Instrument, oder — namentlich bei den moslimischen Sängern —
auf der Tamburica, einer Art primitiver Mandoline. Meistens beginnt der Sänger — nach einem kurzen instrumentalen Vorspiel —
in ruhigem, getragenem Tempo, das sich allmählich, in dem Maße,
wie der Gesang den Vortragenden selber mitreißt, ins Unheimliche
steigern kann, so daß der Sänger manchmal mit der Instrumental-
begleitung aussetzen muß. Dabei wird aber die sprachliche Diktion
keineswegs vernachlässigt. Die Kunst, mit der gute Sänger den Text
ihrer Lieder sprachlich zur Geltung zu bringen wissen, ist erstaunlich. Manche rühmen sich dessen, daß selbst bei einer nach Hunderten zählenden Zuhörermenge auch der Entfernteste jedes einzelne
Wort verstehen kann. Ein solcher Vortrag bedeutet natürlich bei
der Länge der Lieder eine gewaltige körperliche Anstrengung; oft
ist der Sänger vollkommen erschöpft und in Schweiß gebadet, wenn
er mit seinem Liede fertig ist.

Hier muß ein Umstand berücksichtigt werden, der einerseits eine
Steigerung der Ansprüche, andererseits aber auch eine große Er-
leichterung für den Sänger bedeutet. Alle Sänger sind nämlich zugleich Improvisatoren, die den Text nicht einfach heruntersingen,
sondern bis zu einem gewissen Grade jedesmal neu schaffen. Die
Mittel dazu gibt ihnen eine ganze Reihe feststehender, formelhafter
Ausdrücke, Bilder, Vergleiche, Redewendungen und sonstiger Dar-
stellungstechniken, die für bestimmte Situationen ein für alle Male
festgelegt sind. Demselben Zweck dienen ja schließlich, wenn auch
in etwas anderer Weise, die bereits besprochenen „Kompositionsschemata". Der Sänger merkt sich also im großen ganzen nur den
Gesamtablauf der Handlung, die er dann mit Hilfe dieser ihm
wohlbekannten Kunstgriffe rekonstruiert. Freilich: darin, *wie*
er diese Formeln auswählt, verteilt, variiert und durch eigene
Hinzudichtungen zu einem Ganzen verknüpft und belebt —
darin zeigt sich erst sein wahres dichterisches Können, und *darin*
liegt die „Steigerung der Ansprüche", von der ich eben sprach. Jeder
Liedvortrag ist zugleich eine schöpferische Dichterleistung. Die rein
mechanische Gedächtnisarbeit wird entlastet, die geistigen Forderungen werden dagegen gewaltig emporgeschraubt.

Dieser halbimprovisatorische Charakter der epischen Kunstübung ergibt natürlich eine dauernde Veränderung des Textes, wenn

sich auch diese Veränderungen stets im Rahmen des einmal ausgebildeten Stils halten. Das epische Lied wird keine zweimal hintereinander in ganz gleicher Fassung vorgetragen, sogar der Umfang
der Lieder kann je nach den äußeren Umständen beliebig verändert
werden [26]. Diese wichtige Feststellung, die ja auch für die epische
Forschung überhaupt von größter Bedeutung ist, verdanken wir in
erster Linie gerade den Beobachtungen am serbokroatischen Heldenlied. Alle Aufzeichnungen sind also Zufallstreffer, sie sind nicht
einmal für den betreffenden Sänger absolut maßgebend. Dieser Umstand bedeutet natürlich für die Textkritik, vor allem auch für die
Variantenforschung eine nicht unwesentliche Schwierigkeit und
müßte eigentlich in stärkerem Maße berücksichtigt werden, als es
im allgemeinen der Fall ist. Es ist jedenfalls eine mißliche Sache,
weittragende Kombinationen auf Textbesonderheiten aufzubauen,
die vielleicht nur der augenblicklichen Stimmung des Sängers oder
des Publikums ihre Entstehung verdanken und die schon bei der
nächsten Wiederholung desselben Liedes wieder spurlos verschwinden können. Ein häufiges Abhören desselben Liedes von demselben
Sänger unter verschiedenen äußeren Umständen würde vielleicht
gewisse Grenzen dieser Variationsfähigkeit aufdecken — aber gerade darauf glaubten die Sammler aus technischen Gründen verzichten zu können.

V

Fassen wir nun diese Beobachtungen zusammen, so können wir
feststellen, daß es sich bei der serbokroatischen Epik um eine aus-
gesprochene „Kunstgattung" handelt. Sie ist das genaue Gegenteil
einer „primitiven Volkskunst", mag sie auch in ihrer sieghaften
Ausbreitung das ganze Volk in ihren Bann geschlagen haben. Sie
zeichnet sich vielmehr durch ein ganz raffiniertes künstlerisches
Stilgefühl aus, das stellenweise geradezu maniert anmutet. Wir
sind noch nicht in der Lage, genau zu entscheiden, ob und wieviel
literarische Reminiszenzen byzantinischen, orientalischen, vielleicht
auch westlichen Ursprungs in dieses stilistische Endprodukt hinein-

[26] Bericht, S. 18, 22; Poésie, S. 15.

gearbeitet worden sind. Jedenfalls gehört aber die serbokroatische Heldendichtung unbedingt in die Geschichte der literarischen *Kunst* des Slaventums und nicht etwa nur zu dessen Volkskunde und Kulturgeschichte.

Aber — wie alle echte Kunst, ist auch diese Heldendichtung mehr als eine bloße literarisch-ästhetische Leistung. Sie ist gleichzeitig der vollendete und oft ergreifende Ausdruck eines ganz ausgesprochenen, einheitlichen und abgerundeten menschlichen Wollens. Die ethischen Werte, die in dieser Dichtung stecken, sind von dem Volk der Serbokroaten stets überaus ernst genommen worden. Die Großspurigkeit und Prahlsucht, die man den Balkanvölkern oft — und vielfach mit Recht! — nachsagt, erweist sich aus dieser Perspektive im tiefsten Grunde als der Ausdruck eines Strebens nach Selbstgestaltung und Selbstvervollkommnung. Das zeigt ja auch deutlich der vorhin skizzierte Niedergang der heldischen Liederkunst seit dem Vordringen moderner Kultur- und Lebensformen. In dem Maße, wie die alte patriarchalisch-heldische Umwelt ins Reich der Legende verwiesen wird, schwindet auch die epische Sangesfreudigkeit des Volkes. Die Möglichkeit, diese alte Kunst den veränderten Verhältnissen entsprechend umzufälschen, wird vom Volke mit erstaunlichem Stilgefühl als seiner unwürdig abgelehnt. Man gibt die alten Ideale lieber bewußt und ausdrücklich auf, als daß man sie in kleinlicher Angst vor den Konsequenzen des Schicksals in die Zwangsjacke der so grundverschiedenen neuen Verhältnisse einpreßte. Mag auch eine solche verfälschende Galvanisierung der alten Ideale in einzelnen, vom Volke schon etwas losgelösten Gesellschaftsschichten noch üblich sein — das gesunde Volksempfinden lehnt sie ab. Zahlreiche Äußerungen von Sängern und Liederfreunden lassen diesen Umstand ganz klar hervortreten. Was wir jetzt in der serbokroatischen Volkskunst beobachten, ist nicht nur das Verlöschen einer nicht mehr lebensfähigen Kunstgattung — es ist zugleich das Sterben einer charaktervoll-geschlossenen, kompromißunfähigen, im konkretesten Sinne des Wortes heroischen Weltanschauung.

Nachtrag 1977

Der Verfasser hält auch jetzt noch die grundsätzlichen Aussagen dieser früheren Arbeiten für vertretbar, auch wenn er sie in späteren Untersuchungen im einzelnen ergänzen und präzisieren konnte — vor allem im Hinblick auf Entstehung, Tradierung und poetische Struktur der epischen Lieder. Es handelt sich dabei insbesondere um folgende Veröffentlichungen:

Die Slawen auf dem Balkan bis zur Befreiung von der türkischen Herrschaft, Leipzig 1941.

Beobachtungen zum heutigen Stand der epischen Volksdichtung in Jugoslavien, in: Die Nachbarn. Jahrb. f. vergl. Volksk. II (Göttingen 1954), S. 36 ff.

Aus der heldischen Wirklichkeit des 16. Jahrhunderts, in: Südost-Forschungen XVII (1958), S. 7—15.

Das serbokroatische Heldenlied (Opera Slavica I), Göttingen 1961.

Epische Komposition im Igor-Lied, in: Die Welt der Slaven (1963), S. 113—124.

Zur Frage der epischen Quellen in der altrussischen Urchronik, in: Serta Slavica in memoriam Aloisii Schmaus, München, 1971, S. 67—76.

M. Braun, Zur Frage des Heldenliedes bei den Serbokroaten, in: Beiträge zur Geschichte der deutschen Sprache und Literatur 59 (1935), S. 261—288 (Auszug S. 261—269).

HELDISCHE LEBENSFORM *

Zur Frage des Heldenliedes bei den Serbokroaten

Von Maximilian Braun

1

[...] Die *heldische Lebensform* ist aufs engste mit der sog. *patriarchalischen Kultur* verbunden. Diese beherrscht die Gebiete nördlich der Šar-Planina (westlich von Üsküb) und des Balkangebirges mit Ausnahme des schmalen mediterranäischen Streifens an der dalmatinischen Küste. Südlich dieser Grenze finden wir diese Kulturform vor allem in Srednja Gora (nordwestlich von Philippopel) in den Rhodopen und im Pindus; ferner zum großen Teil in Albanien. Als Zentrum dieses Kulturkreises können Montenegro und die anliegenden herzegowinischen und albanischen Gebiete bezeichnet werden.

Alles das sind in der Hauptsache Gebirgsgegenden, meist von sehr unwirtlichem Charakter. Stellenweise, in Montenegro und vor allem in einigen Teilen der Herzegowina, kann man direkt von einer trostlosen Karstwüste sprechen. Landwirtschaft ist in diesen Gegenden zwar nicht unmöglich, aber doch denkbar unergiebig. Die eigentliche Existenzgrundlage der Bevölkerung kann nur die Viehzucht bilden, aber auch diese wird oft durch Wasserlosigkeit und den damit verbundenen Vegetationsmangel sehr erschwert. Daher sind diese Gebiete seit jeher Ausgangspunkt zahlreicher Bevölkerungswanderungen gewesen. Ganze große Landstriche der Halbinsel, vor allem in Serbien, sind von Auswanderern aus diesen dinarischen Gebieten besiedelt. Ein weiteres Kennzeichen dieser Gegenden ist ihre Zersplitterung in zahlreiche kleine Landschafts-

---

* Die Überschrift stammt vom Herausgeber [Anm. d. Red.]

einheiten: Täler, Flußläufe, abgeschlossene Talkessel, zwischen denen die Verbindung schwierig, oft nahezu unmöglich ist.

Die Grundlagen der patriarchalischen Kultur reichen wohl bis in die gemeinslawische Zeit zurück. Später trat unter dem Einfluß der byzantinischen Kultur ein Rückschlag ein, nach der türkischen Invasion aber, seit Ende des 14. Jh.s, wurden die Reste der alten Kultur in die neubesiedelten, schwer zugänglichen Gebiete getragen und konnten sich unter den hier herrschenden günstigen Bedingungen zu einer neuen Hochform entwickeln. Freilich schon in einer etwas abgeänderten Gestaltung, denn sowohl die zwischenliegenden mittelalterlichen Staatsgründungen, die serbischen Reiche des 13., 14. Jh.s, als auch die ganz andersgeartete geographische Umwelt konnten an ihr nicht spurlos vorbeigehen.

Die patriarchalische Kultur wird vor allem durch ihre Gesellschaftsordnung charakterisiert. Deren Grundlage bildet die *Stammesorganisation*, die auch heute noch in Montenegro, teilweise auch in Altserbien, recht gut erhalten ist. Namentlich an der Grenze dieser Länder, am Durmitor, dem höchsten Berg Jugoslawiens, spielen die alten „Stämme" bis heute eine bedeutende Rolle. Auch die auf dem ganzen Balkan verbreitete 'zadruga', die Großfamilie, ist in den patriarchalischen Gegenden erhalten. Die Erhaltung der alten Stammesverfassung wird begünstigt durch die oben skizzierte geographische Beschaffenheit des Landes: die zerklüftete Landschaft kommt der Zersplitterung der Bevölkerung sehr entgegen. Die Abhängigkeit von der Landschaft geht so weit, daß auch die Größe und politische Bedeutung der Stämme in direktem Verhältnis zur Größe der von ihnen bewohnten Täler steht. Die Ausbildung einer starken Zentralgewalt begegnet unter solchen Umständen naturgemäß den größten Schwierigkeiten, partikularistische Anschauungen aller Art können sich ungehemmt entwickeln.

Auch ganz bestimmte psychische Eigentümlichkeiten entstehen und festigen sich in einer solchen Umwelt. Der Kampf mit der unwirtlichen Natur in einem spärlich bevölkerten Lande verlangt vollen Einsatz der persönlichen Kräfte, bildet Anspruchslosigkeit, Mut, Selbständigkeit und Entschlossenheit aus, zugleich aber auch ein wildes, schwer zu bändigendes Temperament. Der Existenzkampf der einzelnen Volkseinheiten verlangt strengstes Zusammenhalten aller Mitglieder; daher ist ein stark ausgeprägter Gemeinschaftssinn im Rahmen der Stammes- und Familieneinheit ein wichtiges Kennzeichen des Patriarchaliers. Opfermütiges Eintreten jedes einzelnen für die Interessen und für die Ehre der engeren Gemeinschaft, auch unter vollem Einsatz des eigenen Lebens, ist selbstverständliche moralische Pflicht; auch sonst sind die moralischen Anschauungen oft von bemerkenswerter Strenge und Festigkeit. Andererseits hat in den kleinen Volksgemeinschaften, bei der ständig herrschenden Not an tüchtigen Einzelkämpfern, das Individuum weit mehr Gewicht und Bedeutung als in den Kulturen großer Volksmassen. Die Achtung vor persönlichen Leistungen und Charaktereigenschaften ist größer als anderswo, eine im Ursinn dieses Wortes „aristokratische" Weltanschauung. Hier liegen denn auch die eigentlichen Wurzeln des *Heldenkultes*, der dieser gesamten Kultur ihr unverkennbares Gepräge und der Bezeichnung *heldische Lebensform* ihre innere Berechtigung verleiht. Der Zweikampf wird z. B. schon früh, spätestens im 16. Jh., zu einer allgemein anerkannten und vielgeübten Form der Kriegführung, die geschichtlich ausreichend belegt ist. Wahlbrüderschaften zwischen Feinden, die sich im Zweikampf schätzen und achten gelernt haben, sind kein bloßes Phantasiegebilde der epischen Dichtkunst. Es ist auch verständlich, daß diesem Persönlichkeitskult gegenüber die sozialen Unterschiede in den Hintergrund treten müssen; der bäuerlich-demokratische Charakter, den diese Kultur unverkennbar aufweist, ist nicht nur eine Folge der wirtschaftlich nivellierenden Umwelt. Natürlich hat dieser Heldenkult auch seine Kehrseite: er fördert Eigenliebe, Eitelkeit, Prahlsucht und Hemmungslosigkeit. Hier sehen wir auch schon die Richtung einer späteren Entartung vorgezeichnet.

Diese in der Natur des Landes verwurzelten Eigentümlichkeiten wurden auch durch die *geschichtliche Entwicklung* gefördert. Das serbokroatische Land ist in seinem größten Teil nie zur Ruhe gelangt. Seit dem frühen Mittelalter und bis zum Ende des 19. Jh.s war es Schauplatz dauernder Kämpfe und Kriege. Erst waren es die Kämpfe um die politische Führung, die zwischen den einzelnen Lokalzentren und auswärtigen Mächten ausgefochten wurden auf dem Hintergrund des großen Gegensatzes Rom—Byzanz. Dann, seit dem 14. Jh., heißt das Schicksal der Serbokroaten: Kampf gegen das türkische Reich und die türkische Herrschaft. Diese letztere wurde von den Serben, auf die sie sich unmittelbar erstreckte, niemals seelisch anerkannt und stets in den Grenzen des Möglichen bekämpft. Die Kroaten befanden sich zwar zum größten Teil schon außerhalb des türkischen Machtbereiches, aber die Gefahr einer türkischen Invasion lag stets über ihren Grenzen, und so wurde auch für sie der Türkenkampf, wenn auch in etwas anderer Form, zum wesentlichen Inhalt des historischen Lebens. Aus dieser Atmosphäre heraus entstehen zwei speziell für die Volksepik sehr wichtige soziale Erscheinungen: die *Haiduken* und *Uskoken*. Erstere sind „Räuber mit nationalreligiösen Idealen", die sich in Wäldern und Bergen versteckt halten und von hier aus einzeln und in Scharen einen blutigen Kleinkrieg gegen die Türken führen. Die Uskoken sind dagegen Überläufer auf christliches, österreichisch-ungarisches oder venetianisch-dalmatinisches Gebiet und machen von hier aus die türkische Grenze unsicher. Durch solche Verhältnisse wurde natürlich die Ausbildung eines kriegerischen, heldischen Sinnes wesentlich gefördert und auch in solchen Gegenden ermöglicht, wo die kulturellen Voraussetzungen dafür weniger günstig waren. Daß in dieser von Kampf und Krieg durchtränkten Welt der Wert des menschlichen Lebens, auch des eigenen, trotz der Achtung vor der Persönlichkeit sehr gering eingeschätzt wurde, ist selbstverständlich.

Sehr wichtig war natürlich der Umstand, daß die Gegenpartei, die „Türken", meistens nicht die echten volksfremden Osmanen, sondern Serbokroaten islamischen Glaubens waren. Es trafen hier also Gegner aufeinander, die die gleiche Sprache redeten, Lieder und Erzählungen unmittelbar austauschen konnten. Das gab insbesondere der epischen Tradition einen starken Auftrieb, war aber auch indirekt für die Pflege der heroischen Weltanschauung von Bedeutung: es war so die Möglichkeit gegeben, sich gegenseitig anzuspornen. Günstig für die Erhaltung des kriegerisch-heldischen Sinnes war auch die durchaus feudal-aristokratische Organisation des türkischen Staates, in dem der militärische Dienstadel absolut den Ton angab, eine Organisation, die natürlich auch auf die nichttürkischen Gebiete einen gewissen Einfluß ausübte. Schließlich wäre noch zu erwähnen, daß das heldische Kriegertum auch einen wichtigen wirtschaftlichen Hintergrund hatte. Das Gebiet der patriarcha-

lischen Kultur ist, wie gesagt, zum größten Teil arm und unfrucht-
bar, daher war in allen diesen Gebieten das heldische Leben zugleich
auch ein wichtiger wirtschaftlicher Faktor. Raub von Vermögens-
werten, vor allem aber Menschenraub zum Zwecke des Sklaven-
handels wurden auf beiden Seiten auf unverhohlen geschäftlicher
Grundlage betrieben. Dieses kriegerische Gewerbe, oft überhaupt
die einzige Grundlage der Existenz für ganze Gesellschaftsschichten,
blühte namentlich an der türkisch-venetianischen Grenze, zwischen
Westbosnien und Mitteldalmatien. Es ist daher nicht verwunderlich,
daß gerade diese Seite des „Heldentums" in den moslimischen Liedern aus diesen Gebieten mit verblüffender Realistik zum Ausdruck
gebracht wird.

So sind die Formen des heldischen Lebens bei den Serbokroaten
aufs engste mit den besonderen Lebensbedingungen dieses Volkes
verbunden. Daraus wird ohne weiteres die Lebensfähigkeit der heldischen Kultur verständlich. In ihren Kerngebieten, vor allem im
nordöstlichen Montenegro, ist sie auch heute noch keineswegs überwunden. Noch nach Abschluß des Weltkrieges brachte es z. B. ein
montenegrinisch-moslimischer Haiduk fertig, dem Vereinigten Jugoslawischen Königreich, mit dessen Gründung er nicht einverstanden
war, für seine Person den Krieg zu erklären. Und es ist bezeichnend,
daß man bei ihm, nachdem er im Kampf mit der Gendarmerie gefallen war, ein Notizbuch mit Liedern fand, in denen er selbst seine
Taten besungen hat. Im übrigen treten die psychologischen Nach-
wirkungen der vergangenen heldischen Epoche dem Beobachter des
Alltagslebens auch sonst überall in Erscheinung. Es ist aber auch zu
bedenken, daß z. B. in Bosnien-Herzegovina die alte ritterlich-feu-
dale Verfassung bis in die Mitte des 19. Jh.s in voller Geltung blieb
und erst 1850—1851 bei dem Aufstand des serbokroatischen moslimischen Adels gegen Stambul von Omer-Paša Latas mit Feuer und
Schwert ausgerottet wurde. Der bei dieser Gelegenheit ermordete
Wesir von Herzegowina Ali-Paša Rizvanbegović war noch ein
Feudalherr echtester alter Prägung, der auch dem 16. oder 17. Jh.
alle Ehre gemacht hätte.

2

Wir wissen, daß das *Heldenlied* Wert darauf legt, Abbild und
Verherrlichung dieser Lebensart zu sein, als eine Art *heroischer Berichterstattung* zu gelten [1]. Unzählige Lieder gehen nachweislich auf
geschichtliche Ereignisse zurück, besingen, auch in den ältesten The-
menzyklen, historisch belegbare Persönlichkeiten, wenn auch natürlich in entsprechender dichterischer Umgestaltung. Bei zahllosen
anderen ist ein solcher Ursprung zum mindesten sehr wahrscheinlich.
Die Schilderungen der Lieder werden von Sängern und Zuhörern
durchaus ernst genommen und geglaubt. Bei der Darstellung jüngerer und jüngster Ereignisse muß der Sänger sogar weitgehend auf
die geschichtliche und geographische Wahrheit Rücksicht nehmen,
um nicht auf unliebsamen Widerspruch seines Auditoriums zu stoßen. Und von einem Sänger ist sogar die bezeichnende Äußerung
überliefert: es lohne sich heutzutage nicht mehr, seine eigenen Taten
zu besingen, da dies bereits Aufgabe der „gelehrten Journalisten"
geworden sei [2]. Das Heldenlied ist also grundsätzlich eine Schilderung des Lebens, und zwar des heldischen Lebens; die oft märchen-
haft anmutenden Übertreibungen, oder besser Übersteigerungen
haben nur den Zweck, den heroischen Wert des Geschilderten zur
vollen Geltung zu bringen. Es ist kein Fall nachzuweisen, daß ein
Sänger eine Liedfabel frei „erfunden" hätte, ohne an die Wirklichkeit anzulehnen [3].

Diese Abhängigkeit des epischen Gesanges von der Wirklichkeit
des Lebens kann auch noch weiter ins einzelne verfolgt werden.
Bezeichnend ist zunächst die heutige Verbreitung des Heldenliedes.
Es befindet sich zweifellos im Absterben, und zwar vor allem in

---

[1] Vgl. dazu M. Murko: La poésie populaire épique en Yougoslavie au
début du XXe siècle, Paris 1929, und G. Gesemann: Studien zur südslavischen Volksepik, Reichenberg 1926.

[2] Murko, a. a. O. S. 27.

[3] Abgesehen natürlich von solchen Fällen, wo er ein bekanntes älteres
Lied neu bearbeitet. Aber solche Fälle sind nicht allzu häufig, meistens
werden die alten traditionellen Motive neuen geschichtlichen Helden „angehängt", so daß eine Verbindung zum Leben doch noch erhalten wird.

den Gegenden, wo auch der heroische Lebensstil durch den Lauf der kulturgeschichtlichen Ereignisse am längsten ausgeschaltet ist: im eigentlichen Serbien, Syrmien, Slawonien (beide zwischen Donau und Save), Zivilkroatien; auch in Dalmatien sind nur noch geringe Spuren nachzuweisen. Lebendig ist dagegen der Heldengesang in Montenegro, in der Herzegowina, den eigentlichen Hochburgen der epischen Tradition, in Bosnien und in einzelnen Gebieten an der serbischen Peripherie. Es ist sehr bezeichnend, daß große Teile der Bevölkerung gerade dieser Gegenden den gegenwärtigen kulturellen Umbruch sehr klar begreifen und erleben, was ein lebendiges Gefühl für das Alte voraussetzt. Das Heldenlied folgt also genau dem Rückzug der heroischen Kultur. Natürlich sind die Verhältnisse im einzelnen durch Bevölkerungsverschiebungen und durch die heute einsetzende bewußte, behördlich geförderte Pflege des Heldenliedes stark verschoben und kompliziert.

Bezeichnend ist auch die große Rolle, die der moslimische Feudaladel in Bosnien-Herzegowina in der Tradition des Heldenliedes spielte. Die 'kule', die Burgen der 'begs', des Landadels, waren wichtige Pflegestätten epischer Gesangskunst. Eine ganze Reihe dieser Aristokraten waren als Sängermäzene bekannt, viele waren selbst hervorragende Sänger. Manche hielten sich einen ganzen kleinen Stab von Sängern, veranstalteten Wettsingen und ließen überall im Lande nach guten Sängern forschen. In diesen moslimischen Adelskreisen war aber die alte heldische Tradition ganz besonders stark und lebendig, hier haben sich die alten patriarchalisch-heldischen Verhältnisse fast bis zum Ende des 19. Jh.s halten können. Wir sehen also: intensive Pflege des Heldenliedes gerade dort, wo die alte Lebensstruktur am besten erhalten bleibt, sei es auch nur in der Theorie.

Schließlich wäre noch, im Anschluß an eine schon oben gemachte Bemerkung, auf den eigenartigen „demokratischen", besser volkstümlichen Charakter dieser Lieder hinzuweisen. Zum Unterschied von den epischen Dichtungen anderer Völker zeigen sie keine besondere Vorliebe für Fürsten, Könige und andere hochgestellte Persönlichkeiten; allenfalls ist dies in den thematisch ältesten Liedern der Fall. Im übrigen gilt aber ihr Interesse ebenso jedem einfachen Bauernkrieger, sofern er sich als „Held" in dem oben angedeuteten

Sinne hervorgetan hat. Man muß aber bedenken, daß das christlich serbokroatische Volk seit der türkischen Invasion keine eigentlichen Fürstenhöfe mehr kannte. In den Gebieten der erhaltenen patriarchalischen Kultur, vor allem in Montenegro, war der christliche Fürst im wesentlichen nur primus inter pares, seine Lebenshaltung war grundsätzlich die gleiche wie die eines jeden seiner Untertanen. Ein „Hof" in diesem Sinne konnte sich ebensogut um jeden beliebigen Bandenführer bilden. In den deheroisierten, unter türkischer Herrschaft stehenden Gebieten war der christliche Fürst, auch wo er sich als solcher halten konnte, in gleicher Weise ein Untertan der moslimischen Herrenschicht, wie die gesamte christliche 'raja'; hier wurden also die Unterschiede durch Einwirkung von oben verwischt. Die ritterlich-aristokratischen Ideale, früher vielleicht noch ein Vorrecht einer bestimmten herrschenden Gesellschaftsschicht, konnten sich so über den ganzen Volkskörper ausbreiten. Spuren einer adligen Exklusivität können wir allenfalls in moslimischen Liedern beobachten; und tatsächlich gab es eine wirkliche Adelsherrschaft nur in dieser einen Gruppe des serbokroatischen Volkes. Also folgt auch hier das epische Lied genau der Entwicklung der Lebensverhältnisse. [. . .]

Zeitschrift des Vereins für Volkskunde 19 (1909), S. 13—30 (gekürzt).

DIE VOLKSEPIK
DER BOSNISCHEN MOHAMMEDANER [1]

Von MATTHIAS MURKO

Für das vergleichende Studium der Gedichte Homers und der
volkstümlichen Epen, wie wir sie an der Spitze der Literaturgeschichte der romanischen und germanischen Völker finden, gibt es
interessante Parallelen in der *noch lebendigen* Volksepik einiger
slawischer Stämme. Während die Romanisten für das französische
›Rolandslied‹ und das spanische ›Poema del Cid‹ nur auf je eine
Handschrift (vor 1080 und aus dem Jahre 1307) angewiesen sind,
wurden im hohen Norden *Rußlands*, bei den der Kultur entlege-
nen Bewohnern am Onegasee, im Jahre 1861 zum größten Erstau-
nen der russischen Gelehrten selbst, aus dem Volksmunde epische
Lieder aufgezeichnet, welche die Tafelrunde des Kiewer Fürsten
Wladimir besingen, jenes Wladimir, der das russische Volk taufen
ließ, also Lieder, deren Grundlagen bis in das 10. Jahrhundert zurückgehen. Diese Funde wurden im Laufe der Zeit stark bereichert,
und noch in der jüngsten Zeit erhielten wir ganze Bände von Bylinen ('bylina' entspricht inhaltlich und etymologisch dem französischen 'chanson de geste') aus den Gebieten des Weißen Meeres.
[...]
Näher liegen uns jedoch die epischen Gesänge der Mohammedaner von *Bosnien* und *Herzegowina*, namentlich aus der nordwestlichen Ecke zwischen Kroatien und Dalmatien, die erst in den
letzten Jahrzehnten veröffentlicht wurden; ihrem Ursprung nach
sind sie meist nur 200 bis 300 Jahre alt, ihrer Form nach gehören sie
der Gegenwart an, versetzen uns aber trotzdem in das Mittelalter
zurück. Da diese Lieder jedoch nur einen Ausschnitt aus der Volks-

---

[1] Vortrag, gehalten in der 4. Sektion des Internat. Kongr. f. hist. Wiss.
in Berlin im August 1908; hier erweitert.

epik der *Südslawen* bilden, müssen einige Worte über diese vorausgeschickt werden [2].

Die Volksepik setzt große historische Ereignisse voraus, die sich tief in das Gedächtnis des Volkes einprägen. Es gibt nun gewiß keinen größeren Gegensatz als zwischen Christentum und Islam. So wie im romanischen Südwesten die Kämpfe mit den Arabern ein nationales Epos zur Folge hatten, so bilden im Südosten das epische Zeitalter *aller* Südslawen die Kämpfe mit den Türken, die ja bis auf den heutigen Tag nicht abgeschlossen sind. Mit den ersten Zusammenstößen in Makedonien im 14. Jahrhundert beginnt die mündlich erhaltene Heldensage der Serben und Bulgaren; ihre Stoffe und Lieder wandern mit der Verlegung der Kampfplätze nach dem Norden und Westen bis zu den Slowenen, die ihre schönsten Balladen ebenfalls den Türkenkriegen [3] zu verdanken haben. In den westlichen Gebieten der Kroaten und Serben erhielt die Volksepik (und die Lyrik) ihre hohe künstlerische Ausbildung durch eine enge Verbindung mit den romanischen Kulturelementen und wanderte in dieser Form nach dem Osten zurück.

Von den Christen beider Konfessionen eigneten sich die Volksepik auch die *Mohammedaner*, namentlich in den bosnisch-kroatisch-dalmatinischen Grenzgebieten, an. Schon 1574 rühmt der Conte von Šibenik nicht bloß den Heldenmut seiner Untertanen im Vergleich zur Feigheit der italienischen Söldner, sondern berichtet noch an den Senat von Venedig, daß auch die „Türken" von deren Tapferkeit in ihrem Lande singen [4]. Natürlich feierten die Türken vor allem ihre eigenen Helden und haben darüber viele und umfangreiche Lieder bis auf den heutigen Tag bewahrt. Selbstverständlich ist hier nur von slawischen „Türken" die Rede, die heute auf dem ganzen Balkan, am stärksten in Bosnien und Herzegowina (unge-

---

[2] Vgl. meine Ausführungen in: Geschichte der älteren südslawischen Literaturen, Leipzig 1908, S. 200 ff. und in: Archiv f. slaw. Phil. 28, S. 351 ff.

[3] Schon um die Mitte des 16. Jahrhunderts sangen nach dem Berichte des Friauler Historikers Nicoletti die Slowenen von Tolmein im Görzischen « di Mattia re d'Ungheria e di altri celebri personaggi di quella nazione. » Vgl. K. Štrekelj (nach S. Rutar), Slovenske narodne pesmi Bd. 1, S. 34.

[4] Ljubić im Rad der südslaw. Akad. 40, S. 144.

fähr 668 000, 35 % der Bevölkerung) vertreten sind. Früher gab es aber serbokroatisch sprechende Mohammedaner auch noch weiter im Norden und Westen; denn nach der Schlacht von Mohács (1526) und nach der endgültigen Eroberung von Ofen (1541) bis zum Frieden von S. Karlovci (1699) gehörten zur Türkei noch das südliche Ungarn, ganz Slawonien, Kroatien bis zum Kapela-Gebirge und der größte Teil des dalmatinischen Festlandes.

Für die Herkunft der slawischen Mohammedaner sind besonders charakteristisch die Verhältnisse in Bosnien und Herzegowina. Ganz Bosnien [5] (d. h. mit Einschluß der Herzegowina) bildete vor der türkischen Eroberung einen Pufferstaat zwischen Orient und Okzident, in dem eigentlich die der römischen und griechischen Kirche feindliche Sekte der Bogomilen herrschte. Diese Sekte kam im 10. Jahrhundert in Bulgarien auf und breitete sich weiter nach dem Westen aus; denn Patarener, Albigenser, Katharer (davon das deutsche „Ketzer") usw. stammen von ihr ab. Angesichts der Türkengefahr wurden allerdings die letzten bosnischen Könige gute Katholiken, um sich die Hilfe der Päpste und der katholischen Mächte zu sichern, aber gerade die wegen ihrer Religion verfolgten zahlreichen Bogomilen ebneten den Türken den Weg nach Bosnien, das 1463 eine türkische Provinz wurde (Herzegowina nach kurzer Selbständigkeit 1482). Der zahlreiche und mächtige Adel, der von der abendländischen Kultur durch Vermittlung von Dubrovnik, Dalmatien und Kroatien stark beeinflußt war, trat, um seinen Besitz und seine Privilegien zu retten, zum Islam über. So blühte in Bosnien ein ganz mittelalterlicher Feudalismus weiter und erhielt sich zum Teil bis in unsere Zeit. Natürlich wurde dieser mächtige Adel, der häufig den aus Konstantinopel gesandten Paschas und selbst dem Sultan trotzte, durch verdienstvolle Krieger und Staatsmänner vermehrt, die sich aber den ursprünglichen Feudalen vollständig assimilierten, auch in der Sprache, soweit sie Osmanen waren, die nur in die Städte und wichtigeren Burgen kamen. Die bosnischen Mohammedaner waren große religiöse Fanatiker, zugleich aber auch stolze Lokalpatrioten, behielten ihre Sitten und Gebräuche bei, soweit dieselben

[5] Vgl. Geschichte der älteren südslawischen Literaturen, a. a. O., S. 169 ff.

nicht durch die neue Religion geändert wurden, und blieben auch auf einer alten Kulturstufe wie ihre gleichsprachigen Rajah. Es ist daher auch kein Wunder, wenn sich bei ihnen eine sehr konservative Volksepik erhalten hat, die uns an ältere Zeiten erinnert. Der Zufall wollte es nun, daß das erste südslawische Volkslied, das durch Goethes geniale Nachbildung zu einem Bestandteil der Weltliteratur geworden ist, der Klagegesang von den edlen Frauen des Asan-Aga (gedruckt zuerst 1778 im 1. Bande von Herders ›Volksliedern‹), entschieden mohammedanischer Herkunft war, was die zahlreichen Erklärer der morlakischen Ballade (d. i. serbokroatischen des dalmatinischen Festlandes) gewöhnlich viel zu wenig beachtet haben. Die Heimat des Gedichtes, das der italienische Abbate Fortis auf seiner dalmatinischen Reise in einer Aufzeichnung der Einheimischen erhalten und dank der damaligen Begeisterung für Naturvölker mitgeteilt hatte (›Viaggio in Dalmazia‹, 1774), bestimmt ungefähr die Angabe, daß Asan-Agas Gemahlin bald nach ihrer Verstoßung vom Kadi (d. i. Richter) von Imotski gefreit wurde. Dieser an der herzegowinischen Grenze gelegene dalmatinische Ort, ungefähr zwischen Split und Makarska, der heute Sitz eines österreichischen Bezirksgerichtes ist, wurde erst 1717 den Türken von den Venezianern entrissen. Auch in der Zeit der romantischen Begeisterung für das Volkslied, als der Wiener Slawist B. Kopitar 1813 den berühmten Sammler der serbischen Volkslieder, Vuk Stef. Karadžić, entdeckte, wurden von diesem gleich in dem 1. Bändchen seines Volksliederbuches (1814) und in der Leipziger Ausgabe der Volkslieder (1823—1824), die den Ruhm des serbischen Volksliedes begründete, einzelne mohammedanische Lieder veröffentlicht, so daß auch der alte Goethe davon Kenntnis erhielt und Fräulein Talvj im 1. Bande ihrer ›Volkslieder der Serben‹ (Halle 1825) zwei epische Gesänge, im 2. (1826) aber nicht weniger als 13 Lieder „von mohammedanischen Sängern" (S. 109—124) mitteilen konnte.

Im ganzen blieben jedoch die mohammedanischen Volkslieder in serbokroatischer und bulgarischer (der 'Pomaken' im Rhodopegebirge [6]) Sprache unbeachtet. Die intimen lyrischen Lieder waren den

---

[6] Die Vernachlässigung ihrer Volkspoesie rächte sich; denn nur so war es möglich, daß Stefan Verković bei ihnen Lieder gefunden haben wollte,

christlichen Sammlern doch nicht besonders zugänglich, den bevorzugten epischen konnten sie aber nicht ihre Liebe und Sorgfalt zuwenden, weil darin die Heldentaten der verhaßten Türken verherrlicht wurden.

Genauere Vorstellungen von der Volkspoesie des größten und bedeutendsten Teils der mohammedanischen Südslawen brachte uns erst die Okkupation von Bosnien und Herzegowina [1878]. Den Löwenanteil trug auch jetzt die Volksepik davon; doch erwähne ich der Vollständigkeit halber, daß man sich heute selbst über die Melodien der gesamten, also auch mohammedanischen Volkslyrik in Bosnien und Herzegowina eine Vorstellung machen kann aus den Sammlungen von L. Kuba in den drei letzten Jahrgängen (18—20) des ›Glasnik zemaljskog muzeja za Bosnu i Hercegovinu‹. Schon früher hat der Zagreber Musikhistoriker Fr. S. Kuhač, dem wir vier umfangreiche Bände ›Südslawischer Volksmelodien‹ (Južnoslovjenske narodne popievke, Zagreb 1878—1881) verdanken, das „türkische Element in der volkstümlichen Musik der Kroaten, Serben und Bulgaren"[7] zum Gegenstand einer Untersuchung gemacht und erklärt, daß der arabische rituelle Gesang, der auf einer primitiven Stufe blieb, doch einen starken Einfluß auf die weltlichen Lieder der bosnischen Mohammedaner ausgeübt hat, namentlich in der Melodisierung; allerdings die Frauen- und Kinderlieder blieben von dem Einfluß arabisch-türkischer Melodien ganz frei. Richtig ist jedenfalls seine Bemerkung, daß sich die epischen Volkslieder der bosnischen Mohammedaner von den christlichen in der Form gar nicht unterscheiden und nicht so phantastisch sind wie die arabischen und türkischen, sondern ganz realistisch; ein hervorstechendes Merkmal bieten nur die besonders zahlreichen türkischen oder arabischen und persischen Fremdwörter.

die nicht bloß von Orpheus, sondern auch von der Herkunft der Slawen aus Indien Kunde geben sollten. Bezeichnend ist schon der Titel seiner Sammlung ›Veda der Slawen‹ (Veda Slovena 1—2, 1874—1881). Über das Glück und Ende dieser Mystifikation s. J. Šišmanov, in: Archiv f. slaw. Phil. 25, S. 580.

[7] In: Glasnik zemaljskog muzeja za Bosnu i Hercegovinu 10 (1898), S. 175.

[. . .]

Bis zu einem gewissen Grade ist jeder Sänger auch ein mehr oder weniger schöpferischer Nachdichter. Natürlich hält jeder sich selbst für den besten Sänger und nennt die anderen bloß 'pivačići' („Sängerlein"). Interessant ist es, daß es unter ihnen auch Spezialisten gibt. So wurde der [. . .] Grundbesitzer, der nur eine Schindmähre sein eigen nannte, ein fahrender Sänger mit einem Repertoire von ungefähr 50 Liedern, von einem Beg deshalb nach Zagreb empfohlen, „weil er von allen ihm bekannten Sängern am schönsten das Mädchen ['divojku', kann auch Braut bedeuten] zu kleiden und das Pferd zu satteln verstand". Ferner berichtet Marjanović, daß den dankbaren und geduldigen Zuhörern die längsten Lieder nicht zu lange sind, wenn nur der Sänger das Roß und seinen Helden, den Jüngling und das Mädchen schön auszuschmücken versteht [8]. Solche Szenen kommen in jedem Liede vor, auch in demselben wiederholen sie sich sogar fünfmal. Da ist wohl eine Parallele am Platze. Lachmann warf aus dem ›Nibelungenliede‹ die sogenannten Schneiderstrophen hinaus, und Literaturhistoriker tadeln den mittelhochdeutschen Klassiker Hartmann von Aue wegen seiner beschreibenden Manier im ›Erec‹; die berüchtigte Schilderung von Enitens Pferd umfaßt gegen 500 Verse. Der Geschmack jener mittelalterlichen Zuhörer wird wohl nicht anders gewesen sein, als der der bosnischen Mohammedaner unserer Zeit.

Man muß jedoch hervorheben, daß die Sänger die treue Wiedergabe ihrer Lieder betonen, namentlich wenn die Hörer mit einer Stelle unzufrieden sind oder in den Ruhepausen Aufklärungen verlangen. So berichtet Mehmed Kolak, der als 'begovski pivač' („Sänger der Begs") berühmt war, daß ihm bei einer Stelle, an der ein nicht heldenmütiges Benehmen der Begs erwähnt wurde, ein Beg zurief: „Hör auf, Sänger! Dein Lied taugt nichts, das ist ein Lied für Ochsenhirten; wir sind aber keine Ochsenhirten, sondern alte Begs. Wie kannst du die Tochter eines Begs an einen Ochsenhirten, an einen Proletarier verheiraten?" Darauf erwiderte Mehmed: „Ärgere dich nicht, Beg-Effendi! Ich singe, wie ich gehört und ge-

---

[8] Vgl. solche Beschreibungen in: Hrvatske narodne pjesme, Bd. 3—4, Zagreb 1898—99; hier Bd. 4, S. 248—252.

lernt habe; wer ein Held war, dessen gedenkt das Lied als eines Helden; wer aber kein Held war, daran bin ich nicht schuld." Der Beg verstieg sich zu Beschimpfungen, auf die der Sänger die Antwort nicht schuldig blieb, so daß der Beg zuletzt erzürnt die Gesellschaft verließ und die Türe zuschlug. Ein anderes Mal will im Lied die Tochter eines solchen Aristokraten einen Mann ihresgleichen nicht heiraten, weil die Begs Zinsenschinder seien. Die Begs waren wütend über den Sänger und hätten ihn mit ihren Tschibuks durchgeprügelt, wenn ihn nicht andere verteidigt hätten; Mehmed war bereit, seine teure Tambura am Kopfe des ersten Begs, der ihn angriff, zu zerschlagen. Er durfte jedoch den Begs alles sagen, weil er mit seinem Scharfsinn allen ebenbürtig, vielen sogar überlegen war. Sänger erscheinen sogar als erfahrene Vertrauensmänner der Begs. Auf Fragen muß aber jeder Sänger antworten können; wehe ihm, wenn er das nicht vermag, oder etwas falsch sagt.

Woher haben die Sänger ihre Lieder? Daß man an den romantischen Anschauungen von einem mystischen Ursprunge der Volkspoesie nicht mehr festhalten kann, lehren auch diese Lieder. Wir sehen auch hier, daß durchaus nicht das ganze Volk singt, sondern nur einzelne besonders talentierte Individuen die Lieder fortpflanzen; diese Lieder entstammen natürlich auch individuellen Verfassern, welche sie nach ihren eigenen Erlebnissen, nach Erzählungen anderer oder nach der Tradition, manchmal sogar nach einer Chronik, die ihnen jemand vorlas, dichteten. [. . .]

Über das *Alter* der Lieder oder wenigstens ihrer Grundlagen gibt uns der Inhalt Aufschluß. Große kriegerische Ereignisse werden nicht besungen; die Eroberung von Bihać (an der Una, in der bosnischen 'Krajina', d. i. Grenze) oder die Belagerung von Osijek bilden das Höchste in dieser Hinsicht. Ein Lied erzählt auch, wie die Herzegowina unter die Herrschaft der Türken gekommen ist. Sonst haben wir es aber mit jenen größeren und kleineren Grenzkämpfen zu tun, die in den durch 150 Jahre unter türkischer Herrschaft stehenden ungarischen, kroatischen und dalmatinischen Gebieten an der Tagesordnung waren. Im Mittelpunkt steht die Lika in Kroatien, zu der im weiteren Sinne auch das Grenzgebiet um Bihać im heutigen Bosnien und das an der Cetina in Dalmatien gezählt wird. Der Sandžak Lika besaß große strategische Wichtigkeit gegen Österreich (Generalat Karlovac) und Venedig (sein Repräsentant ist im Liede der 'Banus von Zadar'). Nicht weniger als 150 Lieder der 'Matica Hrvatska' werden dahin verlegt ('ličke pjesme'), ungefähr 40 nach Ungarn ('ungjurske'), zu dem die Sänger auch Slawonien rechnen. Die übrigen, die diesen ähnlich sind, beziehen sich auf Bosnien und Herzegowina oder auf Sultane ('carske') und Veziere ('vezirske'), deren Verrat in den eroberten christlichen Ländern geschildert wird. Die meisten Lieder fallen daher in das 17. Jahrhundert, und Marjanović möchte im Einvernehmen mit einigen Sängern am Ende des 19. Jahrhunderts nur wenigen ein höheres Alter als von 200 Jahren zuschreiben.

Jedes Lied hat gewiß eine *historische Grundlage*, doch aus den allgemeinen und unklaren Schilderungen kann man sich keine Vorstellung von bestimmten historischen Ereignissen machen. Nur allgemein werden einander Car (Kaiser von Konstantinopel) und Ćesar [9] (Kaiser von Wien) gegenübergestellt, ebenso fehlen die Namen der Heerführer auf beiden Seiten. In jedem Liede stehen einzelne Helden oder Personen im Vordergrunde, deren Handlungen die Feindschaft gegen Angehörige eines anderen Glaubens und eines anderen Staates leitet. In den meisten Liedern spielen die Frauen eine große Rolle. Häufig sind Zweikämpfe, bei welchen die Walstatt mit 60 und 24 Lanzen im Geviert abgemessen wird; nach dem jeweiligen Ausgang kann ihnen ein Gefecht der beiderseitigen Scharen folgen [10]. Den Anlaß zu solchen Zweikämpfen gibt häufig eine Frau oder die Ehre. Mädchen- und Frauenraub, Hochzeiten, Hochzeitszüge und deren Störung, Loskauf gefangener Helden, häufig um den Preis einer Frau, Beschenkung der Helden, hauptsächlich

---

[9] Beide Ausdrücke stammen aus 'cêsar', das aus Caesar hervorgegangen ist. In ähnliche Weise stellt der Kleinrusse (Ruthene) dem 'car' (von Rußland) den 'ćisar' entgegen.

[10] Vgl. die Schilderung eines doppelten Zweikampfes und eines folgenden Kampfes in: Hrv. nar. pj., a. a. O., Bd. 3, S. 245 ff. Der gewöhnliche Vorgang ist: zuerst Lanzenstechen zu Pferde, dann Schießen, Kampf mit dem Säbel, häufig schon zu Fuß. Auch ein österreichischer General Hajser (Heister?) besteht zwei Zweikämpfe mit ungarischen Türken (ebd. Bd. 4, S. 658).

mit Bräuten, Vergeltung für angetane Gewalt, das sind die gewöhnlichen Liederstoffe. Treue und unbedingte Einhaltung des gegebenen Wortes zieren die Helden. Manchmal bedient man sich, wenn der Heldenmut nicht hilft, dem Feinde gegenüber auch der List, hauptsächlich mit Hilfe der Frauen, doch wird dies vom Sänger auch übel vermerkt oder mit der Not entschuldigt. Viele Lieder beginnen mit einem Trinkgelage oder einer unschuldigen Unterhaltung und enden mit blutigem Kampf. Die christlichen Helden haben Sehnsucht nach Türkenmädchen und -frauen, die türkischen noch mehr nach christlichen. Die türkischen Lieder bevorzugen natürlich auch in dieser Hinsicht die türkischen Helden, denen die Christenmädchen, unter denen man sogar österreichische Generalstöchter [11] findet, nur so in die Arme fliegen. Doch wird auch christlichen Mädchen, die den Glauben nicht ändern wollen, das Lob nachgesagt, daß sie „Mädchen von echtem Herrengeblüt" ‘(prave gospodske divojke’ [12]) seien. Eine christliche Wirtin ist gewöhnlich Bundesgenossin der türkischen Helden, denen sie für Liebe und Dukaten ihre christlichen Brüder und Schwestern, Burgen und Schlösser ausliefert. Verkleidete Mädchen und Frauen beschämen manchmal die Helden im Reiten und durch Heldentaten [13]. Ein Zeugnis für die so auffällige Frauenverehrung bietet auch die Tatsache, daß wiederholt betont und ausbedungen wird, Mädchen dürfe keine Gewalt angetan und sie sollen gegen ihren Willen nicht zu Türkinnen gemacht werden; gefangenen Mädchen und Frauen wird die Rückkehr auch ohne Lösegeld freigestellt. Sogar der Lieblingsheld dieser Lieder muß sich einmal den Vorwurf gefallen lassen [14]: „Du machst gewaltsam Mädchen zu Türkinnen, Mustaj-Beg; das ist nicht heldenmäßig." Auch die ge-

[11] So Mara, Tochter des Ravnar-general, und Jela, Tochter des Philip (Philipp)-general, vom „breiten Felde Pučenik" an der Donau, unterhalb Komárno, die beide Omerbeg von Pečuj (Fünfkirchen) zufallen, da sein Wahlbruder Osman bei der Entführung umgekommen ist (Hrv. nar. pj. Bd. 4, S. 453—477 nr. 45).

[12] Hvr. nar. pjesme Bd. 3, S. 187.

[13] Vgl. den Zweikampf der Ajka Hrnjica (Hrv. nar. pjesme Bd. 4, Nr. 37, V. 810—877, dazu S. 580).

[14] Hrv. nar. pj. Bd. 3, S. 297.

fangenen Türkinnen rühmen es, daß sie den Ramadan feiern und
ihre religiösen Gebräuche frei beobachten konnten. Am Schlusse
vieler Lieder wird betont, daß der Held seiner Frau, die er im blutigen Kampf erworben hatte, daraus nie einen Vorwurf machte.

Die Lieder zeichnen sich nicht bloß durch epische Breite, sondern
auch durch *Übertreibungen* aus, die den Heldentaten der Türken
zugute kommen und oft große Naivität in bezug auf die Übermacht
des Halbmondes verraten. Die christlichen Helden kommen in den
Liedern schlecht weg, was die Christen in ihren Liedern bekanntlich
den Mohammedanern vergelten. Von Unwahrscheinlichkeiten und
märchenhaften Zügen seien nur einige erwähnt: Ein Heldenroß
läuft in einigen Stunden von Glasinac in Bosnien nach Siebenbürgen
und von da nach Konstantinopel; acht- bis zehnjährige Kinder vollbringen Heldentaten; ein Beg entführt dem Wiener Kaiser seine
Schwester. Solche Unwahrscheinlichkeiten flechten aber die Sänger
absichtlich ein; denn die türkischen Frauen und Mädchen, die großen
Haremskinder, hören die Märchen gern.

Dem türkischen Reich und der mohammedanischen Welt stehen
gegenüber 'ćesarovina' („Kaiserreich") und 'rimluk' („römische
Welt"). Der Wiener *Kaiser* ('ćesar bečki', 'Bečanin ćesar', 'kruna
[Krone] Bečanin', auch 'kralj [König] Bečanin') herrscht über
sieben Königreiche und ebenso viele Könige, unter denen sich auch
die Könige von Polen ('kralj lehovski') und Moskau ('moskovski')
befinden, die aber gegen das türkische Reich auch selbständig Krieg
führen. Dem Wiener Kaiser untersteht auch der Doge von Venedig
('dužd', 'princip mletački'), dem 'pokrajina principovina', d. i. das
venezianische Dalmatien, gehört, dessen Statthalter ('ban') in Zadar
residiert. Dem türkischen Kaiser sind sechs Schahs ('šahovi') untertan [15]; damit er dem Wiener Kaiser gleichgestellt sei, geben ihm die
Sänger als siebentes Land das „edle Bosnien" ('Bosna plemenita').
— Der *Sultan*-car sitzt auf dem Thron hinter einem Vorhang; er
sieht alles um sich herum, ihn aber niemand. Er spricht hinter dem
Vorhang, nur manchmal zieht er ihn weg. Ihm zunächst steht der
'šehislam' (šeh-ul-islam), der Kanzler des 'car', der die von ihm ge-
öffneten Briefe auch verstecken oder falsch beantworten kann;

[15] Vgl. deren Aufzählung in: Hrv. nar. pjesme Bd. 3, 83, 581.

häufig ist es ein geheimer Christ; einen solchen Verräter entdeckt gewöhnlich ein Vezier oder Pascha, der in Bosnien gedient hat.

Bosnien und seine Bewohner dienen dem Kaiser am treuesten. Wenn die übrigen Schahs und ihre Heere nichts ausrichten können, so kommt immer Bosnien zu Hilfe. Wenn im ganzen Reich kein Held zu finden ist, der für den Kaiser einen gefährlichen Zweikampf bestehen möchte, so stellt ihn Bosnien, und wenn ihn dieses nicht hat, so findet er sich in der Lika und Krbava.

Die *Untertanen* des Wiener Kaisers heißen ohne Unterschied des Landes, des Glaubens und der Nationalität 'kauri' („Giaurs"), 'vlasi' („Walachen", worunter Orthodoxe *und* Katholiken verstanden werden), 'kranjci', 'kranjad', 'kranjadija' („Krainer"), was der wichtigen Rolle des im 17. Jahrhundert viel größeren Krain in den Türkenkriegen entspricht, auch 'lacmani' (aus „Landsmann"), 'Španjuri' („Spanier"), 'nimci' („Deutsche"). 'Nimac' („Deutscher") ist ein größeres Übel als die Pest. — Den mohammedanischen Primaten ('ajani [16]'), den 'begovi', 'age', 'spahije', steht die 'Raja' gegenüber. Das Verhältnis zwischen beiden wird als ein ganz patriarchalisches geschildert, was begreiflich ist, denn die Türken brauchten eine arbeitende Bevölkerung, um als Aristokraten und ihrem Kriegshandwerk leben zu können. Übrigens besorgt die Raja im Kriege nicht bloß die Verpflegung ihrer Herren, sondern steht ihnen in den Grenzgebieten auch mutig zur Seite. Diese Türken verloren nach ihrer eigenen Anschauung die Lika, als die Liebe der Spahis zu ihrer Raja aufgehört hatte.

Die *Helden* und ihre Pferde tragen ein ganzes Arsenal von Waffen. Das Roß ist mit einem Brustpanzer geschützt und trägt häufig auch eine mit Stahlfedern ausgefütterte Decke. Der Held selbst steckt auch im Panzer und häufig in einem Panzerhemde. Der Held und sein kriegstüchtiges Roß sind unzertrennlich: Zärtlichkeitsausdrücke wie „mein Bruder und Freund, mein rechter Flügel" für das Roß sind keine Seltenheit; einige nach Farbenmerkmalen ('šarac', 'putalj',

---

[16] Charakteristisch für ihre Verhältnisse ist die Angabe eines Liedes, daß ein Aga, der einen 'čitluk', einen 'agaluk' besaß und drei edle Rosse an der Krippe hielt, „der erste ajan in Udbina" war (Hrv. nar. pj. Bd. 3, S. 359).

'golub', 'gjogat') benannte Rosse haben es zu besonderer Berühmtheit gebracht.

Aus den Liedern geht hervor, daß den Türken und ihren christlichen Nachbarn ein längerer Friede unerträglich war; häufig wurde er durch Plünderungszüge unterbrochen, in denen man sich Waren und Vieh, vor allem aber Sklaven, für die ein Lösegeld oder ein Kaufpreis zu erwarten war, holte. Immerhin bestanden auch zwischen Christen und Türken Wechselbeziehungen, die sogar durch Wahlbruderschaft [17] ('pobratimstvo') und Gevatterschaft ('kumstvo') geheiligt waren. Der Glaube, die religiösen Bräuche und die Gotteshäuser wurden gegenseitig geachtet.

Lied und *Reigentanz* ('Kolo') spielen eine große Rolle, namentlich bei feierlichen Anlässen, wie bei Hochzeiten und Beschneidungen auf türkischer Seite, bei Taufen, Hochzeiten, Namenstagen, Kirchweihfesten auf christlicher. Jede Unterhaltung beginnt mit einem „zaubervollen ('divno') Kolo", das gewöhnlich 30, seltener 60 Mädchen unter der Anführung der Tochter des Hauses oder eines angesehenen Mädchens mit Gesangbegleitung tanzen (daher heißt es von der Anführerin: 'Kolo vodi i pjesme izvodi'). Jünglinge tanzen mit oder schauen von der Seite zu. Außerhalb des häuslichen Hofes wird das Kolo selten getanzt, abgesehen von der Kirchhofumfriedung. Bei solchen Reigentänzen kommt es häufig zu gewaltsamen oder geheimen Entführungen der Mädchen und zum Raub eines männlichen Kindes mit Unterstützung des Mädchens, worauf Streit, Verfolgung, Gefecht und Zweikampf folgen. Ohne Kolo und Mädchen gäbe es nicht soviel Romantik und würde nicht soviel Blut vergossen werden.

Die Männer können sich aber auch allein unterhalten. *Turniere* mit stumpfen oder hölzernen Lanzen, die nicht bloß mit dem Sturz aus dem Sattel, sondern auch blutig endigen können, Ringkämpfe, Steinwerfen, Springen, Wettlaufen, Schießen nach einem Ziel sind alltägliche Unterhaltungen. Den Höhepunkt bilden aber Pferdewettrennen ('obdulja'), die nur reiche Primaten veranstalten kön-

---

[17] Vgl. die Schilderung dieses Verhältnisses zwischen Hrnjica Mujo und Senjanin Ivan in den Hrv. nar. pjesme Bd. 4, S. 228—241, namentlich den Schluß des Liedes.

nen. Wer bei einem Türken das Rennen gewinnt, erhält als Preis eine Sklavin oder Christin, ein gesatteltes Pferd, eine größere Summe Dukaten oder Tuch. Betrug und Streit sind dabei nicht selten. Wenn ein Christ ein Türkenmädchen als Preis ausschreibt, so kommen auch Türken, meist verkleidet, herbei, gewinnen das Rennen oder befreien das Mädchen nach einem blutigen Kampf. So veranstalten der Ban von Zadar und Siget Wettrennen, zu denen auf ihre Einladung Mustaj-beg von Lika mit den besten Helden und Rennpferden erscheint. Die Sänger verwenden viele Verse auf Schilderungen von Wettrennen, die aber immer gleich bleiben.

Der Lieblingsheld der bosnischen Mohammedaner ist *Mustaj-beg* von der Lika ('lički'), Befehlshaber der Lika und Krbava, dessen Popularität der des Kraljević Marko auf christlicher Seite gleichkommt. Die Erlebnisse und Leiden aller Helden hat er selbst auch durchgemacht. Aus einem kleinen Geschlecht rang er sich zu seiner angesehenen Stellung empor. Einer Frau wegen war er in die Lika geflohen, um hier sein Glück zu machen, einer Frau wegen verlor er nach langer Zeit auch das Leben. Er wird am häufigsten im Lied gefeiert, als ob er während der ganzen hundertfünfzigjährigen Türkenzeit in der Lika geherrscht hätte; auf ihn sind viele Taten seiner Vorgänger und Zeitgenossen übertragen. Willig gestehen ihm seine Kampfgenossen die Führerschaft in allem zu. In ähnlicher Weise teilt er mit ihnen Freud und Leid. [. . .]

Obgleich uns diese Lieder hauptsächlich vom volkskundlichen Standpunkte interessieren, ist doch die Frage erlaubt: wie steht es mit ihrer *poetischen Schönheit*? Man kann darauf kurz antworten: Wie überall gibt es auch hier gute und schlechte Dichter und Sänger. Ebenso kann man versichern, daß es ganze Lieder oder wenigstens Liederbestandteile gibt, die zum Schönsten gehören, was die künstlerisch so hochentwickelte serbokroatische Volkspoesie aufzuweisen hat. Man vergleiche z. B. die ungemein realistische und doch so poetische und ergreifende Schilderung der zwölfjährigen Gefangenschaft des Merdanagić Mujo und seiner Genossen beim Kapetan von Brinje (Hrv. nar. pjesme Bd. 3, S. 165 ff.), Beschreibungen der Mädchenschönheit (ebd. S. 216, 220 u. ö.), einen Mädchenfluch (S. 254), die Klagen eines Jünglings, dann des Mädchens, das einen nicht geliebten Mann heiraten soll, vor der Rose, bei der sie sich die

Liebe geschworen haben, und die Wiederholung ihrer Schwüre (S. 305 f.), die schöne Schilderung der Folgen eines langjährigen Friedens bei den Christen (S. 355) oder einer Ernte türkischer Mädchen, denen ihre Liebhaber zuschauen, bis der Kommandant von Karlstadt heranrückt und aus der Ernteidylle ein blutiges Gefecht wird, bei dem die Garben als Schanzen aufgeworfen werden, hinter denen die Mädchen Gewehre laden (Bd. 4, S. 228 ff.), oder das kurze schöne Lied, das ein Beg anstimmt (S. 447). Auch an Humor fehlt es nicht; so hat bei einem sehr ergiebigen Beutezug Tale, der die Rolle des Narren unter den Helden spielt, ein altes Weib, eine sechzigjährige Popenfrau, erobert, die aber doch nicht zu verachten ist, weil sie, worauf sie selbst aufmerksam macht, in ihrem Busen 100 Dukaten verborgen hält (Bd. 3, S. 378). Ungemein ansprechend sind zahlreiche Vergleiche; so fliegen Worte ('riči . . . letilice') von Mund zu Mund wie der Vogel von einem Zweig zum andern (S. 76); bei einem Trinkgelage geht der Becher herum wie ein Vogel von Zweig zu Zweig, wenn er im Frühjahr sein Nest flicht (S. 211); ein Mädchen wird als „ungebrochener Zweig" angesprochen (S. 217 u. ö.); einem beschämten Helden erheben sich die Haare wie bei einem Wolf im Dezember (S. 229; der Wolf im Dezember ist überhaupt ein beliebtes Bild). Häufig sind Wortspiele, Antithesen, Assonanzen und Reime innerhalb des Verses, wodurch auch diese Lieder mit der dalmatinischen Kunstdichtung und ihren italienischen Mustern im Zusammenhang stehen. Die Abhängigkeit von der dalmatinisch-italienischen Kultur ist auch im Kunstgewerbe sichtbar, denn ein Sänger beschreibt (S. 597) die Stickereien auf der Kappe eines Mädchens von Zadar, die an ähnliche Schilderungen dalmatinisch-dubrovniker Dichter der Renaissance erinnern (z. B. Hannibal Lucić, Stari pisci hrvatski 6, 287 V. 115 ff.); ebenso sticken sich Mädchen Abbildungen ('penga', Verbum 'pengati' aus lat. *pingere*) von berühmten Helden und ihren Rossen (Bd. 4, S. 457, V. 473—475; S. 711 'sub penga').

[. . .]

Viktor Schirmunski, Vergleichende Epenforschung I (Deutsche Akademie der Wissenschaften zu Berlin. Veröffentlichungen des Instituts für deutsche Volkskunde, Bd. 24). Berlin: Akademie Verlag 1961 (Auszug S. 15—21).

VOLKSTÜMLICH ODER ARISTOKRATISCH?

Soziale Ideologie in der Heldendichtung *

Von VIKTOR SCHIRMUNSKI

[. . .]

Das Werk der Chadwicks zeichnet sich unter der umfangreichen Literatur, die sich mit Fragen des Epos beschäftigt, dadurch aus, daß es [. . .] allgemeine sozial bedingte Gesetzmäßigkeiten der literarischen Entwicklung anerkennt[1]. Nach ihren eigenen Worten haben die beiden Verfasser „die vergleichende Erforschung der Literatur der verschiedenen Völker, sowohl der antiken als auch der modernen", zur Klärung der Frage, „inwieweit in der literarischen Entwicklung allgemeine Prinzipien ("general principles") festzustellen seien", betrieben. Sie fassen die zwischen den einzelnen erforschten Literaturen bestehende Ähnlichkeit als „Ergebnis einer parallelen Entwicklung ('parallel development')" auf, die sich „unter dem Einfluß ähnlicher gesellschaftlicher und politischer Bedingungen" vollzogen habe[2]. Um diese Behauptung zu beweisen, sollten nach Ansicht der beiden Autoren vor allem diejenigen Literaturen untersucht werden, die unabhängiger und isolierter voneinander sind als die Literaturen des Westens. Hierbei haben sie das Epos der slawischen und orientalischen Völker im Auge[3].

Bis heute hat man dieses neue Material, das in den letzten 50 Jahren erschlossen worden ist, nur unzureichend für die vergleichende Forschung ausgewertet. Wir glauben, daß die Zeit für eine Wiederbelebung der vergleichenden Forschung auf der Grundlage eines umfangreicheren Materials

---

* Die Überschrift stammt vom Herausgeber. [Anm. d. Red.]
[1] H. Munro Chadwick and N. Kershaw Chadwick, The Growth of Literature, 3 Bde., Cambridge 1932—40.
[2] Ebd., Bd. I, S. IX und XIII.
[3] Ebd., S. IX.

und unter dem Aspekt der aus ihm gewonnenen neueren Erkenntnisse gekommen ist [4].

Ausgehend von dieser These, gelang es den beiden Autoren tatsächlich, den üblichen „Europazentrismus" der westlichen Literaturwissenschaft, die sich auf den engen Bereich des antiken, germanischen und romanischen Epos zu beschränken pflegt, zu überwinden und auf der Suche nach historisch-typologischen Analogien das epische Schaffen der slawischen und einiger orientalischer Völker, dem die beiden letzten der insgesamt drei Bände umfassenden Untersuchung gewidmet sind, mit zu erfassen. Das Neue und Fruchtbringende eines solchen Standpunkts tritt besonders deutlich bei einem Vergleich mit der Grundkonzeption des Germanisten Hermann Schneider hervor, der vor solchen „voreiligen", durch das Studium der modernen „primitiven Völker" gewonnenen Analogien warnt. Er meint entrüstet:

Auch hier sollen die Serben, die Kirgisen, ja die malayischen Atjeher uns lehren, in welchen Formen und Stilen die Goten von Ermanarich, die Griechen von Troja gesungen haben [5].

Einen Mangel in der Untersuchung der Chadwicks bildet die soziologische Unklarheit des Grundbegriffs „heroisches Zeitalter" ("heroic age") [6], da durch ihn Erscheinungen auf eine Ebene gestellt werden, die verschiedenen gesellschaftlichen Entwicklungsstadien angehören und daher buntscheckig und historisch widersprüchlich sind, so z. B. die Mythen von den Kulturhelden der Polynesier, die Heldenmärchen der turkischen Völker Sibiriens, das antike, altgermanische und keltische Heldenepos, dessen Entstehung in die Zeit der Auflösung der patriarchalischen Gentilordnung und der Bildung der Klassengesellschaft fällt, sowie das russische und südslawische Epos, das im wesentlichen eine Schöpfung der Epoche des Feudalismus darstellt. Dabei müssen die allgemeinen, für alle aufeinanderfolgenden Entwicklungsstufen des Epos charakteristischen Merk-

---

[4] Ebd., S. XII.
[5] Hermann Schneider, Germanische Heldensage, Bd. 1, Berlin u. Leipzig 1928, S. 7 (= Grundriß der germanischen Philologie, Bd. X, 1).
[6] Vgl. H. Munro Chadwick, The Heroic Age, Cambridge 1912.

male, die bei einer solchen Gegenüberstellung zutage treten, unter notwendiger Berücksichtigung nicht nur der regionalen Besonderheiten, sondern vor allem der stadialen Unterschiede, die durch den allgemeinen sozial-historischen Entwicklungsprozeß bedingt sind, analysiert werden.

In ihrer Auffassung vom sozialen Charakter des „heroischen Zeitalters" und des alten Heldenepos vertreten die Chadwicks die zu Anfang des 20. Jh.s in der westlichen Wissenschaft zur Mode gewordenen antidemokratischen Theorien, nach denen das Heldenepos nicht als ein Produkt der Volksdichtung, sondern der „Kriegeraristokratie" gewertet wird. Das Epos stellt nach Meinung der beiden Autoren solche Helden dar, die der „Klasse der Könige und Fürsten" ("royal or princely class") angehören, d. h. Vertreter des Fürstenstandes, und deren „edlen Kampfgefährten", ihre „Mannen" sowie „die Recken fürstlicher Herkunft oder der Fürstenstand im allgemeinen". Das alte Heldenepos ist demnach eine „höfische Literatur" ("court literature", "court minstrelsy"). „Das soziale Milieu, das im Epos geschildert wird, hat immer aristokratischen Charakter". In enger Beziehung zu diesem „Aristokratismus" des Heldenepos stehe sein „Individualismus", denn ein „kollektives (d. h. gemeinnütziges) Interesse fehlt ganz" ("communal interest is wanting"). Im Mittelpunkt des Interesses stehen nicht die Geschicke der Völker, sondern heroische Einzelgestalten, persönliche Heldentaten und Kämpfe, das Streben nach persönlichem Ruhm, der Gegensatz persönlicher Interessen, keineswegs aber eine Äußerung des nationalen Selbstbewußtseins [7]. Dem für das Epos der slawischen Völker so charakteristischen Demokratismus schenken die Chadwicks keine Beachtung, oder sie versuchen, ihn durch eine spätere „Vulgarisierung" des Epos in der volkstümlichen, bäuerlichen Sphäre zu erklären [8].

Diese Argumentation der Chadwicks wird gestützt durch die obenerwähnte Undifferenziertheit der historischen Entwicklungs-

---

[7] H. Munro Chadwick and N. Kershaw Chadwick, a. a. O., Bd. III, S. 726 f., 748 f.; vgl. auch Bd. I, S. 64 f. S. 81 f., S. 94—95.

[8] Über die russischen Bylinen vgl. besonders Bd. II, S. 77 f., S. 92 f.; über das serbische Epos ebd., S. 360 f.

stufen des Heldenepos. Tatsächlich taucht auf den frühen Entwicklungsstufen des Epos, in den alten Heldenmärchen (s. u. S. 54 ff.
[hier nicht abgedr. —Anm. d. Red.]) sowie in den germanischen
Sagen aus der Zeit der Völkerwanderung (Siegfried, Ermanarich,
Dietrich usw.), wie Andreas Heusler seinerzeit ganz richtig in seinen
Arbeiten über das germanische Epos festgestellt hat, das Thema des
Staates und der Nation noch nicht auf [9]. In späteren epischen Werken aus der Epoche des Feudalismus, wie z. B. im ›Rolandslied‹
(« dulce France ») und vor allem in den russischen Bylinen und im
serbischen Epos, wo der Recke gewöhnlich sein Vaterland gegen
feindliche Eroberer mutig zu verteidigen hat, steht dieses Thema
hingegen im Mittelpunkt. Paradox klingt die auf Grund eines Vor-
urteils getroffene Behauptung der Chadwicks, das ältere serbische
Epos (zu dem der Liederzyklus um die Schlacht bei Kosovo gehört!)
weise weder ein „nationales Interesse" noch „nationale und patrio-
tische Gefühle im wahrsten Sinne des Wortes auf" [10].

Eine ähnliche Unklarheit zeigt sich bei der Bestimmung des sozialen Charakters des Heldenepos als einer „aristokratischen" Dichtung. Zur Zeit des Zerfalls der patriarchalischen Gentilordnung, da
sich das antike, keltische und germanische Epos herausbildete, kann
man noch nicht von einer „Aristokratie" im Sinne der feudalen
Klassengesellschaft sprechen. Die isländischen „Bonden" waren nach
dem Zeugnis der realistischen Familiensagas, die uns die gesellschaftlichen Verhältnisse des „heroischen Zeitalters" anschaulich
schildern, keine „Bauernaristokratie" im eigentlichen Sinn, wie es
von vielen deutschen Germanisten in der Zeit vor dem Faschismus
hingestellt wurde [11]. Viel treffender ist in sozialer Beziehung der
von Engels gebrauchte Terminus „militärische Demokratie".

[9] Andreas Heusler, Geschichtliches und Mythisches in der germanischen
Heldensage, in: Sitzungsber. d. Preuß. Akad. d. Wiss., Berlin 1909,
S. 924—925. Heusler bemerkt selbst den Unterschied, der in dieser Beziehung zwischen dem germanischen Epos einerseits und dem französischen
und serbischen andererseits besteht, ohne jedoch auf die historischen Ur-
sachen dieses Unterschiedes einzugehen.

[10] H. Munro Chadwick and N. Kershaw Chadwick, a. a. O., Bd. II,
S. 366—368.

[11] Eine kritische Stellungnahme zu diesem Standpunkt enthält die in-

Für unzutreffend halten wir auch die „aristokratische Theorie",
wie sie in bezug auf das russische feudale Heldenepos von Vsevolod
Miler und seiner Schule und in bezug auf das südslawische feudale
Heldenepos von M. Chalanskij (1893 f.) [12] und später von N. Krav-
cov in seinem inhaltsreichen Werk über das serbische Epos (1933)
aufgestellt worden ist. Heutzutage ist diese Theorie sowohl in der
Sowjetunion als auch in Jugoslawien einer berechtigten Kritik un-
terzogen worden.

Ohne näher auf Einzelheiten einzugehen, muß jedoch darauf hingewiesen werden, daß die Frage nach der sozialen Herkunft des
Helden keineswegs mit der Frage seiner sozialen Stellung und Ideo-
logie zusammenfällt. Ungeachtet ihrer sozialen Herkunft vertreten
Volkshelden wie Marko Kraljević oder die Jugovići und ähnlich
auch Ivan Carević, der Held des russischen Märchens, die Ideale des
Volkes und keineswegs eng begrenzte Klassenideale der „Aristokratie".

Was die „soziale Herkunft" der Helden des slawischen Epos betrifft, so kann man am klassischen Beispiel der Gestalt des Ilja
Muromec den Prozeß der späteren Demokratisierung verfolgen:
nach dem Zeugnis der deutschen Ortnitsage war Elias von Riuzzen
im 12. Jahrhundert weder ein „alter Kosak", zu welchem er im 16.
und 17. Jahrhundert wurde, noch ein Bauernsohn wie später im 18.
und 19. Jahrhundert, sondern ein fürstlicher Gefolgsmann, der zu
den Verwandten des Fürsten Vladimir zählte (s. u. S. 98 ff. [hier
nicht abgedr. — Anm. d. Red.]). Allerdings ist auch in bezug auf die
soziale Zusammensetzung des fürstlichen Gefolges Vladimirs die
Bemerkung, die D. S. Lichačev im Hinblick auf einen analogen Fall

---

teressante Arbeit des isländischen Forschers Einar Olgeirsson, Ættasam-
félag og ríkisvald í þjóðveldi Islendinga, Reykjavík 1954.

[12] Nach Chalanskij werden viele Schwierigkeiten bei der Deutung von
Erscheinungen der slawischen Volksepik beseitigt bzw. erleichtert, wenn
man die Annahme zuläßt, daß das slawische Heldenepos nicht in der
Sphäre des einfachen Volkes, d. h. von bäuerlichen Erzählern, sondern
von höfischen Dichtern und Sängern verfaßt wurde und somit als ein Produkt der fürstlichen Feudalordnung im mittelalterlichen Leben der slawischen Staaten anzusehen sei.

gemacht hat, völlig berechtigt: bei einer Gegenüberstellung der Bylinengestalt Dobrynja Nikitičs und der historischen Gestalt Dobrynjas, des Onkels Vladimirs mütterlicherseits, d. h. des Bruders der Beschließerin Maluša, haben die Erforscher des russischen Epos die Tatsache übersehen, daß, wenn selbst Fürst Vladimir für die „hochwohlgeborene" Rogneda-Gorislava ein „робичич", d. h. der Sohn einer Sklavin, gewesen ist, der historische Dobrynja, sein Onkel mütterlicherseits, von diesem Standpunkt aus ebenfalls ein „робич", d. h. „ein Gefolgsmann aus dem Volke", gewesen sein muß. [. . .]

Die beliebten Volkshelden der Junaken- und anderer südslawischer Lieder der ältesten Zeit sind weder in der Geschichte noch im Epos Vertreter des alten Adels oder hohe Würdenträger, so ist z. B. Lazar ein Diener Stefan Dušans, und im Epos wird erzählt, wie diesem Menschen niederer Herkunft nur durch die Gunst des Zaren Stefan die Heirat mit der Tochter des „Aristokraten" Jug-Bogdan möglich wurde (vgl. Vuk, II, Nr. 31, ›Die Hochzeit des Fürsten Lazar‹); ebenso figuriert im Epos als Diener Lazars Miloš Kobilić, der unter freiem Himmel von einer walachischen Hirtenfrau geboren und von einer Stute gesäugt worden ist; im Streit zwischen seiner Frau Milica und der Gemahlin des hohen Würdenträgers Vuk Branković über die Tugenden ihrer Männer (dieser Streit hat dem Epos zufolge eine verhängnisvolle Rolle am Tage der großen nationalen Katastrophe, der Schlacht auf dem Amselfeld, gespielt) klingen ganz deutlich soziale Motive durch, und die Sympathie des Volkes ist ganz auf seiten des Recken Miloš, des einfachen Mannes, und nicht auf seiten des „Aristokraten" Vuk Branković. Die Hauptursache für den Untergang des alten serbischen Königreiches sieht das Volksepos in den habgierigen Ansprüchen der feudalen Aristokraten, der Edelleute und Würdenträger, in ihren egoistischen Fehden. Obwohl in Wirklichkeit Vukašin den König Uroš, von dem er sich lossagte, als er sich 1366 zum unabhängigen „König" seiner mazedonischen Besitzungen erklärte, nicht getötet hat und selbst in der Schlacht an der Marica gegen die Türken gefallen ist (1371) und obwohl auch Vuk Branković aller Wahrscheinlichkeit nach Fürst Lazar gar nicht bei Kosovo im Stich gelassen hat, sondern erst nach dessen Tod mit der Zarin Milica und Lazars Sohn in eine Fehde getreten ist, so wertet doch das Volksepos, das den Standpunkt eines einheitlichen serbischen Staates vertritt und denselben in den Nemanjiden und in Fürst Lazar verkörpert sieht, von diesem Standpunkt aus die mazedonischen Feudalherren als „Verräter" an der nationalen Sache aller Serben. Wie schon mehrfach festgestellt worden ist, weist Vuk Branković in dieser Rolle eines verräterischen Feudalherren eine typologische Ähnlichkeit mit dem Verräter Ganelon aus dem ›Rolandslied‹ und vielen anderen verräterischen Feudalherren vom Schlage eines Ganelon im späteren französischen und franko-italienischen Epos auf.

Es handelt sich natürlich nicht um eine Entlehnung, auch nicht, wie Banašević glaubt, in jener dramatischen Situation, in der diese typologische Ähnlichkeit des französischen und serbischen Epos ihren stärksten dichterischen Ausdruck findet [13]; dort nämlich, wo Miloš, von Türken umringt, gezwungen ist, Fürst Lazar zu Hilfe zu rufen, Vuk Branković aber Lazar zurückzuhalten versucht, wie Ganelon Karl zurückhält, als er Rolands Horn vernimmt und seinem Gefolgsmann zu Hilfe eilen will.

Diese für das volkstümliche Heldenepos charakteristische Auffassung von der historischen Wirklichkeit kann man schwerlich als „aristokratisch", „individualistisch" und „den nationalen Interessen fremd gegenüberstehend" bezeichnen. Sie bringt nicht die Weltanschauung der Feudalaristokratie, sondern der breiten Volksmassen zum Ausdruck, die der wahre Schöpfer des Epos sind und es ideenmäßig beeinflußt haben. Das beweist auch das folgende in typologischer Hinsicht wesentliche Motiv.

In den epischen Sagen der turkischen Völker Mittelasiens verleben viele Recken, die später zu Beherrschern von Völkern werden, ihre Kindheit aus dem einen oder anderen Grunde als Hirten oder werden sogar von irgendeinem mitleidigen Hirten als Waisenkinder großgezogen. Das wird z. B. von der Kindheit Idigäs berichtet (des historischen Edigej, des Mursen der Nogaier und des faktischen Beherrschers der Goldenen Horde), vom kirgisischen Manas, vom usbekischen Gorogly, in dem das Volk die Verkörperung eines ge-

---

[13] N. Banašević, Le cycle de Kosovo et les chansons de geste, in: Revue des études slaves VI (1926), S. 237.

rechten Herrschers sah, und von vielen anderen Helden. Führt man sich die patriarchalischen Verhältnisse, die zur Beliebtheit dieses Themas beigetragen haben, vor Augen, so soll das Motiv des Chansohnes als Hirten und seiner Freundschaft zu Vertretern des einfachen Volkes in der Vorstellung des Volkes die Liebe und Sorge für das Volk sowie den patriarchalisch-demokratischen Charakter der Regierung eines „guten Herrschers" zum Ausdruck bringen.

Ähnlich wird sowohl in den serbischen als auch in den bulgarischen Liedern und Märchen um Marko Kraljević davon berichtet, wie Marko gemeinsam mit anderen Hirtenjungen die Pferde seines Vaters oder auch Kälber hütet, wobei ihm bisweilen sein Blutsbruder, der spätere Zar Radoslav, zur Seite steht. Wie schon erwähnt, wurde Miloš Kobilić von einer „walachischen Hirtenfrau" aufgezogen. Ein anderer Miloš, ein „junger, aber trefflicher Junake", einer der drei Vojinovići, der den Beinamen Miloš der Hirte trägt, hat, wie das Epos erzählt, bis zu seiner ersten Heldentat an der Spitze von 30 anderen Hirten die Herden auf der Hochebene Šar-Planina gehütet, obwohl er ein Neffe des Zaren Stefan Dušan war (vgl. Vuk, II, Nr. 28, ›Die Hochzeit Dušans‹). Es ist sehr bezeichnend, daß der Bruder des historischen Fürsten Vojislav Vojinović (um die Mitte des 14. Jahrhunderts) von der Sage zu einem Hirten gemacht worden ist.

Südost-Forschungen 20 (1961), S. 248—259 (gekürzt).

HELDENLIED UND SARAJEVOMORD

Ein serbisches Epenfragment aus der Vrlika

Von Leopold Kretzenbacher

Das so oft von oberflächlichen Betrachtern totgeglaubte südslawische Heldenepos der Serben und der Kroaten hat seine Rolle als
Träger national-ethnischen Geschichtsbewußtseins, seine letztlich
aus Jahrhunderten überkommene Funktion als Waffe und Besin-
nungsruf in der Auseinandersetzung mit dem politischen Gegner
noch immer nicht ausgespielt. Wenn nicht alle Anzeichen trügen, so
hat es sogar während und im Gefolge des Freiheitskampfes der südslawischen Völker von 1941 bis zur unmittelbaren Gegenwart eine
gewisse Wiedergeburt erfahren. [1] [. . .]

[. . .] Auf Wanderungen mit südslawischen Freunden, die mich
durch die Crna Gora und wiederholt durch Bosnien und die Herzegowina oder durch das dalmatinische Zagorje geführt haben, sind
mir viele epische Gesänge zum traditionellen Begleitinstrument, den
'gusle', zu Gehör gekommen. Manches konnte ich auf Tonband
nehmen, anderes nur in seinen Hauptmotiven aufzeichnen. So die
Epen um die montenegrinische Türkenabwehr, die ein Guslar aus
Cetinje einem Freundeskreis von folkloristisch Interessierten vor-
sang, freilich nicht ohne das etwas antiquierte Gehaben des gespielten
Barden, des „Alten vom Berge", wenn er in goldstrotzender alt-
montenegrinischer Festtracht hofnaher Sippen, mit Pistolen im
Gürtel und einer flatternden Vielzahl nationalfarbiger Bänder um
den Hals seiner 'gusle', an einem Lagerfeuer auf einem 'guvno'
(steinerner Dreschplatz) auf Ivanova Korita (oberhalb Cetinje)

---

[1] Vgl. M. Braun, Beobachtungen zum heutigen Stand der epischen
Volksdichtung in Jugoslawien, in: Die Nachbarn. Jahrb. f. vergl. Volksk.
II (1954), S. 36 ff.

oder gar vor dem Danilo-Denkmal auf dem Gipfel des Lovčen alte
Geschichte aus der Türkenzeit oder neuere Geschichte aus dem
Kampf mit den Österreichern um diesen Lovčengipfel oder manch
ein Partisanenabenteuer aus dem Zweiten Weltkrieg besang. Aber
es widerfuhr mir eben damals, daß sich ein vierzehnjähriger Knabe
diese 'gusle' vom Alten reichen ließ und dann ein mehrere hundert
Verse langes Lied im epischen Zehnsilbler ('deseterac') auf den Tod
des jugoslawischen Wirtschaftsministers, des Slowenen Boris Kidrič,
sang, der „im Kampf gegen die Feinde des Vaterlandes" viel ge-
litten habe, der das Volk wiederum zur alten Größe, zu neuem
Ruhm als getreuer „Kampfesbruder des Genossen Marschall" hin-
aufzuführen geholfen habe, bis dann Tito selber „die eisernen Vögel", Flugzeuge also, geschickt habe, den toten Kampfgefährten
nach Belgrad heimzuholen zur Beisetzung im heldenwürdigen
Ehrengrab.

Eindrucksvoller für mich verlief meine Spontanbegegnung mit
serbischen Guslaren im Hochsommer 1960, als ich mit meinen Gra-
zer Studenten nach einem bestimmten Vorlesungsplan die einzelnen
Kulturzonen Jugoslawiens, die pannonische, die dinarische, die
mediterrane und die alpine[2] durchwanderte und eben in der Vrlika,
unter dem hohen Dinara-Gebirge unmittelbar an der mächtigen
Karstquelle der Cetina, meine Zelte aufgeschlagen hatte. Rundum
in den Dörfern bin ich mit den Studenten gewandert und hatte
Aufnahmen mit Lichtbild und auf Tonband gemacht. Dabei fiel uns
eine reiche Fülle altartigen Liedgutes zu: Frauengesänge und Mäd-
chenlieder; 'ojkanje'; zweistimmige Wechselgesänge zwischen Mann
und Frau; vor allem aber (neben der ständig vorhandenen Beimen-
gung neueren, politisch ausgerichteten Liedgutes) auch noch einige
Perlen serbischer Volksepik: das anscheinend ewig junge Versepos
von der ›Smrt majke Jugovića‹, vom ›Stari Vujadin‹ und ein von

---

[2] Der Versuch sollte die außerordentlich anregende Kulturzonenenteilung
für Gesamt-Südosteuropa, wie sie Milovan Gavazzi (Agram) in jüngerer
Zeit zweimal vorgelegt hatte: Die Kulturzonen Südosteuropas, in: Süd-
osteuropa-Jahrb. I, München 1958, S. 11 ff. und SOF XV (1958), S. 5 ff.,
im engeren Umkreis des mittleren und westlichen Jugoslawien in der
eigenen Anschauung wirksam werden lassen.

einer etwa sechzigjährigen Frau gesungenes Versepos vom Kosovo-Helden Miloš Obilić. Vor meinem Zelt auf der Erde sitzend, umringt von den eigenen Studenten der Volkskunde und von der reichlich versammelten serbischen Dorfjugend, ergaben sich im angeregten Wechselgespräch zwischen mir als dem schon von einem mehrere Jahre zuvor erfolgten Besuch „Bekannten" und den Angehörigen dieser serbischen Enklave inmitten der sonst vorwiegend kroatisch-katholischen Bevölkerung eigenartige Tiefblicke in das Leben der Volksdichtung. [. . .]

Am längsten hatte sich ein etwa zweiundzwanzigjähriger Bursche zurückgehalten. Nach der Mitteilung anderer wisse er sehr viele jüngere Kampfbegebnisse. Aber nach seinen eigenen ständig wiederholten Worten erschien es ihm „ungut" ('neugodno'), mir als Österreicher über Aufforderung seiner minder zartfühlenden Freunde ausgerechnet ein Lied vorzusingen, das vom serbischen Freiheitskampf gegen das alte Österreich-Ungarn handelt, vom Attentat auf den Thronfolger Franz Ferdinand zu Sarajevo an jenem schicksalhaften Tag des Jahres 1914. Endlich aber sang er doch, wenn auch nicht ein volles Heldenlied. Da ließ ich dann das Tonband mitlaufen.

Trotz der in manchen Kreisen jugoslawischer Fachkollegen zu erkennenden Ablehnung gegenüber dieser — doch wohl nur vom nicht mehr berechtigten Standpunkt einer romantischen Schau auf das Volkslied — als „minderwertig", „herabgekommen" beurteilten „Gegenwarts"-Thematik im alten Formkleid der Volksdichtung ('ta degenerirana nova epika'), verlohnt es sich doch, das 1960 aufgenommene Fragment hier mitzuteilen.

[. . .] *

Im Jahre 1914 war es, daß der gewalttätige [3] Kaiser von Österreich vier Divisionen seines Heeres versammelte, lauter Madjaren, ausgezeichnete

---

* [Hier wird der Originaltext in serbischer Sprache wiedergegeben. Im vorliegenden Band beschränken wir uns auf den Abdruck der (in manchem etwas freieren) Übersetzung. Anm. d. Red.]

[3] Keineswegs in allen serbischen Volksepen vom Attentat zu Sarajevo wird Kaiser Franz Joseph I. als „gewalttätig" ('nasilan') hingestellt. In manchen (also nicht etwa nur in den zeitgenössischen loyal-kaisertreu kroatischen!) wird Franz Joseph I. vielmehr als friedliebender, kluger

Soldaten und an ihrer Spitze seinen Sohn, den Thronfolger [4]. Er schickte das Heer in das unglückliche Bosnien; sie trugen sich mit der bösen Absicht, das Land Serbien zu überfallen und ihm einen grauenvollen Untergang zu bereiten. Aber die Serben durchschauten diese Absicht und jeder wußte darum. Jeder erzitterte im Herzen davor; eines jeden Herz erstarrte, nur nicht zweien Wahlbrüdern [5], einem gewissen Veljko Čubrilo und dem Falken Gavrilo Princip [6]. Zwei serbische Helden, von einer armen Mutter geboren und unter Leiden und Entbehrungen [7] von ihr aufgezogen. Als die beiden zur Schule herangewachsen waren, als sie die Schule verließen, da gab einer dem andern das Wort auf Treu und Glauben, daß sie sich nie mehr voneinander trennen wollten, solange der Morgenstern seinen Weg über den blauen Himmel zieht. Über alles sprechen die Ver-

---

alter Monarch dargestellt, der nur durch die Tücke seines Verbündeten, des eroberungssüchtigen, nach der Weltherrschaft strebenden Kaiser Wilhelm II., und durch das deutschnationale Ungestüm seines Thronfolgers Franz Ferdinand in die unglückliche, als tragisch aufgefaßte Rolle des Entzünders eines Weltbrandes durch die Kriegserklärung an Serbien hineingedrängt erscheint. Vgl. dazu die sehr eigenartige Charakterisierung der Politik des alten Habsburgermonarchen, der Bosnien durch die Okkupation bewußt aus dem ständigen, für das Land verderblichen Streit zwischen Serben und Türken herausgehalten habe, bei Ivo M. Marković, Ognjem i mačem za slobodu, Nikšić 1931, Vers 51—74. [Hier nicht abgedr. — Anm. d. Red.]

[4] Es stört das serbische Volksepos in keiner Weise, daß Franz Ferdinand nicht der leibliche Sohn Kaiser Franz Josephs I. gewesen ist.

[5] Das Volksepos läßt die beiden Hauptattentäter also „Wahlbrüder", durch feierlich geschlossene Verbrüderung verbunden sein. Welche Bedeutung die (durch kirchlichen Sonderritus bei Katholiken und Orthodoxen bekundete) Sitte des 'pobratimstvo' (bzw. der Wahlschwesterschaft, des 'posestrimstvo') im dinarischen wie im mediterranen Gebiet des heutigen Jugoslawien (stellenweise in der gleichen Landschaft seit über 150 Jahren kontinuierlich nachweisbar) hat, wurde erst kürzlich besonders untersucht von M. Gavazzi, Vitalnost običaja pobratimstva i posestrimstva u Severnoj Dalmaciji, in: Radovi Instituta Jugoslavenske akademije znanosti i umjetnosti u Zadru II, Zadar 1956, S. 17 ff.

[6] Andere Epen nennen sie V. Čubrilović oder Nedeljko Čabrinović bzw. Gavrilo Princ.

[7] Im serbischen Text redensartlich „mit dem Spinnrocken und der (arbeitenden) rechten Hand".

brüderten miteinander: „Du hörst, Veljko, mein leiblicher [8] Bruder, daß die Schwaben [9] zum Krieg rüsten. Des Kaisers Sohn ist mit einem Heere angekommen. Die Madjaren hat er gegen die Serben aufgeboten. Er führt das Heer der kriegerischen Madjaren, der Vergewaltiger unserer Brüder. Ich kann so nicht mehr weiterleben. Ich werde eine gewaltige Tat (etwas Aufsehenerregendes) vollbringen." — So sprachen die Brüder miteinander. Die Schwaben aber rückten in die Stadt ein. Voran marschiert des Kaisers Garde, die den jungen Ferdinand beschützen soll. Dann spielt noch die Musik durch die Gassen zur Heeresparade in Sarajevo. Als sie vor dem städtischen Rathaus angelangt sind, da fällt plötzlich eine Bombe hinein, die jener Veljko Čubrilo schleuderte; sie trifft aber nicht, er wirft vielmehr links vorbei und ihre Explosion gellt durch die Stadt Sarajevo. „Eh!", loskeift die Hündin [10], seine Gemahlin Sophie, „Was ist das nun, mein lieber Gemahl? Welch ein Teufel hat dich dazu verführt, daß du in Bosnien Militärparade hältst und daß dies alle Serben wußten?" — Aber weiter geht die Parade. Da nun fährt Gavro los, wie ein Drache fürwahr! [11]. „Halt ein, Schwabe, was hast du hier zu marschieren? Das ist nicht euer Eigen, vielmehr unsere Heimat!" — Und er reißt den Revolver heraus und drückt ein paarmal ab. Zwei Schüsse läßt er hintereinander los. Einer trifft den Sohn (des Kaisers) Franz mitten in die Heldenbrust, daß er in Ewigkeit nicht mehr aufwachen wird. Eine Raserei erfaßt Sophie und läßt sie in eine Ohnmacht fallen und tot sinkt die Unglückliche neben ihrem Ehegemahl nieder. Wie nun der Kommandant der Truppen des Kaisers Franz das sieht, als man den Thronfolger ermordet sah, da brachen sie hervor wie die Türken, geradeso wie die Türken auf dem Amselfelde. Sie ergreifen jene Serben, sie aufzuhängen, sie zu richten. Und als sie jene ergriffen hatten, sagten sie zu ihnen: „Sagt an, ihr Unglücksmenschen [12], wir wer-

---

[8] Hier im Gegensatz zur vorhin gebrauchten Bezeichnung als Wahlbruder ('pobratim') von Gavrilo Princip die Anrede „leiblicher Bruder" ('rodjeni brat') gebraucht.

[9] „Schwaben" als allgemeine Bezeichnung für die Deutschen insbesondere bei den Serben gebräuchlich.

[10] Die Herzogin Sophie Hohenberg, geborene Gräfin Chotek, wird hier (was selten ist!) mit dem bösen Wort 'kuja' = „Hündin" beschimpft.

[11] „Fürwahr!" als Beteuerung ist an sich zu kraftlos gegenüber dem serbischen Text, der hier nach dem Wort für Drachen ('aždaja') die unübersetzbare Fluchformel 'kleta' einsetzt.

[12] Als freie Übersetzung für die redensartliche Formel im Serbischen 'žalosna vam mati', wörtlich: „Traurig Eure Mutter!"

den euch nicht aufhängen, nicht zu Tode martern: welch ein Teufel hat euch dazu angestiftet, solch eine Untat zu vollführen? . . .

„Weiter weiß ich nicht" (dalje neznam) sagt der Bursche und bricht seinen charakteristischen Sprechgesang jäh ab. Ich hatte es während der Tonbandaufnahme schon bemerken können, daß ihn sein Entschluß, zu singen, sichtlich in steigendem Maße gereut hatte, je mehr andere als Zuhörer aus seinem Dorfe zu unserem Zelt herangetreten waren. Es war ihm einfach unangenehm, vor einer Gruppe von Österreichern ein solches grausiges Geschehnis wie den Mord von Sarajevo noch weiter im verherrlichenden, den „Feind", vor dessen Landsleuten er hier sang, im Stil des Heldenepos doch mit dem und jenem Wort ('kuja' = „Hündin" für die Frau des ermordeten Thronfolgers u. a.) herabsetzenden Liede auszuspinnen und die „Folgen" noch daranzufügen. Jedenfalls hat sich der junge Mensch geradezu entschuldigt, daß er es soweit getan hätte, wiewohl wir ja nunmehr Freunde und Gäste im Lande seien. So sehr ich dennoch in ihn drang, da dies doch alles schon „Geschichte", nahezu ein halbes Jahrhundert hinter uns gelegen und im vollen Unglück von allen erkannt sei, so sehr auch die Kameraden des Burschen ihm zuredeten, weiter vorzutragen, er wollte es nicht mehr. So ergriff nun wiederum der Alte das Wort und wollte unsere Erwartungen offenkundig damit entschädigen, daß er von sich aus ein neues Epos sang, eine Variante des Liedes vom ›Stari Vujadin‹, ohne 'gusle', allein mit dem nachgeahmten Summton der epischen Geige und dem Tremolo des stärkeren oder schwächeren Klopfens auf den Hals.

Unser Fragment mit seinen 79 Versen ist zu kurz, um alle die epischen Elemente zur Entfaltung kommen zu lassen, die in diesem Stoff „verdichtet"werden können. Auch der „dichterische" Gehalt — wenn man in dem nunmehr vorliegenden Fragment, das sich fast nur auf einen reinen Bericht beschränkt, überhaupt einen solchen erwartet — ist gering. Abgesehen davon, daß die alte Form des Zehnsilblers als überliefertes Versmaß und damit auch die Vortragsart des eigenartigen Sprechgesanges beibehalten ist, fehlt jedoch etwas, was der junge Mann nicht in diesen Vortragsteil des Heldenliedes eingeflochten hatte, was aber offenkundig als zugehörig empfunden wurde, von ihm nämlich nachher in der rein „prosaischen"

Unterhaltung mit vollem Wissen herausgestellt erschien: daß der Tag der Parade und des Attentats nicht zufällig genommen wurde, sondern als „Schicksalstag" des Serbenvolkes vor den Betroffenen stand, der 'Vidovdan', der Veitstag, 15. Juni. Auf jeden Fall ist dies der hundertfach besungene Veitstag der Schicksalsschlacht auf dem Amselfelde von 1389 [13]. Zweifellos hatte man auch in den Kreisen der jungen revolutionären Gruppe, der 'Mlada Bosna', der ja der jugendliche Gymnasiast und Hauptattentäter Gavrilo Princip aus Grahovo in Bosnien angehörte, das Ansetzen der Militärparade zu Sarajevo auf den 28. Juni (westlicher Zeitrechnung), dem 15. Juni nach dem alten, orthodoxen Kalender, als eine die nationale Tradition der Serben besonders verletzende Provokation angesehen [14]. Am gleichen Veitstag war ja dann auch die Leiche des im Herbst 1914 zu zwanzig Jahren schweren Kerkers (wegen seiner Jugend war die Todesstrafe nicht möglich) Verurteilten aus Theresienstadt, wo er im Gefängnis elend an Tuberkulose zugrunde gegangen war, 1921 zur Bestattung mit den übrigen hingerichteten Mitgliedern der 'Mlada Bosna' übertragen worden [15].

Es nimmt nicht wunder, daß die Tat von Sarajevo als „geschichte-bildendes Geschehen" sofort vom nationalen Mythos der freiheits-sehnsüchtigen Südslawen, insbesondere jener Serben verklärt wurde, für die der Tag des Attentats ebenso symbolhaft gilt wie man die Gestalt des Tyrannenmörders in langer Reihe vom Ehrenretter auf dem Amselfelde, von Miloš Obilić bis zu Gavrilo Princip und dem Kreis seiner todbereiten Helfer als die immer wiederkehrende Rein-karnation serbischen Widerstandsgeistes nahm. Schließlich in Dut-zenden von epischen Gesängen verdichtet, wurde das Wissen um Tat und Folgen von Sarajevo zum seither unverlorenen geistigen Besitz der Südslawen [16]. Nie sind es bloß die „politischen", die

---

[13] Vgl. M. Braun, Kosovo. Die Schlacht auf dem Amselfeld in geschicht-licher und epischer Überlieferung, Leipzig 1937.

[14] Vgl. neuerdings M. Bernath, Die Südslawen, in: Die Welt der Sla-wen. Hrsg. von H. Kohn, Hamburg 1960, S. 262 und 268.

[15] St. Stanojević, Narodna enciklopedija srpsko-hrvatsko-slovenačka, III. Band, Zagreb 1928, S. 690.

[16] Die volksepische Verdichtung des Geschehens von Sarajevo setzte

gegenwartsbezogenen Zustände, die geschichtliche Reaktionen aus-
lösen. Nahezu immer sind auch psychisch-emotionelle Gegebenhei-
ten wirksam, wenn es solcherart zu „geschichtlichen Ereignissen"

auf beiden Seiten, bei Kroaten und Serben, sofort nach dem Attentatstag
ein. Eine ganze Reihe von Epen „im Volkston", wie wir sagen möchten,
erschien nachmals im Druck. Ein solches Epos 'po narodnu' im kroatisch-
habsburgtreuen Geiste erschien zu Sarajevo unter dem Titel: ›Umorstvo
Franje Ferdinanda i Sofije. Po narodnu spjevao Nikola Buconjić.‹ Es behandelt das Geschehen in epischer Breite im Zehnsilbler in 18 Kapiteln,
angefangen von der Anrufung der Vila als der Muse bis zur Beisetzung
der Ermordeten zu Artstetten in Niederösterreich. M. Murko, Tragom
srpsko-hrvatske narodne epike I, S. 313, Anm. 141 vermerkt, daß ein
Kapitel daraus auch in der Tagespresse (Sarajevski list 13. 6. 1917) veröffentlicht worden sei. Von Buconjić wird dabei der kroatische Charakter
der Länder Bosnien und Herzegowina besonders betont ('dvije zemlje
hrvatske otprije'). Ein Exemplar dieses Druckes von Sarajevo 1917, das
aus der Bibliothek von Karl Patsch stammt, trägt von dessen Hand den
Bleistiftvermerk: „Von mir angeregt. Patsch." (Freundliche Briefmittei-
lung von Herrn Prof. Dr. Balduin Saria, München—Graz, der mir das
Exemplar gütigerweise zugänglich machte.) Textlich besteht jedoch keinerlei Zusammenhang mit dem von mir aufgenommenen Fragment.
Dieses Fragment steht überhaupt etwas abseits von den vielen
serbischen und kroatischen Volksepen unseres Themas, wie sie M. Murko
erstmals (I, S. 313 f.) nach mündlichen Berichten und Tonaufnahmen bzw.
nach der relativ großen Zahl gedruckter Fassungen zusammengestellt hat.
Desgleichen verweist Murko (I, S. 319) auf seine Tonaufnahmen des
J. 1930 nr. 46, 126, 130 im Slovanský ústav zu Prag, die derzeit freilich
für mich ebenso unzugänglich sind wie die Mehrzahl der in kleinen Heft-
chen flugblattartig gedruckten Fassungen. Räumlich stünde dem von mir
aufgezeichneten Fragment eine Publikation am nächsten, die Murko (I,
S. 313) als eine Sammlung von Liedern aus dem Weltkrieg unter dem
Titel ›Mrak i svijet‹ vermerkt, wie sie „der Gemeindesekretär von Vrlika/
Dalmatien" veröffentlicht habe. Ohne nähere Angabe über das Wann und
Wo dieser Sammlung setzt Murko lediglich hinzu, daß sich darunter auch
ein Lied vom Tode Ferdinands befände. Diese Sammlung des Anonymus
aus der Vrlika, möglicherweise die Vorlage unseres Fragmentes aus der
Lokal-(Schul-?)Tradition, konnte trotz vieler Mühen auch in der Univer-
sitätsbibliothek zu Agram nicht aufgefunden werden, wie mir Frau Dr.
Maja Bošković-Stulli im Brief vom 29. 5. 1961 bestätigt.

kommt. Der Mythos der Freiheit hat mehr Knechtschaft in der Welt geschaffen als etwa alle sogenannte „Türkenmacht" zusammen. Dessen ist sich Europa heute nach so vielen Katastrophen voll bewußt, womit nicht gesagt ist, daß es daraus lernen wird. Ein typisches Beispiel einer „geschichtsbildenden Tat" ist nun der Thronfolgermord vom Veitstag 1914. Nicht die Tatsache der Ermordung des österreichischen Thronfolgers als des Repräsentanten einer den Serben verhaßten Großmacht ist es, die im Geschichtsbild der Südostvölker, insbesondere jener südslawischer Zunge, eine neue Ära heraufgeführt hatte und durch den Ausbruch des Ersten Weltkrieges auch in ihrer weltgeschichtlichen Bedeutung unverrückbar festgelegt hat. Das Schicksalhaft-Mythische in dieser Tat ist [. . .] die Grundlage für das über das Tagespolitische Hinausgehende dieses Geschehens von Sarajevo, in dem der eine fiel und Millionen und aber Millionen um seinetwillen, um der Dynastie willen, als deren Repräsentant er hatte fallen müssen, nach sich in den Tod riß. Dieses wahrhafte „Verhängnis", daß Freiheit und Blutopfer anscheinend notwendig zusammenhängen müssen, ist der Inbegriff der Lieder und Epen um den Mord von Sarajevo, wie ihn die südslawischen Völker immer noch im Gedächtnis tragen. [. . .]

VIII. RUSSISCHE HELDENDICHTUNG

Reinhold Trautmann, Vom slavischen Heldenlied, in: Neue Jahrbücher für deutsche Wissenschaft 13 (1937), S. 238—249 (gekürzt).

DAS RUSSISCHE HELDENLIED *

Von Reinhold Trautmann

[...]

Das russische Heldenlied, dessen wichtigster Bestand in der Wissenschaft den terminus technicus Byline trägt, gibt der vergleichenden epischen Forschung viel neues und wichtiges Material. Ich sagte schon, daß wir stärkere Entwicklung finden als in Serbien, und tatsächlich können wir auch, wofern wir geneigt sind, Forschung mit Intuition zusammenarbeiten zu lassen, einen jahrhundertelangen Ablauf der gesamten Volksdichtart in den wesentlichen Etappen verfolgen. Es ist bisher der einzige Fall überhaupt, daß man die gar nicht einfache Geschichte einfacher Heldeneinzellieder überschauen kann; darin liegt zunächst der hohe methodische Wert dieser Dinge, wenn ich von den bisweilen hohen dichterischen Qualitäten der Bylinen absehe.

Wir nehmen an, daß die Urschicht eines russischen Heldenliedes in der Kiewer Zeit, vom 9.—13. Jh., liegt. Die Dichtart wird gepflegt sein, so wie in der Folgezeit, von den Mitgliedern der fürstlichen Gefolgschaften, der Družinen, wo alte heldische Lebensführung und Gesinnung herrschten, und auch ausländischer Einfluß, besonders von Skandinavien her, günstig einwirken konnte. Daneben brachten die byzantinischen Spielleute, die Skomorochen, internationalen Stoffvorrat und eine Fülle weitverbreiteter Motive jetzt schon nach Altrußland, — durch diesen doppelten Ursprung der Byline wurde zweifellos von Anbeginn ihr Bild farbiger als bei den Serben.

Die eigentliche Byline aber ist durchaus großrussisch und entstand gegen Ausgang des 13. Jh.s, besonders im 14. und 15. Jh., im mittelrussischen und Nowgoroder Raum, wo der Zusammenhang mit den germanischen und andern europäischen Ländern nie abgerissen war.

---

* Die Überschrift stammt vom Herausgeber. [Anm. d. Red.]

Im 15. Jh., das der vollen Moskauer Zeit angehört, ist die Byline in Gehalt und Form vollendet. Am Beginn der neuen Gattung steht die nationale Katastrophe, die das Kiewer Reich im 13. Jh. traf; und die Bylinendichtung ist in ihrer alten Hauptrichtung dieser als maßgebend gefühlten Kiewer Vergangenheit zugewandt: Kiew und alles das, was der Großrusse in diesen Begriff hineinlegt von Trauer um Verlorenes und Sehnsucht nach besserer nationaler Zukunft, erhält einen heiligen Klang. Um Kiew spielt ein großer Teil der Bylinen, in denen auch der kämpferische Geist lange erhalten blieb, um so mehr, als ja nun die religiös-nationalen Kämpfe gegen die Tataren alles Heldentum entfachen. Für die Entstehung der Bylinendichtung ist ihre nationale Haltung genauso charakteristisch wie für die der altrussischen Annalistik, und folgende Worte einer im Grunde sehr alten Byline geben das uranfängliche Thema an:

> Ich werde dienen für den Glauben, für das Vaterland,
> ich werde einstehen für Kiew, die Fürstenstadt,
> werde einstehen für Gottes Kirchen all,
> werde einstehen für Wladimir den Fürsten.

Von diesen ältesten Heldenliedern sind uns sicherlich viele verloren; manche mochten mit dem Tage vergehen, wenn ein Gefolgsmann seinen Herrn oder ein kriegerisches Abenteuer besang, das rasch welkte.

Der ansteigenden, innerlich sich festigenden, nach außen wachsenden Kraftfülle des großrussischen, betont Moskauer Staates und Volkstums folgt die Volksdichtung, die ja am gelungensten die seelischen Kräfte und Möglichkeiten eines Altvolkes ausdrückt. Und so sind das 16. und 17. Jh., die staatliche und kulturelle Blütezeit des Moskauer Altrußland, auch zugleich Blütezeit der gesamten Volksdichtung und vor allem unserer Byline. Viele neue Lieder entstehen. Nunmehr ist eine bedeutende Strukturveränderung dadurch vor sich gegangen, daß der Spielmann, der Skomoroch, wesentlicher Träger der Bylinendichtung wurde: er trägt sie dem Volke in all seinen Schichten zu, die teilweise Isolierung in den alten feudalen Družinakreisen wird überwunden. Und diese Skomorochenkunst mußte sich in Gehalt und Form der Lieder vielfältig bemerkbar machen: manches alte Heldenlied wird von ihnen nicht rezipiert und verklingt; alte Heldenlieder werden umgesungen und erneuert, manchmal in radikaler Weise, — hatten sich doch mittlerweile auch die politischen Verhältnisse grundlegend verändert, da die Tataren, die Herrscher von gestern, die Unterlegenen von heute geworden waren.

Gegenüber also dem Kiewer Altertum, das dem Namen nach bewahrt wird, dringt die neue Moskauer Wirklichkeit ins Heldenlied. Das Heldische aber und Kriegerische tritt naturgemäß stärker zurück, novellistische Motive werden beliebter; ein spielerischer, scherzhafter, häufig graziöser, häufig frivoler Ton kann die alten Lieder durchsetzen oder zersetzen; neue Lieder entstehen, wobei manch echter Skomorochengesang, wie der treffliche ›Wawilo‹, uns heute noch erfreuen kann. In dieser Zeit des 16. und 17. Jh.s also kein eigentlicher Verfall, wenn auch weitgehend Neues an die Stelle des Alten tritt. In dieser Zeit gelangt ja auch das Märchen zu seiner reifsten Form, entsteht das historische Lied, um von den neuen Ereignissen zu singen, etwa von Iwan Groznyj, entsteht auch, abgesplittert von der Byline, das Geistliche Lied, das die Pflege des religiösen Gefühles wundervoll übernimmt.

Im 18. Jh. aber geschieht etwas Weiteres in unserer Sphäre: Staat und Kirche verfolgen den Skomorochen, drängen ihn in den Norden Rußlands ab, so wie es auch den Altgläubigen erging; hier lernt mittlerweile der begabte großrussische Bauer das Heldenlied, das ihm schon früh vertraut war, und bewahrt es in hoher Blüte bis ins 19. Jh. hinein, zum Teil in abgelegener Landschaft bis heute.

Aber diese Rezeption durch den Bauern greift das Gefüge der Byline vielfach an: das Kriegerische tritt bei der seßhaften friedlichen Bevölkerung des Nordraums, die nie große Kriegsnot im eigenen Lande erlebte, noch mehr zurück; das Märchen wirkt stärker als vordem ein, da es hier im Norden hochgeehrt und gepflegt wird; das 17. und 18. Jh. schaffen schließlich schon neue Bylinen, die mehr poetische Erzählungen sind.

Aber dann geht im 18. Jh. der uralte Dreiklang von Wort, Gesang, Guslispiel verloren: der Bauer lernt nicht mehr die Gusli, und so ist bald dem Verfall der Dichtart Tür und Tor geöffnet: und diesen Verfall können wir seit dem 18. Jh. bis heute in seinen vielen und sehr interessanten Formen verfolgen. Ganze Landschaften haben im 19. Jh. die Volksdichtart verloren, natürlich zuerst die, in denen die europäische Kultur seit dem 18. Jh. am intensivsten einbricht, also Mittelrußland. Das 18. Jh. eben bedeutet in der Geschichte der vornehmsten großrussischen Volksdichtart einen entscheidenden Bruch: jetzt bricht die westeuropäische Neukultur, Vorläuferin der europäisch-amerikanischen Maschinenkultur des 19. und 20. Jh.s, in den russischen Raum und drängt, soweit sie sie nicht vernichtet, die alten volksnahen Erscheinungsformen der slawisch-osteuropäischen Altkultur an die Peripherie des Siedlungsgebietes ab. Diese Altkultur wird repräsentiert von vielen Dingen der materiellen Kultur, die sich einzigartig lange im konservativen Nordraum erhielten; neben sie stellen sich die künstlerischen Erscheinungsformen: als Repräsentantin der alten nordischen Architektur die Holzkirche, dann die Gattungen der Volksdichtart und Volkserzählart, Sage, Märchen, Anekdote und lyrisches Volkslied, geistliches Lied und unsere Byline.

Daneben bietet die ungeheure Ausbreitung der Byline im *Raume* viel, was für jede Volksdichtforschung interessant ist.

Zunächst hängt die Liedverbreitung über den landschaftlichen Raum mit der Kolonisationsbewegung der großrussischen Volksmassen zusammen, — überall hin wird in der traditionserfüllten alten Zeit die Byline als wertvoller geistiger ererbter Besitz genommen.

Dabei ist entscheidend, daß im 14./15. Jh. von den beiden alten Hauptnestern unserer Dichtart, vom Gebiet des alten Nowgorod am Wolchow und östlicher vom Wolga-Okagebiet aus die Kolonisation des russischen Nordens vollendet wird, bis er um das Weiße Meer und gen Osten bis zur Pečora im festen Zusammenhang mit den westlichen und südlichen Ausgangslandschaften besiedelt war: das intensive Leben des Nordens nahm kräftig die Volksdichtung als eisernen Lebensbestand in sich auf, trug sie herum im Raum und bewahrte sie, sie köstlich pflegend, jahrhundertelang. Das neue Nest künstlerisch vollendetster Lieder bleibt im Westen, im alten Nowgoroder Siedlungsraum.

Ein neuer Vorstoß trägt später Volksmassen ostwärts nach Perm und Sibirien, vor allem im 18. Jh. Die Tersche Küste und die Win-

terküste des Weißen Meeres waren seit dem 16. Jh., Pinega und
Mezeń schon seit dem 15. Jh., die Pečora seit dem 16. Jh. von Großrussen dauernd besiedelt. Und im 16. und 17. Jh. wird die zur höchsten Blüte gelangte Byline über die großen Nordräume bis tief nach
Sibirien hineingetragen. Doch auch noch späterhin hat die innere
Fluktuation der Bevölkerung in unzähligen Einzelstößen die
Bylinendichtung, d. h. Sänger und Sängerfamilien, in die weiten Räume getragen, wo wir sie bis ins 20. Jh. hinein nachweisen
können.

Das Ausdehnungsgebiet nämlich der Byline umfaßte das europäische und asiatische Rußland. Westsibirien gab uns im 18. Jh. die
erste größere Liedersammlung eines unbekannten Liebhabers, die
hohe Volksdichtungskultur verrät. Das Jakutengebiet hat die
Byline gut gekannt, und die Mündung der Indigirka in das Eis-
meer gab manches Lied. Der südlichste Punkt in Asien aber liegt
in Buchtarna am Irtyš, also im südwestlichen Vorland des Altai-
gebirges.

So wichtig das ist, das Insgesamt der Bylinendichtart können wir
nur an dem Liedbestand erkennen, den uns die ungeheuer ausgedehnten und abgelegenen nordeuropäischen Räume geben: die Bylinendichtung als Hochblüte russischer Volkskunst, die ganz eigenartigen Bedingungen ihres Fortlebens in der Landschaft und ihrer
eingesessenen Bauernbevölkerung, das Problem des Sängers und
seiner Zuhörer sind nur in diesen Gebieten erkennbar und nach-
lebbar. Hier lebt teilweise noch heute die Byline.

Das „Island des russischen Heldensanges" liegt im alten Gouver-
nement Olonec, in dem der ausgezeichnete Rybnikov 1860 die
Byline entdeckte. Dann sammelt Hilferding, der sein Werk mit dem
Tode bezahlt, in dieser Landschaft noch einmal: es gelang ihm, etwa
70 Sänger und Sängerinnen mit etwa 300 Liedern zu hören. In eben
diesen von Rybnikov und Hilferding erforschten Raum war eine
Expedition gerichtet, die die beiden trefflichen Folkloristen,
die Brüder Sokolov, 1926—1928 unternahmen: es wurden 370
Lieder von 135 Sängern aufgezeichnet. Der Wert dieser letzten
Forschung liegt darin, daß wir nun die Veränderung der Dichtart
im selben Raum verfolgen können. Viel wichtiges Material konnte
in den Jahren um 1900 gesammelt werden von Grigorjev, Markov,

Ončukov an der Westküste des Weißen Meeres, an der Pinega und Pečora.

Die Einsichten über den Sänger und seinen Lebensraum, die das seit dem 18. Jh. gesammelte Material gewährt, gehören zum Wertvollsten, was die Slawistik der allgemeinen Folkloristik zuführen kann. Einiges nur will ich nennen.

Aus dem Stadium des schaffenden Dichters, des Aoeden, sind wir in Rußland längst heraus, vor allem seit dem Augenblicke, wo der freie Bauer des Nordens die Dichtart aufnahm. Wir befinden uns im Stadium des Rhapsodentums: aber das heißt nicht sklavisches Nachsingen von Altem, einst Erlerntem, es ist ein komplizierter Zwischenzustand zwischen Tradition und eigner Gestaltung. An manchen Punkten hat auch der Bauer Neues gegeben, denn mancher Bauer-Sänger hat ein wunderbares Gefühl für Rhythmik, ein anderer liebt das Farbige der Schilderung und singt dann nach seinem Können das alte Lied um.

Der europäische Nordraum Rußlands hat günstige Bedingungen zur Erhaltung der alten Dichtart gehabt: seine abgeschiedene Lage, die bewirkte, daß vom 17.—20. Jh. das große vaterländische Geschehen im Süden vor sich ging; daß die Neukultur langsam und zersplittert den Raum erfüllte. Es gab sehr wenig Schulen — und die guten Sänger sind immer Analphabeten gewesen. Die klimatischen Verhältnisse nötigen selbst diese fleißige nordische Bevölkerung zur Muße, man hat nur einige Monate Zeit zur Arbeit auf dem Felde; Fischfang auch, Pelztierjagd, Holzfällerei sind an feste zeitliche Grenzen gebunden. Der Herbst kommt früh und der Winter ist unendlich lang und schwer. An der Pečora z. B. ist der Tag sehr kurz; nach wenigen Stunden muß die Arbeit ruhen, denn um 4 Uhr sinkt die Nacht herein; in dem kleinen Kreis von Fischern beispielsweise, der sich zusammenfand, treten dann Liedersänger und Märchenerzähler in ihre Rechte, die nun stundenlang singen und sagen. Denn außer der Verbundenheit mit Gott ist die Liebe zur alten Volksdichtung das dominierende geistige Gebiet — und sie gewährt auch die Möglichkeit, die Muße zu verbringen.

Die russische Volksdichtung hatte jahrhundertelang den Kreis, den sie verlangte: ein primitives und fabulierlustiges, unaufgeklärtes und wundergläubiges Volk, das gerne der ermüdenden und

ungenügenden Gegenwart entflieht. Und dieser völkische Kreis erfüllte auch eine Voraussetzung, die allein eine durch Jahrhunderte
schreitende Tradition ermöglicht: er glaubte und verehrte. Das im
alten Liede Erzählte muß nicht nur als bedeutend und wertvoll,
häufig als vorbildlich empfunden werden, es muß als unbezweifel-
bare Realität gelten. „Ohne Glauben ans Wunderbare kann die
epische Dichtung unmöglich ein natürlich-unmittelbares Dasein
führen", sagte schon Hilferding. Und wundervoll hat die seelische
Situation der ausgezeichnete Ončukov geschildert:

Der Pečorze legt sich in den meisten Fällen nicht einmal die Frage vor, ob
das alles auch wahr sei, was die Byline singe. Für die meisten ist alles Ungewöhnliche und Wunderbare durchaus möglich. Und man muß sehen,
mit welcher lebendigen Begeisterung und Aufmerksamkeit die Pečorza
die Bylinen anhören. Übrigens stellt sich für den Pečorzen das Wunderbare
in den Bylinen gar nicht als etwas Besonderes dar. Erfüllt von diesem
Wunderbaren ist sein wirkliches Leben, des Wunderbaren und Unerklär-
lichen voll ist die ihn umgebende Welt: in Flüssen und Seen wohnen die
Wassergeister, im Walde die Waldgeister, im eigenen Hause wohnt hinterm
Ofen der Hausgeist, in der Umgebung hausen Werwölfe, Hexen, böse
Geister, Zauberer, die einen, wenn man sie reizt, in den braunen Ur
verwandeln.

Die Bylinen lernt man meist in der Kindheit, mit 10, ja mit 8
oder 9 Jahren. Und man lernt sie nur mit der Melodie zusammen
— bis zum 18. Jh. zweifellos auch mit der Guslibegleitung. Die
Bylinentradition ist ungemein häufig in einer Familie erblich. Die
berühmteste Sängerfamilie, die wir kennen, ist die der Rjabinins:
Trofim Rjabini, der 1885 starb, 94 Jahre alt, ein wohlhabender
Bauer und aufrecht stolzer Mann, der manche Byline von einem
Onkel lernte, übergab seine Kunst dem Sohne Iwan, und von Iwans
Stiefsohn wieder haben wir Aufzeichnungen vom Jahre 1921, so
daß wir eine Byline kennen, die in derselben Familie über 100 Jahre
lebte. Und solcher Fälle hat es unausdenkbar viele gegeben.

Es gibt auch Dörfer, von denen man sagen kann, daß sie singen.
Im Jahre 1899 noch waren in einem Dorfe der Winterküste mit
etwa 170 Höfen 24 Sänger und Sängerinnen vorhanden. Manche
Landschaft war, wie sich Hilferding ausdrückt, „mit dem Geist
der epischen Poesie geradezu durchtränkt". Ohne diese ungewöhn-

liche und intensive Pflege kann echte Volksdichtung eben nicht echt
und frei und gedeihlich leben.

Für Pflege der Dichtung und ihre Überlieferung ist noch das von
Bedeutung: Das durchschnittliche Lebensalter des Menschen im
strengen, aber gesunden Nordraum lag hoch, so daß der Vater sogar
seine Urenkelkinder erleben konnte. Und unsere geistig lebendigen
und wirtschaftlich oft gesicherten Bauern-Sänger erreichten oft ein
erstaunliches Alter. Ein besonderer Fall ist der: Ein Sänger, von
dem 1906 zwei Lieder aufgezeichnet wurden, war 86 Jahre alt;
Lehrer war ihm der Vater gewesen, der die Bylinen um 1780 lernte.
Man kann also sagen, daß ein Sänger sein um 1860 gesungenes Lied
um 1810 lernte und sein Lehrer es um 1750 übernahm; bei fünf-
maliger Liedübertragung kommen wir also zum Jahre 1600. — Was
das für die Tradition bedeutet, liegt auf der Hand.

Bei all dem, was skizziert wurde, bildet sich echt und leicht das
Gefühl beim Sänger heraus, nur Glied in einer unendlichen Kette
zu sein. So wie das der vortreffliche Iwan Rjabinin ausdrückte, als
er Bylinen, die das Volk „Stariny" (d. h. altertümliche Lieder)
nennt, in Moskau vortrug. Als ihn ein Schulleiter um Beseitigung
„anstößiger" Verse bat, sagte er ruhig: „Kann man denn aus einer
Byline etwas auslassen? Deswegen ist es eine Starina, daß so, wie
die Alten sangen, auch wir singen müssen. Nicht von uns wurde sie
verfaßt, und sie endet nicht mit uns."

Der Sänger will demnach das gelernte Lied bewußt so wieder-
singen, wie er es übernahm. Aber das Individuum bricht sich Bahn,
besonders wenn es geisteskräftig und eigenwillig ist; und das Einwirken des Individuums können wir in unsrer Dichtung innerhalb
bestimmter Grenzen bemerken.

Folgendes gilt natürlich auch für die Bylinendichtung: Nicht das
Volk singt, wie man einst meinte. Es liebt die Byline und verehrt
sie, aber nur der Begabte und aus der Gemeinschaft Hervorragende
kann Sänger sein. Vor allem muß er eine große Anzahl Lieder beherrschen können: das erst gibt ihm sichere Beherrschung der Lied-
technik, Sicherheit im Gut der Formeln, der Szenen, vor allem tiefes
Verstehen und Versinken in die heroische und phantastische Welt
seiner Dichtart, in der er mit ganzer Seele leben muß.

Interessant ist es nun, daß das Leistungsmaximum der bedeutendsten Sänger so hoch etwa lag wie der Liedbestand, der in einer kleineren, überschaubaren Landschaft umlief, — es sind ungefähr 30 Einzellieder. Der begnadete Sänger repräsentiert die Bylinenlandschaft, er gibt das Niveau der Landschaft an, den Wertmaßstab in der Landschaft *nach* ihm; die Landschaft bedarf der bedeutenden Sängerpersönlichkeit, um zu blühen und nicht in den Staub der Gewöhnlichkeit zu versinken, — die Landschaft blüht nur bei beständiger Bereicherung durch den großen Sänger, mag er in alten Tagen ein echter Aoede gewesen oder in unserm nordrussischen Falle längst schon Rhapsode sein.

[...]

Archiv für Kulturgeschichte 34 (1952), S. 67—80 (gekürzt).

RUSSLAND UND SEIN ›IGORLIED‹

Von Dietrich Gerhardt

Das altrussische Prosa-Epos ›Slowo o polku Igorewe‹, das Lied von Igors Heerschar [1], [. . .] ist ein kurzer Text sehr künstlicher rhetorischer Prosa, der nicht irgend eins der großen epischen Weltthemen variiert, sondern einen individuellen geschichtlichen Hergang mit künstlerischen Mitteln schildert.

Als literarische Form ist die Prosa ja im allgemeinen erst *nach* der metrischen Dichtung belegt, und allein diese prosaische Form des Liedes ruft Erinnerungen an die nordischen Sagas und die keltischen Mabinogion wach; doch war auch in Byzanz die Prosaerzählung als literarische Gattung längst angebaut, und aus den Liedfassungen des byzantinischen Epos sehen wir bereits Prosafassungen abgeleitet. Auch auf die reiche Tradition der asiatischen Kunst- und Reimprosa sei wenigstens hingewiesen. Nicht nur formal gliedert sich dies

---

[1] So hieß es bei F. Abicht, Leipzig 1895, und diese Übersetzung kommt dem Doppelsinn von russisch « polk » (vgl. unser Fremdwort Pulk) wenigstens nahe, nämlich 1. „Heer" und 2. „Feldzug". « Slowo » heißt eigentlich „Wort", dann besonders „Predigt, *praedicatio, dictum*, dit, Sage". Vielleicht darf man es also mit Dichtung zusammenbringen. Um es im Titel des ›Igorliedes‹ zu erklären, hat man auf das „goldene Wort", « slato slowo », hingewiesen, das im ›Igorlied‹ Fürst Swjatoslaw von Kiew fallenläßt, d. h. eine längere Mahnrede an die Adresse der beiden Haupthelden, die allerdings räumlich und sachlich ziemlich in der Mitte des Werkes steht. Ich würde lieber an das *exordium* der Dichtung anknüpfen, worin der Dichter spielerisch-zweifelnd erwägt, ob er sein Thema « starymi slowessy », nach Art der alten Dichtung, im alten Stil, beginnen solle. In gewissem Gegensatz zum ›Slowo‹ stände dann die 'pessnj', das Preislied, das auf jemand gemacht wird. Man sieht schon aus diesen Proben, daß ich ganz grob transskribiere, da für den, der das russische Lautsystem nicht kennt, alle Genauigkeit nutzlos ist.

Heldenlied in eine uns geläufige Tradition ein, sondern auch inhaltlich.

Gegenstand des ›Igorliedes‹ ist ein Feldzug (noch dazu ein mißlungener) eines der zahlreichen russischen Teilfürsten, nämlich des Fürsten von Nowgorod Ssewersk, Igor Swjatoslawitsch, und seines Bruders Wsewolod gegen einen der nomadisierenden turkstämmigen Gegner des alten Ruß-Landes [2], die Polowzer oder Kumanen, seine Gefangennahme und glückliche Flucht. Die altrussische Chronik datiert den Beginn dieses Zuges auf den Tag genau, nämlich den 23. 4. 1185, und dies Datum wird, so exakt, wie wir's nur wünschen können, durch die Sonnenfinsternis vom 1. 5. 1185 bestätigt, die als böses Omen am Beginn des Unternehmens steht und im Liede unmißverständlich geschildert wird. Obwohl Igors Kriegszug zunächst mehr eine Lokalangelegenheit zu sein scheint, lag doch sein Motiv und gingen seine Folgen tief: Igor hatte nämlich aus persönlichem Stolz den Plan seines ranghöheren Vetters, Swjatoslaws, des Großfürsten von Kiew, durchkreuzt, einen wohlvorbereiteten Entscheidungszug aller verbündeten Teilfürsten gegen die Wintersitze der Kumanen einzuleiten. Vorschnell und ruhmsüchtig war er mit seinem geringfügigen Heer, das ein paar Verwandte kaum wesentlich zu vermehren vermochten, in Richtung auf die Don-Mündung hin vorgestoßen. Sein Mißerfolg nach anfänglichen Vorteilen riß eine Lücke in die Verteidigungslinie gegen die Steppennomaden, die etwa bei dem Flusse Ssula gelegen war, einem linken Nebenfluß des Dnjepr. Zudem war die militärische Niederlage durch die Schwere einer moralischen Niederlage vermehrt: Heiden hatten über Christen gesiegt, ihre unabsehbare Menge strömte nun ins Land, selbst die Völker weiter im Westen, die unter russischer Herrschaft standen, bis hin zu den Ungarn, drohten am Aufruhr teilzunehmen, so daß selbst die galizisch-wolhynischen Fürstentümer von den Vorgängen am Kajaly-Flusse betroffen waren. Daß er das Ausmaß

---

[2] Vielleicht deuten Artikel und Bindestrich wenigstens fürs Auge die Mitte zwischen appellativer Landschaftsbezeichnung und völkischem Eigennamen an, auf der das Wort 'Rusj' noch steht. Seine Etymologie ist, trotz allem, was dazu gesagt ist, ungeklärt, jedenfalls kommt der Name zunächst nicht den Slawen zu, die ihn dann übernommen haben.

dieser Folgen geahnt, und wie er es dargestellt hat, das ist die erstaunliche Besonderheit des Dichters. Er schildert uns die Vorgänge mit der deutlichen Absicht, die verzweigte Sippschaft des Rurikidenhauses noch einmal zu einem gemeinsamen Schlag gegen den heidnischen Gegner zu sammeln, ihr im mahnenden Beispiel die Folgen ewiger Eigensucht zu zeigen, sie einzeln anzureden und am Glanz alten Schlachtenruhmes ihre Teilnahme für das Ruß-Land neu zu entzünden. Er überschaut auch die ganze schwierige Ordnung aller Provinz-Fürstentümer in der Abstufung ihres Wertes, er kennt die Linien und Seitenlinien der alten Fürstenfamilie, die sich als eine Kette des Ehrgeizes und Neides, der Bruderkämpfe und inneren Streitigkeiten vom Kiewer Zentrum aus durch all die kleinen und kleineren Stadt-Staaten bis zum „Ohneland", dem 'isgoj', hinwirrten und von dauernder Unruhe zitterten, statt daß sie die ständig andrängenden Steppen-Nomaden im Zaum gehalten hätten. Diesen Appell an die Fürsten trägt aber ein starkes Gefühl für die Größe und Einheit all der heterogenen Bestandteile, aus denen das Kiewer Reich zusammengewachsen war und unter denen die Slawen, in deren Sprache er abgefaßt ist, noch mit keinem eigenen Gesamtnamen hervortreten.

Dieser Rundruf an die Fürsten mit seinen vielen persönlichen Einzelheiten ermöglicht uns aber auch, die Abfassung des Liedes ebenso genau zu datieren wie die Ereignisse, die es schildert: Im Herbst 1187 (September bis Oktober) muß diese Fassung niedergelegt worden sein. Just um diese Zeit wiederholte auch Swjatoslaw von Kiew seinen Versuch eines gemeinsamen Zuges gegen die Kumanen, und vielleicht war es gerade der Appell des ›Igorliedes‹, der diesem Unternehmen und den rasch anschließenden Feldzügen von 1190 und 1192 Erfolg brachte, so daß die schlimmste Gefahr, die aus dem „Kumanenfelde" drohte, endlich abgewandt wurde.

Ganz so klar kenntlich, wie es die heroische Schwarz-Weiß-Malerei des Liedes nahelegt, an der sich die ganze Natur beteiligt, ganz so einfach, wie die dichterische Antithetik es will, war die Lage allerdings nicht. Zwischen Don und Dnjepr maßen sich nicht Abendland und Asien, nicht nordische Herren und barbarische Nomaden, und selbst der christlich-heidnische Gegensatz ist wohl nicht geradezu als *Wert*unterschied zu denken: Zwei Gegner stritten hier, die zumindest gleichberechtigt waren, deren politische und familiäre Beziehungen vielfach durcheinanderliefen, zwei Parteien eher als zwei Nationen oder Religionen. Denn schon Generationen vor Igor hatten sich russische Fürsten mit den Kumanen gegen ihresgleichen verbündet und hatten die schönen Kumanenmädchen geheiratet. Noch in Igors Heer kämpften die turkstämmigen Kui von Tschernigow auf russischer Seite gegen ihre kumanischen Stammverwandten, unzuverlässig wie alle „Hilfswilligen", vom Liede verschwiegen, aber durch die Chronik genannt. Auch die Kumanen mögen ihre Teilfürsten und ihre inneren Fehden gehabt und die Russen in diese Politik einbezogen haben. Die beiden vornehmen Häuptlinge, denen Igor und Wsewolod in der Schlacht gegenüberstehen, Gsa und Kontschak, kämpfen durchaus ritterlich, wie wiederum im Liede begreiflicherweise nicht weiter ausgemalt ist, und obwohl sich sein Sohn Wladimir gleichfalls in ihren Händen befindet, flieht Igor dennoch allein aus kumanischer Gefangenschaft, noch dazu mit Hilfe eines Mischlings aus dem gegnerischen Lager, Ovlur oder Lavr, und sein Sohn wird daraufhin keineswegs massakriert, sondern kehrt nach zwei Jahren mit der Tochter Kontschaks und einem Kind zurück, so daß als erstes Hochzeit gemacht wird, was nicht hindert, daß trotz dieser friedlichen Bindung 1187 der große Feldzug gegen die Kumanen beginnt. Das alles zeigt die schwer zu durchschauenden Beziehungen kriegerischer Zeiten und ihrer heroischen Moral. Der Dichter des Liedes sieht diese Ehe Wladimirs offenbar hinterher als Manöver politischer Spekulation und läßt die beiden Gegenspieler Igors in Form einer Rätselrede auf dem Verfolgungsritt darüber handeln:

„Wenn der Falke nestwärts fliegt, werden wir beide das Falkenjunge mit unsern vergoldeten Pfeilen erschießen." — „Wenn der Falke nestwärts fliegt, werden wir beide das Falkenjunge durch ein schönes Mädchen umstricken." — „Wenn wir zwei es durch ein schönes Mädchen umstricken lassen, werden wir weder das Falkenjunge noch unser beider schönes Mädchen haben, dann werden sie vielmehr beginnen, uns beiden das Geflügel zu schlagen auf dem Kumanenfelde."

Und wirklich: diese für die Kumanen ungünstige Möglichkeit ist ja dann tatsächlich eingetreten.

Wenn also, wie hier, die edle Falkenbrut Igors und seiner An-
verwandten dem Dohlen- und Krähengeschlecht der Gsa und Kontschak gegenübergestellt wird, so kleidet sich wohl mehr persönliche
Sympathie und Antipathie in dies geläufige Bilderpaar als Wert
und Unwert zweier Weltgegensätze. Außerdem können wir wenigstens in einigen Punkten prüfen, ob der Dichter des ›Igorliedes‹ die
Wirklichkeit, die er sah, getreu schildert, und zwar durch die
bereits herangezogene altrussische ›Hypatius-Chronik‹, die die Ereignisse von 1185 gleichfalls in einem reichen Gesamtbild überliefert.

Die geringe Differenz beider Berichte ist nicht allein auf die Formel zu bringen, daß der eine „historisch“, der andere „dichterisch“
sei, dazu lag auch in den 'Letopisi', den russischen Chroniken selbst,
zuviel des literarischen Anspruchs und war das ›Slowo‹ einerseits bei
aller Kunst doch auch wieder zu aktuell an seine Zeit gebunden;
vielmehr wird sie kaum anders aufzufassen sein, als wenn einem
geschichtlichen Sachbericht — wie es in unserer westlichen Überlieferung ja öfters geschieht — *idem metrice* nachfolgt: ein Wechsel
des Stils mehr als ein Wechsel des Blickpunktes oder gar des Gegenstandes. Mit dieser Einschränkung bestätigen sich die beiden Berichte
aufs beste, und auch zu den sonstigen historischen Einzelheiten
bis ins Detail der Waffen, Kleider und andern „Realien“ beider
Parteien haben anderthalb Jahrhunderte der Auslegung so viel
schlagender Belege gebracht, daß an der historischen Richtigkeit des
Bildes nicht mehr zu zweifeln ist, das wir uns aus dem ›Igorliede‹
von den Grenzkämpfen des alten Ruß-Landes machen können. Nur
vor unserer eigenen Interpretenwillkür müssen wir hier besonders
auf der Hut sein, wie überall da, wo sich gelehrter Scharfsinn und
nachfühlende Empfindung gesammelt auf eine vereinzelte Relique
alter Kunst stürzen. Gewiß, ein nationales Denkmal im eigentlichen
Sinne haben die Russen in ihrem ›Igorlied‹ erhalten; denn, wie wir
gesehen haben, ist es keineswegs ein hyperbolisches Produkt irgend-
eines maßlosen Lokaldichters, der aus einem Sturm im Wasserglas
eine Weltkatastrophe macht, und nicht nur die Endzeitpsychose des
„siebenten Zeitalters“, das auch der Dichter des Liedes zählt, treibt
den Ton des Ganzen zu schwer dahinrollendem Ernst und mahnen-
der Prophezeihung hinauf. Nicht minder aber als das kleine Nach-
hut-Scharmützel von 789 im ›Rolandslied‹ oder das unerfreuliche

Ende des kleinen Burgundenstammes im ›Nibelungenlied‹ ist der Kampf am Kajaly-Fluß im ›Igorlied‹ doch ins *Dichterische* entrückt, und ebensowenig wie in diesen westlichen Dichtungen rechtfertigt das Symptomatische des tatsächlich Geschehenen, wie wir es leicht haben, rückblickend zu sehen, von vornherein eine solche Entrückung. Hier lockt derselbe Weg, der von den Handschriften des ›Nibelungenliedes‹ über Lachmanns Edition‹ zu Zeuners Taschenausgabe für die Soldaten der Freiheitskriege und schließlich bis zu dem lauten Pathos von Janssens ›Buch Treue‹ hingeführt hat, und wenn nun nach Borodins Oper wirklich der große Film kommt, den das Jubiläumsjahr bereits erwarten ließ [3], so steht all das, was da rein quantitativ in den Bereich des alten Liedes gezogen würde, natürlich in keinem Verhältnis mehr zu dem Bereich, den der Dichter selbst räumlich und menschlich umspannen wollte.

Diese zunehmende Verflüchtigung einer ursprünglich begrenzten, aber um so eindringlicher wirkenden künstlerischen Absicht ins Anachronistisch-Farblose patriotischer Phrase steht auch in lebhaftem Gegensatz zu der wachsenden Genauigkeit, die wissenschaftliche Forschung in der Auslegung dieses Liedtextes erreicht hat, allen Schwierigkeiten zum Trotz.

Denn schon die Aufgaben, die die Überlieferungsverhältnisse stellen, sind von reizvoller Schwierigkeit.

Die Dichtung behandelt, wie wir gesehen haben, Ereignisse von 1185, besonders im Bereich der Teilfürstentümer um Kiew, wie Nowgorod, Ssewersk, Tschernigow, Putiwl oder Kursk, und ihre besondere Liebe gilt dem kleinen Außenposten Tmutorokan gegenüber von Kertsch an der Grenze Zirkassiens. Ihr Dichter stand den Ereignissen unmittelbar nahe, vielleicht hatte er sogar am Feldzug teilgenommen. Dennoch muß die einzige Handschrift, die bis in die Neuzeit erhalten blieb, erst aus dem 16. Jahrhundert gestammt und sprachlich Kennzeichen des großrussischen Nordwestens getragen haben, vor allem Züge der Sprache von Groß-Nowgorod oder Pleskau, wohin auch weitere Spuren zu weisen scheinen. Im Ur-

[3] Siehe I. Novikov, Genialnaja russkaja poäma XII weka (Das geniale russische Poem des 12. Jahrhunderts), in: Litgazeta 119 (2710) vom 12. 12. 1950, S. 3.

sprungsgebiet hat sich bisher nichts von irgendwelcher weiteren Überlieferung finden lassen, und Nachrichten über eine verschollene Abschrift, die sich nicht bewahrheitet haben, weisen in ganz andere Richtung, nämlich an die Grenze des großrussischen Nordens nach Olonez. Das wäre an sich ein durchaus möglicher Weg und gäbe einen Beleg mehr dafür, daß eine allgemeine, große kulturgeschichtliche Strömung vom Süden nach dem Norden Rußlands gegangen ist, die Sprache und Schrifttum nach sich gezogen hat. Von Kiew nach Moskau lief sie zunächst, weil die politische Macht ihr diesen Weg bahnte, und von da zog sie weiter zur nordwestlichen und nördlichen Peripherie des Sprachgebietes hin, weil die neuzeitliche Zivilisation alles „Altertum" aus dem städtischen Zentralbereich vertrieb. „Altertum" ('starina') — so nennen ja die bäuerlichen Sänger und Improvisatoren die Märchen- und Heldenlieder, die spätere Sammler als 'Bylinen' bezeichnet haben, den einzigen Rest epischer Tradition, den wir dem ›Igorliede‹ wenigstens von fern an die Seite stellen können. Sie sind bis heute mündlich überliefert, und ganze Familien von Rezitatoren haben ihr Formelmosaik in immer neuen Kombinationen zusammengefügt. Neben vorgeprägten, weltliterarischen Stoffen ahnt man in ihrem Wust auch öfters geschichtliche Tatsachen, aber was die Bylinen gerade kennzeichnet, das ist ihr Drang, alles konkrete Geschehen aus der Kategorie geschichtlicher Zeit in eine flächige, farbige Märchenwelt umzusetzen; dies, und nicht nur ihr Inhalt, scheidet sie deutlich von den eigentlich historischen und den merkwürdig geistlichen Bettlerliedern ('stichi duchownyje'), die beide metrisch und musikalisch nicht sonderlich von ihnen abweichen [4]. So haben sich Geist und

[4] Vgl. über all diese Fragen das bewährte Buch von Reinhold Trautmann, Die Volksdichtung der Großrussen I, Das Heldenlied (Die Byline), Heidelberg 1935; auch dess. Verf. Ausw.: Russische Helden- und Spielmannslieder (Humboldtbücherei 7), Leipzig 1948, und seine neueste Akademieabhandlung: Das historische Volkslied der Großrussen, Berlin 1951. Von der Eigenart der „Geistlichen Verse" gibt das Buch von W. Stammler, Die religiöse Volksdichtung des russischen Volkes, Heidelberg 1939, nur einen schwachen Begriff. Vgl. jetzt Proben der beiden letzten Gattungen, erfreulicherweise einmal mit Notentext, bei Elsa Mahler, Altrussische Volkslieder aus den Pečoryland, Basel 1951.

Gestalt der Überlieferung auf dem langen Wege von der Tafel-
runde des wahrhaft arthurischen Herrschers Wladimir in Kiew bis
in die Bauernhütten der Eismeerküste doch seltsam verschoben.
Sicherlich läßt sich mancher Anklang an Stil und Art des ›Igorliedes‹
in ihnen erkennen, aber sie sind Volksdichtung „rhapsodischer"
Zeitalter, und das ›Igorlied‹ ist Kunstepik „aoidischer" Blütezeiten [5].
Der wichtigste Beleg, den sie uns liefern, ist eben der jener großen
Süd-Nord-Drift, von der auch das ›Igorlied‹ erfaßt worden ist.
Zyklisiert um Herrscher und Städte von Kiew, Groß-Nowgorod
und Moskau, zeigen sie genau die drei Etappen an, auf denen wir
auch dem ›Slowo‹ begegnen: es schildert den Kiewer Bereich, aus
dem es erwachsen ist; es wird in Nowgorod und Pleskau übertüncht
und war dort bereits zu Anfang des 14. Jahrhunderts bekannt, da
der Schreiber des sogenannten Apostolus von Pleskau bereits 1307
einen Satz daraus zitiert; es muß aber auch nach Moskau gelangt
sein und dort mit unverminderter Eindringlichkeit literarisch ge-
wirkt haben. Als die Kämpfe der großrussischen Fürsten mit den
Tataren die nationale Bedeutung erhielten, die früher die Kämpfe
an der Südgrenze gehabt haben mögen, da hat man nämlich dem
›Igorliede‹ eine merkwürdige Renaissance bereitet: Eine der Erzählungen, die von den ersten Siegen der Moskauer über den Tataren-
chan Mamaj 1380 berichten [6], die sogenannte Erzählung „von jenseits des Don" (›Sadonschtschina‹), ahmt das ›Igorlied‹ auf lange
Strecken hin wörtlich nach. Wir können solche „Testimonien" brauchen, denn die ursprüngliche Handschrift ist nicht erhalten.

Sie gehörte einem bibliophilen Staatsmann, wie das 18. Jahrhundert auch in Rußland manchen hervorbrachte, dem Grafen I. I. Mussin-Puschkin, der eine größere Handschriftensammlung besaß, von
der viele Stücke gerade aus Pleskau stammten. Gegen 1792 wurde
man in Kennerkreisen darauf aufmerksam, daß einer seiner Sam-

---

[5] Diese Unterscheidung nach dem immer noch grundlegenden Büchlein
von John Meier, Werden und Leben des Volksepos, Halle 1909.

[6] Sie sind jetzt von Frau W. P. Adrianowa-Peretz in einem hübschen
Bande neu herausgegeben: Wojinskije powesti drewnej Russi (Kriegser-
zählungen Altrußlands), Moskau—Leningrad 1949 (Serie: Literaturnyje
pamjatniki [Literaturdenkmale] der Akad. d. Wiss.).

melbände außer einer jüngeren russischen Chronikkompilation und byzantinischer weltlicher Übersetzungsliteratur [7] auch das ›Igorlied‹ enthielt, dessen Wert man zwar sogleich erkannte, das man aber literarisch am besten mit Ossian vergleichen zu können glaubte [8]. 1795/96 ließ man für Katharina die Große eine Abschrift anfertigen, die P. Pekarskij 1864 im Staatsarchiv wiederfand. Katharina nahm das, was man ihr abschrieb, anders auf, als Friedrich der Große das ›Nibelungenlied‹ und das andere „elende Zeug", das Chr. H. Müller ihm aus dem „Staube der Vergessenheit" präsentierte, denn sie liebte das russische Altertum, mit dem sie sich stets beschäftigte, « à la folie » [9], aber sie starb 1796. 1800 ließ Mussin-Puschkin dann durch ein Gremium gelehrter Fachleute eine Ausgabe veröffentlichen. Diese Ausgabe, ihre Vorrede mit knappen Angaben über den sonstigen Handschrifteninhalt, die Abschrift Katharinens und ein paar Auszüge, die der Historiker N. M. Karamsin in den Anmerkungen seiner Geschichte des Russischen Staates vergraben hat, sind die einzigen Textzeugen, die uns geblieben sind, denn 1812 verbrannte mitsamt Mussin-Puschkins Moskauer Haus auch das Original.

Es ist bezeichnend, daß die ersten Herausgeber dem Text sogleich eine Übersetzung beifügten, denn in der Regel konnten sie bei ihren Lesern wohl keine völlige grammatische Vertrautheit mit *der* „alten russischen Sprache" voraussetzen, in der ihr „heroischer Gesang" abgefaßt war. Die ältere russische Literatur, nicht nur die des geistlichen Bereichs, wurde ja von dem sogenannten Kirchenslawischen beherrscht, einer Bücher- und Gemeinsprache, die auf südslawischer Grundlage ruhte, mit den Anfängen slawischen Schrifttums von

---

[7] Unterhaltungsliteratur würde ich sagen, wenn dieser Begriff nicht wiederum allzu scharf sonderte, was als *ein* Pensum literarischer Bildung anzusehen ist.

[8] So schon N. M. Karamsin in einem Brief über die russische Literatur an den Herausgeber der Emigrantenzeitschrift ›Le Spectateur du Nord‹ von 1797, der von der Entdeckung des ›Igorliedes‹ überhaupt zum ersten Male offiziell Nachricht gab.

[9] Vgl. A. Brückner, Katharina die Zweite (Allg. Gesch. in Einzeldarst., hrsg. von W. Oncken III, 10), Berlin 1883, S. 594 ff.

Bulgarien geholt, dem einheimischen Sprachzweig aufgepfropft wurde und mit ihm unlöslich verwuchs. Ein Gefühl für die Normen des eigentlichen Altrussischen mußten sich auch die Herausgeber erst erwerben. Immerhin taten sie, was sie konnten, und im Ganzen ist ihre Ausgabe ein Beweis achtbarer Vertrautheit mit dem heimischen Altertum, zumal in einem Lande, dessen Philologen seit je nur abdruckten, ohne all das gewohnheitsmäßige Filiieren, Vergleichen und Rezensieren nach Art der ›Monumenta Germaniae Historica‹[10]. Gerade die nicht sehr schwerwiegenden Abweichungen der Abschrift Katharinens und der editio princeps aber haben es dann den Textkritikern ermöglicht, sich von der Beschaffenheit der Originalhandschrift eine recht deutliche Vorstellung zu machen. Was die altrussische Philologie inzwischen hinzugelernt hat, macht aber das sprachliche Bild des Textes nur unauffälliger. Er entspricht aufs beste den Regeln, sowohl in dem, was er noch kennt (wie z. B. den Dual, die beiden Halbvokale, die freie Stellung der Reflexiv-Partikel), wie in dem, was er nicht kennt (etwa manche sonst üblichen Kirchenslawism: n). Er ordnet sich auch seiner Sprache nach in die reiche schriftliche Hinter'assenschaft der Altkiewer Zeit und in den noch reicheren, aber verdeckten Hintergrund, den das Erschließbare hinter das Überlieferte stellt.

Denn reich ist diese altrussische Literatur, viel reicher, als der Westeuropäer und die paar „Gewährsleute", auf die er zumeist angewiesen blieb, es wahrhaben wollen, und was zu ihrem Verständnis gewonnen ist, kommt dem ›Igorlied‹ unmittelbar zugute[11]. Es ist kein einsamer Gipfel, durch creatio ex nihilo von elementar wirkendem Volksgeist aufgetürmt, sondern das allerdings einzigartige Werk eines hochbegabten Individuums im Kreise seines spezifischen Publikums, der höfischen Gefolgschaft warägisch-

[10] Vgl. über die Editionsweise der russischen Mediaevisten: Hildegard Schaeder, Moskau das Dritte Rom (Osteurop. Studien 1), Hamburg 1929, S. 17, Anm. 2.

[11] Siehe D. Tschiževskij, Altrussische Literaturgeschichte im 11., 12. und 13. Jahrhundert, Kiewer Epoche, Frankfurt a. M. 1948, eine wirkliche Literatur-, keine bloße Schrifttumsgeschichte dieser Zeit, die nur philologisch alles Geschriebene verzeichnet.

russischer Fürstendynastien, die sicher kaum minder international war als dereinst Etzels polyglotter Hofstaat. Wir kennen seine „Quellen", die vorausliegen, und wissen, daß sein Werk dann andern als „Quelle" gedient hat. Vertraut mit dem dichterischen Handwerk, bewußt seiner Mittel und seines Zweckes, so stand der Dichter des ›Igorliedes‹ auf den Höhen seines 12. Jahrhunderts. Wir kennen die byzantinischen Einflüsse, die sich gerade durch *die* Werke auch in Rußland niedergeschlagen haben, die in der verlorenen Handschrift Mussin-Puschkins gestanden haben müssen, der Erzählung vom Priesterkönig Johannes, von Achikar und seiner Spruchweisheit, von Digenis Akritas, die russisch als Erzählung vom reichen Indien, vom hochweisen Akir und von Dewgenijs Taten erscheinen. Der alte Kompilator des Kodex hat das ›Igorlied‹ ganz richtig eingeordnet: Zwischen die Chroniken und ihre gehobene Sachlichkeit und den blendenden dichterischen Zauber der byzantinischen epischen Romane! [12] Wir ahnen weitere Einflüsse, die den Dichter mit Sagenstoffen seiner Zeit [13] und, wenn wir recht ahnen, sogar solche, die ihn mit unserer Welt, dem lateinischen Westen verbinden [14].

[12] Es hat mir deshalb immer als erstrebenswert vorgeschwebt, nicht nur einen Abdruck des ›Igorliedes‹ zu wiederholen, wie es deren nachgerade genug gibt, sondern den ganzen Handschrifteninhalt, soweit er durch anderweitige Überlieferung herstellbar ist, samt den einschlägigen Stellen der ›Sadonschtschina‹ und allen Testimonien, herauszugeben. — Bei den heutigen bibliographischen Möglichkeiten ist das in Westdeutschland kaum zu erzwingen, wäre aber für glücklichere Länder mit slawischen Buchbeständen keine große Mühe.

[13] Deutlicher scheint sich z. B. ein alter Werwolf-Mythus abzuheben, der sich nicht nur in Rußland, sondern auch in Serbien historischen Persönlichkeiten anhing, nämlich in Rußland dem Fürsten Wseslaw von Polotzk (1044—1101) und in Serbien Zmaj Ognjeni Vuk; s. R. Jakobson and M. Szeftel, The Vseslav Epos, in Russian Epic Studies, Mem. of the Amer. Folklore Soc. 42 (1947), Philadelphia 1949, S. 13 ff.; R. Jakobson und G. Ružičić, The Serbian Zmaj Ognjeni Vuk and the Russian Vseslav Epos, in: Ann. de l'Inst. de Phil. et d'Hist. Orientales et Slaves 10 (1950), Mél. H. Grégoire II, Brüssel 1950, S. 343 ff.

[14] Davon spricht Tschižewskij in dem Kapitel seiner Literaturgeschichte über das ›Igorlied‹, a. a. O., S. 353 f., 366. Igors Frau Jaroslawna (Euphrosynia) war die Tochter eines Galitscher Fürsten; vielleicht, so meint

Was aber erst den vollen Reiz der Dichtung ausmacht, ist, bei allem Ernst des Vorwurfs, die spielerische Leichtigkeit echter literarischer Atmosphäre, die vielfach fast parodistische Art, mit der ihr Verfasser Stile wechselt und Register zieht. Das ganze Lied lebt von einem Widerspiel zwischen dem realistischen und dem schweren, sentenziösen, metaphernstrotzenden Stil eines Sängers der Vorzeit, den der Dichter mehrfach wie einen verehrungsvoll gemiedenen Vorläufer anredet und der allem philologischen Ansturm bisher noch stärker standgehalten hat als selbst Kyot von Provence: „Würde es uns nicht wohl anstehen", so heißt der Anfang des Liedes, „vom Feldzug Igors, des Sohnes Swjatoslaws im Stil der alten Heldensagen anzuheben?" — und es folgen sofort ein paar Vergleichsfabeln oder Kenningar hintereinander, wie sie diesem alten Stil gemäß gewesen wären. Doch nein, so unterbricht sich der Sänger gleich selbst, „dies Preislied soll vielmehr anheben wie die Vorgänge unserer Zeit wirklich waren und nicht in der Phantastik des alten Barden" [15]. Wie schwierig dieser neue Realismus, den er für sich in Anspruch nimmt, in Wahrheit immer noch aussieht, wie er nicht nur inhaltlich durch eine wahrhaft horazische Fülle von Länder-, Völker- und Eigennamen, sondern auch formal durch Alliteration und Assonanz und eine Fülle von Tropen und Figuren aufgeputzt ist, das zeigt jede Zeile des Liedes.

man, ist der Dichter des Liedes in ihrem Gefolge aus diesen Westgebieten gekommen und nimmt deswegen so starken Anteil an ihnen und ihren Fürsten? Dann wäre u. U. damit zu rechnen, daß ihn statt byzantinisch-griechischer *lateinische* Rhetorik und Bildung vorgeformt haben könnten, und unter dieser Voraussetzung wäre zu empfehlen, das ›Igorlied‹ in seiner deutlichen, aber unergründlichen Rhythmik einmal auf die verschiedenen Arten des rhythmischen lateinischen Satzschlusses, den *cursus*, hin zu untersuchen.

[15] So wenigstens nach einer überaus einleuchtenden Konjektur R. Jakobsons, die an Stelle des bisherigen sinnlosen „Beginnen wir . . ." ein als Topos vielfach belegbares „Übergehen wir, schweigen wir von . . ." setzt; eine Parallele zu diesem Aufgesang, der probeweise beginnt und dann die „Lügen der alten Dichter" zugunsten neuer Sachlichkeit verwirft, steht z. B. zu Beginn des vierten Buches der Trapezunter Fassung des Digenis-Romans, s. S. 64 der Ausgabe von C. Sathas und E. Legrand, Paris 1875.

Spezial-Wortschatz wird darin sichtbar, vor allem eben der der sängerischen Kunstausübung, dann der des Waffenhandwerks, der Falkenjagd [16], der Totenklage [17], der Blutrache [18] usw., und all diese Manieren und Schichten sind nicht unbewußt oder versehentlich durcheinandergemengt, sondern höchst bewußt und im Gefühl weitgespannter künstlerischer Gemeinsamkeit. *So* machte man Preislieder, Jagdallegorien oder Totenklagen in Byzanz wie in Skandinavien, *so* dichtete man kriegerische Tatberichte in Persien wie in Irland, und von überall da lassen sich auch wohl Parallelen der üblichen Art zu Einzelheiten des Liedes herbeischaffen. Wichtiger als sie ist das Individuum, das alle diese Mittel beherrscht und das uns hier mit einer Klarheit sichtbar wird, die geheimnisvoller ist als alle mythische Urzeit [19]. Ein begabter Dichter: Ihn gab es also auch im Rußland des 12. Jahrhunderts, und obwohl man ihm

[16] Ihn kann man gut aus den Briefen des Zaren Aleksej Michajlowitsch gewinnen, die eigentlich von nichts anderem handeln, s. die Ausgabe von P. Bartenjew, Moskau 1856.

[17] Ich glaube allerdings, daß die berühmte dreistrophige Klage der Jaroslawna auf dem Wall von Putiwl, die bereits N. Daschkewitsch, in: Zbornik u slavu Vatroslava Jagića, Berlin 1908, S. 415 ff. auch als Form westlicher Literatur nachgewiesen hat, an Folklore verliert und an Sinn gewinnt, wenn man « rano » nicht nur mit „früh", sondern, wie im ›Igorlied‹ auch sonst zumeist, mit „zu früh" übersetzt (vgl. « malo », das auch oft „zu wenig" heißt), so daß diese verfrühte Totenklage schon von der Freude des guten Ausgangs gemildert und wirklich jenen Damen-Klagen genähert würde, die die Provence und Italien ebenso anmutig gestaltet haben, und die neuerdings Th. Frings, Minnesinger und Troubadours, Vortr. u. Schr. d. Akad. d. Wiss., Berlin 1949, an reichem, auch russischem Material in ihrer Verbreitung verfolgt. Freilich ist das Weinen „vom frühen Morgen an" (serb. na uranku) auch alte Hyperbel der rituellen Totenklagen.

[18] Vgl. Tschižewskijs Auslegung der Worte: „Aber Igors tapfere Heere kann man nicht wieder lebendig machen", Literaturgeschichte, S. 53—55.

[19] „Der singende Volksgeist wäre nicht so oft belächelt worden, wenn man eingesehen hätte, daß auch die Thätigkeit des Kunstdichters dem dem Vorgang nachspürenden Verstand ein Geheimnis ist", meinte schon Franz Miklosich, der große Kenner slavischer Volksdichtung (Die Darstellung im slavischen Volksepos, in: Wiener Denkschr., Phil. hist. Cl. 38 [1890], S. 1).

seine Manieren abgeguckt hat, ist er im Altrußland und *als Dichter* unerreicht geblieben.

Man sieht aber auch, von welchen Zufälligkeiten die literargeschichtliche Wertung abhängt: Wüßten wir Namen und Lebensumstände dieses Dichters, vielleicht käme uns sein ›Igorlied‹ weniger groß vor; wie Georgien seinen Rustaweli, wie Persien seinen Firdousi, so hätte dann eben auch Altrußland einen großen weltlichen Dichter neben der glänzenden Reihe seiner Prediger und geistlichen Schriftsteller, die gewiß schon manche bemerkenswerte Individualität umschließt, deren Fülle uns aber sozusagen natürlich vorkommt, während uns das ›Igorlied‹ im Schatten seiner Anonymität zu romantischer Größe auswächst. Hätten wir anderseits nur die ›Sadonschtschina‹, also nur die Imitation, nicht das Original, so würden wir allen Ruhm auf *sie* gehäuft haben, nicht anders als wir jetzt Ruhm auf das ›Igorlied‹ häufen, von dem vielfach wenigstens ein Teil der „Vorzeitnachtigall" Bojan gehört, dem halb mythischen künstlerischen Ahnen des Dichters [20].

Bekannt ist das Lied jedenfalls gewesen, wenn auch vielleicht nicht so bekannt, wie sein absoluter Wert es forderte. Spuren seines Textes gehen auch noch durch das 15. und 16. Jahrhundert. Als dann aber die Ausgabe von 1800 allgemein bekanntmachte, was bis dahin vergrabener Schatz war, da wurde aus dem Dokument aktuellster Zeitwirkung, das eines Walthers von der Vogelweide würdig gewesen wäre, ein fast sakraler Text vaterländischen Altertums, der durch das ganze literarische 19. Jahrhundert bis heute seine faszinierende Wirkung behalten hat. Denn Walther wäre vielleicht das richtige Analogon zum ›Igorliede‹, er oder Wolfram oder eines der großen dichtenden Individuen unserer höfischen Literatur, nicht der ›Beowulf‹ oder das ›Rolandslied‹, mit denen man es verglichen hat [21], und schon gar nicht das ›Nibelungenlied‹ mit seiner schlichten

[20] Vielleicht ist dies auch gar kein Eigenname, sondern nur ein Appellativ für „Dichter", wie R. Jakobson mit Recht zu bedenken gibt.

[21] Und zwar kein Westler, sondern einer der russischen, jetzt verhaßten „Komparativisten", W. Dynnik, ›Slowo o polku Igorewe‹ i ›Pessnj o Rolande‹ (Das Igor- und das Rolandslied), in: Starinnaja russkaja powestj (Die altrussische Erzählung, Sammelband), hrsg. v. N. K. Gudsij,

Form, und alle nicht, soweit sie christlich sind. Das ›Igorlied‹ ist wohl durch die christliche Schreibkunst überliefert, aber bis auf ein abruptes, sicher interpoliertes „Amen" am Schluß tritt das Christentum nirgends sehr sichtbar hervor, dagegen finden sich einige echte — neben vielen wahrscheinlich allzu schnell herausgelesenen — Spuren des Heidentums, und sei es auch nur, daß sie als eine Art Ersatz für die Reste des griechischen Olymps im Byzantinischen mehr dichterische als religiöse Funktion hatten [22]. Das ähnelt wieder mehr dem ›Hildebrandlied‹, das der Schreibfreudigkeit einer nationalen, aber weitherzigen Geistlichkeit und ihrer literarischen Tradition sein vereinzeltes schriftliches Dasein verdankt, das gleichfalls in der heroischen Menschlichkeit seines Konfliktes und im Tenor seiner künstlerischen Darstellungsweise wenig christlich ist, das gleichfalls auf eine lange und ausgebreitete Überlieferung [23] den Stempel individueller Prägung drückt, die um so stärker ergreift, je „realistischer" sie hervortritt, und das doch sicher auch daneben noch Repräsentant einer ganzen blühenden Gattung war, die uns spurlos verhallt ist.

[. . .]

Moskau 1941. Ich kenne diese Arbeit nur nach der Notiz von I. Budownitz, in: Woprossy Istoriji (Geschichtsfragen) 1951/5, S. 110, Anm. 4.

[22] Vgl. das Kapitel über das ›Igorlied‹ in dem Werk von P. Fedotov, The Russian Religious Mind, Cambridge (Mass.) 1946, S. 315 ff. Diese Stellen decken sich übrigens mit den wenigen Abschnitten, in denen die Chronik von den Heidengöttern des alten Ruß-Landes spricht; auch in den Einzelheiten ihrer sachlichen Kenntnis gehen die Dichtung und die Chronik also Hand in Hand.

[23] Vgl. G. Baesecke, Die indogermanische Verwandtschaft des Hildebrand-Liedes, in: Gött. Nachr., Phil.-hist. Kl. IV NF III/5 (1940), sowie dess. Monographie über das ›Hildebrandlied‹, Halle 1945.

Nachtrag 1978

Der vorstehende Artikel ging von der Literatur zum 765. Jubiläum des ›S(lovo o) P(olku) I(goreve)‹ aus. Inzwischen hat jede feiernswerte Dekade neuen Zuwachs an Kenntnissen und Ansichten gebracht, bis hin zur 790-Jahr-Feier 1972 und dem 175. Jubiläum der Erstausgabe, zu der auch L. A. Dmitriev, Istorija pervogo izdanija SPI, Moskau u. Leningrad 1960, zu vergleichen ist. Es ist gut, daß man nicht auch noch 1795 als das bisher angenommene Jahr der Auffindung begangen hat, denn da muß man, wie V. Kiparsky plausibel gemacht hat, wohl auf das Jahr 1794 zurückgehen: Le 'lit d'if' et le ms. du Slovo d'Igor, in: For Roman Jakobson, Den Haag, 1956, S. 254—59.

Die Literatur zum ›Igor-Lied‹ ist jedenfalls, auch nach L. A. Dmitrievs und Ju. K. Begunovs Bibliographien von 1955 und 1968 (SPI. Bibliografija izdanij, perevodov i issledovanij 1938—1954, Moskau u. Leningrad 1966, und: SPI v zarubežnom literaturovedenii [Kratkij obzor] in: Ot SPI do ›Tichogo Dona‹, Leningrad 1969, S. 236—49, weitere Bibliographien S. 239 Anm. 21 f.) in Ost und West erheblich angeschwollen und für einen einzelnen kaum noch zu überschauen. Auch weitere Ausgaben und Hilfsmittel sind seitdem erschienen, darunter zwei Wörterbücher (Tatjana Čiževska, Glossary of the Igor' Tale, Den Haag 1966; V. L. Vinogradova, Slovar'-spravočnik SPI I—IV (A—P) . . ., Leningrad 1965—73), und soeben als Nr. 13 der Skripten des Slav. Seminars d. Univ. Tübingen (1977): Ursula Vogel, Das Igorlied und die Berichte über Igors Feldzug im Frühjahr 1185 in den altruss. Chroniken und in Tatiščevs ›Russ. Geschichte‹ in synoptischer Darbietung der russ. Texte. Man hat, seit 1952, das SPI ausführlich mit dem ›Beowulf‹ verglichen (George J. Perejda, Beowulf and the SPI: A Study of Parallels and Relations in Structure, Time and Imagery, Diss. Univ. of Detroit 1973, Ann Arbor, Mich. 1976), und auch der Strukturalismus hat vor diesem Text nicht haltgemacht (Joachim Klein, Zur Struktur des Igorliedes, Univ. Regensburg, Slavist. Arb. 2, München 1972).

Eigenartigerweise hat gerade die Jubiläumsliteratur — vor allem der Band: SPI, pamjatnik XII veka, Moskau u. Leningrad

1962 — die Kontroverse über die Echtheit des Denkmals erneut
aufflammen lassen. Sie hatte ja bereits im 19. Jh. begonnen. Von
nichtrussischen Kritikern war A. Mazon hier bereits genannt worden und könnte etwa noch J. Krzyżanowski (1934) genannt
werden, den bereits A. Brückner polemisch widerlegt hat (Die Echtheit des Igorlieds, in: Zs. f. slav. Phil. 14 [1937], S. 46—52). Eine
Übersicht über die Hauptvertreter der opponierenden Lager findet
man bei Klaus Trost, Karamzin und das Igorlied, in: Anz. f. slav.
Phil. 7 (1974), S. 131 f., der selbst zu den Skeptikern gehört und
an Karamzin als Verf. denkt (vgl. gegen ihn und diesen Ansatz
G. M. Prochorov, Snova podozrevaetsja Karamzin, in: Russ. Lit.
1975/3, S. 235—39). Es ist aber auch in der Person A. A. Zimins in
der Sowjetunion selbst ein Kritiker des SPI erstanden, dessen ein-
schlägige Arbeiten Trosts Anm. 31 auf S. 133 verzeichnet. Er hat es
nicht leicht gehabt: Sein ausführliches Buch über diese Frage ist
nicht veröffentlicht worden, seine Zeitschriftenartikel sind meist
nur zusammen mit gereizten Erwiderungen mehrerer Autoren gebracht oder anderweitig widerlegt worden (vgl. z. B. V. D. Kuz'-
mina, in: IOL Ja 3/25 [1966], F. Prijma und L. Dimitriev, in: Russ.
Lit. 1966/2, R. Dmitrieva, L. Dmitriev, O. Tvorogov, ib. 1967/1,
B. Rybakov, V. Kuz'mina, F. Filin, in: Vop. lit. 11 [1967]). Dabei
steht Zimin ja keineswegs allein und leugnet auch den Wert des
„unsterblichen Erzeugnisses der russischen Literatur" durchaus
nicht. Soweit es um textkritische Probleme geht, läßt er lediglich
die Echtheitsfrage nicht a priori das Verhältnis des SPI, der ›Chronik‹ und der ›Zadonščina‹, deren längere Fassungen er als sekundär
ansieht, präjudizieren, und damit bezieht er eine mögliche, wenn
auch vielleicht nicht allzu aussichtsreiche theoretische Position unter
anderen (vgl. hierzu D. S. Likhachev, The Authenticity of the SPI:
A Brief Survey of the Arguments, in: Oxf. Slav. Pp. 13 [1967],
S. 33—46; J. L. I. Fennell, The SPI: The Textological Triangle, ib.
NS 1 [1968], S. 126—37; D. S. Likhachev, Further Remarks on
The Textological Triangle, ib. 2 [1969], S. 106—15; B. A. Rybakov, Russ. letopiscy i avtor SPI, Moskau 1972). Die These, daß
der als Vorbesitzer der Handschrift genannte Archimandrit Ioil
(Ivan Bykovskij, † 1798) die Dichtung verfaßt (und Musin-Puškin
sie mit Chroniknachrichten interpoliert) habe, hat vor Zimin schon

Mazon geäußert, und Zimin will sie ohnehin nur halten, bis eine bessere Lösung nachgewiesen ist. Auch wenn er fürs erste niedergeredet ist, hat sein Referat vor der Akademie im Jahre 1962 die Forschung jedenfalls in erwünschte Bewegung versetzt; daran ändert aller Chauvinismus nichts.

Als interessanteste Ausgabe sei dem Nicht-Slavisten die von R. Jakobson und Mitarbeitern empfohlen: La geste du Prince Igor' (Annuaire de l'Inst. de Phil. et d'Hist. Orient. et Slaves 8 [1945 bis 47], New York 1948), als handlichste die von V. P. Adrianova-Peretc in den Lit. Pamjatniki, Moskau u. Leningrad 1950.

IX. KELTISCHE HELDENDICHTUNG

Ernst Windisch (Hrsg.), Die altirische Heldensage Táin Bó Cúalnge. Leipzig: S. Hirzel 1905, S. I—LI (stark gekürzt).

DIE ALTIRISCHE HELDENSAGE ›TÁIN BÓ CÚALNGE‹

Von ERNST WINDISCH

Die altirische Heldensage ›Táin bó Cúalngi‹ hat eine weit über Irlands Grenzen hinausgehende historische Bedeutung, denn sie ist ein Denkmal der altkeltischen Kultur und des altkeltischen Barbarentums, wie es kein solches Denkmal für eines der mit den Kelten vergleichbaren Völker gibt. [. . .]

Táin bó ist ein terminus technicus und bezeichnet das Wegtreiben der Kühe, wie lat. *agere boves. Cúalnge*, Gen. Sg. *Cúalngi* (mittelirisch auch *Cúalnge*), ist der alte Name für einen jetzt Cooley genannten Distrikt in der Baronie Lower Dundalk, Grafschaft Louth (s. O'Donovan, Book of Rights, S. 21). *Táin bó* kommt noch im Titel verschiedener anderer Sagen vor, die Sache aber, um die es sich dabei handelt, führt uns sofort in uralte politische Zustände hinein. Caesar hat diese in klassischer Weise charakterisiert, wenn er von den Germanen sagt:

Latrocinia nullam habent infamiam, quae extra fines cujusque civitatis fiunt, atque ea juventutis exercendae ac desidiae minuendae causa praedicant (De bello Gallico VI 23).

Die irischen Annalen sind voll von solchen *crech*, Plur. *crecha* genannten Raubzügen. Insofern sie besonders im Wegtreiben der Kühe bestanden, waren sie *táin bó*. Die Gälen Irlands und Schottlands haben diesen alten Brauch, der nur da möglich ist, wo es keine strenge Zentralgewalt gibt, sehr lange bewahrt. [. . .]

In der ›Táin bó Cúalngi‹ ist ein solcher Raubzug zu einem großen Kriegszuge ausgewachsen. Die Königin von Connacht wollte einen mächtigen Stier an sich bringen, den ein kleiner Häuptling in Ulster besaß und nicht gutwillig hergeben wollte. So ist auch in Irland die Heldensage aus wirklichen, volkstümlichen Verhältnissen einer bestimmten Zeit herausgewachsen, und darin liegt ihr geschichtlicher

Gehalt. Mythus bildet nicht die Grundlage, wenn sich auch mythische Elemente mit in der Sage finden. Einen Vergleich mit der ›Ilias‹ hält die irische Sage in dichterischer Beziehung nicht aus. Auch sind die Kelten nicht Seefahrer gewesen wie die Griechen. Aber eben darin spricht sich die Echtheit der irischen Heldensage aus, daß sie die eigentümlichen keltischen Verhältnisse widerspiegelt, wie die ›Ilias‹ die griechischen.

Alte Sagen sind niemals ganz frei erfunden, sondern sie sind durch einen Kristallisationsprozeß um den Kern eines wirklichen Ereignisses herum entstanden, mag dieses auch in Wirklichkeit unbedeutend gewesen und für unser Auge sonst verschwunden sein. Auch der Zug der Griechen gegen Troia hat auf den Gang der Weltgeschichte keinen unmittelbar erkennbaren Einfluß ausgeübt, so daß die Zerstörung von Troia ein Markstein der Geschichte wäre. Aber die Stämme der Griechen und Troia haben existiert, wenn auch nicht ursprünglich alle Stämme an einer solchen Expedition beteiligt gewesen sein mögen. Wahrhaft national wird die Sage dadurch, daß alle Stämme einen Anteil daran erhalten. Auch in Irland ist dies geschehen: im Heerbann der Königin von Connacht ziehen auch die anderen Hauptstämme Irlands mit gegen Ulster. Dies ist schwerlich ein ursprünglicher Zug der Sage. [. . .]

Conchobar der König von Ulster, Cuchulinn der Vorkämpfer von Ulster, Fergus der Verbannte von Ulster, Ailill und Medb König und Königin von Connacht, sie alle haben in ihrem Wesen nichts Christliches. Sehen wir zunächst von Cuchulinn ab, so machen sie andrerseits auch nicht den Eindruck von zu Menschen gewordenen heidnischen Göttern. Nach ihren Worten, ihren Wünschen und ihren Taten sind sie nichts weiter als echte keltische Menschen. In ihre Mitte ist *Cuchulinn* gestellt, der jugendliche Heros, der an Achilleus erinnert. In ihm scheint göttliche oder dämonische und menschliche Natur vereinigt zu sein, die Sage selbst gibt ihm einen göttlichen und einen menschlichen Vater. [. . .] Ich vermute, daß Cuchulinn dem Kern seines Wesens nach nicht der zum Menschen herabgesunkene Gott, sondern der ins Göttliche und Dämonische gesteigerte Held ist. [. . .] Alles, was uns an Cuchulinn gefällt, seine Tapferkeit, seine Ritterlichkeit, ist rein menschlicher Art. Das Nichtmenschliche an ihm, seine Wut und seine Verzerrung

(Z. 2589 ff.), ist mehr noch dämonisch als göttlich, das mag aus altkeltischer Mythologie und druidischem Glauben stammen. Aus dem Umstande, daß Cuchulinn Beziehungen zu den übermenschlichen Wesen, den Síde, erhalten hat, folgt nicht mit Sicherheit, daß er selbst ein Gott war. Eine Fee erscheint auch der Königin Medb (Z. 201 ff.), die nichts Göttliches an sich hat.

Das andere Extrem wäre, daß man die Personen der Sage genau so, wie sie in der Sage auftreten, als geschichtlich ansehen wollte. Das ist erst recht ein Standpunkt, der wissenschaftlich nicht haltbar ist.

Für König Conchobar, für die Königin Medb usw. sind keine gleichzeitigen Zeugnisse, keine Inschriften vorhanden, und ihre Namen werden auch in keinem fremden Geschichtswerk aus älterer Zeit erwähnt. Es fehlen ihnen gleichsam alle Legitimationsurkunden. Deshalb kann man nichts Bestimmteres über ihre Persönlichkeiten feststellen. Aber daß sie überhaupt nicht existiert haben, folgt daraus nicht. [. . .] Der Glanz einer vergangenen kampfesfreudigen Zeit ist in der Erinnerung des Volkes lebendig geblieben. Aus der Ferne betrachtet, rückt das, was ursprünglich getrennt war, zusammen, erscheinen Personen, die ursprünglich nicht ganz zu gleicher Zeit lebten, als gleichzeitig. Dinge, die einzeln bei verschiedenen Gelegenheiten vorgekommen sein mögen, werden in einen großen Zusammenhang gesetzt. Aber bei aller Dichtung und Erfindung liegt doch eine Wahrheit zugrunde. Die Dichtung, namentlich die volkstümliche, naive Dichtung ist doch durch die Überlieferung hindurch von einer einstigen Wirklichkeit abhängig, entnimmt dieser sogar ihre freien Zutaten. [. . .]

Wie das meerumspülte *Island* in der ›Edda‹ ein Denkmal der altgermanischen Götterwelt, so hat das ähnlich abgeschlossene *Irland* in seiner Heldensage ein Denkmal altkeltischen Volkstums getreulich aufbewahrt. Wenn sich auch in der Isoliertheit Irlands das Alte länger erhalten haben mag als anderswo, so wird doch für den Kern der ältesten irischen Sagen gewiß keine spätere Zeit als die letzten vorchristlichen oder die ersten nachchristlichen Jahrhunderte in Betracht kommen. [. . .]

Ich habe mich nicht davon überzeugen können, daß die altgermanische Sage auf die irische einen tiefergehenden Einfluß ausgeübt habe. Germanische Lehnwörter sind in der ›Táin‹ vorhanden (vgl. H. Zimmer, in: ZfdA 32, S. 267 ff.), aber sie sind nebensächlicher Art und nicht sehr zahlreich. Tiefer sitzen lateinische Wörter und aus der christlichen Kirche stammende Begriffe in der irischen Sprache, auch in der ›Táin‹. Es sei nur an den Ausdruck *co bráth* und seine Variationen erinnert, eigentlich „bis zum (Jüngsten) Gericht", d. i. „für immer", und an das Wort *láech* „Krieger, Held", das dem lat. *laicus* (λαικός) entstammt, wie andererseits auch das althochdeutsche *leigo* „Laie". [. . .]

Die altirische Heldensage hat aber noch in verschiedener anderer Beziehung große historische Bedeutung. Sie ist das einzige Dokument, in dem das alte *Barbarentum* ohne bedeutende Umwandlung *unmittelbar* zu uns spricht. In der poetischen Form stehen ›Nibelungenlied‹ und ›Edda‹ hoch über der ›Táin‹. Auch fehlt dieser Zug der Größe. Statt der Größe macht in der ›Táin‹ manches den Eindruck des Grotesken. Aber dafür übertrifft die ›Táin‹ die germanischen Denkmäler an innerem Alter und unvermischter Urwüchsigkeit. In dieser letzteren Beziehung ist die ›Táin‹ einzig in ihrer Art.

Hier herrscht nicht die gehobene Stimmung eines hochbegabten Dichters, der von einem höheren Standpunkt aus besingt, was die Märe aus alter Zeit meldet, sondern hier tritt uns die Märe selbst entgegen, wie sie im Volke ihres Ursprungs lebendig war und von den Erzählern und Dichtern desselben Volks in ununterbrochener Tradition gepflegt worden ist. In ihr eine in der Sache aufgehende und daher zur Übertreibung neigende, natürliche und gläubige Freude an den Helden und ihren Taten, am haarkleinen Beschreiben und Erzählen, wie sie uns nur denkbar ist bei Leuten, die weder durch die römische noch durch die christliche Kultur ihrer Vergangenheit entfremdet waren.

[. . .] Der Vorzug Irlands ist, daß es nicht römische Provinz geworden war, sondern das alte Keltentum längere Zeit ungebrochen erhalten hat. Aus der altirischen Sage ist zu ersehen, wes Geistes Kind der Kelte war, der in die Staatenbildung des Mittelalters eingetreten ist. Aus der altirischen Sage schallt uns Waffengetöse entgegen. Kämpfen, den Gegner erschlagen und sich der tapferen Taten rühmen bildet ihren Hauptinhalt. Aber es ist kein bloßes

Wilddraufloßschlagen. Es gibt gewisse Regeln für den Kampf, gewisse Ehrenpflichten für den Krieger. Man einigt sich sogar in der Kriegführung auf einen bestimmten Modus. Cuchulinn tötet keine Weiber und Kinder, keine Wagenlenker, keine unbewaffneten Leute (Z. 1416). Cuchulinn und Ferdiad gehen miteinander auf gleiche Waffen los. Ein angesehener Krieger hält sich an der Grenze des Landes auf, zu seinen Verpflichtungen gehört unter anderem, die fahrenden Sänger oder gelehrten Dichter sicher an den Hof des Königs zu geleiten (Z. 1154). Vor allem, der *Zweikampf* starker Helden und Vorkämpfer entscheidet den Sieg. Cuchulinn mordet die Männer von Irland nicht zu Hunderten hin, wenn sich ihm ein Held zum Zweikampf stellt. Es drängt sich uns die Frage auf: Ist das Ritterliche, das hierin liegt, Einfluß des mittelalterlichen Rittertums? Allein diese Züge sind alt, sind nachweisbar älter als die Zeiten des eigentlichen Rittertums [. . .].

Die Kelten der damaligen Zeiten ließen die Eigentümlichkeiten eines *heroischen Zeitalters* von neuem aufleben. Dadurch verjüngten sie die Welt. H. d'Arbois de Jubainville hat mit richtigem Blick in Tome VI seines ›Cours de Littérature Celtique‹ die Kelten in den altirischen Sagen und in den Nachrichten der Alten mit den Griechen der homerischen Gedichte, besonders der ›Ilias‹ verglichen. Körperliche Kraft und Gewandtheit, den Tod verachtender Kampfesmut sind die Haupttugenden. Cuchulinn ist nicht geschickt zum Reden, s. Z. 3219. Nicht Feldherren wie Julius Caesar, die nur befehlen, nicht selbst kämpfen, stehen im Vordergrund. Die Führer und Vornehmsten sind Helden, die mit ihren Waffen und ihren Körperkräften Außerordentliches vollbringen. Der Einzelkampf solcher Helden steht im Vordergrund, die Heeresmassen scheinen nur dazu da zu sein, um in Massen von den Helden erschlagen zu werden. Der Held verbreitet Furcht und Schrecken unter ihnen, nur wieder ein Held wagt ihm entgegenzutreten. So in der irischen ›Táin‹. Aber von ihr aus werden auch die einzelnen Nachrichten der alten Autoren zu einem Bilde des wilden Heroentums ihrer Kelten beleuchtet. Diese fordern sich nicht nur beim Mahle, mit Wortstreit beginnend, schließlich zum Zweikampf heraus, den Tod für nichts achtend (Diodor V 28, 5), sondern sie tun das gleiche auch in der Schlacht:

In den Schlachtaufstellungen aber sind sie gewohnt aus der Schlachtreihe
vorzutreten und die Besten der gegenüber Aufgestellten zum Einzelkampf
herauszufordern, die Waffen schüttelnd und Feinde in Schrecken setzend
(Diodor V, 29, 2 nach Koseidonios).

[...]

Die Tatsache, daß uns die altirische Heldensage bis in Einzelheiten hinein ein im Ganzen treues Bild altkeltischer Zustände und
Sitten gibt, wie sie bei anderen keltischen Stämmen in den letzten
Jahrhunderten vor Christi Geburt herrschend waren, steht fest.
Diese altkeltischen Zustände und Sitten konnten sich in Irland halten, weil Irland vom Römer nicht erobert wurde, und weil es von
den Reiche zertrümmernden, Stämme vernichtenden und Stämme
verschmelzenden Umwälzungen frei blieb, in denen das Altertum
zum Mittelalter geworden ist. Abgesehen von der natürlichen Wei-
terentwicklung, die im Laufe der Zeit jedes Volk erfaßt, war die
Bekehrung zum Christentum im 4. Jahrhundert das erste große
Ereignis, das den Volkscharakter nach und nach stärker beeinflussen
mußte. Das spezifisch Heidnische wurde abgestreift oder zurückgedrängt. Aber das Christentum brachte auch die schriftliche Aufzeichnung der alten Sagen mit sich. Dann schnitten die Einfälle der
Nordländer (Dänen, Norweger) tief in das politische Leben ein,
vom 8. Jahrhundert an. Die Nordländer hatten es namentlich auf
die Klöster abgesehen. In jenen Jahrhunderten sind die ältesten
Handschriften vernichtet worden, darunter die Originale der erhaltenen. Als dann nach der Schlacht bei Clontarf, von 1171 an,
England in Irland festen Fuß faßte, da sind wir schon in den
Zeiten, aus denen die erhaltenen ältesten Handschriften stammen.
[...]

Allein der Umstand, daß Irland so lange Zeit sich selbst überlassen geblieben ist, erklärt noch nicht alles. Wie in Indien der ›Veda‹ durch die vedischen Schulen, wie in Griechenland die homerischen Gedichte durch die Sängerschulen, so sind in Irland die alten
Sagen durch die *Dichterschulen*, durch den einheimischen Stand der
Dichter und Gelehrten für die späteste Nachwelt aufbewahrt worden. Auch hier wieder stimmen die Nachrichten der Alten über die
Kelten mit dem, was wir in der altirischen Literatur lesen, auf das
genaueste überein. Fast sieht es so aus, als wenn bei den Kelten eine

Gliederung des Volkes vorläge, die bis in indogermanische Vorzeiten zurückgeht. Die Druiden sind schon oft mit den Brahmanen verglichen worden. [. . .] Caesar hat in dem berühmten Kapitel ›De bello Gallico‹ VI 13 verschiedene Gattungen des die geistigen Interessen pflegenden Standes unter dem einen Namen der *druides* zusammengefaßt. Jedenfalls ist der Druide die für die Kelten charakteristische Erscheinung. Er findet sich nicht bei den Germanen, wie Caesar ausdrücklich sagt. *Germani multum ab hac consuetudine differunt. Nam neque druides habent, qui rebus divinis praesint, neque sacrificiis student* (De bello Gall. VI 21).

[. . .]

Die Meister der Dichtkunst hatten von altersher zahlreiche Schüler. Die Stoffe der Überlieferung konnten auf diese Weise von Generation zu Generation fortgeführt werden. Eine solche Pflege muß dagewesen sein. Wir erkennen sie in dem formelhaften Sprachgebrauch der Prosaerzählung, der jedem Leser bald von selbst auffallen wird. Sie zeigt sich ferner darin, daß die verschiedenen Sagen desselben Sagenkreises in einem gewissen Zusammenhange stehen, daß die Haupthelden (Conchobar, Cuchulinn, Fergus, Conall Cernach, Bricriu, Ailill und Medb u. a. m.) in den verschiedenen Sagen immer denselben Charakter haben. Andrerseits weisen einzelne Widersprüche, z. B. in der Chronologie der Sage, darauf hin, daß eben nicht ein einziger Verfasser das Ganze fabuliert hat, sondern daß viele an der volkstümlichen Überlieferung beteiligt gewesen sind. Vor allem aber sehen wir die Hand der Dichter in den zahlreich eingelegten *Gedichten*. Schon wiederholt habe ich darauf hingewiesen, daß uns in dieser Form der epischen Erzählung eine *Vorstufe* zum vollendeten Epos wie ›Ilias‹ und ›Odyssee‹ vorliegt. Die Erzählung der Geschehnisse, der Kämpfe usw. bleibt in Prosa und steht insofern noch der im Wortlaut schwankenden volkstümlichen Überlieferung nahe. Hier fügten die Dichter hauptsächlich die eingehende Schilderung der Kleidung, der Waffen und Ähnliches hinzu. Aber ihre eigentliche Kunst entfalteten sie, wo es galt, die Personen redend einzuführen, im Zwiegespräch, im Loblied oder Triumphlied, oder in der Klage, zum Teil hierin nur das fortsetzend, was sie im wirklichen Leben übten. Wohl verfertigten sie auch Gedichte, in denen sie in der Kürze den Verlauf einer Geschichte darstellten [. . .]; aber einen großen Stoff in allen seinen Teilen mit der sogenannten epischen Breite in Versen vorzuführen, dazu sind die alten irischen Dichter nicht gekommen. Erst wenn auch die erzählenden Teile der Sage wie die Reden mit derselben Ausführlichkeit in Verse gefaßt sind, liegt die vollendete Form des Epos vor. Insofern stellt die irische epische Erzählung eine Vorstufe zum vollendeten Epos dar und verdient auch in dieser Beziehung die allgemeine Beachtung.

Damit, daß in Irland kein in feste Form gegossenes Epos entstand, hängt aber Weiteres zusammen. Der ganze Stoff blieb flüssig, vor allem in der Sprache, aber auch in der Behandlung. Die Sprache behielt einen altertümlichen Charakter, denn die Geschichte wurde von der vorausgegangenen Generation übernommen, aber unwillkürlich setzte sie der neue Erzähler oder Abschreiber zum Teil in die Sprech- oder Schreibweise seiner Zeit um. [. . .]

Als die geschulte lebendige Tradition aufgehört hatte, ging die Tendenz der Abschreiber mehr und mehr dahin, diese die eigentliche Geschichte unterbrechenden Gedichte wegzulassen. In den älteren Zeiten dagegen muß sich das lebendige Interesse an der alten Sage darin gezeigt haben, daß auch die Dichter der neuen Generation ihre Kunst zeigen wollten, in neuen Gedichten, durch die sie die alten ersetzten, zumal wenn diese unverständlich geworden waren. Dabei mögen die alten Gedichte wohl auch mitbenutzt worden sein. So wandelte sich das Werk immerfort im Laufe der Zeiten. Im großen und ganzen macht die Sprache der Gedichte keinen älteren Eindruck als die der Prosa, nur daß der Reim öfter mit Sicherheit die altirische Vokalisation erkennen läßt. Die Sprache der vorliegenden ältesten Versionen der ›Táin‹ ist nicht mehr das Altirisch der Glossen des 8. und 9. Jahrhunderts, sondern schon Mittelirisch, wenn auch noch viele altirische Formen, namentlich Verbalformen, in ihr aufgehoben sind. Aber wenn auch die ältesten Handschriften in runder Zahl erst aus den Jahren 1100 und 1150 stammen, so weisen doch diese selbst auf ihnen vorausliegende ältere Tradition zurück, einerseits eben in den aus der älteren Zeit beibehaltenen Sprachformen, andrerseits in der ausdrücklichen Erwähnung von anderen, älteren Texten oder Gewährsmännern der ›Táin‹. [. . .]

REGISTER